二十一世纪"双一流"建设系列精品

"十二五"普通高等教育本科国家级规划教材

资产评估学

（第四版）

ZICHAN PINGGUXUE

主编 潘学模

西南财经大学出版社

图书在版编目(CIP)数据

资产评估学/潘学模主编. —4版.—成都:西南财经大学出版社,2021.1
ISBN 978-7-5504-4750-9

Ⅰ.①资… Ⅱ.①潘… Ⅲ.①资产评估—教材 Ⅳ.①F20

中国版本图书馆CIP数据核字(2020)第261358号

资产评估学(第四版)

主编 潘学模

责任编辑:杨婧颖 高小田
封面设计:墨创文化
责任印制:朱曼丽

出版发行	西南财经大学出版社(四川省成都市光华村街55号)
网　　址	http://www.bookcj.com
电子邮件	bookcj@foxmail.com
邮政编码	610074
电　　话	028-87353785
照　　排	四川胜翔数码印务设计有限公司
印　　刷	郫县犀浦印刷厂
成品尺寸	185mm×260mm
印　　张	21.5
字　　数	468千字
版　　次	2021年1月第4版
印　　次	2021年1月第1次印刷
印　　数	1—2000册
书　　号	ISBN 978-7-5504-4750-9
定　　价	48.00元

1. 版权所有,翻印必究。

2. 如有印刷、装订等差错,可向本社营销部调换。

3. 本书封底无本社数码防伪标识,不得销售。

第四版前言

对于资产评估，可以从工作和学科两个方面去认识。作为工作，它是一项面向社会的中介服务工作；作为学科，它具有相对独立的研究对象和研究领域。无论是工作还是学科，其存在的基本前提都是必须具有一套相对完整的基本理论和基本方法。这些基本理论和基本方法既是人们从事资产评估工作和从事资产评估学科建设的基础，也是该项工作和该门学科进一步改进与发展的基本前提和动力。为了方便学生学习与掌握资产评估的基本原理和操作方法，也为了与资产评估理论界和实际工作人员等共同研究资产评估有关问题，我们编写了本教材。

本教材编写的基本原则是新、精、适用。新是指教材内容要反映资产评估发展的最新状况；精是指教材内容要反映比较成熟的理论、方法与观点；适用是指教材内容要理论与实际相结合，对实际工作有较强的指导与参考作用。

参加本教材编写的有西南财经大学会计学院潘学模教授、陈旭东教授、唐敏副教授，中水致远资产评估有限公司四川分公司总经理饶洁硕士，四川思创置业有限公司董事、总经理蒋小林硕士，电子科技大学机械与电气工程学院老师马松青，四川正则资产评估事务所有限责任公司常务副总经理文智勇。

本教材是几位作者在借鉴国内外相关文献的基础上，根据自身多年的教学经验和资产评估实际操作经验等共同编写的。本教材撰写的特点是：既借鉴了现有的研究成果，又考虑了教学规律和特点，还有实务经验的总结（比如第十章资产评估项目组织与管理）。

本教材由潘学模担任主编，共十章。具体编写分工如下：第一章（潘学模）、第二章（潘学模）、第三章（马松青）、第四章（蒋小林、文智勇）、第五章（唐敏）、第六章（唐敏）、第七章（陈旭东）、第八章（陈旭东）、第九章（马松青）、第十章（饶洁）。

本书既可作为大专院校教材、资产评估人员等的职业培训教材，也可作为实际工作者的参考书。

2016年7月2日，第十二届全国人大常委会第二十一次会议审议通过了《中华人民共和国资产评估法》（以下简称《资产评估法》），于2016年12月1日起施行。资产评估法的颁布实施确立了资产评估行业的法律地位，对资产评估行业发展具有十分重要的意义。

2017年，中国资产评估协会根据《资产评估法》的有关规定，启动了资产评估准则的全面修订工作，并予以发布。本书作者据此对本书第三版的相关内容进行了修改完善，特此说明。

限于作者水平，书中难免有不完善之处，诚望读者指正。

编　者

2020年11月

目 录

第一章 总论 (1)
- 第一节 资产评估的基本概念 (1)
- 第二节 资产评估主体和对象 (5)
- 第三节 资产评估目的 (6)
- 第四节 资产评估假设和原则 (9)
- 第五节 资产评估价值类型 (12)
- 第六节 资产评估依据和程序 (15)
- 第七节 资产评估行业及其发展 (18)
- 第八节 中国资产评估行业的法律规范体系 (20)
- 第九节 中国资产评估准则体系 (22)
- 第十节 资产评估职业道德准则 (24)

第二章 资产评估的基本方法 (27)
- 第一节 市场法 (27)
- 第二节 成本法 (31)
- 第三节 收益法 (41)
- 第四节 应用资产评估方法需注意的问题 (45)

第三章 机器设备评估 (47)
- 第一节 机器设备概述 (47)
- 第二节 成本法在机器设备评估中的应用 (52)
- 第三节 市场法在机器设备评估中的应用 (70)
- 第四节 收益法在机器设备评估中的应用 (75)
- 第五节 机器设备评估的特殊问题研究 (76)

第四章　房地产评估 (84)
 第一节　土地使用权评估 (84)
 第二节　建筑物评估 (115)
 第三节　房地产评估 (127)
 第四节　在建工程评估 (145)
 第五节　农用地价格评估 (150)

第五章　流动资产评估 (162)
 第一节　流动资产评估概述 (162)
 第二节　实物类流动资产评估 (165)
 第三节　货币类流动资产评估 (175)
 第四节　债权类流动资产评估 (176)
 第五节　其他流动资产评估 (180)

第六章　长期投资性资产的评估 (182)
 第一节　长期投资性资产评估的特点与程序 (182)
 第二节　长期债权投资的评估 (183)
 第三节　长期股权投资的评估 (186)
 第四节　其他长期性资产的评估 (191)

第七章　无形资产评估 (193)
 第一节　无形资产评估概述 (193)
 第二节　收益法在无形资产评估中的应用 (198)
 第三节　成本法在无形资产评估中的应用 (203)
 第四节　市场法在无形资产评估中的应用 (207)
 第五节　专利资产和专有技术评估 (209)
 第六节　商标资产评估 (215)
 第七节　著作权评估 (218)
 第八节　商誉的评估 (222)

第八章　企业价值评估 ……………………………………………… (225)
第一节　企业价值评估概述 …………………………………… (225)
第二节　企业价值评估的基本方法 …………………………… (229)
第三节　企业价值评估应用举例 ……………………………… (247)

第九章　资产评估报告 …………………………………………… (251)
第一节　资产评估报告的基本要素 …………………………… (251)
第二节　资产评估报告的编制 ………………………………… (257)
第三节　资产评估报告的利用 ………………………………… (259)

第十章　资产评估项目组织与管理 ……………………………… (261)
第一节　资产评估项目组织与管理的主要内容与一般要求 … (261)
第二节　准备阶段的组织与管理 ……………………………… (263)
第三节　现场工作阶段的组织与管理 ………………………… (277)
第四节　评估程序计划的编制 ………………………………… (279)
第五节　资产评估报告形成阶段的组织与管理 ……………… (281)
第六节　资产评估工作底稿及项目小结 ……………………… (283)

附录一　资产评估汇总表 ………………………………………… (287)

附录二　复利系数公式和复利系数表 …………………………… (293)

第一章
总 论

第一节 资产评估的基本概念

一、资产的基本概念

资产评估，顾名思义，就是对资产进行评估。因此，学习资产评估有必要掌握资产的含义。

资产是现代社会经济生活中使用频率很高的词汇之一，但界定这个概念的内涵却比较困难，这是因为人们对资产这个概念有不同的理解。有人们约定俗成的理解（把资产理解为钱和物），有某些法规的界定（《企业会计准则》中对资产的定义），有某些理论的界定（经济学、资产评估学、法学等对资产的认识和界定）等。为便于讨论，本书仅从会计学和资产评估学的角度来认识资产的含义。

（一）会计学中的资产概念

财政部颁布的《企业会计准则——基本准则》（2014）中对资产所下的定义是："资产是指企业过去的交易或者事项形成的、由企业拥有或者控制的、预期会给企业带来经济利益的资源。"

这个定义具有以下几个特点：

第一，资产是由过去的交易或者事项形成的。

这就是说，资产是由于过去已经发生的交易或事项所产生的结果，具有客观性、现实性，对于未来可能发生的交易或事项将产生的结果，则不视作资产。

第二，资产是由企业拥有或者控制的资源。

企业将一项资源确认为自己的资产，前提是必须拥有该资源的所有权。对于一些特殊方式形成的资产，企业虽然对其暂不拥有所有权，但实际能够控制（如融资租入固定资产），按照实质重于形式原则的要求，也可以将其作为企业的资产予以确认。

第三，资产预期会给企业带来经济利益。

一项东西之所以被视为资产，在于该项东西能够给企业带来未来收益。不能给企业带来未来收益的东西不能称为资产。

上述资产定义是国内外会计界对资产含义的基本理解，但都有一个前提，即仅限于"企业"这个特定的主体,而未涉及对非企业性质的各种组织以及个人等拥有的经济资源的界定。因此,可以认为,会计学中对资产的定义是狭义的资产定义。

(二) 资产评估学中的资产概念

1. 与资产相关的名词概念

要正确理解资产评估学中的资产概念,还有必要对与资产相关的概念加以认识。

(1) 财产

财产的一般意义是指金钱、财物及民事权利义务的总和。财产既是一个经济概念(金钱、财物),又是一个法律概念(民事权利义务的总和)。财产如果具有带来预期经济利益的功能,则可以成为资产的同义语;但现实中并非所有的财产都具有这种功能,如行政机关的财产、慈善机构的财产等。

(2) 财富

财富是指"具有价值的东西,如自然财富和物质财富"[①]。与财产相比,财富的含义更抽象一些,即既可指有形的实物,也可指无形的权利;既可指物质的领域,也可指精神的领域。由此可见,财富的含义十分广泛。财富与资产的关系是,经过条件的转化,有的财富可以成为资产(某些有形的财富),有的财富则不能成为资产(某些精神的财富,如文化思想等)。

(3) 资源

资源有多种解释,一般来讲,可以从广义和狭义两个方面去理解。广义的资源,包括自然资源、经济资源和人文社会资源等;狭义的资源,则仅指自然资源。

一般来说,资源都会给人类带来预期经济利益,从这点来看,资源与资产的含义相同。但如果有的资源的使用价值尚未被发现,或发现后尚不能被当时的科学技术所开发利用,那么,这些资源便不能被称为资产,因为它们还不能被确定可以在较短的未来时期内给人类带来预期经济利益。

2. 资产评估学中的资产概念

从对上述与资产相关的名词的分析来看,要对资产评估学中的资产下一个定义是很困难的。为了使资产评估学中的资产定义既能符合资产本身的含义,又能对未来不断发展的资产评估活动起到指导作用,我们将资产评估学中的资产定义从广义和狭义两个方面去加以界定。

(1) 资产评估学中广义的资产定义

该定义是:资产是具有一定稀缺性、目前能够被开发利用的资源以及相关的权利。该定义具有以下几个特点:

第一,具有一定稀缺性。一项资源之所以有价值,必然是稀缺资源。如果某项资源取之不尽、用之不竭,那么,也就没有价值可言了,如空气、阳光等。一般而言,越稀缺的资源其价值越高。

第二,能够被开发利用。资源的价值在于能够被开发利用。不能被开发利用的资源,则暂时还不能给人类带来预期经济利益,故不能被视作资产。

---

① 夏征农. 辞海 [M]. 上海:上海辞书出版社,2000.

第三，相关的权利。权利是资产的重要组成部分。资源分为有形资源和无形资源。无形资源通常代表一种权利（如经济资源中的债权、专利权、特许经营权等）。比如，矿藏是一项有形资源，相应地就有采矿权这样一项无形的权利；旅游景点是一项有形资源，相应地就有特许经营权或收费权这样的无形的权利。

资产评估学中广义资产的定义适用于国家、经济实体（企业和非企业组织）、个人三大主体所拥有的资源，适用范围很广。

（2）资产评估学中狭义的资产定义

资产评估学中狭义的资产定义：资产是实体或个人所拥有或控制的、能以货币计量的、能够带来预期经济利益的资源。该定义具有以下几个特点：

第一，采用了"实体"的概念。这里的"实体"泛指社会中的所有经济组织（企业和非企业组织等），范围极广。

第二，采用了"个人"的概念。在社会中，个人所拥有的财产在社会资源中占有很大的比重，这也是资产评估的重要对象。

第三，能以货币计量。如果一项资源的价值不能以货币计量，则不能进行评估，例如某些自然资源、文化财富等。

第四，能够带来预期经济利益。

资产评估学中狭义资产的定义适用于实体和个人两大主体所拥有的资源，适用范围小于资产评估学中广义资产的定义。

以上可见，资产评估学中资产概念的含义比会计学中资产概念的含义要广得多，会计学中的资产概念目前仅限于经济实体中企业组织所拥有的资源。

二、资产评估的基本概念

资产评估的基本概念可以从资产评估的定义、资产评估的基本要素、资产评估的特点三个方面去加以认识。

（一）资产评估的定义

《中华人民共和国资产评估法》（以下简称《资产评估法》）（2016）中对资产评估所下的定义是："评估机构及其评估专业人员根据委托对不动产、动产、无形资产、企业价值、资产损失或者其他经济权益进行评定、估算，并出具评估报告的专业服务行为。"

该定义包括以下几个方面的内容：

第一，评估主体。

该定义将评估主体界定为评估机构及其评估专业人员，而不是泛指任何人员。

第二，实施委托。

从事资产评估工作，前提是需要有一个主体对评估机构及其评估专业人员实施委托，评估机构及其评估专业人员根据委托合同中的内容开展资产评估工作。《资产评估法》（2016）中对委托事项做了如下规定："自然人、法人或者其他组织需要确定评估对象价值的，可以自愿委托评估机构评估。涉及国有资产或者公共利益等事项，法律、行政法规规定需要评估的（以下称法定评估），应当依法委托评估机构评估"。

第三，评估对象的内容。

明确界定评估对象包括"不动产、动产、无形资产、企业价值、资产损失或者其他经济权益"。

第四，评定、估算。

"评定、估算"四个字，有两层含义。一是指对评估对象的价值（而不是其他内容，如评估对象的技术性、安全性等）进行分析和估算。二是含有主观、分析、判断的意思，这说明资产评估是一种定性分析与定量计算相结合的综合行为。

第五，出具评估报告的专业服务行为。

出具评估报告的专业服务行为是指评估机构及其评估专业人员要对评估对象的价值给予明确界定并按有关规定出具评估报告。

（二）资产评估的基本要素

要素是构成事物的必要因素。资产评估是一项中介服务工作，要履行若干程序，这些程序必然涉及基本的评估要素。这些评估要素构成了资产评估工作的有机整体，也是从事资产评估工作的必要前提。它们主要包括评估主体、评估对象、评估目的、评估假设、评估原则、评估价值类型、评估依据、评估程序、评估方法和评估基准日等。这些要素将在后面的内容中加以阐述。

（三）资产评估的特点

资产评估是一项社会性的中介服务工作。作为一项特定的社会经济活动，它具有一些区别于其他社会经济活动的特点。

1. 市场性

市场性是指资产评估工作是以市场竞争活动为假设前提来进行的。资产评估的市场性可以从两个方面去加以理解：

（1）资产评估是市场经济的产物。在社会经济生活中，只有纳入市场竞争活动的东西才有必要作为评估对象，而某些带有垄断性、计划性的东西，则无必要纳入评估范畴。

（2）资产评估以市场信息为依据。这里的市场信息，包括资产的供求信息、价格信息等。

2. 公正性

公正性是指资产评估行为要以有关的法律法规以及资产评估准则等作为执业准绳，而不能偏袒当事人的任何一方。公正性是资产评估工作赖以存在的最重要的前提条件之一。

3. 专业性

专业性是指资产评估工作必须由专门的机构和专门的人员来进行。财政部发布的《资产评估基本准则》（2017）中规定："本准则所称资产评估机构及其资产评估专业人员是指根据资产评估法和国务院规定，按照职责分工由财政部门监管的资产评估机构及其资产评估专业人员。"

需要注意的是，《资产评估基本准则》（2017）是由财政部发布的，因此，该准则所称的"资产评估机构及其资产评估专业人员"是指"由财政部门监管的"那部分评估机构和评估人员。本教材中所指的资产评估机构及其资产评估专业人员,口径与财政部规定的一致。

4. 咨询性

咨询性是指资产评估结论为资产业务提供专业化估价意见。该意见本身并无强制执行的效力,评估师只对结论本身合乎职业规范的要求负责,而不对资产业务定价决策负责。

第二节 资产评估主体和对象

一、资产评估主体

资产评估主体是指从事资产评估工作的资产评估机构和资产评估专业人员。

(一) 资产评估机构

资产评估机构是指在市场监管部门登记,在财政部门备案、接受委托执行资产评估业务并独立承担民事责任的合伙形式或公司形式的法人。

(二) 资产评估专业人员

关于资产评估专业人员,《资产评估法》(2016)是这样界定的:"评估专业人员包括评估师和其他具有评估专业知识及实践经验的评估从业人员。评估师是指通过评估师资格考试的评估专业人员。国家根据经济社会发展需要确定评估师专业类别。"

上述可见,资产评估专业人员分为两类:一类是指通过评估师资格考试并且取得资格证书的评估师,另一类是虽未取得评估师证书但具有评估专业知识及实践经验的评估从业人员。

二、资产评估对象

(一) 资产评估对象的基本概念

资产评估对象又称为资产评估客体,是指被评估的具体标的或者被评估的资产。整个资产评估工作就是对评估对象的价值进行评定和估算,只有确定了资产评估的对象,才能清晰地界定资产评估范围。资产评估范围是指评估对象的具体表现形态及其权利边界和数量边界。

(二) 资产评估对象的种类

为了合理、有效地开展资产评估工作,有必要对资产评估对象按不同的标准进行分类。

1. 按资产存在的形态划分,可以分为有形资产和无形资产

有形资产是指那些具有实物形态的资产,如房屋、机器设备、存货等;无形资产是指那些没有实物形态,但以某种权利、技术或知识等形态存在并发挥作用的资产,如专利权、商标权、特许经营权等。

2. 按资产是否具有综合获利能力划分,可以分为单项资产和整体资产

综合获利能力是指评估对象独立获取经济利益的能力。单项资产是指单件、单台的资产;整体资产是指由若干单项资产组成的具有独立获利能力的资产综合体,可以是一个组织内的全部资产,也可以是具有独立获利能力的部分资产,如企业的一条生产线、一个封闭式生产车间等。

评估一项资产的价值是基于该项资产能继续使用并能带来预期经济收益。同样是一项资产,有的可以单独带来预期经济收益,如一辆营运性质的汽车,这类资产在评估时可视同为整体资产;有的则必须依附于其他资产或要素才能产生收益,如一台车床,这类资产在评估时被界定为单项资产。

由此可见,单项资产的评估价值之和,并不等于整体资产评估价值。整体资产的评估价值可能还包括了全部被评估资产的综合生产能力以及企业的管理水平、人员的素质等因素。

3. 按资产能否独立存在划分,可以分为可确指资产和不可确指资产

可确指资产是指不需依附于其他载体而独立存在的资产。所有的有形资产和除商誉以外的无形资产都是可确指资产;不可确指资产是指必须依附于某些载体才能存在的资产,如企业的商誉。企业存在,讲商誉才有意义;企业不存在了,商誉也就消失了。

4. 按资产与生产经营过程的关系划分,可以分为经营性资产和非经营性资产

经营性资产是指处于生产过程或经营过程中的资产,如企业中的生产厂房、生产用机器设备等。经营性资产可以为资产拥有者带来直接的预期经济收益。非经营性资产是指不处于生产过程或经营过程中的资产,如企业中的医院、幼儿园、学校等占用的资产。非经营性资产通常不能为资产拥有者带来直接的预期经济收益。

第三节 资产评估目的

一、资产评估目的的概念

资产评估目的是指资产评估报告和评估结论的预期用途,也就是评估委托人要求对评估对象的价值进行评估后所要从事的行为。评估目的要解决的是为什么要进行资产评估,这是资产评估工作进入实质性阶段后首先要考虑的重要因素,因为评估目的不同,会对资产评估的其他要素,如评估依据、评估价值类型以及评估方法的确定等产生影响。

二、资产评估目的的类型

资产评估目的可以分为一般目的和具体目的两大类。

(一)资产评估的一般目的

资产评估的一般目的是指委托进行资产评估的任何当事人的共同目的。资产评估的一般目的是取得资产在评估基准日的公允价值。人们进行资产评估的具体目的虽然各种各样，但总体来说，就是要取得被评估资产的价值，而且这个价值是公允的，也就是说，这个价值是评估人员遵守相关的法律法规、资产评估准则等进行评估的、评估各方当事人都可以接受的价值。这个价值既符合评估当事人的利益，也不会损害其他人的利益。

（二）资产评估的具体目的

资产评估的具体目的是指评估当事人委托进行资产评估的特定目的。按不同的标准划分，可以分为以下几种类型：

1. 资产交易

资产交易包括资产转让和资产置换。

（1）资产转让

资产转让是指资产的买卖，即资产拥有者将其拥有的资产有偿转让给他人，通常是指转让非整体性资产的经济行为。

（2）资产置换

资产置换是指采用非货币性交易的方式进行的资产交换。存货、固定资产、无形资产、股权投资以及不准备持有到期的债券投资等，都可以成为资产置换的对象。

2. 股权变动

（1）公司合并

公司合并是指公司产权交易后只存在单一的经济主体和法律主体，包括吸收合并和新设合并两种形式。一个公司吸收其他公司为吸收合并，被吸收的公司解散；两个以上公司合并设立一个新的公司为新设合并，合并各方解散。

（2）股权变更

股权变更是指公司股东拥有的股权由于新增加或转让而引起的变更。

（3）股份经营

股份经营是指拥有资产的法人实体，按照有关法律法规实施股份制经营方式的行为。例如，国有企业改制为股份制企业。

（4）其他股权投资

其他股权投资是指某个经济实体以货币资金、有形资产和无形资产直接投入其他经济实体的行为，也可以是若干经济实体共同投入资产组建新的经济实体的行为。

（5）债务重组

债务重组是指在债务人发生财务困难的情况下，债权人按照其与债务人达成的协议或者法院的裁定做出让步的事项。债务重组的方式有多种，包括以资产清偿债务、将债务转为资本、修改其他债务条件等。

3. 企业清算

企业清算是指企业因解散或破产而履行清理债权债务、分配剩余财产等法定程序的总称。

4. 融资服务

（1）抵押

抵押是指债务人或者第三人转移对财产的占有而将该财产作为债权的担保。

（2）租赁

租赁是指出租人将财产交承租人使用并获取收益，承租人向出租人支付租金的行为。租赁包括整体资产租赁（企业租赁）和部分资产租赁。

（3）典当

典当是财产所有人以其拥有的动产作质押，从而从发放贷款的机构取得款项的经济行为。

5. 纳税服务

单位或个人进行资产交易，需要按规定缴纳相应的税费，这就需要对被交易的资产的价值进行评估，从而计算出应纳税额。

6. 咨询服务

咨询服务是指专门的机构或个人接受企事业单位、团体或个人的委托，为其提供专门知识的智力服务。这类服务的类型较多，以下是几种常见的类型：

（1）业绩评价

业绩评价通常是指对某一组织的负责人在其任职期间的业绩所进行的综合评价，其中涉及有关资产的保值增值的评价等，这就需要对相关资产进行评估。

（2）以财务报告为目的的评估

以财务报告为目的的评估是指评估专业人员基于企业会计准则或相关会计核算、披露要求，运用评估技术，对财务报告中各类资产和负债的公允价值或特定价值进行分析、估算，并发表专业意见的行为和过程。

（3）诉讼

诉讼是司法机关在当事人和其他诉讼参与人的参加下，依法定程序为处理案件而进行的活动。在涉及财产赔偿的诉讼时，当事人需要对相关资产进行评估，以便为自己的请求提供依据。法院判决时，也往往需要依据专业评估人员对相关资产的评估结果。

（4）取得资产的现实价值

经济实体或个人往往需要掌握或提供一些有关资产现实价值的资料，例如企业向潜在投资人提供本企业资产的现实价值等。

三、确定资产评估目的的作用

在资产评估工作中，确定资产评估目的是非常重要的一个环节。从理论上来讲，任何资产都具有一定使用价值，从而具有交换价值。如果我们对某项资产进行评估，无疑是可以评估出该项资产的价值的。但这里需要考虑一个问题，即该项资产的使用价值是在什么条件下产生的。如果为了发挥其使用价值而发生了大量的成本，发生的成本超过该项资产继续使用所带来的预期收益，那么，从评估的角度看，该项资产实际上是没有价值的。因此，在对被评估资产进行评估时，首先要明确被评估资产的评估目的。目的不同，用途也就不同，资产在使用时所需要具备的条件也就不相同，其产生的预期收益也将会不同。上述这些不同，就会影响到评估方法的运用。评估方法不同，评估结果也就不同。因而，从这个角度讲，不同的资产评估目的，会导致不同的资产评估结果。不同的资产评估结果，会对评估事项当事人的经济利益产生影响。这就是确定资产评估目的的重要性。

第四节 资产评估假设和原则

一、资产评估假设

（一）资产评估假设的类型

假设是认识和研究事物发展规律的前提，是建立一门学科的理论体系和方法体系的基础。资产评估假设是指资产评估专业人员在现实普遍认知的基础上，依据客观事实及事物发展的规律与趋势，通过逻辑推理，对评估结论的成立所依托的前提条件或者未来可能的发展状况做出的合理的推断或者假定。评估对象所处的时间和空间状况是千变万化的，未来的用途也无可测定。如果没有一定的假设，资产评估工作就无法开展。资产评估师执行资产评估业务，应当科学合理地使用评估假设，并在评估报告中披露评估假设及其对评估结论的影响。从理论上讲，评估人员可以根据评估对象的具体情况做出多种不同的评估假设。但是，从资产评估的实践来看，在资产评估的众多假设中，被抽象出三个最基本的假设：公开市场假设、继续使用假设和清算假设。

1. 公开市场假设

市场有公开市场和非公开市场之分。公开市场是指一个自由竞争的市场。在这个市场中，交易双方进行交易的目的都是最大限度地追求经济利益，并掌握有必要的市场信息，有较充分的时间考虑，对交易对象具有必要的专业知识，交易双方的交易行为都是自愿的，交易条件公开并不受限制。由此可见，公开市场指的是充分发达与完善的市场，是一种完美的、理想的市场。在这样的市场条件下进行交易的商品或服务的价格，是最理想和最合理的价格。但是，现实中的市场并非都能达到上述公开市场的完善程度，而资产评估又必须对评估对象的价值进行合理估算，并提供给当事人。在这种情况下，资产评估必须做出一个重要的假设，即公开市场假设。在此条件下，模拟出在一种完美理想的市场条件下的评估对象的价值。

非公开市场是指不符合公开市场定义的其他市场。非公开市场的商品或服务的交易往往带有垄断性和强制性，交易的价格并不能真正体现商品或服务的合理的价格，因而，资产评估在这种条件下发挥的作用是非常有限的。

2. 继续使用假设

继续使用假设是指对评估对象未来所处状态的一种假设。一项资产，既可以继续使用，也可以不继续使用。如果一项资产继续使用，在正常情况下，该项资产可以给资产拥有者带来一定的经济利益；不继续使用，该项资产就不能给资产拥有者带来经济利益（或者最多有一些变现收入）。由此可见，一项资产是否继续使用，其评估价值是不相同的。

在实际生活中，由于情况的复杂性，人们不可能对一项资产是否继续使用做出十分肯定的决断，因此，在进行资产评估时，就有必要根据评估对象的现实状态以及对未来因素的估计，对其是否继续使用做出一种设定。这就是继续使用假设。

需要注意的是，在对企业价值进行评估时，继续使用假设就需要修改为持续经营假设。因为企业是一项特殊的资产，企业不能"继续使用"，而只是持续经营。

单项资产的继续使用一般可以分为三种情况。

（1）在用续用

在用续用是指被评估资产在评估目的实现后，仍按评估基准日时的用途继续使用。这部分资产既可以是动产，也可以是不动产。

（2）转用续用

转用续用是指被评估资产在评估目的实现后，在原地转换用途继续使用。这部分资产既可以是动产，也可以是不动产。

（3）移用续用

移用续用是指被评估资产在评估目的实现后，将易地继续使用。易地使用的资产只能是动产。

资产的继续使用是要受到一定条件限制的。有的资产要进行维修后才能继续使用，有的资产在环境发生变化后其发生的作用也可能会发生变化，等等。但在评估时，通常是按被评估资产在现有状态下继续使用进行假设的，也就是将时间确定在评估基准日，将空间确定在资产目前所处的环境来进行评估的。

继续使用假设是资产评估中的一个非常重要的假设，除了部分评估事项涉及不能继续使用的资产外，绝大多数资产评估涉及的是假设能够继续使用的资产，因此，对继续使用假设必须予以充分的重视。

3. 清算假设

清算假设是指对与被评估对象有关的经济实体未来所处状态的一种假设。这里的经济实体，既可以指企业，也可以指非企业组织。由于解散或破产等原因，经济实体会实施清算，其中包括对资产进行处置、对剩余资产进行分配等。这都会涉及对资产价值的评估。由于要对资产进行处置和对剩余资产进行分配，因此，要求对被评估资产进行强制出售或快速变现。这种特定状况会出现两种情况：一是时间短，即交易事项被要求限制在较短的时间内完成；二是交易双方的地位不平等，卖方是非自愿地被迫出售，而买方人数又可能很少。基于这两种情况，清算假设下的被评估资产的评估价值，往往要低于继续使用假设下同样资产的评估价值。

清算假设是资产评估中的一种特殊假设。由于被评估资产需要强制出售或快速变现，因此，在评估时不能再采用继续使用假设。又由于在这种状态下交易双方的地位不平等，因此，又不能再采用公开市场假设。由此可见，清算假设是一种特殊情况下的特殊假设。

（二）资产评估假设的作用

资产评估假设的作用可以从以下几个方面去认识：

1. 资产评估假设将被评估资产置于一个特定的环境

从市场的划分来看，有公开市场和非公开市场。从资产的使用来看，有继续使用和非继续使用。从前面的分析来看，必须通过假设对被评估资产给定一个特定的条件，资产评估工作才能正常进行。

2. 资产评估假设是实现资产评估特定目的的必要条件

资产评估特定目的确定了资产评估工作的起点和目标（终点）。为实现资产评估特定目的，需要建立一些基本的前提，对某些因素加以设定，才能合理实现资产评估的特定目的。

3. 资产评估假设是确定评估方法的前提条件

任何方法的运用都有一定前提条件，资产评估也是如此。在不同的假设条件下，适用的评估方法会不相同，从而导致评估结论也不相同。例如，同一资产在继续使用假设和清算假设条件下，采用的评估方法会不相同，其评估价值也会不相同。比如，在继续使用假设下，评估方法可以采用收益法；而在清算假设下，评估方法就不能采用收益法了。

二、资产评估原则

原则是观察问题、处理问题的准绳。资产评估是一项社会性中介服务工作，要做到客观、公正，取信于社会，就必须遵循一定的原则。资产评估原则分为两大类：资产评估工作原则和资产评估技术原则。

（一）资产评估工作原则

资产评估工作原则是指资产评估工作的行为规范。工作原则是每个评估人员在从事任何评估事项时都必须遵守的规范。资产评估工作原则包括客观性原则、公正性原则、科学性原则、可行性原则。

1. 客观性原则

客观性是指不带个人偏见，按照事物本来的面目去认识事物。资产评估中的客观性至少包含三层含义：一是指评估对象的客观存在；二是指评估中所采用的数据和指标等是客观的，即有一定的依据和来源；三是指评估结论经得起检验。

2. 公正性原则

公正性是指人们要按照一定的标准去认识问题和处理问题，或按一定的标准去对待相同情况的人和事。资产评估中的公正性，要求资产评估提供的中介服务必须坚持公正立场，一切按标准行事，不偏向评估当事人的任何一方。

3. 科学性原则

资产评估的科学性是指资产评估运用的原理、概念和方法等能反映资产评估工作的本质和规律。在资产评估实践中，表现为要根据资产评估的特定目的，做出适当的评估假设，恰当确定评估对象，选择适用的价值类型和评估方法，目的是使评估结果公正合理。简言之，资产评估的科学性就是要充分考虑评估目的、评估假设、价值类型、评估对象、评估方法等要素的特点及其相互之间的关系，加以合理匹配，从而得出合理的结果。

4. 可行性原则

资产评估的可行性是指在不违背执业标准的前提下，结合考虑资产评估的技术和经济等方面的因素,采用适当简化的、可操作的评估方法进行评估。可行性原则要求资产评估工作既要力求评估结果公正合理,又要尽量提高工作效率,满足评估当事人的要求。可行性原则要求把资产评估工作的有效性、评估结果的合理性、评估成本的经济性等方面有机地加以考虑。例如,对一些数量多、价值低的机器设备进行逐台质量检测,就会增大评估成本,并且耗费的时间很多,因而,在评估实践中,可以采用其他可行的、能提高工作效率的评估方法,加以替代完成。

(二)资产评估技术原则

资产评估的技术原则是指对资产评估工作的技术规范,包括预测原则、替代原则、贡献原则、评估基准日原则等。

1. 预测原则

预测是指对资产的未来收益进行预测。一项资产之所以具有价值,是因为可以带来未来收益,而未来收益又只有通过预测来加以确定。因此,在资产评估中,预测既是一种基本的评估方法,也是一项基本的评估原则。

2. 替代原则

替代是指在资产评估中选择替代物的行为。采用市场法进行评估时,如果在市场上没有与评估对象完全相同的资产,则可以选择类似的资产作为参照物来进行评估。被选择的类似资产,就称为替代物。

3. 贡献原则

资产评估中的贡献是指某一资产在整体资产中的重要性。

在资产评估中,遵循贡献原则是指对某一资产价值的确定取决于它相对于其他相关的单项资产或整体资产的价值贡献,或者根据当缺少它时对整体资产价值的影响程度来衡量确定。例如,一双新买的皮鞋价值300元,丢失了一只,则损失的不是150元,而是300元。

4. 评估基准日原则

评估基准日是指为量化和表达资产价值数额所选定的具体时间点,即为确定特定条件下资产评估价值所选定的具体体现资产时间价值属性的时间基准点。在现实生活中,市场是不断变化的,资产的价值也会不断发生变化。为使被评估资产的价值具有合理性和可验证性,在进行资产评估时,有必要将市场各种因素固定在某一时点,这一时点就是评估基准日。评估人员提供的资产评估价值,只是在这一时点上的价值。评估基准日原则告诉我们,资产评估价值是一个时点价值,而不是一个时期价值。被评估资产的价值会随着时间和市场条件的变化而发生改变。

第五节 资产评估价值类型

一、资产评估中的价值的基本含义

资产评估就是对资产的价值进行评定估算,那么,应该怎样理解资产评估中的价值概念呢?

（一）资产评估中的价值不是凝结在商品中的一般的无差别的人类劳动

按照马克思的劳动价值论观点，价值的经济学含义是指凝结在商品中的一般的无差别的人类劳动或抽象的人类劳动，价值量的大小取决于社会必要劳动时间。由此可见，价值的经济学含义只是一种理论上的抽象，人们在现实中看见的是随着市场供求关系变化的商品的价格，也就是商品的交换价值。商品的交换价值已不完全受社会必要劳动时间的限定，而要受到众多市场因素的影响。因此，资产评估中的价值不是凝结在商品中的抽象劳动。

（二）资产评估中的价值不完全是市场价格

资产的市场价格产生于公开市场。应当说，产生于公开市场的资产价格是合理的价格。但资产评估中的价值不完全是市场价格，其理由在于有的资产没有市场价格，如某些在产品、自制设备等。

（三）资产评估中的价值反映的是一种公允价值

公允价值的一般含义是指在公平交易中熟悉情况的交易双方自愿进行资产交换或债务清偿的金额。它既包括了继续使用假设下的资产价值，也包含了非继续使用假设下的资产价值。

在继续使用假设下，需要对被评估资产带来的预期收益进行估计，从而估算出被评估资产的价值。在非继续使用假设下，需要对被评估资产强制出售或快速变现的价格进行估计，从而估算出被评估资产的价值。评估人员在进行这些估算时，既要考虑市场价格因素，又要考虑评估当事人的接受程度。因此，这样估算出来的资产价值只能是一个在特定假设条件下评估各方当事人都可以接受的价值，即公允价值。

二、资产评估价值类型的基本概念及类别

（一）资产评估价值类型的基本概念

资产评估价值类型是指反映评估对象特定价值内涵、属性和合理性指向的各种价值定义的统称。它是资产评估结果的价值属性，也就是被评估资产价值的性质。

（二）资产评估价值类型的类别

中国资产评估协会发布的《资产评估价值类型指导意见》（2017）第三条中规定："本指导意见所称资产评估价值类型包括市场价值和市场价值以外的价值类型。"

1. 市场价值

市场价值是指自愿买方和自愿卖方在各自理性行事且未受任何强迫的情况下，评估对象在评估基准日进行正常公平交易的价值估计数额。

当评估人员所执行的资产评估业务对市场条件和评估对象的使用等并无特别限制和要求时，通常应当选择市场价值作为评估结论的价值类型。

2. 市场价值以外的价值类型

凡是不符合市场价值定义条件的资产价值类型，都属于市场价值以外的价值。在资产评估中使用较多的市场价值以外的价值类型主要有投资价值、在用价值、清

算价值、残余价值等。

（1）投资价值

投资价值是指评估对象对于具有明确投资目标的特定投资者或者某一类投资者所具有的价值估计数额，亦称特定投资者价值。

评估人员执行资产评估业务，当评估业务针对的是特定投资者或者某一类投资者，并在评估业务执行过程中充分考虑并使用了仅适用于特定投资者或者某一类投资者的特定评估资料和经济技术参数时，通常应当选择投资价值作为评估结论的价值类型。

（2）在用价值

在用价值是指将评估对象作为企业、资产组组成部分或者要素资产按其正在使用方式和程度及其对所属企业、资产组的贡献的价值估计数额。

评估人员执行资产评估业务时，如果评估对象是企业或者整体资产中的要素资产，并且在评估业务执行过程中只考虑了该要素资产正在使用的方式和贡献程度，没有考虑该资产作为独立资产所具有的效用及在公开市场上交易等对评估结论的影响，则通常应当选择在用价值作为评估结论的价值类型。

（3）清算价值

清算价值是指在评估对象处于被迫出售、快速变现等非正常市场条件下的价值估计数额。

评估人员执行资产评估业务，当评估对象面临被迫出售、快速变现或者评估对象具有潜在被迫出售、快速变现等情况时，通常应当选择清算价值作为评估结论的价值类型。

（4）残余价值

残余价值是指机器设备、房屋建筑物或者其他有形资产等的拆零变现价值估计数额。

评估人员执行资产评估业务，当评估对象无法或者不宜整体使用时，通常应当考虑评估对象的拆零变现，并选择残余价值作为评估结论的价值类型。

（三）价值类型运用中的一些特殊考虑

某些特定评估业务评估结论的价值类型可能会受到相关法律法规或者契约的约束，这些评估业务的评估结论应当按照相关法律法规或者契约等的规定选择价值类型；相关法律法规或者契约没有规定的，可以根据实际情况选择市场价值或者市场价值以外的价值类型，并予以定义。

某些特定评估业务包括：以抵（质）押为目的的评估业务、以税收为目的的评估业务、以保险为目的的评估业务、以财务报告为目的的评估业务等。

1. 以抵（质）押为目的的评估业务

评估人员执行以抵（质）押为目的的资产评估业务，应当根据担保法等相关法律法规及金融监管机关的规定选择评估结论的价值类型；相关法律法规及金融监管机关没有规定的，可以根据实际情况选择市场价值或者市场价值以外的价值类型作为抵（质）押物评估结论的价值类型。

2. 以税收为目的的评估业务

评估人员执行以税收为目的的资产评估业务，应当根据税法等相关法律法规的规定选择评估结论的价值类型；相关法律法规没有规定的，可以根据实际情况选择市场价值或者市场价值以外的价值类型作为课税对象评估结论的价值类型。

3. 以保险为目的的评估业务

评估人员执行以保险为目的的资产评估业务，应当根据保险法等相关法律法规和契约的规定选择评估结论的价值类型；相关法律法规或者契约没有规定的，可以根据实际情况选择市场价值或者市场价值以外的价值类型作为保险标的物评估结论的价值类型。

4. 以财务报告为目的的评估业务

评估人员执行以财务报告为目的的资产评估业务，应当根据会计准则等相关规范中关于会计计量的基本概念和要求，恰当选择市场价值或者市场价值以外的价值类型作为评估结论的价值类型。

三、明确资产评估价值类型的意义

在资产评估工作中，明确价值类型具有重要的意义。

（一）价值类型表明了被评估资产价值的性质

价值类型说明的是资产评估价值的内涵，是对资产评估价值质的规定性。之所以需要有这种质的规定性，在于同样的一项资产，在不同条件下，其价值是不一样的。例如，在继续使用条件下和非继续使用条件下，其价值就会不一样。这是资产评估中的价值含义的特殊性。因此，在进行资产评估时，有必要根据资产评估特定目的和特定假设，确定被评估资产价值的性质，为确定资产评估的思路和方法提供前提条件。

（二）明确价值类型有利于评估结果的正确使用

资产评估结果的使用人可能是多方面的。既可以是评估委托人，也可以是与评估事项相关的其他当事人。明确价值类型，就明确地界定了评估结果的价值含义，有利于评估结果使用人对评估结果的理解，从而避免滥用资产评估结果。

第六节 资产评估依据和程序

一、资产评估依据

资产评估依据是指资产评估工作中所依托的规范、标准以及依赖的信息基础。资产评估是为评估当事人提供中介服务的一项工作。提供的评估结果必须客观、公正，因此，资产评估依据显得十分重要。

评估事项不同，所需的评估依据也不相同。多年的评估实践表明，资产评估依据虽然多种多样，但大致可以划分为五大类：经济行为依据、法律法规依据、评估准则依据、资产权属依据和取价依据等。

（一）经济行为依据

经济行为依据是指评估委托人和评估人员据以从事资产评估活动的依据，如公司董事会关于进行资产评估的决议、评估委托人与评估机构签订的资产评估委托合同、有关部门（法院）对评估机构的资产评估委托书等。资产评估机构或评估人员只有在取得资产评估行为依据后，才能正式开展资产评估工作。

（二）法律法规依据

法律法规依据是指从事资产评估工作应遵循的有关法律法规依据，如《资产评估法》《公司法》以及国务院颁发的《国有资产评估管理办法》等。

（三）评估准则依据

评估准则依据是指从事资产评估工作应遵循的、由财政部发布的《资产评估基本准则》和由中国资产评估协会发布的一系列评估准则、评估指南、评估指导意见等。

（四）资产权属依据

资产权属依据是指能证明被评估资产权属的依据，如国有土地使用证、房屋所有权证等。在资产评估中，被评估的资产通常是资产占用方拥有或控制的资产，这就要求评估委托人应当提供、评估人员必须收集被评估资产的产权依据。

（五）取价依据

取价依据是指评估人员确定被评估资产价值的依据，这类依据包括两部分：一部分是由评估委托人提供的相关资料（会计核算资料、工程结算资料等）；另一部分是由评估人员收集的市场价格资料、统计资料、技术标准资料以及其他参数资料等。

以上是从事一般资产评估工作的依据。如从事特殊类型的资产评估，还可能涉及评估项目中采用的特殊依据，这要视具体情况而定，评估人员应在评估报告中加以披露。

二、资产评估的程序

资产评估程序是指执行资产评估业务所履行的系统性工作步骤。资产评估程序可以从广义和狭义两个方面去加以理解。广义的资产评估程序开始于资产评估业务前的明确资产评估业务基本事项，终止于资产评估报告提交后的资产评估文件归档管理；狭义的资产评估程序则开始于资产评估机构和人员接受委托，终止于向委托人或相关当事人提交资产评估报告。《资产评估准则——评估程序》（2018）则是从广义的角度对评估程序加以规范的。

评估人员执行资产评估业务，通常履行下列基本评估程序：

（一）明确业务基本事项

这一程序包括明确评估业务的委托方和资产占有方及其相互关系、明确评估目的、确定评估范围和对象、明确评估基准日、了解评估委托方有关资产评估的决议、评估人员对评估事项进行风险评价等。

（二）订立业务委托合同

资产评估中所指的业务委托合同，是指资产评估机构与委托人订立的，明确资产评估业务基本事项，约定资产评估机构和委托人权利、义务、违约责任和争议解决等内容的书面合同。

资产评估委托合同通常包括下列内容：
(1) 资产评估机构和委托人的名称、住所、联系人及联系方式；
(2) 评估目的；
(3) 评估对象和评估范围；
(4) 评估基准日；
(5) 评估报告使用范围；
(6) 评估报告提交期限和方式；
(7) 评估服务费总额或者支付标准、支付时间及支付方式；
(8) 资产评估机构和委托人的其他权利和义务；
(9) 违约责任和争议解决；
(10) 合同当事人签字或者盖章的时间；
(11) 合同当事人签字或者盖章的地点。

订立资产评估委托合同时未明确的内容，资产评估委托合同当事人可以采取订立补充合同或者法律允许的其他形式做出后续约定。

资产评估委托合同载明的评估目的应当表述明确、清晰。

（三）编制资产评估计划

资产评估计划是指评估人员为履行评估委托合同而拟定的评估工作思路和实施方案。评估计划的内容要涵盖现场调查、收集评估资料、评定估算、编制和提交评估报告等评估业务实施全过程。评估计划的具体内容通常包括评估的具体步骤、时间进度、人员安排和技术方案等内容。评估人员可以根据评估业务具体情况确定评估计划的繁简程度。

（四）进行评估现场调查

评估现场调查是指对被评估资产进行现场查勘。资产评估的现实性特点决定了评估人员必须亲临现场查勘资产，这是资产评估中不可缺少的甚至也不能以其他方式替代的一个重要程序。

评估人员应当通过询问、函证、核对、监盘、勘查、检查等方式进行调查，获取评估业务需要的基础资料，了解评估对象现状，关注评估对象法律权属。

（五）收集整理评估资料

评估资料是从事资产评估的重要依据。评估人员应当根据评估业务具体情况收集评估资料，并根据评估业务需要和评估业务实施过程中的情况变化及时补充收集评估资料。

收集评估资料的内容包括直接从市场等渠道独立获取的资料，从委托方、产权持有者等相关当事方获取的资料，以及从政府部门、各类专业机构和其他相关部门获取的资料等。

收集评估资料的形式包括查询记录、询价结果、检查记录、行业资讯、分析资料、鉴定报告、专业报告及政府文件等。

评估人员应当根据评估业务具体情况对收集的评估资料进行必要分析、归纳和整理，形成评定估算的依据。

（六）评定估算形成结论

评估人员应当根据评估对象、价值类型、评估资料收集情况等相关条件，分析市场法、收益法和成本法等资产评估方法的适用性，恰当选择评估方法。

评估人员根据所采用的评估方法，选取相应的公式和参数进行分析、计算和判断，形成初步评估结论；然后对初步评估结论进行综合分析，形成最终评估结论。

如果对同一评估对象需要同时采用多种评估方法的，应当对采用各种方法评估形成的初步评估结论进行分析比较，确定最终评估结论。

（七）编制出具评估报告

资产评估报告是指资产评估机构及其资产评估专业人员遵守法律、行政法规和资产评估准则，根据委托履行必要的资产评估程序后，由资产评估机构对评估对象在评估基准日特定目的下的价值出具的专业报告。

评估人员应当在执行评定估算程序后，根据法律法规和资产评估准则等的要求编制和出具评估报告。

（八）整理归集评估档案

评估档案是指资产评估机构开展资产评估业务形成的，反映资产评估程序实施情况、支持评估结论的工作底稿、资产评估报告及其他相关资料。

评估人员在提交评估报告后，应当按照法律法规和资产评估准则等的要求，对评估工作底稿进行整理，与评估报告一起及时形成评估档案。

第七节　资产评估行业及其发展

资产评估是市场经济的产物。应当说，哪里有市场经济，哪里就有资产评估。资产评估作为一种有组织、有理论指导的专业服务活动，起始于19世纪中后期。第二次世界大战以后，随着世界经济的发展，资产评估也在一些经济发展较快的国家得到较大发展。20世纪80年代以来，世界各国的资产评估活动开始趋于规范化和国际化，其标志是1981年国际评估准则委员会的成立。

中国的资产评估是在改革开放和发展社会主义市场经济的过程逐渐形成和发展起来的。首先资产评估是适应维护国有资产、加强国有资产管理的要求而产生的。20世纪70年代末中国实施改革开放政策以后，国有企业对外合资、合作、承包、租赁、兼并、破产等产权变动行为日益增多。为了确定合理的产权转让价格，维护经济活动交易各方的合法权益，同时，也为了防止国有资产流失，在20世纪80年代末期，出现了资产评估活动。但这时资产评估的对象主要是国有资产。1989年，国家国有资产管理局发布了《关于国有资产产权变动时必须进行资产评估的若干暂行规定》，这标志着在我国资产评估被正式确认为合法的社会中介服务活动。1990年，国家国有资产管理局批准组建了资产评估中心，负责全国的国有资产评估工作。1991年11月，国务院颁布了91号令《国有资产评估管理办法》。该项法规是我国国有资产评估制度基本形成的重要标志。1993年12月，中国资产评估协会正式成立，它表明中国资产评估行业已成为一个独立的、被社会承认的社会中介行业，并且逐步从政府直接管理向行业自律管理过渡。通过一段时期的发展，资产评估的评估对象由主要是国有资产的评估逐步向对各类所有制性质的资产进行评估，包括集体资产的评估和私人财产的评估等。1995年3月，中国资产评估协会加入了国际评估准则委员会，标志着中国资产评估活动融入了国际资产评估活动之中，中国的资产评估活动与行业组织管理逐渐与国际评估活动和组织管理相协调。1995年5月，我国建立了注册资产评估师制度。1999年10月，在北京国际评估准则委员会年会上，中国成为国际评估准则委员会常务理事国。2001年，财政部发布了《资产评估准则——无形资产》，这是我国资产评估行业的第一个执业具体准则。它的发布与实施，标志着我国资产评估又向规范化和法制化迈出了重要的一步。2004年2月25日，财政部发布了《资产评估准则——基本准则》和《资产评估职业道德准则——基本准则》。

2007年11月28日，中国资产评估协会发布了《资产评估准则——评估报告》《资产评估准则——评估程序》《资产评估准则——业务约定书》《资产评估准则——工作底稿》《资产评估准则——机器设备》《资产评估准则——不动产》和《资产评估价值类型指导意见》7项资产评估准则。这7项资产评估准则的发布，连同以前发布的有关评估准则及评估行业规范，初步形成了中国资产评估准则体系的基本框架。2011年12月30日，中国资产评估协会发布了《商标资产评估指导意见》，《实物期权评估指导意见（试行）》和《资产评估准则——企业价值》。2012年12月28日，中国资产评估协会发布了三项新准则和两项专家提示，具体包括：《资产评估准则——利用专家工作》《资产评估准则——森林资源资产》《资产评估职业道德准则——独立性》《资产评估操作专家提示——上市公司重大资产重组评估报告披露》和《资产评估操作专家提示——中小评估机构业务质量控制》。2016年3月30日，中国资产评估协会发布了《文化企业无形资产评估指导意见》。2016年7月2日，《中华人民共和国资产评估法》由中华人民共和国第十二届全国人民代表大会常务委员会第二十一次会议通过，自2016年12月1日起施行。2017年中国资产评估协会根据《资产评估法》的有关规定，在财政部指导下，启动了资产评估准则全面修订工作，这是资产评估行业加强《资产评估法》配套制度建设的又一重要举措。修订后的资产评估准则体系包括1项基本准则、1项职业道德准则和25项执业准则，其中执业准则包括具体准则、评估指南、指导意见等一系列内容。执业准则和职业道德准则依据基本准则，分别从业务和职业道德两个方面系统地规范了资产评估行为。财政部负责《资产评估基本准则》的制定工作，中国资产评估协会负责资产评估执业准则和职业道德准则的制定工作。

至此，我国已经初步建立起了一套具有中国特色的、适应社会主义市场经济发展要求的并与国际协调的资产评估行业体系和准则体系。随着中国经济的不断发展和世界经济的发展，中国的资产评估事业还会有一个更快的发展时期。

第八节　中国资产评估行业的法律规范体系

资产评估是一项社会中介服务活动，其公信力来源于必须严格按照相关的法律法规从事资产评估活动，因此，建立与资产评估相关的法律规范体系，是从事资产评估活动的必要前提。中国资产评估行业的法律规范体系包括法律、行政法规和部门规章三个层次。

一、资产评估的专门法律与相关法律

按照我国的法律规定，法律是由全国人民代表大会或其常委会通过、由国家主席令的方式发布的。

（一）资产评估的专门法律

资产评估的专门法律是《中华人民共和国资产评估法》（2016）。在2005年12月16日，第十届全国人民代表大会常务委员会第四十次委员长会议把评估法列入了全国人大常委会立法计划，并在2006年正式启动了评估立法工作。这标志着我国评估立法工作取得了重大进展，表明我国的评估法制定进入了立法程序。这是我国评估业界的一个重大事件，评估立法的启动极大地促进了我国资产评估事业的发展。2012年2月27日，第十一届全国人大常委会第二十五次会议初次审议了《中华人民共和国资产评估法（草案）》。2016年7月2日，第十二届全国人大常委会第二十一次会议审议通过了《中华人民共和国资产评估法》，于2016年12月1日起施行。全国人大常委会审议通过的《资产评估法》，首次确立了资产评估行业的法律地位，对资产评估行业发展具有十分重要的意义。

（二）资产评估的相关法律

资产评估的相关法律是指涉及资产评估的法律。这些法律虽然不是关于资产评估的专门法律，但都包含了有关资产评估的规定，分别从不同的角度规范了资产评估工作，是资产评估行业必须遵守的法律规范，主要包括《中华人民共和国公司法》《中华人民共和国证券法》《中华人民共和国合伙企业法》《中华人民共和国拍卖法》《中华人民共和国刑法》等，主要从两个方面涉及资产评估工作。一是在什么情况下需要进行资产评估，二是对资产评估机构或评估人员违反法律规定的罚则进行了规范。如《中华人民共和国公司法》（2013年12月修订本）第二十七条规定："对作为出资的非货币财产应当评估作价，核实财产，不得高估或者低估作价。法律、行政法规对评估作价有规定的，从其规定。"

二、资产评估的行政法规

按照我国的法律规定，行政法规是由国务院发布的。国务院于1991年11月16日发布了国务院91号令《国有资产评估管理办法》。这是我国第一部关于资产评估的行政法规，它标志着中国的资产评估工作被正式纳入法制化的轨道，也标志着中国资产评估基本制度的初步形成，同时也是制定与资产评估相关的其他法规和规章制度等的重要依据。《国有资产评估管理办法》对国有资产评估的目的、组织管理、评估程序、评估方法、法律责任等内容进行了规范。该项法规同时还规定："境外的国有资产的评估，不适用本办法""有关国有自然资源有偿使用、开采的评估办法，由国务院另行规定"。

三、资产评估的部门规章

按照我国的法律规定，部门规章是由政府有关部门发布的。在我国，资产评估行业先后分别由两个政府部门（原国家国有资产管理局和财政部）进行管理。因此，凡是由这两个政府部门发布的有关资产评估工作的文件都是部门规章。部门规章是法规性文件，资产评估机构或人员必须强制执行。资产评估的部门规章包括综合管理、资格考试、注册管理、机构管理、后续教育、执业规范、评估收费等方面的内容。下面介绍一些主要的部门规章。

1. 原国家国有资产管理局于1992年7月18日发布的关于印发《国有资产评估管理办法施行细则》的通知

该项部门规章是对国务院1991年发布的91号令《国有资产评估管理办法》的具体实施的详细规定，较之《国有资产评估管理办法》，更为具体化和更具有操作性。

2. 原中华人民共和国人事部、原国家国有资产管理局于1995年5月10日颁发的《注册资产评估师执业资格制度暂行规定》及《注册资产评估师执业资格考试实施办法》

这两个部门规章的发布，标志着在我国的资产评估行业中正式实施注册资产评估师执业资格制度。

3. 原国家国有资产管理局于1996年5月7日发布的《关于转发〈资产评估操作规范意见（试行）〉的通知》（以下简称《规范意见》）

该《规范意见》的发布，对于规范资产评估的实际工作，起到了十分重要的作用（注：该《规范意见》已由中国资产评估协会于2011年10月14日发文宣布予以废止）。

4. 财政部于2001年12月31日发布的第14号令《国有资产评估管理若干问题的规定》以及相应制发的《国有资产评估项目核准管理办法》《国有资产评估项目备案管理办法》

以上部门规章对原有的国有资产评估的立项和确认制度进行了较大的改革，规定：国有资产评估项目实行核准制和备案制。经国务院批准实施的重大经济事项涉及的资产评估事项，由财政部负责核准；经省级（含计划单列市）人民政府批准实施的重大经济事项涉及的资产评估项目,由省级财政部门(或国有资产管理部门)负责核准。对除上述项目以外的其他国有资产评估项目,实行备案制。

5. 财政部于 2017 年 8 月 23 日发布的《资产评估基本准则》

该准则在规范资产评估执业行为、保护资产评估当事人合法权益和公共利益、维护社会主义市场经济秩序等方面,起到了重要作用。

第九节 中国资产评估准则体系

所谓准则,就是规范人的行为的准绳和衡量一项工作质量的标准。资产评估是一项社会中介服务工作,必须要有一套提供服务的标准体系,以供评估人员执行,供客户及社会对资产评估的服务质量进行评价。因此,资产评估准则体系的建立与完善十分重要,它在一定程度上反映了一个国家或地区评估业发展的综合水平。

一、中国资产评估准则体系的基本框架

资产评估准则是指为规范资产评估行为,保证执业质量,明确执业责任,保护资产评估当事人合法权益和公共利益,根据《中华人民共和国资产评估法》和《资产评估行业财政监督管理办法》等制定的资产评估机构及其资产评估专业人员从事资产评估工作应当遵循的专业标准和行为规范。资产评估准则包括财政部制定的资产评估基本准则、中国资产评估协会制定的资产评估职业道德准则和资产评估执业准则。

中国资产评估准则制定的启动工作始于 20 世纪 90 年代中期。经过多年的研究讨论,在借鉴国外或境外地区资产评估准则的基础上,初步形成了具有中国特色的资产评估准则的基本框架。

中国资产评估准则体系包括资产评估职业道德准则和资产评估业务准则两个部分。资产评估业务准则又分为资产评估基本准则和资产评估执业准则两个部分。

资产评估基本准则是财政部对资产评估机构及其资产评估专业人员执行资产评估业务应当遵循的基本理念、基本要求和基本程序等方面所制定的基本规范,是中国资产评估协会制定资产评估执业准则和资产评估职业道德准则的依据。财政部于 2017 年 8 月 23 日发布了《资产评估基本准则》,规定中国资产评估协会根据《资产评估基本准则》制定资产评估职业道德准则和资产评估执业准则。

资产评估执业准则是指依据资产评估基本准则制定的,要求资产评估机构及其资产评估专业人员在执行资产评估业务过程中应当遵循的程序规范和技术规范。资产评估执业准则包括各项具体准则、评估指南和指导意见。具体准则包括体现过程控制的程序性准则和体现不同资产类型、不同评估要求的实体性准则。评估指南是对特定目的的评估业务以及某些重要事项的规范。指导意见是针对评估业务中的某些具体问题的指导性文件。

综上,中国资产评估准则体系包括两个层次:一是由财政部发布的准则(资产

评估基本准则）；二是由中国资产评估协会发布的准则（资产评估职业道德准则和资产评估执业准则）。

二、我国资产评估准则体系的特点

我国资产评估准则体系具有以下一些特点：

（一）综合性

这是指资产评估准则包括了不动产、动产、企业、无形资产、珠宝首饰、森林资源等不同性质资产的评估准则。

（二）多样性

这是指资产评估准则既要包括业务准则，又要包括职业道德准则；既要包括程序性准则（如评估报告准则、工作底稿准则等），又要包括实体性准则（如机器设备评估准则、不动产评估准则等）。

（三）层次性

这是指资产评估准则体系由多层次构成。比如，资产评估业务准则由资产评估基本准则和资产评估执业准则两个部分构成，而资产评估执业准则又由资产评估具体准则、资产评估指南、资产评估指导意见三个层次构成。

三、资产评估准则体系的具体内容

2000年至2020年11月25日，我国资产评估准则体系的项目已达30项，除《资产评估基本准则》（2017）1项是由财政部发布的以外，其余29项都由中国资产评估协会发布。30项的具体内容如下：

（一）资产评估基本准则1项

《资产评估基本准则》（2017）

（二）职业道德准则1项

《资产评估职业道德准则》（2017）

（三）具体准则12项

(1)《资产评估执业准则——资产评估报告》（2017年发布，2018年修订）

(2)《资产评估执业准则——资产评估程序》（2017年发布，2018年修订）

(3)《资产评估执业准则——资产评估委托合同》（2017年发布）

(4)《资产评估执业准则——资产评估档案》（2017年发布，2018年修订）

(5)《资产评估执业准则——机器设备》（2017）

(6)《资产评估执业准则——不动产》（2017）

(7)《资产评估执业准则——无形资产》（2017）

(8)《资产评估执业准则——珠宝首饰》（2017）

(9)《资产评估执业准则——企业价值》（2017年发布，2018年修订）

(10)《资产评估执业准则——利用专家工作及相关报告》（2017）

(11)《资产评估执业准则——森林资源资产》（2017）

(12)《资产评估执业准则——资产评估方法》（2019）

（四）评估指南 5 项
(1)《以财务报告为目的的评估指南》（2017）
(2)《企业国有资产评估报告指南》（2017）
(3)《资产评估机构业务质量控制指南》（2017）
(4)《金融企业国有资产评估报告指南》（2017）
(5)《知识产权资产评估指南》（2017）
（五）指导意见 11 项
(1)《资产评估对象法律权属指导意见》（2017）
(2)《金融不良资产评估指导意见》（2017）
(3)《资产评估价值类型指导意见》（2017）
(4)《专利资产评估指导意见》（2017）
(5)《投资性房地产评估指导意见》（2017）
(6)《著作权资产评估指导意见》（2017）
(7)《商标资产评估指导意见》（2017）
(8)《实物期权评估指导意见》（2017）
(9)《文化企业无形资产评估指导意见》（2016）
(10)《珠宝首饰评估程序指导意见》（2019）
(11)《企业并购投资价值评估指导意见》（2020）

第十节 资产评估职业道德准则

一、资产评估职业道德的基本概念

职业道德是指在一定职业活动中应遵循的、体现一定职业特征的、调整一定职业关系的职业行为准则和规范。职业道德既是从业人员在进行职业活动时应遵循的行为规范，又是从业人员对社会所应承担的道德责任和义务。不同职业的人员，在特定的职业活动中形成了特殊的职业关系、职业利益、职业活动范围和方式，由此形成了不同职业人员的道德规范。

中国资产评估协会于 2017 年 9 月 8 日发布了《资产评估职业道德准则》。该准则的发布依据是《资产评估基本准则》（2017），目的是"规范资产评估机构及其资产评估专业人员职业道德行为，提高职业素质，维护职业形象"。

在《资产评估职业道德准则》（2017）中规定："本准则所称职业道德是指资产评估机构及其资产评估专业人员开展资产评估业务应当具备的道德品质和体现的道德行为"，并且强调，"资产评估机构及其资产评估专业人员开展资产评估业务，应当遵守本准则"。

资产评估机构及其资产评估专业人员是为社会提供资产评估中介服务的，因此，资产评估行业必须建立一套特有的职业道德规范体系，以规范资产评估机构及其资产评估专业人员的执业行为。这是资产评估机构及其资产评估专业人员立足于社会、取信于社会的根本前提。

二、资产评估职业道德准则的基本内容

《资产评估职业道德准则》（2017）就资产评估职业道德规定了五个方面的基本内容。

（一）基本遵循

（1）资产评估机构及其资产评估专业人员应当诚实守信，勤勉尽责，谨慎从业，坚持独立、客观、公正的原则，不得出具或者签署虚假资产评估报告或者有重大遗漏的资产评估报告。

（2）资产评估机构及其资产评估专业人员开展资产评估业务，应当遵守法律、行政法规和资产评估准则，履行资产评估委托合同规定的义务。

资产评估机构应当对本机构的资产评估专业人员遵守法律、行政法规和资产评估准则的情况进行监督。

（3）资产评估机构及其资产评估专业人员应当自觉维护职业形象，不得从事损害职业形象的活动。

（二）专业能力

专业能力是指资产评估机构及其资产评估专业人员具备的执行资产评估业务所需的评估专业知识和实践经验。

（1）资产评估专业人员应当具备相应的评估专业知识和实践经验，能够胜任所执行的资产评估业务。

（2）资产评估专业人员应当完成规定的继续教育，保持和提高专业能力。

（3）资产评估机构及其资产评估专业人员应当如实声明其具有的专业能力和执业经验，不得对其专业能力和执业经验进行夸张、虚假和误导性宣传。

（4）资产评估机构执行某项特定业务缺乏特定的专业知识和经验时，应当采取弥补措施，包括利用专家工作及相关报告等。

（三）独立性

（1）资产评估机构及其资产评估专业人员开展资产评估业务，应当采取恰当措施保持独立性。资产评估机构不得受理与自身有利害关系的资产评估业务。

资产评估专业人员与委托人、其他相关当事人和评估对象有利害关系的，应当回避。

（2）资产评估机构及其资产评估专业人员开展资产评估业务，应当识别可能影响独立性的情形，合理判断其对独立性的影响。可能影响独立性的情形通常包括资产评估机构及其资产评估专业人员或者其亲属与委托人或者其他相关当事人之间存在经济利益关联、人员关联或者业务关联。

（3）资产评估机构不得分别接受利益冲突双方的委托，对同一评估对象进行评估。

（四）与委托人和其他相关当事人的关系

（1）资产评估机构及其资产评估专业人员不得以恶性压价、支付回扣、虚假宣传，或者采用欺骗、利诱、胁迫等不正当手段招揽业务。资产评估专业人员不得私自接受委托从事资产评估业务并收取费用。

（2）资产评估机构及其资产评估专业人员不得利用开展业务之便，为自己或者他人谋取不正当利益，不得向委托人或者其他相关当事人索要、收受或者变相索要、收受资产评估委托合同约定以外的酬金、财物等。

（3）资产评估机构及其资产评估专业人员执行资产评估业务，应当保持公正的态度，以客观事实为依据，实事求是地进行分析和判断，拒绝委托人或者其他相关当事人的非法干预，不得直接以预先设定的价值作为评估结论。

（4）资产评估机构及其资产评估专业人员执行资产评估业务，应当与委托人进行必要沟通，提醒资产评估报告使用人正确理解评估结论。

（5）资产评估机构及其资产评估专业人员应当遵守保密原则，对评估活动中知悉的国家秘密、商业秘密和个人隐私予以保密，不得在保密期限内向委托人以外的第三方提供保密信息，除非得到委托人的同意或者属于法律、行政法规允许的范围。

（五）与其他资产评估机构及资产评估专业人员的关系

（1）资产评估机构不得允许其他资产评估机构以本机构名义开展资产评估业务，或者冒用其他资产评估机构名义开展资产评估业务。

资产评估专业人员不得签署本人未承办业务的资产评估报告，也不得允许他人以本人名义从事资产评估业务，或者冒用他人名义从事资产评估业务。

（2）资产评估机构及其资产评估专业人员在开展资产评估业务过程中，应当与其他资产评估专业人员保持良好的工作关系。

（3）资产评估机构及其资产评估专业人员不得贬损或者诋毁其他资产评估机构及资产评估专业人员。

（4）资产评估机构及其资产评估专业人员在执行资产评估业务过程中，应当指导专家和相关业务助理人员遵守本准则相关条款。

第二章
资产评估的基本方法

资产评估方法是指评定估算资产价值的途径和手段。资产评估是对资产价值的评定估算，这项工作既有客观性，即要考虑资产客观存在的现时状况，又有主观性，即评估人员对评估对象的现状及其获利能力的分析判断。这种客观性与主观性的结合，要求资产评估具有一套与其他工作或学科不同的特定方法。在多年的资产评估实践中，形成了资产评估的三种基本方法，即市场法、成本法、收益法。在运用基本方法时，可能会根据不同情况和每种基本方法的基本原理，加以适当变通，从而派生出多种多样的具体的评估方法。

第一节 市场法

一、市场的基本含义

市场的一般含义是指商品买卖的场所。在这个场所中，商品和服务进行交易。

市场按地域性划分，可以分为地方市场、国内市场和国际市场。这种划分又进一步说明市场的成立是有条件的。资产评估中所指的市场，通常是指地方市场，也就是被评估对象所在地区的市场。比如，一项资产，在其出产地或所在地的价格，与其在国际交易市场上的价格，可能相差比较大。理解市场的基本含义，对于理解资产评估的市场法具有重要的意义。

二、市场法的基本含义

市场法也称比较法、市场比较法，是指通过将评估对象与可比参照物进行比较，以可比参照物的市场价格为基础确定评估对象价值的评估方法的总称。

市场法的基本思路是：一项资产是否具有价值或具有多少价值，需要通过市场来检验。因此，市场上与被评估资产相同或类似资产的交易价格，可以作为估算被评估资产价值的参照物。如果存在对价值影响的因素，则需要对选择的参照物的交易价格进行调整，并据以确定被评估资产的价值。

三、市场法运用的前提

运用市场法进行资产评估，需要具备一定的前提条件。

(一) 市场上存在参照物

参照物是指与被评估资产相同或类似的资产。相同或类似是指在使用功能、成交地域、成交时间等方面相同或相似（注：在成新率上可以不要求一致）。市场上存在与被评估资产相同或类似的资产，是运用市场法的最基本的前提。

(二) 参照物的交易是在公开市场条件下进行的

公开市场意味着交易双方是在平等的条件下进行交易的，交易价格具有合理性，能够作为估算被评估资产价值的依据。交易价格是指在公开市场上参照物的成交价或标价。成交价是市场上与评估基准日最为接近的时间的参照物的已经实现的价格。这个价格是最合理的参照物价格。标价是指在公开市场上标出的参照物的售价，或者可以说是商品的出售方或劳务的提供方单方面划定的价格，这个价格并未得到商品或劳务的受让方的认同。由于这个售价不是成交价，因此，不能说明是市场的实际交易价格。

在收集交易价格时，最好收集成交价，如果没有成交价，可以收集标价，但要慎重，并进行综合分析。

(三) 价格影响因素明确，并且可以量化

这里的价格是指参照物的价格。价格影响因素包括功能差异、时间差异和地域差异等。功能差异是指参照物与被评估资产在性能、用途、外观等方面存在的差异。时间差异是指参照物的成交时间与评估基准日之间的时间间隔差异。由于评估价值是被评估资产在评估基准日的时点价值，因此，参照物的成交时间应尽量与评估基准日相同或接近。如果时间相差过长，在这段时间差异内，物价、汇率、利率等因素都可能发生变动，从而对物价带来影响，因此，需要对由时间差异所带来的影响进行调整。地域差异是指参照物的成交价与被评估资产所处地域之间的差异。就动产而言，如果参照物的成交地在异地，则会与被评估资产存在运输费、途中保险费及其他费用等之间的差异；就不动产而言，不同地域或地段的资产的价格是大不相同的，因此，就更需要对参照物价格进行地域差异的调整。

四、市场法应用的基本程序

(一) 选择参照物

选择参照物要注意以下几点：

1. 具有可比性

可比性是指被选择的参照物与被评估资产在功能、市场条件、成交地域与时间等方面可以相互比照。

2. 数量方面的要求

参照物应选择三个以上，这是因为参照物的交易价格受多种因素的影响。为了避免评估人员受到偶然因素的影响，在选择参照物时，应尽可能选择多个参照物，并对多个交易价格进行分析，从中确定一个较为理想的参照物及其所代表的价格。

（二）差异调整

一般来讲，要在市场上找到与被评估资产在成交时间、成交地域、功能、使用条件等方面都完全相同的参照物，是十分困难的，因此，参照物与被评估资产通常存在差异（功能差异、时间差异和地域差异等）。运用市场法时，需要对这些差异进行分析，加以量化，确定一个差异调整系数。

（三）确定评估价值

根据选定的参照物的价格和已经计算出的差异调整系数，确定被评估资产的价值。

五、市场法应用的具体模式

市场法是资产评估的一种基本方法。在这种基本方法的基础上，针对不同的评估对象，还需要运用不同的具体评估方法。这些具体的评估方法就是本书所称的具体模式。

（一）直接比较法

以实物资产评估为例，直接比较法是指在参照物与被评估资产在功能、外观设计、用途、使用条件、成交时间与评估基准日的时间（以下简称时间条件）以及新旧程度等方面相同的情况下所采用的一种评估方法。

这种方法通常适用于动产（机器设备、存货等），而一般不适用于不动产（房地产、构筑物等），因为不动产具有不可移动性，因此，不会存在两项条件相同的不动产。

直接比较法可以运用于两种情况：

1. 被评估的旧资产与市场上的旧资产（参照物）基本相同

被评估的旧资产是指评估对象。之所以被称为旧资产，是因为无论被评估资产是否被投入使用，都会产生一定损耗（有形的或无形的），因此，从这个意义上讲，不存在全新的被评估资产。所谓基本相同，是指被评估资产与参照物不仅在功能、外观设计、用途、使用条件、时间条件等方面相同，而且，在新旧程度上也基本相同。当被评估的旧资产与市场上的旧资产（参照物）基本相同时，参照物的价格可以直接作为被评估资产的价值，而不需要做任何调整。

例如，被评估资产为一辆 A 型汽车，现选择一辆在功能、外观设计、用途、使用条件、时间条件、新旧程度基本相同的市场上交易的 A 型汽车作为参照物，则参照物的交易价格（假如以 10 万元计）可以直接作为被评估的 A 型汽车的评估值。

这种情况下的评估计算公式为：

被评估资产评估价值＝10 万元（参照物交易价格）

2. 被评估的旧资产与市场上的全新资产（参照物）基本相同

（交易税费等视评估目的另行考虑）

这种情况与上一种情况的区别仅在于参照物为全新资产。在这种情况下，只需要估算出被评估资产的成新率，即可得出被评估资产的评估价值。

这种情况下的评估计算公式为：

被评估资产评估价值＝参照物交易价格×被评估资产成新率

例如，被评估资产为一辆 A 型汽车，考虑各种因素后确定其成新率为 70%。现选择一全新 A 型汽车作为参照物，其交易价格为 15 万元。则：

被评估资产评估价值＝参照物交易价格×被评估资产成新率＝15×70%＝10.5（万元）

（交易税、费等视评估目的另行考虑）

（二）类比调整法

以实物资产评估为例，类比调整法是指在参照物与被评估资产在功能、外观设计、用途、使用条件、时间条件以及新旧程度等方面类似的情况下所采用的一种评估方法。这种评估方法适用于所有资产（包括动产与不动产）的评估，因为不论是动产还是不动产，都可以在市场上找到类似的参照物。

类比调整法可以运用于两种情况：

1. 被评估的旧资产与市场上的旧资产（参照物）类似

此处所谓类似，是指被评估资产与参照物不仅在功能、外观、用途、使用条件、时间条件等方面类似，而且新旧程度也类似。在这种情况下，进行以下几个步骤：

（1）取得参照物的交易价格；

（2）将被评估资产与参照物在功能、外观设计、用途、使用条件、时间条件等方面进行对比，取得综合调整系数；

（3）根据被评估资产与参照物各自的新旧程度，计算出新旧程度调整系数；

（4）根据参照物的交易价格、综合调整系数以及新旧程度调整系数，估算被评估资产的价值。

这种情况下的评估计算公式为：

被评估资产评估价值＝参照物交易价格×(1±综合调整系数)×(1±新旧程度调整系数)

例如，被评估资产为一辆 A 型汽车。现选择类似的二手 B 型汽车作为参照物，其交易价格为 30 万元。经分析，B 型汽车在功能、外观设计、用途和使用条件等方面优于 A 型汽车，因此，综合调整系数取 10%，B 型汽车的新旧程度比 A 型汽车略高 5%。则：

A 型汽车评估价值＝B 型汽车交易价格×(1－综合调整系数)×(1－新旧程度调整系数)＝30×(1－10%)×(1－5%)＝25.65（万元）

（注：交易税、费等因素视评估目的另行考虑）

2. 被评估的旧资产与市场上的全新资产（参照物）类似

这种情况与上一种情况的区别仅在于参照物为全新资产。

这种情况下的评估计算公式为：

被评估资产评估价值＝参照物交易价格×(1±综合调整系数)×(1－新旧程度调整系数)

例如，被评估资产为一辆旧的 A 型汽车，现选择类似的全新 B 型汽车作为参照物，其交易价格为 30 万元。经分析，B 型汽车在功能、外观设计、用途和使用条件等方面优于 A 型汽车。经测算，综合调整系数为 10%。B 型汽车新旧程度比 A 型汽车略高 30%。

则：

A 型汽车评估价值=B 型汽车交易价格×（1-综合调整系数）×（1-新旧程度调整系数）= 30×（1-10%）×（1-30%）= 18.9（万元）

（注：交易税、费等因素视评估目的另行考虑）

六、对市场法适用范围的评价

市场法的优点是直观、简单、合理。采用市场法评估的数据直接从市场获取，以市场交易价格作为估算评估对象价值的基础，使评估价值具有客观性和公允性，评估结果易于被评估当事各方理解和接受。因此，在评估实践中，凡是能运用市场法评估的，都尽量运用市场法。

但市场法的运用范围也受到一定限制。市场法不适用于以下几种情况：

1. 找不到或难以找到可比参照物的资产

如某些构筑物、自制设备、某些专门定制的设备和绝大部分无形资产等，这些资产在市场上找不到或很难找到可比参照物。

2. 没有市价的资产

如某些在产品、构筑物、自制设备、管网等。对这些资产，就不能采用市场法评估，而要采用其他评估方法加以评估。

第二节 成本法

一、成本概述

（一）成本的基本含义

成本这个概念，在不同的学科或不同学科的不同分支中，有着不同的理解。

（1）在经济学中，成本是指商品价值中已经耗费的需要在产品销售收入中获得补偿的那部分价值，即已经消耗的生产资料的转移价值和活劳动价值。经济学中强调的成本是指产品的成本。

（2）在会计学中，成本则是指企业为了取得某项资产所遭受的价值牺牲。会计学中的成本可能是以牺牲另一项资产而产生，如以现金购买机器设备，也可能因产生某项负债而导致将来的价值牺牲而产生，如以赊购方式购入机器设备。无论哪种情况，会计学中的成本概念都是一个资产价值的概念。

（3）在成本会计中，成本是指对企业生产经营过程中各种经济资源价值牺牲进行对象化计算的数额。成本会计中强调的成本是产品的成本，尤其是产品的单位成本。

资产评估中的成本概念与会计学中的成本概念相似，强调的是资产的价值，而并不强调产品的成本。

（二）成本的类型

成本可以按不同的标准划分成若干类型，但与资产评估有关的成本主要有两种：历史成本和重置成本。

1. 历史成本

历史成本是指过去发生的成本。它又分成两种类型：

（1）原始成本

原始成本是指资产取得时实际所发生的成本，这部分资料可以从会计核算资料中取得。

（2）国家统一清产核资时的评估成本

由于物价变动等原因，为了真实地反映企业资产的价值，国家会根据情况，统一组织全国性的清产核资工作，规定企业对某些资产（主要是固定资产和土地使用权等）的账面价值按一定的比例进行调整。这是对资产的一种特殊的价值评估，故本书称为评估成本。评估成本的特点是在原始成本的基础上经过调整的成本。

这样，在企业的账面资料中，有的资产的价值表现为原始成本，有的资产的价值表现为评估成本。在评估基准日，由于这些成本都已经在会计账簿上有了反映，都是过去发生的成本，因此，被统称为历史成本。

2. 重置成本

重置成本是指重新购置或建造同样功能的资产所要花费的全部支出。

与历史成本不同的是，重置成本不是已经发生的成本，而是未来可能发生的成本。因此，重置成本与会计核算没有多大关系，但在资产评估中这个概念却非常重要。

二、成本法的基本含义

成本法是指按照重建或者重置被评估对象的思路，将重建或者重置成本作为确定评估对象价值的基础，扣除相关贬值，以此确定评估对象价值的评估方法的总称。成本法包括多种具体方法。例如，复原重置成本法、更新重置成本法、成本加和法（也称资产基础法）等。

如前所述，从会计学的角度来看，成本是经济实体为了取得某项资产所遭受的价值牺牲。从时间上看，这种价值牺牲有两种情况：一种是已经发生的价值牺牲，这被称为原始成本；另一种是未来可能发生的价值牺牲，被称为重置成本。从市场的角度看，资产的买方所愿支付的价格，不会超过重新购置或建造该项资产所耗费的现行成本，也就是重置成本。如果是全新资产，重置成本便成了确定资产评估价值的参考数据之一。如果不是全新资产，那么，还需要从重置成本中扣除各种贬值因素。这就是成本法的基本思路。该评估思路可以通过以下两个计算式加以概括：

第一个计算式：

资产评估价值＝重置成本－实体性贬值－功能性贬值－经济性贬值

该计算式有以下几个特点：

第一，计算式的表达方式与成本法定义的表达方式基本一致；

第二，公式中的各个因素都以金额反映，即只有绝对数，没有相对数；
第三，计算式是成本法评估思路的基本表达。
在评估实践中，要对每项资产都采用这样的表达式进行评估是比较困难的，因为每个因素都要以金额来反映，而这在现实中是很难做到的，所以，本书将这个公式称为理论公式。
第二个计算式：
资产评估价值＝重置成本×成新率
该计算式有以下几个特点：
第一，被评估资产的各种贬值因素是通过成新率（相对数）来反映的；
第二，以成新率这样的相对数来估测资产的价值，在评估实践中比较方便，具有可操作性，也容易理解。
在评估实践中，第二个计算式由于操作性较强而被大量采用，因而，本书将这个公式称为操作公式。

三、成本法的应用前提

（一）被评估资产能够继续使用

被评估资产能够继续使用，说明能为其所有者或控制者带来预期收益。这样，用资产的重置成本作为估算被评估资产的价值，才具有意义，也易为他人理解和接受。

（二）某些情况下需要借助于历史成本资料

由于成本法主要是采用重置成本来估算资产的价值，因此，一般来讲，成本法与历史成本无关。但在某些情况下，如采用物价指数法评估资产价值时，则需要借助于历史成本资料。

四、成本法应用的基本程序

（1）收集与被评估资产有关的重置成本资料和历史成本资料；
（2）确定被评估资产的重置成本；
（3）估算被评估资产的各种贬值；
（4）确定被评估资产的成新率；
（5）确定被评估资产的价值。

五、成本法中各项指标的估算

如前所述，运用成本法评估资产时，可以运用两个计算式来估算资产的价值。在这两个计算式中，涉及重置成本、实体性贬值、功能性贬值、经济性贬值、成新率等指标。下面就这五个指标的估算加以简要说明：

（一）重置成本的估算

重置成本是指以现时价格水平重新购置或者重新建造与评估对象相同或者具有同等功能的全新资产所发生的全部成本。

1. 重置成本的类型

重置成本可以分为复原重置成本和更新重置成本两类。

(1) 复原重置成本

复原重置成本是指以现时价格水平重新购置或者重新建造与评估对象相同的全新资产所发生的全部成本。其中的相同,不仅包括在整体功能上相同,也包括在材料、建筑或者制造标准、设计、规格和技术等方面与评估对象相同或者基本相同。

(2) 更新重置成本

更新重置成本是指以现时价格水平重新购置或者重新建造与评估对象具有同等功能的全新资产所发生的全部成本。

随着科学技术的不断进步、社会劳动生产率的不断提高,与购建资产相关的材料及技术标准等也会不断更新,因此,选择重置成本时,虽然可以任意选择复原重置成本和更新重置成本,但事实上,选择更新重置成本更具有现实意义。

2. 重置成本的估算方法

根据评估对象的特点以及资料收集情况,重置成本有不同的估算方法。

(1) 重置核算法

重置核算法又称为细节分析法,是指利用成本核算的原理,根据重新购建资产所应发生的成本项目逐项计算并加以汇总,从而估算出资产的重置成本的一种评估方法。

重置核算法一般适用于对建筑物、大中型机器设备等的评估,因为建筑物的特点是市场上参照物较少,大中型机器设备的特点是有较多的附属及配套设施,这些因素都导致不便于采用市场法评估,而采用成本法对这些资产进行评估较为适宜。

如果资产是采用购买方式重置,则其重置成本包括买价、运杂费、安装调试费以及其他必要的费用等。将这些因素按现行市价测算,便可估算出资产的重置成本。

如果资产是采用自行建造方式重置,则其重置成本包括重新建造资产所应消耗的料、工、费等的全部支出。将这些支出逐项加总,便可估算出资产的重置成本。

例如,对建筑物评估时,要根据建筑物的前期费用以及基础、结构、材料、安装、装修等情况,分成若干类型,分别进行价值测算;对机器设备进行评估时,含有附属及配套设施的,则对机器设备本身采用购买方式重置成本的估算方法,而对附属及配套设施则采用自行建造方式重置成本的估算方法,两项加总,构成机器设备的重置成本。

采用重置核算法时需要注意两点:

一是在自建方式下资产的重置成本中,还应包括建造方的合理收益,这是因为资产的评估价值是资产的市场交易价格的反映。在正常情况下,交易价格应含有建造者的合理收益。

二是重置核算的关键是划分细节,即将被评估资产按成本归集的原理划分出若干成本项目,按现行市场条件对每个成本项目的金额进行估算。

[例2-1] 一台含有附属及配套设施的机器设备,现行市场价格为100万元,运杂费为5万元,安装调试费为20万元,附属及配套设施估算成本为:设计费2万

元，材料费 6 万元，人工费 4 万元，其他杂费 1 万元。该机器设备的重置成本为：

重置成本=100+5+20+2+6+4+1=138（万元）

（2）物价指数法

物价指数是反映各个时期商品价格水准变动情况的指数。根据物价指数估算资产重置成本的具体评估方法称为物价指数法。物价指数法的一般计算式为：

重置成本=被评估资产的账面原值×适用的物价变动指数

物价变动指数包括定基物价指数和环比物价指数。

①定基物价指数下的物价指数法计算公式

定基物价指数是以某一年份的物价为基数确定的物价指数。

被评估资产重置成本=被评估资产账面原值×（评估基准日的物价指数/资产购建时的物价指数）

[例2-2] 机器设备一台，购置于 2015 年，账面原值 10 万元。该类资产适用的物价指数：2015 年为 100%，评估基准日为 150%，则：

$$被评估资产重置成本=10\times\frac{150\%}{100\%}=15（万元）$$

②环比物价指数下的物价指数法计算公式

环比物价指数是指逐年与前一年相比的物价指数。

被评估资产重置成本=被评估资产账面原值×环比物价变动指数

式中：

环比物价变动指数 = $(1+a_1)\times(1+a_2)\times(1+a_3)\cdots(1+a_n)\times100\%$

式中：

a_n——第 n 年环比物价指数

$n=1，2，3，\cdots$

[例2-3] 机器设备一台，账面原值 100 000 元，购置于 2010 年，2016 年进行评估。该资产适用的环比物价指数分别为：2011 年 2.9%，2012 年 3.1%，2013 年 4.3%，2014 年 3.7%，2015 年 5.8%，2016 年 4.7%。则：

被评估资产重置成本 = 100 000×(1+2.9%)×(1+3.1%)×(1+4.3%)×(1+3.7%)×(1+5.8%)×(1+4.7%)≈127 107（元）

运用物价指数法时要注意以下问题：

①物价指数范围的选用

物价指数可以划分为综合的、分类的和个别的物价指数。评估时，选用的物价指数所涉及的范围应尽可能小，即与被评估资产相关的分类物价指数或个别物价指数尽可能接近。

②物价指数时点的确定

购建时的物价指数是指购建当年的物价指数。评估基准日的物价指数应尽可能选择靠近评估基准日的物价指数。

③物价指数法的适用范围

物价指数法仅适用于数量多、价值低的大宗资产（机器设备等）的评估，而且还是在其他评估方法（市场法）难以采用的情况下使用。

物价指数法下资产的重置成本是以账面原值为基础计算的，因此，确定的是资产的复原重置成本。

(3) 功能成本法

功能成本法是指寻找一个与被评估资产相同或类似的参照物，根据功能与成本之间的关系，推算被评估资产重置成本的一种具体评估方法。

这种评估方法假定资产的功能表现为生产能力。资产的生产能力与购建成本存在一种比例关系，即资产具有的功能越大，其购建成本也越大。确定重置成本的目的并不一定是重置外观相同或类似的资产的成本，而是要重置功能相同的或相似的资产的成本，因此，其基本思路不是重置资产而是重置功能。

功能成本法的运用分两种情况：

①假设资产的功能与成本呈线性关系

在这种情况下，其计算公式为：

$$被评估资产重置成本 = 参照物重置成本 \times \frac{被评估资产年产量}{参照物年产量}$$

[例2-4] 某被评估生产设备的年产量为8 000件。现查知，市场上全新参照物的价格为120 000元，年产量为10 000件。由此可确定被评估资产的重置成本为：

$$被评估资产重置成本 = 120\ 000 \times \frac{8\ 000}{10\ 000} = 96\ 000（元）$$

②假设资产的功能与成本呈非线性关系

在这种情况下其计算公式为：

$$被评估资产重置成本 = 参照物重置成本 \times \left(\frac{被评估资产年产量}{参照物年产量}\right)^x$$

上式中，x 通常被称为规模经济效益指数，在资产的功能与成本呈非线性关系的条件下，通过这个指数来调整资产的功能与成本之间的关系。因此，当资产的功能与成本呈非线性关系时，功能成本法又被称为规模经济效益指数法。x 是一个经验数据，视不同行业或情况，一般可在 0.4~1 的范围内取值。

功能成本法是一种较为粗略的评估方法，对单项资产评估时要慎用。在进行整体资产评估时，可采用这种方法进行初步评估。但如要获取比较准确的评估数值，最好还是与其他评估方法配合使用为好。

(二) 实体性贬值的估算

1. 实体性贬值的基本概念

实体性贬值又称为有形损耗，是指由于使用和自然力的作用导致资产的物理性能损耗或者下降引起的资产价值损失。

实体性贬值可以用绝对数（实体性贬值额）和相对数（实体性贬值率）两种方式加以表示。

2. 实体性贬值的估算方法

实体性贬值的估算方法很多，下面介绍常用的两种：

（1）观察法

观察法是指由评估人员现场察看资产，按照有关规定或标准，结合经验判断，从而确定被评估资产实体性贬值的一种具体评估方法。

观察法是资产评估的一种十分重要的方法，它要求评估人员必须对被评估资产进行现场勘查。但观察法又存在不足，即现场察看资产的实体性贬值只是评估人员的一种主观的、经验的判断，而资产的贬损程度有时需要通过技术鉴定手段来确定，但在评估现实中，又不可能广泛使用技术鉴定手段。鉴于此，观察法最好与其他评估方法（使用年限法）结合使用。

（2）使用年限法

使用年限法是指通过确定被评估资产的已使用年限与总使用年限来估算其实体性贬值程度的一种具体评估方法。其计算公式为：

$$实体性贬值额 = 重置成本 \times \frac{已使用年限}{总使用年限}$$

①已使用年限

已使用年限又分为名义已使用年限和实际已使用年限。名义已使用年限是指从被评估资产投入使用之日起到评估基准日所经历的年限；实际已使用年限是考虑了资产利用率后的使用年限。

以机器设备为例。一天运转8小时和一天运转16小时的机器设备的利用率是不同的，因此，在确定实际已使用年限时，要考虑资产利用率。资产利用率的计算公式为：

资产利用率 = 截至评估基准日资产累计实际利用时间 ÷ 截至评估基准日资产累计标准工作时间

实际已使用年限 = 名义已使用年限 × 资产利用率

[例2-5] 某项资产于2011年12月31日投入使用，评估基准日为2016年12月31日。按照该项资产的技术指标规定，该项资产每天正常工作时间为8小时。但据了解，该项资产实际每天工作时间为12小时。试计算其实际已使用年限（每年按360天计算）。

$$实际已使用年限 = 5\ 年 \times \frac{360\ 天 \times 12\ 小时}{360\ 天 \times 8\ 小时} = 7.5\ 年$$

②总使用年限

总使用年限是指已使用年限与尚可使用年限之和。其计算公式为：

总使用年限 = 已使用年限 + 尚可使用年限

③尚可使用年限

资产的尚可使用年限有两种含义：一种是仅根据资产的有形损耗因素预计的尚可使用年限，另一种是综合考虑了资产的有形损耗和无形损耗以及其他因素后预计的尚可使用年限。评估实践中，通常采用后一种方式。

（三）功能性贬值的估算

1. 功能性贬值的基本概念

功能性贬值是指由于技术进步引起资产功能相对落后造成的资产价值损失。它是由技术进步引起的原有资产的价值损耗，是一种无形损耗。在科学技术不断发展的今天，资产的功能性贬值日显突出。

2. 功能性贬值的估算方法

功能性贬值可以用功能性贬值额和功能性贬值率两种方式加以表示。

（1）功能性贬值额的估算

资产的功能性贬值额可以通过测算超额运营成本和超额投资成本等来加以测算。

①超额运营成本

超额运营成本是指新型资产的运营成本低于原有资产的运营成本之间的差额。

资产的运营成本包括人工耗费、物料耗费、能源耗费等。新型资产的投入使用，将使各种耗费降低，从而导致原有资产的相对价值贬值。这种贬值实际上是原有资产的运营成本超过新型资产的运营成本的差额部分，这个差额被称为超额运营成本。

被评估资产由于超额运营成本而形成的贬值额的计算公式为：

被评估资产功能性贬值额 = $\sum$ 被评估资产超额运营成本 × 折现系数

[例2-6] 某企业拥有一种A型机器设备，原有设备需配备工人10人，新型设备只需配备工人7名。已知工人每人每月工资为1 000元，新型设备年物耗降低额为5 000元，年能耗降低额为3 000元，设备尚可使用年限为8年。功能性贬值额计算结果如表2-1所示。

表2-1 功能性贬值额计算表

项目	新型设备	原有设备
每月工资成本	1 000元×7人＝7 000元	1 000元×10人＝10 000元
每月工资成本差异		10 000元－7 000元＝3 000元
年工资超支额		3 000元×12＝36 000元
年物耗降低额		5 000元
年能耗降低额		3 000元
贬值额小计		44 000元
减：所得税（25%）		11 000元
税后贬值额		33 000元
设备尚可使用年限		8年
年金折现系数（折现率5%）		6.463 2
功能性贬值额		213 286元

表2-1中有关项目的说明：

第一，功能性贬值额。

使用新设备后减少的工人工资、物耗和能耗等，都被视为旧设备的功能性贬值额。

第二，税后贬值额。

使用新设备后减少了运营成本，会导致利润总额增加，从而多交所得税，这是使用新设备的一项支出,反过来思考,这也是使用旧设备可以节约的金额。因此,需要在旧设备的运营成本中扣除,扣除该项支出后的余额为税后贬值额。

②超额投资成本

超额投资成本是指由于技术进步和采用新型材料等原因,具有同等功能的新资产的制造成本低于原有资产的制造成本而形成的原有资产的价值贬值额。

由此可见,超额投资成本实质上是复原重置成本(旧资产的制造成本)与更新重置成本(新资产的制造成本)之间的差额。

(2)功能性贬值率的计算

$$功能性贬值率 = \frac{功能性贬值额}{重置成本}$$

(四)经济性贬值的估算

1. 经济性贬值的基本概念

经济性贬值是指由于外部条件的变化引起资产收益、资产利用率发生持续性的减少、下降或者闲置等而造成的资产价值损失。外部条件的变化较多,例如,宏观政策及市场的变化、新的法律法规的出台以及其他社会经济因素等。这些因素的变化,都可能造成产品销售困难、资产利用率下降、资产闲置、资产的运营收益减少等,从而导致资产的贬值。

例如,由于城市的交通管制的改变以致某些商场所在区域的繁华程度降低;由于环保或人们消费观念的变化以致生产某些产品的机器设备或生产线的利用率下降甚至闲置等。

2. 经济性贬值的估算方法

评估人员首先要判断分析被评估资产是否存在经济性贬值,如认为确实存在经济性贬值,则可以估算被评估资产的经济性贬值。经济性贬值可以用相对数即经济性贬值率和绝对数即经济性贬值额两种方式加以表示。

(1)经济性贬值率

$$经济性贬值率 = \left[1 - \left(\frac{资产在评估时点的生产能力}{资产的设计生产能力}\right)^x\right] \times 100\%$$

式中:x 为生产规模效益指数。当存在经济性贬值时,其指数应小于1,具体取值应视情况而定。

(2)经济性贬值额

经济性贬值额可以通过以下两个公式加以计算:

经济性贬值额 = 重置成本 × 经济性贬值率

注:这个公式是在估算重置成本时未反映经济性贬值的情况下使用。如确定重置成本时已经考虑了经济性贬值,则这个公式就不再适用。

或:

经济性贬值额 = $\sum$ 被评估资产年收益损失额 × (1 - 所得税税率) × 折现系数

在评估实践中,要比较准确地直接计算出资产的经济性贬值额,通常比较困难,因此,通过估算经济性贬值率来确定经济性贬值额较为可行。

[例2-7] 某企业一条被评估生产线，设计年生产能力为100 000件A产品。因市场需求变化，评估基准日的年产量为70 000件A产品。生产规模效益指数取0.6。试计算该生产线的经济性贬值率。

经济性贬值率 = $\left[1-\left(\dfrac{70\,000}{100\,000}\right)^{0.6}\right] \times 100\% \approx 19\%$

[例2-8] 承上例。设该生产线尚可使用5年，每年的产量分别为88 000件、86 000件、84 000件、82 000件、80 000件。产品的单位税前利润分别为100元、95元、90元、85元、80元，所得税税率为25%，折现率为5%。

试计算该资产的经济性贬值额。

计算结果见表2-2。

表2-2 各年产量、利润变化、折现系数及贬值额表

年份	各年减少的产量/件	各年减少的税前利润/元	各年减少的税后利润/元	折现系数	各年贬值额/元
1	12 000	1 200 000	900 000	0.952 4	857 160
2	14 000	1 330 000	997 500	0.907 0	904 733
3	16 000	1 440 000	1 080 000	0.863 8	932 904
4	18 000	1 530 000	1 147 500	0.822 7	944 048
5	20 000	1 600 000	1 200 000	0.783 5	940 200
合计		7 100 000	5 325 000		4 579 045

（五）成新率的估算

1. 成新率的基本概念

成新率是反映评估对象的现行价值与其全新状态下重置成本之间的关系的比率。它是综合考虑了资产的有形损耗和无形损耗以后的比率。其计算公式为

$$成新率 = \dfrac{资产的现行价值}{重置成本}$$

或：

成新率 = 1 - 实体性贬值率 - 功能性贬值率 - 经济性贬值率

2. 成新率的估算方法

成新率的估算方法有以下几种：

（1）观察法

观察法是指由评估人员对被评估资产进行现场察看，按照有关规定或标准，综合考虑各种贬值因素，从而判定被评估资产成新率的一种评估方法。

在分析估算中，要充分注意资产的设计、制造、实际使用、维修、大修理改造等情况，以及设计使用年限、物理寿命、现有性能、运行状态和技术进步等因素。

鉴于观察法具有一定的主观性，因此，观察法最好与其他评估方法结合使用。

（2）使用年限法

使用年限法是根据资产与使用年限有关的指标来确定成新率的一种评估方法，

其计算公式为

$$成新率 = \frac{预计尚可使用年限}{预计尚可使用年限 + 已使用年限}$$

公式中预计尚可使用年限是综合考虑了资产的有形损耗和无形损耗后预计的资产可继续使用年限。具体来说，就是要根据资产的性质、使用情况、维护保养情况、功能性贬值、经济性贬值、有关资产使用方面的法律法规或类似的限制等因素加以综合确定。

（3）修复费用法

修复费用法是指通过估算将资产恢复到原有功能所需的修复费用来确定成新率的一种具体评估方法。其计算公式为

$$成新率 = \left[1 - \frac{修复费用}{重置成本}\right] \times 100\%$$

修复费用法通常适用于某些预计使用年限难以估测的资产，如水库、大坝等。

六、对成本法适用范围的评价

成本法是在某项资产既不能采用市场法又不能采用收益法的情况下而采用的一种评估方法。从这个意义上看，成本法实际上是弥补了市场法和收益法的不足。

成本法的不足之处在于不能充分考虑被评估资产的未来获利能力。

第三节 收益法

一、收益的基本概念

收益的基本含义是一定期间内收入超过费用的部分。但是，在理解资产评估中的收益含义时，要注意以下几点：

第一，从资产种类上去认识。

如果将企业整体视作一项资产，则收益可以是企业的净利润或企业的净现金流量。如果是单项资产，如一幢建筑，则收益表现为该项资产单独带来的净利润。

第二，从时间上去认识。

资产评估中的收益是指资产的未来预期收益，而不是历史收益。所谓未来，既可以是有限期的，也可以是无限期的。

第三，从主、客观去认识。

资产评估中的收益指的是资产的客观收益，而不是资产目前的实际收益。客观收益是指排除了实际收益中的某些特殊的、偶然的因素后所能取得的正常收益。实际收益则是在目前各种因素条件下实际取得的收益，它受到一些主观因素的影响（例如，经营者个人的能力大小、资本的多少等），故又称为主观收益。

第四，从继续使用假设去认识。

收益只有在资产继续使用的前提下才会产生。

二、收益法的基本含义

收益法是指通过将评估对象的预期收益资本化或者折现，来确定其价值的各种评估方法的总称。

一般来讲，资产的购买者总是假定被交易的资产能给自己带来预期收益，并且只有当资产的成交价不会超过被成交资产所带来的未来收益的折现值时，购买者才愿意购买该项资产。因此，通过对资产未来收益进行估测，并折算成现值，据以确定资产价值，具有一定的合理性，易于被资产交易各方理解和接受。

三、收益法的应用前提

运用收益法需要具备以下几个前提条件：

第一，被评估资产能够继续使用。资产只有在继续使用中才能带来预期收益。

第二，资产的未来收益可以单独测算。在正常情况下，投入使用中的资产总是会给所有者或控制者带来收益。但是，有的资产可以单独产生收益，收益易于测算，如一辆运营中的客运汽车；而有的资产却必须与其他资产结合使用才能产生收益，收益不易于测算，如一台普通机床。因此，采用收益法时，要考虑被评估资产的未来收益是否可以单独进行测算。

第三，资产的预期获利年限是可以预测的。资产的预期获利年限是指资产在使用中可以产生收益的年限。

第四，资产拥有者获得预期收益所承担的风险是可以预测的。所谓风险，通俗地讲，就是遭受损失的可能性。许多因素都可能对资产的获利能力产生负面影响，这种负面影响就是风险。风险的大小会直接影响资产的预期收益。

四、收益法应用的基本程序

收益法应用的基本程序如下：

第一，收益预测。收益预测是指对被评估资产未来预期收益进行预测。未来预期收益既可以是有限期的收益，也可以是无限期的收益，在预测时要做一定的假设。

第二，确定折现率或本金化率。折现率或本金化率是将未来预期收益折算成现值所采用的比率，它是一种期望投资报酬率，是投资者在投资风险一定的情形下，对投资所期望的回报率，是运用收益法时不可缺少的一个指标。在资产评估中，折现率与本金化率有相同之处，即它们本质上都是一种预期投资报酬率；折现率与本金化率也有不同之处，折现率通常适用于有限期，即指将未来有限期预期收益折算成现值的比率。本金化率通常适用于无限期，即指将未来无限期预期收益折算成现值的比率。

第三，将被评估资产的未来收益通过折现率或本金化率折算成现值，该现值即为被评估资产的评估价值。

第四，确定评估结论，并对评估结论加以分析说明。

五、收益法应用的基本形式

运用收益法时，确定收益额十分重要，而收益额又与未来期限相关。在实际中，收益额与未来期限存在以下四种情况：

（1）每年收益相同，未来年期无限；

（2）每年收益相同，未来年期有限；

（3）每年收益不同，未来年期无限；

（4）每年收益不同，未来年期有限。

需要说明的是，任何一项资产或一个企业，都不可能无限期地使用或经营。但是，在探讨收益法的应用的基本形式时，只能先做一些假设，形成一些基本公式，在运用时可根据不同情况加以变通处理。

（一）每年收益相同，未来年期无限

在这种假设情况下，基本计算公式为

$$被评估资产评估价值 = \frac{每年收益额}{本金化率}$$

即

$$P = \frac{A}{r}$$

其推导过程为：

假设未来每年预期收益额分别为 R_1，R_2，$\cdots$，R_n，本金化率为 r，则：

$$P = \frac{R_1}{(1+r)} + \frac{R_2}{(1+r)^2} + \cdots + \frac{R_n}{(1+r)^n}$$

当 $R_1 = R_2 = \cdots = R_n = A$ 时

$$P = A \times \left[\frac{1}{(1+r)} + \frac{1}{(1+r)^2} + \cdots + \frac{1}{(1+r)^n} \right]$$

$$= A \times \frac{(1+r)^n - 1}{r} \times (1+r)^{-n}$$

$$= A \times \left[\frac{1 - \frac{1}{(1+r)^n}}{r} \right]$$

当 $n \to \infty$ 时

$\frac{1}{(1+r)^n} \to 0$，则：

$$P = \frac{A}{r}$$

[例2-9] 设某企业可以无限期持续经营，每年预期收益额为100万元，确定本金化率为10%。要求：试确定该企业持续经营下的评估值。

$$被评估企业评估价值 = \frac{100}{10\%} = 1\,000（万元）$$

（二）每年收益相同，未来年期有限

在这种假设情况下，其基本计算公式为

资产评估价值=每年收益额×年金折现系数

[例2-10] 设某企业尚可持续经营6年，每年预期收益额为10万元，确定折现率为8%。要求：试确定该企业在有限期经营假设下的评估值。

企业评估价值=10×4.622 9（P/A，8%，6年）=46.229（万元）

（三）每年收益不同，未来年期无限

在假设未来年期无限的情况下，测算每年不同的收益额，实际上是做不到的。因此，通常采用一种变通的方法——分段法，来对未来收益进行预测。所谓分段，是指先对未来若干有限年内的各年收益额进行预测，然后假设从该有限年期的最后一年起，以后各年的预期收益额均相同，对这两部分收益额分别进行折现。其基本计算公式为：

资产评估价值 = $\sum$ 前若干年各年收益额 × 各年折现系数 +（以后每年收益额／本金化率）× 前若干年最后一年折现系数

[例2-11] 设某企业无限期持续经营，未来5年的收益额分别为50万元、60万元、55万元、68万元、70万元。假定从第六年开始，以后每年收益额均为70万元，确定的折现率为4%，本金化率为5%。要求：试确定该企业的评估价值。

评估步骤为：

第一，确定未来5年收益额现值。

$$\text{未来5年收益额现值} = \frac{50}{(1+4\%)} + \frac{60}{(1+4\%)^2} + \frac{55}{(1+4\%)^3} + \frac{68}{(1+4\%)^4} + \frac{70}{(1+4\%)^5}$$

$$= 50 \times 0.961\ 5 + 60 \times 0.924\ 6 + 55 \times 0.889\ 0 + 68 \times 0.854\ 8 + 70 \times 0.821\ 9$$

$$= 48.075 + 55.476 + 48.895 + 58.126 + 57.533$$

$$= 268.105 \text{（万元）}$$

第二，确定第6年以后各年收益额的现值。

第6年以后各年收益额现值 = $\frac{70}{5\%} \times 0.821\ 9$（P/A，4%，5）= 1 150.66（万元）

第三，确定该企业的评估值。

企业评估价值=268.105+1 150.66=1 418.765（万元）

（四）每年收益不同，未来年期有限

在这种假设情况下，其基本计算公式为：

资产评估价值 = $\sum$ 每年收益额 × 折现系数

[例2-12] 设某企业尚可经营5年，每年预期收益额分别为160万元、140万元、135万元、120万元和110万元，确定折现率为6%。要求：试确定该企业的评估价值。

$$\text{企业评估价值} = \frac{160}{(1+6\%)} + \frac{140}{(1+6\%)^2} + \frac{135}{(1+6\%)^3} + \frac{120}{(1+6\%)^4} + \frac{110}{(1+6\%)^5}$$

$$= 160 \times 0.943\ 4 + 140 \times 0.890\ 0 + 135 \times 0.839\ 6 + 120 \times 0.792\ 1 + 110 \times 0.747\ 3$$

= 150.944+124.6+113.346+95.052+82.203
= 566.145（万元）

六、对收益法适用范围的评价

收益法的优点是：通过预测资产的未来收益，来折算资产的价值，其思路是清晰的，方法是可行的，评估结果是合理的，易于被评估结果使用者理解和接受。

但在采用收益法时，需要注意以下几个问题：

第一，在评估数据的采用方面，主观分析判断的比重较大。收益法使用的都是未来预期数据，在运用收益法时，要做一些基本假设。比如，收益预测的假设、资产使用年期的假设等。这些都要通过评估人员主观的分析判断得出。因此，相对于市场法和成本法，收益法的主观判断的比重要大一些，这对评估人员的素质要求更高。

第二，对于一些不能较为准确地估算其收益的资产，不能采用收益法。例如，一台机器设备、一幢房屋或构筑物等，单项资产的未来收益是很难单独计算的，在这种情况下，难以采用收益法。

第四节 应用资产评估方法需注意的问题

应用资产评估方法需要注意两点：一是资产评估方法的选择，二是资产评估方法之间的关系。

一、资产评估方法的选择

选择资产评估方法时要考虑以下一些因素：

（一）资产评估目的

确定资产评估目的，就是要解决为什么要进行资产评估的问题。这是在进行资产评估时首先要考虑的问题。一般来说，资产评估目的的确定会影响到评估假设、评估对象和评估范围的确定，从而影响到评估方法的确定。所以，资产评估目的制约着资产评估方法的选择。

（二）资产评估假设

资产评估假设是对被评估资产所处的时间和空间状况等所做的合理设定。被评估资产可能会有多种用途或处置办法，在进行评估时，必须设定一种用途或处置办法，据此选择相适应的评估方法。所以，资产评估假设，一方面受到评估目的的制约，另一方面它又制约着资产评估方法的选择。

（三）资产评估对象

资产评估对象的确定，要受到评估目的和评估假设的制约。这是因为，评估目的和评估假设不同，评估对象也就会不相同。同时，评估对象也制约着评估方法的选择。不同类型的资产，要求采用不同的评估方法。例如，对购置的通用设备可以采用市场法评估，而对自制的专用设备则通常采用成本法评估。

综上所述，资产评估方法要受到评估目的、评估假设、评估对象的制约。评估人员要根据不同情况，选择适合的评估方法。

二、资产评估方法之间的关系

资产评估方法之间的关系是指资产评估方法之间的替代性问题，也就是说，对某项评估对象能否采用两种及两种以上的方法同时进行评估。

由于资产评估方法受到评估目的、评估假设和评估对象等的制约，因此，评估目的、评估假设、评估对象一经确定，选择评估方法的思路也就基本确定了。即使有多种评估方法可供选择，也只有一种是相对最合理的评估方法。通过这种评估方法评估出来的结果，理论上是最为合理的评估结果。但由于每种评估方法都有其局限性，因此，不排除可以运用其他的评估方法加以评估，这样，就会出现两个或两个以上的评估结果。评估人员也可根据情况，通过对这些评估结果进行分析，最后确定一个相对合理的评估结果。

第三章
机器设备评估

第一节 机器设备概述

一、机器设备的定义

机器设备的定义可以从技术、会计、资产评估三个方面去加以认识。

从技术的角度看,机器设备是指利用机械原理以及其他科学原理制造的,并由零件、部件组成的独立或成套装置。这些装置具备生产、加工、化学反应、运行和改善环境等功能和效用。

从会计的角度看,机器设备是指符合固定资产条件("使用年限超过一年,单位价值在规定标准以上,并且在使用过程中保持原有物质形态")的机器、设备、装置、仪器、工具或器皿等。

在《资产评估执业准则——机器设备》(2017)中,对机器设备所下的定义是:"本准则所称机器设备,是指人类利用机械原理以及其他科学原理制造的、特定主体拥有或者控制的有形资产,包括机器、仪器、器械、装置、附属的特殊建筑物等。"该定义中,其他科学原理是指电子、电工、化工、光学等各种科学原理。机器设备是一个组合名词,其中,设备是包括机器和仪器以及特殊性非永久性建筑物等在内的组合资产,机器是指由具有特定功能结构组成的、用以完成一定工作的、使用或运用机械动力的器械装置。

机器设备除以上定义外,在实际评估工作中,还要根据具体情况,将机器设备与其他有关资产(房屋、构筑物等)进行区别,划定其分界线,做到不重评、不漏评。例如,采用成本法进行评估时,如果房屋建筑物中含有附属设备,在确定房屋建筑物的评估价值未包括附属设备的价值时,其附属设备可以归入机器设备进行评估;对于在建工程中的机器设备,如果该设备已经投入使用,无论是否办理决算,都应归入机器设备进行评估。

二、机器设备评估的特点

下面分别就机器设备的特点和机器设备评估的特点加以讨论。

（一）机器设备的特点

本书主要是从资产评估的角度来看机器设备的特点：

(1) 计量单位的多样性。通常以单台（件）作为数量单位，但有时也以成套、生产线等为数量单位。

(2) 移动后使用方面的复杂性。相对于不可移动的房地产来说，机器设备多具有可移动的特点，但这种可移动性又可分为两类：移动后能继续使用和移动后不能继续使用。

(3) 有形资产与无形资产的混杂性。机器设备本身是有形资产，但机器设备的价值中又常常含有无形资产的价值，如软件、技术服务、技术资料和专利等无形资产。

（二）机器设备评估的特点

机器设备在评估时，也具有自身的一些特点：

1. 某些因素较难确定

这里所说的某些因素包括尚可使用年限、成新率以及市场价值等。由于机器设备在企业生产经营中长期发挥作用，多次反复地进入生产过程，实体状态和功能都在发生变化，因此，影响评估价值的尚可使用年限、成新率等因素都较难确定。另外，某些大型、专用、高精尖等类型的设备的公开交易不多，在价值评估时较难获得公开的市场价值。

2. 评估时要综合考虑机器设备与无形资产之间的关系

一般而言，机器设备具有多种功能，有相当的技术含量，而这些技术通常又表现为专利权、专有技术等无形资产，也就是说无形资产的价值常常寓于机器设备价值之中。因此，评估人员在评估机器设备时，必须把握这一特点，在评估机器设备的价值时，要考虑是否存在无形资产的问题。这样，评估结果才会更准确。

3. 需采用多种估价标准，评估结果差异较大

对机器设备进行评估，出于不同的评估目的，需采用不同的估价标准。如为了确定按现价计提折旧、保险与索赔、拆迁补偿以及在整体资产评估中分项评估各类资产的评估价值，就要采用重置成本标准；又如机器设备转让或抵押，就要采用变现价值标准。采用不同的评估标准，评估出来的数据往往差异很大，究其原因：一是因为价值构成要素不同。重置成本包括机器设备主体及其附件的采购价、运杂费、安装费、配套设施费、调试费以及各项间接费用等，所以重置成本因构成要素的追加可以大大高于其采购价。变现价值则是设备市场现值扣除设备拆迁和变现费用的余额，这不仅不包括除采购价之外的其他费用，而且还要把变现需要发生的各项费用如拆迁、运输等费用扣除，所以，在数额上变现价值会大大低于按重置成本标准评估的评估价值。二是因为市场条件差异大。由于机器设备专用性强，变现市场交易并不十分活跃，因而变现风险较大。即便是通用机器设备，也有一定的变现风险。所以，这就决定了变现价值很难达到正常的市场价格。此外，在续用条件下采用重置成本标准时，排除了市场风险，所以评估机器设备的重置成本中，不包括风险折扣因素。一般说来，一个企业的资产是一个体系，除了机器设备外，还有其他类型

的资产，如厂房、土地、流动资产、无形资产等。机器设备的续用价值只有在具备其他资产的条件下方可实现。如果将一台或几台机器设备与整体资产分割开，其所能实现的价值可能只是变现价值。

4. 必须通过现场鉴定来确定机器设备的损耗程度

机器设备的价值补偿和实物补偿不是同时进行的。机器设备属于固定资产，其价值补偿是基于管理上的需要和会计上配比原则的要求，通过分期提取折旧来实现的；而实物补偿则是在设备寿命终结时更换新设备或通过对原有设备改造、翻新来实现。因此，在评估中，不能单纯依靠设备价值的转移程度来确定成新率，还应该注意机器设备的维护及使用情况，实际评估中往往要通过实地鉴定（必要时要采用技术检测手段）来确定其损耗程度。

5. 机器设备的价值受多因素的影响

机器设备的价值在很大程度上还要受到所依存资源的有限性、所生产产品的市场寿命、所依附的土地和房屋及构筑物的使用期限、国家相关的法律法规以及环境保护和能源产业政策等若干因素的影响。

机器设备和机器设备评估的上述特点，给评估工作提出了较高的要求，即要在机器设备存在的实物状态和参照账面原值的基础上，充分考虑机器设备的技术特点、价值特点以及影响因素，合理地评估机器设备的价值。

三、机器设备的分类

机器设备种类繁多，出于设计、制造、使用、管理和改善环境等不同需要，有不同的分类标准和方法。从机器设备评估的角度考虑，应了解以下一些分类方式：

（一）按固定资产分类标准划分

根据国家质量监督检验检疫局2011年1月10日颁布的《固定资产分类与代码》（GB/T14885-2010），机器设备可分为通用设备、专用设备、交通运输设备、电气设备、电子及通信设备、仪器仪表、计量标准器具及工具、衡器。

（二）按有关会计制度划分

按有关会计制度划分，机器设备可以分为生产经营用、非生产经营用、租出、未使用、不需用和融资租入机器设备六种类型。

（三）按机器设备的取得方式和渠道划分

按取得方式和渠道划分，机器设备可分为外购机器设备和自制机器设备两种，外购机器设备中又有国内购置和国外进口之分。

（四）按评估对象分类

根据《资产评估执业准则——机器设备》（2017），按机器设备的评估对象将其分为单台机器设备和机器设备组合。单台机器设备是指以独立形态存在、可以单独发挥作用或者以单台的形式进行销售的机器设备。机器设备组合是指为了实现特定功能，由若干机器设备组成的有机整体。机器设备组合的价值不必然等于单台机器设备价值的简单相加。

在实际操作中，还可将作为固定资产组成部分的设备类资产分为机器设备、运输车辆及电子设备三类。

机器设备还有其他一些分类方式，在此不一一列举。在评估实务中，对机器设备的分类应注意两点：一是评估的具体情况不同，分类的粗细要求也不同。上面的分类仅仅是对机器设备类型进行大致的划分，有时根据评估的具体情况和具体要求，还需要对大类设备进行细分。二是可以根据实际情况，将上述几种分类方法结合起来使用，相互包含，相互补充。例如，在单台设备中，既可能有通用设备，也可能有专用设备，或两者均有。资产评估中可以根据委托单位的生产技术特点、设备管理体系、评估目的、评估方法等，按不同分类进行操作，最后依照评估结果汇总要求进行统计。

四、机器设备评估的程序

机器设备评估的程序是指机器设备评估的过程或步骤。一般而言，机器设备评估大致有以下几个程序：

（一）评估准备

评估人员需要做好以下准备工作：

1. 指导委托方或资产占用方做好机器设备评估的基础工作

这包括填写机器设备明细表、对机器设备进行自查、对盘盈及盘亏事项进行账务处理、准备机器设备的产权资料及有关经济技术资料等。

2. 收集评估所需的资料

评估所需的资料主要包括：

（1）设备的产权资料，如购置发票、合同、报关单等。此外，对于有无抵押、担保、租赁及诉讼情况等也要关注。对产权受到某种限制（已被抵押或已被查封）的设备，应另行造册，并在评估报告中进行披露。

（2）设备使用情况资料，如机器设备的生产厂家、规格型号、购置时间、利用率、产品产量、产品质量、大修及技术改造情况。

（3）设备实存数量的资料。通过清查盘点及审核固定资产明细账和设备卡片，核实设备实存数量。

（4）价格资料，包括设备原值、折旧、净值、现行市价、可比参照物价格以及有关价格的文件和价格指数等。

3. 对委托方或资产占用方提供的机器设备的相关资料进行分析

明确评估范围和评估重点，制订评估工作的总体计划，组织评估人员，设计评估思路及选择评估方法。

（二）现场评估

机器设备评估中的重点在现场评估工作。现场评估工作是指在核实评估对象的基础上，对机器设备进行技术等级鉴定，了解设备的运行情况，判断设备的成新率以及损耗情况等的评估工作。工作内容包括：

1. 清查核实待评估的机器设备

这是机器设备评估现场工作的基础性工作。一般应对评估范围内的机器设备逐台核实，以确保评估对象真实可靠。若被评估单位的设备管理制度健全，管理状况良好，对设备数量大、单价较低或数量较多的同型号设备，也可以采用重点清查、抽样检查等办法，核实评估对象。

2. 按机器设备评估的重要性，对设备进行分类

一种分类方法是 ABC 分类法，把价值大、关键重要的设备作为 A 类；把价值小且数量多的设备作为 C 类；把介于 A 类与 C 类之间的设备作为 B 类。根据评估计划的安排，对 A、B、C 三类设备采用不同的方法进行评估。对 A 类设备需逐项鉴定和评估。另一种分类方法是按设备的性质分为通用设备和专用设备、进口设备和国产设备、外购设备和自制设备等，以便有效地收集数据资料，合理地配备评估人员。

3. 设备鉴定

对机器设备进行鉴定是现场工作的重点。对机器设备的鉴定应是分层次的。

（1）对机器设备所在的整个生产系统、生产环境和生产强度进行鉴定和评价。这包括：

其一，对设备技术状况的鉴定，主要是对设备满足产品生产工艺的程度、生产精度和废品率以及各种消耗和污染情况的鉴定，判断设备是否存在技术过时和功能落后的情况。

其二，对设备使用情况鉴定，主要是了解设备是否处于在用状态或闲置状态，在用设备的运行参数、运行班次、故障率、零配件保证率等；闲置设备闲置的原因、闲置期间的维护情况等。

其三，对设备质量的鉴定，主要应了解设备的制造质量、设备所处环境对设备质量的影响、设备的完整性、外观和内部结构情况等。

其四，对设备损耗程度的鉴定，主要是判断设备的有形磨损和无形损耗。有形磨损包括锈蚀、损伤、精度下降；无形损耗包括功能不足和功能过剩。

（2）了解机器设备的相关辅助设施，如基座、连接的工艺管道、自动控制装置等的价值是否包含在机器设备价值中。

现场工作要有完整的工作记录，特别是设备的鉴定工作更要有详细的鉴定记录。这些记录将是机器设备价值评估的重要数据来源，也是评估工作底稿的重要组成内容。

（三）评定估算

（1）根据评估目的、评估价值类型的要求以及评估时的各种条件，选择适宜的评估方法。

（2）评估人员查阅有关的可行性分析报告、设计报告、概预算报告、竣工报告、技术改造报告、重大设备运行和检验记录等，与设备管理和操作人员进行沟通，充分了解设备的历史和现状，广泛收集资料。

（3）评估人员查阅有关法律法规，如设备进口环节的税收政策、环境保护法规、运输工具的报废标准等，以便在设备评估中考虑法律法规对评估价值的影响。

（4）对产权受到某种限制的设备，包括已抵押或作为担保物等的设备，根据实际情况确定评估价值，无法确定评估价值的应在报告书进行披露。

（5）在整体评估中，评估人员还应与其他专业评估人员交流，及时处理设备与房屋建筑物、无形资产和存货等之间的界限问题，防止重评和漏评。

（6）选择合适的参数和科学的评估方法进行评定估算。

（四）撰写评估说明及评估报告

在评定估算过程结束后，整理评估工作底稿，对评估结果进行分析评价，及时撰写评估说明及评估报告。

（五）评估报告的审核和报出

评估报告完成以后，要进行必要的审核，包括设备专业负责人的初核、项目负责人的复核、复核人的审核和评估机构法定代表人的签发等。在多级审核确认后，再将评估报告送达委托方（在某些情况下，还应将评估报告递交有关管理部门）。

第二节 成本法在机器设备评估中的应用

机器设备评估的成本法是根据被评估机器设备全新状态下的重置成本，扣减实体性贬值、功能性贬值和经济性贬值，将所得差额作为机器设备评估值的一种评估方法。其基本公式如下：

机器设备评估价值=重置成本-实体性贬值-功能性贬值-经济性贬值

由于成本法全面考虑了资产的重置成本，又较充分地考虑了被评估资产已存在的各种贬值因素，所以，在机器设备评估中得到广泛的应用。下面将计算公式中重置成本和各种贬值的估算方法分述如下：

一、重置成本的确定

（一）由各种费用组成重置成本

这是指分别估算机器设备各部分价值并对其求和后得到重置成本的方法。由于机器设备有购入和自制之分、国产和进口之分、单台与成套设备之分，所以下面分别按不同情况说明其应用。

1. 外购单台不需安装的国内设备重置成本

对于不需安装的一般设备，若为小型、单价不高的设备，可将评估基准日有效的市场购置价作为其重置成本，若为体积大的设备，则应考虑运杂费。其计算公式如下：

重置成本=全新设备基准日有效的公开市场价格+运杂费

或 重置成本=全新设备基准日有效的公开市场价格×（1+运杂费率）

[例3-1] 某建筑工程公司有一台砼输送泵，型号为HBT50C，砼输送量37~60m^3/h，输送距离水平为700m，垂直180m。市场上同型号设备售价为535 000元，运杂费率确定为5%，则：

重置成本=535 000×（1+5%）=561 750（元）

2. 外购单台需安装的国内设备重置成本

对于需要安装的一般设备，应在购置价的基础上，加上运杂费和安装调试费再

确定其重置成本。其计算公式为

  重置成本=全新设备基准日有效的公开市场价格+运杂费+安装调试费

或 重置成本=全新设备基准日有效的公开市场价格×(1+运杂费率+安装调试费率)

[例3-2] 某机械厂有一台摇臂钻床，型号为Z3080×25。市场上同型号设备售价为151 000元，确定运杂费率为2.5%，安装调试费率为6%。则：

  重置成本=151 000×（1+2.5%+6%）= 163 835（元）

3. 外购单台需安装的进口设备重置成本

可直接查询与该进口设备相同的设备在国外的现价，或取得原始进价（离岸价FOB或到岸价CIF）。在此基础上，了解同类设备价格变化情况，再比较近期进口的类似设备的FOB价或CIF价，考虑汇率变动、关税、增值税、银行及外贸手续费、保险费、运杂费、安装调试费、资金成本等有关费用确定其重置成本。其计算公式为：

  重置成本=(FOB价格+国外运杂费+途中保险费)×基准日外汇汇率+
     进口关税+增值税+海关监管手续费+银行及外贸手续费+
     国内运杂费+安装调试费+资金成本

或 重置成本=CIF价格×基准日外汇汇率+进口关税+增值税+海关监管手续费+
     银行及外贸手续费+国内运杂费+安装调试费+资金成本

其中，FOB价格为离岸价，指设备装运港船上交货价格；CIF为到岸价，指离岸价加国外运杂费和途中保险费。

4. 外购成套需安装设备重置成本

外购成套设备是指由多台设备组成的、具有相对独立的生产能力和一定收益能力的生产装置。对于这种成套设备，重置成本可采用一般单台设备重置成本的估算方法，即先评估各单台设备的重置成本，再计算求和。但是，在实际操作中，也存在一定问题，即一些属于整体性的费用就不一定能够合理地计入单台设备的成本中，如整体的安装调试费、资金成本等。如果是大型连续生产系统，包括的机器设备数量大，品种多，情况各异，加之本身整体费用十分复杂，那么，在评估实务中，通常将其作为一个完整的生产系统，以整体方式估算成套设备的重置成本。其计算公式为：

  重置成本=成套设备购置价+运杂费+安装调试费+资金成本+其他费用

  式中：其他费用视具体情况可能包括勘察设计费、建设单位管理费、联合试运转费等。

[例3-3] 某评估机构受托对某公司的卷烟纸生产线进行评估，这条生产线系引进法国Allimand公司的卷烟纸生产设备和生产技术，其技术档次属20世纪90年代后期国际先进水平。其先进性具体表现在以下几个方面：

整体系统是采用世界上最先进的卷烟纸生产工艺，原料采用全部进口漂白木浆，并运用了各种提高成纸质量的化学助剂。全流程的浆、水、气管均采用不锈钢制作，避免了纸浆污染，整个工艺流程实现全自动控制，最大限度地回收造纸白水，并采取措施进行纤维回收。

电气部分：采用 ABB 公司先进的变压器，所有高压柜均采用西门子真空断路器真空接触器，低压屏采用 ABB 空气断路器。

控制部分：采用 Honeywell 公司最新的 ALCONT 3000DCS（集数控制系统），使生产线所有设备能在预定的程序下可靠地全自动运行。

质量检测：采用 ALCONT QCS（质量控制系统），能对纸张的定量、水分、灰分指标进行在线连续检测并控制，采用 ABB 公司 ULMA 孔眼探测系统和 Honeywell 公司的连续透气度测定仪，能对纸张的外观质量及透气度进行在线监测。

PM2 生产线的进口设备有：28"双盘磨（含减速器）、TA340 水力碎解机、210 型疏解机、短循环及除砂系统、纸机网部及水印辊、备浆、短循环、真空及损纸控制、中央油润系统、纸机气罩及排风系统、蒸汽及冷凝水系统、备浆短循环控制系统（DCS）、水分、灰分，定量浆网速比在线测控制系统 QCS、ULMA 孔眼探测系统等。

PM2 生产线的国内配套设备有：真空泵、清水泵、园网浓缩机、电机、螺旋推进器、各种电缆及桥架、造纸机底轨、不锈钢管件及杂件、纸机支架等。

经现场勘查，该生产线自 1998 年 9 月投产以来，可以确认：PM2 纸机生产线流程设计总体说来是成功的，设备制造质量是良好的，设备安装工作质量是良好的，PM2 纸机生产线可以在 200 米/分车速下生产出卷烟纸。

（1）进口设备重置成本计算

PM2 生产线的进口设备部分是法国 Allimand 公司根据委托方的需求定制的，市场没有相同的产品。评估人员对生产线的设计、装备水平、技术性能、工艺特点、产品质量等进行了调查了解及综合比较分析，并考虑同类造纸设备价格因素，确定评估基准日离岸价（FOB 价）为 15 169 000 美元，国外运杂费率为 5%，途中保险费率为 0.4%。

①到岸价（CIF）A 的计算：国外运杂费 = 15 169 000×5% = 758 450（美元）

途中保险费 =（15 169 000+758 450）×0.4% ≈ 63 710（美元）

则：A = 15 169 000+758 450+63 710 = 15 991 160（美元）

②基准日美元对人民币汇率：100∶827.67

③CIF 价（人民币）C：

C = A×8.276 7 ≈ 132 354 034（元）

④海关关税 D：根据关税税则，关税税率为 CIF 的 12%，则：

D = 132 354 034×12% = 15 882 484（元）

⑤增值税 E：设增值税税率为 17%，则：

E =（132 354 034+15 882 484）×17% ≈ 25 200 208（元）

⑥银行手续费 F：F = C×0.5% ≈ 661 770（元）

⑦外贸手续费 G：G = C×1.5% ≈ 1 985 311（元）

⑧海关监管手续费 H：H = C×0.3% ≈ 397 062（元）

⑨国内运杂费 I：I = C×3%+C×0.3% ≈ 4 367 683（元）

进口设备重置成本 = C+D+E+F+G+H+I
　　　　　　　　 = 132 354 034+15 882 484+25 200 208+661 770
　　　　　　　　 　+1 985 311+397 062+4 367 683
　　　　　　　　 = 180 848 552（元）

（2）国内配套设备重置成本计算

①经市场调查，辅助设备中的国内设备购置价A：A=6 907 800（元）

②运杂费B：B=A×7%=483 546（元）

国内设备重置成本=A+B=6 907 800+483 546=7 391 346（元）

（3）卷烟纸生产线重置成本

在国外国内设备价值之和的基础上，综合考虑整套设备的安装调试费、资金成本及其他费用，得

卷烟纸生产线重置成本=进口设备重置成本+国内设备重置成本+安装调试费+
　　　　　　　　　　　资金成本+其他费用

其中，根据造纸行业标准，取安装调试费率为8%，其他费用率为3%（其中，勘察设计费率取1.8%、建设单位管理费率取0.4%、联合试运转费率取0.8%），资金成本按评估基准日银行贷款年利率5.49%，该生产线合理建设工期为两年，并以资金平均投入计算，得

卷烟纸生产线重置成本=（180 848 552+7 391 346）×（1+8%+3%）×
　　　　　　　　　　（1+5.49%×2/2）
　　　　　　　　　≈220 417 438（元）

5. 车辆重置成本

车辆重置成本的确定，主要根据市场上同类型车辆的现行价格，在此基础上，加上车辆的购置附加税及牌照费等费用组成。其计算公式为：

车辆重置成本=车辆市场价格+购置附加税+牌照费及其他费用

［例3-4］某公司的大型专用油罐车，同型号车在市场上售价为106 000.00元（含税价），购置附加税为10%，牌照费、验车费等为300元，则：

车辆重置成本=106 000+（106 000÷1.17）×10%+300≈115 360（元）

6. 自制通用设备重置成本

自制通用设备重置成本应参考专业生产厂家的通用设备价格，在充分考虑自制设备和通用设备质量因素的前提下，运用替代原则合理确定。

7. 非标准设备重置成本

非标准设备是指设备中不定型、不成系列、需先进行设计再进行单台或小批量制造的设备。

（1）非标准设备的重置成本构成。非标准设备的重置成本构成包括以下内容：①直接材料，包括设备制造所消耗的主辅材料、外购件；②燃料和动力，指直接用于设备制造的外购和自制的燃料和动力费；③直接人工，指设备制造所直接消耗的人工工资和福利费；④制造费用，包括生产单位管理人员工资和福利费、折旧、办公费、水电费、物料消耗、劳动保护、专用模具、专用工具费等；⑤期间费用分摊，

包括管理费用、财务费用、销售费用等；⑥利润和税金；⑦非标准设备设计费；⑧对制造、安装调试周期较长的，需考虑占用资金的资金成本。

（2）非标准设备重置成本计算方法。根据非标准设备的设计总装图纸和主要部件图纸，可得到主要材料消耗量和主要外购件消耗量，以主要材料为基础，根据其与成本费用的关系指标估算出相应成本，考虑一定的利润、税金和设计费，从而求得非标准设备重置成本。其计算公式为

$$P = (C_{m1} \div K_m + C_{m2}) \times (1+K_p) \times (1+K_t) \times (1+K_d \div n)$$

式中：P——非标准设备重置成本；

C_{m1}——主材费（不含主要外购件费）；

K_m——不含主要外购件费的成本主材费率；

C_{m2}——主要外购件费；

K_p——成本利润率；

K_t——流转税率；

K_d——非标准设备设计费率；

n——非标准设备产量。

其中，主要材料是根据设备的具体构造、物理组成以及在设备重量或价值中的比重所确定的一种或几种主材，主材费 C_{m1} 由工艺设备专业人员提出或按图纸估算出主要材料的净消耗量（重量、面积、体积、个数等），根据各种主要材料的利用率求出各种材料的总消耗量，然后按照评估基准日材料市场价格（不含税价）计算主要材料费用。其费用计算公式为

$$C_{m1} = \sum [（某主材净消耗量 \div 该主材利用率）\times 含税市场价格 \div (1+增值税税率)]$$

主要外购件主要依据其构成及在设备价格中的比重确定。价格比重很小者，已综合在 K_m 系数中考虑，不再单列为主要外购件。外购件的价格按不含税的市场价格计算。主要外购件费可按下列公式进行计算：

$$C_{m2} = \sum [某主要外购件数量 \times 含税市场价格 \div (1+增值税税率)]$$

流转税税率 K_t 指增值税、营业税及相应的城市维护建设税和教育费附加。对于一般销售的非标准设备，其 K_t 为增值税、城市维护建设税和教育费附加，对于承包建设的炉窑等非标准设备则为营业税、城市维护建设税和教育费附加。

[例3-5] 某厂#2 尿素合成塔，生产厂家：西南化机公司，设备内径：φ1 200 毫米，高：21 805 毫米，经查图纸，该设备使用主要钢材为碳钢、低合金钢及不锈钢，主要品种有 15MnVR、20MnMo、16MR、OCr18Ni 9Ti 等。总耗碳钢及低合金钢 6.1 吨，不锈钢 8 吨。评估时不含税的市场价碳钢及低合金钢材为 4 800 元/吨，不锈钢为 45 000 元/吨，设备所需主要外购件（泵、阀等）不含税的费用为 21 800 元。现行增值税税率为 13%，城市维护建设税税率为 7%，教育费附加费为 5%，查流转税税率 $K_t = 14.56\%$，其主材利用率为 85%，成本主材费率 K_m 取 44%，成本利润率 K_p 取 18%，设计费率 K_d 取 13%，产量 1 台，$n=1$，则

主材费 C_{m1} = (6.1÷85%×4 800+8÷85%×45 000) = 457 976（元）

$P = (C_{m1} \div K_m + C_{m2}) \times (1+K_p) \times (1+K_t) \times (1+K_d \div n)$

= [457 976÷44%+21 800] × (1+0.18) × (1+0.145 6) × (1+0.13÷1)

= 1 416 944（元）

因生产厂家在同一省，则设备运杂费率为2%；对于大型化工设备取安装调试费率为35%（直接费、二次搬运费、大型机械租用费、临时设施费和必要的工艺管线、金属结构等安装材料等）；调试及联合试运转耗费率2%；另外，取其他费用率4%（建设单位管理费、工程设计费、工程监理费、招投标管理费、质量监督费等）；因化工设备建设项目周期较长，需考虑资金成本，根据实际情况，该化工设备建设的合理工期应为两年，按银行贷款年利率5.49%（一年期）计为资金成本率，则

重置成本 = 1 416 944×(1+0.02+0.35+0.02+0.04)(1+2×0.054 9/2)

= 1 416 944×1.43×1.054 9 ≈ 2 137 470（元）

8. 大型复杂的自制设备

对大型复杂的自建工程项目的设备，如系统成套设备、生产线等，可通过收集项目的决算资料，根据各行业机械设备工程定额和各地取费标准，采用概算方法估算重置成本。

以上介绍的各种重置成本的估算方法，是强调对机器设备价值的构成分析，有利于判断和确定对重置成本影响较大的因素，但以上方法的使用要受到评估人员的工作时间和所收集到的信息资料多寡的制约。

（二）由物价指数推算重置成本

由物价指数推算重置成本就是以设备的原始购买价格为基础，根据同类设备的价格涨跌指数来确定机器设备的重置成本。采用物价指数法的两个基本要素是设备的历史成本和物价指数。设备的历史成本是指设备最初使用者的账面原值，而非当前设备使用者的购置成本。物价指数可分为定基物价指数和环比物价指数。

1. 采用定基物价指数和环比物价指数确定重置成本的计算公式

设备重置成本 = 设备账面原值×（评估基准日定基物价指数÷设备购建时定基物价指数）

设备重置成本 = 设备账面原值×$\prod_{t=t_1+1}^{t_2}$环比物价指数

式中：t_1——资产购置年；

t_2——资产评估年。

表3-1为某类设备的定基物价指数。

表3-1 某类设备的定基物价指数

年份	定基物价指数
2013	100
2014	103

表3-1(续)

年份	定基物价指数
2015	106
2016	108
2017	110
2018	112
2019	115

[例3-6] 某设备2014年购置，账面原值为38 000元，2019年的定基物价指数为115，2014年的定基物价指数为103。要求：试计算该设备2019年的重置成本。

该设备的重置成本=38 000×（115÷103）=42 427（元）

环比物价指数是以上期为基期的指数。如果环比期以年为单位，则环比物价指数表示某类产品当年比上年的价格变动的幅度。如表3-1所示的定基物价指数用环比物价指数可如表3-2所示。

表3-2　某类设备的环比物价指数

年份	环比物价指数
2013	—
2014	103
2015	102.9
2016	101.9
2017	101.9
2018	101.8
2019	102.7

[例3-7] 某设备2016年购置，历史成本为60 000元，环比物价指数如表3-2所示，计算2019年该设备的重置成本，则

重置成本=60 000×（101.9%×101.8%×102.7%）=63 921（元）

2. 应注意的问题

用物价指数计算重置成本，是机器设备评估中经常采用的方法，特别是对于一些难以获得市场价格的机器设备。使用时，应注意以下几个问题：

（1）物价指数的选取。选取的物价指数应与评估对象相配比，一般采用某一类产品的物价指数（机电产品物价指数），而非综合物价指数（全国零售商品物价指数）。如果评估的是单台设备，那么该设备的价格变动指数与这类产品的综合物价指数之间可能存在一定的差异。因而，评估的该类设备数量越多，样本数量越大，整体误差则越小。

（2）历史成本的确定。设备的历史成本是计算设备重置成本的基础。评估人员应注意审查历史成本的真实性，因为在设备使用过程中，账面历史成本可能进行了调整，即企业的账面价值已不能反映设备真实的历史成本。另外，企业账面的设备

历史成本一般还包括运杂费、安装费、基础费以及其他费用,上述费用的物价变动指数与设备价格变动指数往往是不同的,应分别计算。特别是锅炉、化工设备等,运杂费、安装费、基础费所占比例很大,有的可能超过设备本身的价格,应特别注意。

(3)通过物价指数确定的重置成本是复原重置成本,而不是更新重置成本,也不能成为衡量复原重置成本和更新重置成本差异的手段。

(4)对于购买时间较长以及在高通货膨胀时期购置的设备采用物价指数法评估时,应尽可能采用其他方法加以验证。

(5)用物价指数法计算进口设备的重置成本,应使用设备生产国的分类物价指数。

(三)通过规模经济效益指数计算重置成本

某些特定的设备,如化工设备、石油设备等,同一系列不同生产能力设备的价格变化与生产能力变化呈某种指数关系,这种指数叫作规模经济效益指数。

$$P_1/P_2 = (A_1/A_2)^X$$

式中:A_1,A_2——不同设备的生产能力;

P_1,P_2——相应设备的价格;

X——规模经济效益指数。

如果已经知道一个系列产品中几种生产能力设备的价格,并且这些数据表明,生产能力设备的价格变化与生产能力变化呈指数关系,就可以利用这种关系确定未知的价格。

[例3-8] 某被评估的化工设备,生产能力为月产20吨某化工产品,现在,市场上已没有相同生产能力的设备。生产能力为月产30吨的同类型设备,市场售价为150万元。经测算,该类型设备的规模经济效益指数为0.65。要求:试计算该设备的重置成本。

被评估设备重置成本 = (被评估设备的能力/参照物的能力)$^{0.65}$ × 参照物重置成本
$$= (20/30)^{0.65} \times 150 = 115(万元)$$

1. 适用条件

规模经济效益指数法是1947年由美国的威廉·威廉斯(William Williams)提出的。起初,威廉斯研究了六种设备价格的指数,得出这六种设备的指数分布为0.48~0.87,平均值为0.6。因此,这种方法在国外又被称为"0.6分割法"。

这种方法并非适用于所有机器设备,对于某些特定的加工设备可能比较适合,如化工设备、石油设备等。但用它来评估诸如机床、汽车类的设备一般不适合。使用这种方法的前提条件是:设备的生产能力与价格存在一定的比例关系。

通过对不同类型设备的大量的统计数据进行分析,发现有些设备的生产能力与设备价格的对应关系非常明显,X 值的离散性很小,对这类设备,用规模经济效益指数计算设备价格是比较可靠的。

有些设备的 X 随生产能力的变化而变化,如:某种锅炉,生产能力在5~20蒸发吨/小时,X 为0.6;在20~50蒸发吨/小时,X 为0.65;在50~75蒸发吨/小时,

X 为 0.72。使用时应选择生产能力与评估对象比较接近的参照物计算指数 X。

有些机器设备,生产能力与设备价格的对应关系不明确,X 的离散性很大,对于这类设备就不宜采用规模经济效益指数法进行评估。

2. X 的确定

规模经济效益指数 X 是一个重要参数。目前,我国比较缺乏这方面的统计资料。据国外的一些参考资料介绍,X 的取值一般在 0.4~1.2。比如:圆锥压碎机为 0.85,颚式破碎机为 1.2,余热锅炉为 0.75,而快装锅炉为 0.65。

在确定 X 值时,可通过该类设备价格资料分析测算。对公式两边取对数,则
$$\ln(P_1/P_2) = X\ln(A_1/A_2)$$
$$X = [\ln(P_1/P_2)]/\ln(A_1/A_2)$$

[例 3-9] 某系列化工设备,各种生产能力的设备市场售价如表 3-3 所示,求它的规模经济效益指数 X。

表 3-3 各种生产能力的设备市场售价

序号 i	生产能力 A_i/万吨/月	售价 P_i/万元
1	20	115
2	30	150
3	40	182
4	50	212
5	60	241
6	70	269
7	80	297
8	90	326

解:计算该设备的规模经济效益指数 X,见表 3-4。

表 3-4 该设备的规模经济效益指数

序号	生产能力 A_i/万吨/月	售价 P_i/万元	$\ln(A_i/A_{i-1})$	$\ln(P_i/P_{i-1})$	X
1	20	115			
2	30	150	0.405 5	0.265 7	0.655
3	40	182	0.287 7	0.193 4	0.672
4	50	212	0.223 1	0.152 6	0.684
5	60	241	0.182 3	0.128 2	0.703
6	70	269	0.154 2	0.109 9	0.713
7	80	297	0.133 5	0.099 0	0.742
8	90	326	0.117 8	0.093 2	0.791

规模经济效益指数法也可以用于企业整体机器设备的价值估算。比如，根据企业的整体生产能力，来估算整体机器设备的价值。

当 $X=1$，被评估的机器设备的价格与生产能力呈线性关系；当 $X>1$，被评估设备的生产能力与被评估设备价格呈非线性关系，被评估设备的价格上涨速度大于被评估设备生产能力上涨速度；当 $X<1$，被评估设备的生产能力与被评估设备价格呈非线性关系时，被评估设备的价格上涨速度小于被评估设备生产能力上涨速度。

二、实体性贬值的估算

设备在使用过程中，零部件受到摩擦、冲击、振动或交变载荷的作用，使得零件或部件产生磨损、疲劳等破坏，导致零部件的几何尺寸发生变化，精度降低，寿命缩短等；设备在闲置过程中，由于受自然界中的有害气体、雨水、射线、高温、低温等的侵蚀，也会出现腐蚀、老化、生锈、变质等现象。设备在使用过程中和闲置存放过程中所产生的上述磨损称为有形磨损，前者称为第Ⅰ种有形磨损，后者称为第Ⅱ种有形磨损。与第Ⅰ种有形磨损和第Ⅱ种有形磨损相对应，分别称为第Ⅰ种实体性损耗和第Ⅱ种实体性损耗。

设备实体性贬值的程度可以利用设备的价值损失与重置成本之比来反映，称为实体性贬值率。其计算公式为

实体性贬值=设备重置成本×实体性贬值率

全新设备的实体性贬值率为零，完全报废设备的实体性贬值率为100%。评估人员需根据设备的具体情况，来判断贬值程度。判断实体性贬值的常用方法有观察法和比率法。

（一）观察法

该方法是指评估人员在现场对设备进行技术检测和观察，结合设备的使用时间、实际技术状况、负荷程度、制造质量等经济技术参数，综合分析估测机器设备的贬值率或成新率的一种评估方法。在用观察法评估时要观察和收集以下方面的信息：①设备的现时技术状况；②设备的实际已使用时间；③设备的正常负荷率；④设备的维修保养状况；⑤设备的原始制造质量；⑥设备重大故障经历；⑦设备大修技改情况；⑧设备工作环境和条件；⑨设备的外观和完整性。

除此之外，在实际判断机器设备实体性贬值率时，评估人员还必须与操作人员、维修人员、设备管理人员沟通，听取他们的介绍和评价，加深对设备的了解。对所获得的有关设备状况的信息进行分析、归纳、综合，依据经验判断设备的磨损程度及贬值率。有时也使用一些简单的检测手段获取精度等方面的指标，但是，这些指标一般并不能直接表示设备损耗量的大小，只能作为判断贬值的参考。表3-5是实体性贬值率的参考表。

表 3-5 实体性贬值率的参考表

设备等级	设备状态	贬值率/%	成新率/%
全新	全新，刚刚安装，尚未使用，资产状态极佳	0	100
		5	95
很好	很新，只轻微使用过，无须更换任何部件或进行任何修理	10	90
		15	85
良好	半新资产，但经过维修或更新，处于极佳状态	20	80
		25	75
		30	70
		35	65
一般	旧资产，需要进行某些修理或更换一些零部件	40	60
		45	55
		50	50
		55	45
		60	40
尚可使用	处于可运行状态的旧资产，需要大量维修或更换零部件	65	35
		70	30
		75	25
		80	20
不良	需要进行大修理的旧资产，如更换运动机件或主要结构件	85	15
		90	10
报废	除了基本材料的废品回收价值外，没有希望以其他方式出售	97.5	2.5
		100	0

通过对设备的简单观察来判断设备的状态及贬值率往往不够准确，为了提高判断的准确性，对重点大型设备可采用专家判断法、德尔菲法等。

1. 专家判断法

专家判断法是一种简单的直接观察法，主要通过信号指标、专家感觉（视觉、听觉、触觉）检查，或借助少量的检测工具，凭借经验对鉴定对象的状态、损耗程度等做出判断。在不具备测试条件的情况下，常使用这种方法。

2. 德尔菲法

德尔菲法是在个人判断和专家会议的基础上形成的另一种直观判断方法。它是采用匿名方式征求专家的意见，并将他们的意见进行综合、归纳、整理，然后反馈给各个专家，作为下一轮分析判断的依据，通过几轮反馈，直到专家的意见逐步趋向于一致为止。

（二）比率法

这种方法主要根据对一台设备的使用情况或寿命进行分析，综合设备已完成的工作量（或已使用年限）和还能完成的工作量（或尚可使用年限），通过计算比率，确定实体性贬值率。在实际操作中，通常又分为工作量比率法和年限法两种方法。

1. 工作量比率法

由于设备的使用情况和实体性贬值有密切的关系，所以设备的实体性贬值率可通过以下两个公式计算。

实体性贬值率=已完成工作量÷可完成工作总量

或 实体性贬值率=已完成工作量÷（已完成工作量+尚可完成工作量）

[例3-10] 某施工设备预计可进行5 000台班的施工，现在已运行了3 000台班，则：

该设备的实体性贬值率=3 000÷5 000×100%=60%

如果此设备已运行了5 000台班，但因为维护良好或因为进行过大修，各种损耗已得到补偿，预计可再进行2 000台班的生产，这样实体性贬值率如下：

该设备的实体性贬值率=5 000÷（5 000+2 000）×100%=71%

2. 年限法

采用年限法评估机器设备的贬值率，是建立在假设机器设备在整个寿命期内，实体性损耗是随时间线性递增的，设备价值的降低与其损耗大小成正比。其数学公式为：

实体性贬值率=已使用年限÷（已使用年限+尚可使用年限）

或 成新率=尚可使用年限÷（已使用年限+尚可使用年限）

由上面的数学公式可知，要计算设备的实体性贬值率，关键要取得两个参数，即设备的已使用年限和尚可使用年限。

已使用年限与尚可使用年限之和为设备的总使用年限，即设备的使用寿命。机器设备的使用寿命通常可以分为物理寿命、技术寿命和经济寿命。设备的物理寿命是指机器设备从开始使用到报废为止经历的时间。机器设备物理寿命的长短，主要取决于机器设备的自身质量、运行过程中的使用、保养和正常维修情况。机器设备的技术寿命是指机器设备从开始使用到技术过时经历的时间。机器设备的技术寿命在很大程度上取决于社会技术进步和技术更新的速度和周期。机器设备的经济寿命是指机器设备从开始使用到因经济上不合算而停止使用所经历的时间。所谓经济上不合算，是指维持机器设备的继续使用所需要的维持费用大于机器设备继续使用所带来的收益。

下面就以机器设备的投资是否一次完成为例，将年限法分为简单年限法和综合年限法来介绍这两个参数的确定方法。

（1）简单年限法

简单年限法是假设机器设备的投资是一次完成的，没有更新改造和追加投资等情况发生。

①确定已使用年限。它是指机器设备实际服役的年限，而不是简单地按照资产购建到评估基准日的日历时间来计算，因为有一个实际使用时间和使用强度的问题，所以已使用年限是代表设备运行量或工作量的一种计量。这种计量是以设备的正常使用为前提的，包括正常的使用时间和正常的使用强度，这就要求在运用已使用年

限参数时,应充分注意设备的实际已使用时间和实际使用强度。

在对机器设备进行评估时,设备的申报资料往往是以财务数据为准,在利用会计折旧年限计算已使用年限时应注意,折旧年限是国家财务会计制度以法规的形式规定的机器设备计提折旧的时间跨度,它综合考虑了机器设备的经济寿命、物理寿命、技术进步、企业的承受能力以及国家税收状况等因素,旨在促进企业加强经济核算,适时地实施机器设备技术更新。已提折旧年限并不完全等同于估测实体性贬值率中的设备已使用年限,所以,在使用已提折旧年限为设备的已使用年限求贬值率时,一定要注意已提折旧年限与设备的实体损耗程度和评估的总体思路是否吻合,并注意使用前提和使用条件。

总之,确定使用年限,既要看购建时间,又要看折旧年限,还要看设备的运行资料。

②尚可使用年限。尚可使用年限受已使用年限、使用状况、维修保养状况等因素影响。已使用年限与尚可使用年限是此长彼短的关系:

尚可使用年限=经济寿命-已使用年限

采用该公式的前提是:假设在机器设备的各种寿命(物理寿命、技术寿命和经济寿命)中,采用经济寿命来确定机器设备的使用年限更为合理。

机器设备的使用状况对尚可使用年限也有明显的影响,如一个实行24小时三班运转的机器设备,比实行8小时工作制的机器设备的损耗当然要快得多,在其他因素相同的条件下,尚可使用年限也会短些。此外,一台精心维护、修理及时的设备比超负荷运行的设备拥有更长的尚可使用年限。还有就是设备运行环境也影响到尚可使用年限。这些因素都是评估人员在确定机器设备剩余寿命时应考虑到的。

定量地确定尚可使用年限有以下几种方法:

a. 折旧年限法。折旧年限法是指企业依据《企业会计准则》,按照各自所处行业和自身情况确定的折旧年限。这是一种用折旧年限计算剩余寿命的方法。其基本计算公式为:

尚可使用年限=折旧年限-已使用年限(已服役年限)

运用此方法应注意:第一,折旧年限法一般用于机器设备计提折旧时的情形;第二,只有在企业折旧年限基本上体现经济寿命,并经设备服役、退役的实际情况证明基本符合实际时,才能运用。

b. 退役年限法。此方法是根据企业的设备实际退役年限记录,由经验数据统计分析确定机器设备周期寿命,扣除服役年限后即获得剩余寿命的一种方法。

[例3-11] 对某企业评估时,需要确定一台金属切削机床的成新率,该机床已服役了6年,查阅近3年的设备退役记录,共报废该类机床10台,其中服役期15年的3台,16年的4台,17年的2台,20年的1台。

分析:该机床属于通用设备,企业具有该类设备报废情况的完好记录,可根据这些数据,按加权法确定平均实际服役年限。其计算过程如下:

平均实际服役年限=15×3/10+16×4/10+17×2/10+20×1/10=16.3(年)

评估人员对该机床的实体状况和使用环境进行了观察,发现情况均较正常,于

是取寿命周期为 16.3 年，已知服役年限为 6 年，则

成新率=（1-6/16.3）×100%=63.2%

c. 预期年限法。此方法要求运用工程技术手段现场检测设备的各项性能指标，确定设备的磨损程度，并向现场操作人员和设备管理人员调查，凭专业知识判断确定尚可使用年限。在进行专业判断时，往往需要用到一些设备技术鉴定理论，如磨损理论、疲劳寿命理论、高温蠕变寿命理论等。此处介绍一下利用磨损理论计算剩余寿命的方法。

在磨损理论中，计算剩余寿命的公式为

$T_s = (\Delta S_{max} - \Delta S)/tg\alpha$

其中：$tg\alpha = \Delta S/\Delta T$，表示磨损强度；$\Delta S$ 为实际磨损量；ΔT 为已运行时间；ΔS_{max} 为最大磨损允许极限，它一般根据设备某一部件的报废标准而得。

［例 3-12］某起重机卷筒主要损耗形式是钢丝绳与卷筒摩擦对卷筒的磨损。该卷筒原始壁厚 20 毫米，现在壁厚 18.5 毫米，根据起重机卷筒的报废标准，卷筒的最大磨损允许极限是原筒厚度的 20%，该起重机的已运行时间为 4 年。要求：试计算该卷筒的尚可使用年限。

解：利用磨损寿命理论的计算公式，确定该卷筒的极限磨损。

$\Delta S_{max} = 20 \times 20\% = 4$（毫米）

该卷筒的实际磨损量 $\Delta S = 20-18.5 = 1.5$（毫米）

磨损强度 $tg\alpha = \Delta S/\Delta T = (20-18.5)/4 = 0.375$（毫米/年）

则尚可使用年限 T_s 为：

$T_s = (\Delta S_{max} - \Delta S)/tg\alpha = (4-1.5)/0.375 = 6.67$（年）

所以，卷筒的尚可使用年限为 6.67 年。

其他的机器设备技术鉴定的有关基础理论可以通过查阅相关书籍得到，这里不再一一列举。以上的方法在实践中要配合运用，相互验证，并对差异进行分析，找出原因，并确定较为客观的结论。

(2) 综合年限法

综合年限法与简单年限法所使用的原理一样。不同的是，前者考虑了机器设备投资可能是分次完成的，也可能进行了更新和追加投资，同时还考虑了设备的不同构成部分的剩余寿命可能不相同等情况。

①综合已使用年限

一台机器设备不同部件的已使用年限不同，其原因可能是由于分次购建，边购建边营运，也可能是因为更新改造。这时，确定综合已使用年限要按各部件重置成本的构成作权重，对参差不齐的已使用年限进行加权平均，确定综合服役年限。其他应该考虑的因素与简单年限法相同。

［例 3-13］某企业 2007 年年末购入一台机床，入账总成本为 5 万元，2009 年年末投资 3 万元对其进行技术改造，2010 年年末又投资 1 万元对其进行局部改造并拆除原值 5 000 元的部件，2012 年年末投资 5 000 元改进功能。要求：试评估到 2013 年年末设备的综合服役年限。

评估分析及计算过程如下：因为各部分服役期长短不一，因此，要求出综合服役年限，计算方法是以 2013 年年末各部分的加权投资之和除以各部分在 2013 年年末的重置成本之和。数学表达式为

$$综合已使用年限 = \frac{\sum（每次投资在评估时点的重置成本 \times 对应的已投资年限）}{\sum 每次投资在评估时点的重置成本}$$

依据有关的资料，2007 年、2009 年、2010 年、2012 年各年末投入的成本在 2013 年年末的重置成本分别为 10.31 万元、4.86 万元、1.37 万元、0.53 万元。

先计算各年的加权投资，分别为：61.86（10.31×6）万元，19.44（4.86×4）万元，4.11（1.37×3）万元，0.53（0.53×1）万元，因此综合服役年限为

（61.86+19.44+4.11+0.53）/（10.31+4.86+1.37+0.53）

= 85.94/17.07

= 5.03（年）

②综合剩余寿命

与服役年限可能长短不同一样，剩余寿命也可能有长有短。一台机床的动力装置可能使用 5 年就需要更新，而该机床的主体部件也许使用 15 年后才需要更新，此种情况在现实中很常见。这样，评估人员就需要计算综合剩余寿命，并按重置成本对各种不同的剩余寿命进行加权平均，每部分剩余寿命的评估方法同简单年限法一样，这里不再重复介绍。

（三）修复费用法

这种方法是利用恢复机器设备功能所支出的费用来直接估算设备实体性贬值的一种方法。所谓修复费用，是指在机器设备主要零部件的更换或修复、改造、停工损失等方面发生的费用支出。这种方法的基本原理是：如果机器设备可以通过修复来恢复到其全新状态，那么，可以认为设备实体性损耗等于其修复费用。

机器设备的实体性损耗可分为可修复和不可修复两种。在采用修复费用时，要尽量把实体性贬值中的可修复和不可修复部分区别开来。可修复的实体性损耗是指可以通过技术修理恢复其功能，且经济上是合理的，而不可修复的实体性损耗是指通过技术修理不能恢复其功能，或者是经济上不划算的。因此，操作中通过区分这两种损耗，把机器设备分成两部分来分析。对可修复的实体性损耗以修复费用直接作为实体性贬值；对不可修复实体性损耗采用前述方法确定实体性贬值。这两部分之和就是被评估设备的全部实体性贬值。其计算公式如下：

实体性贬值率=（可修复部分实体贬值+不可修复部分实体贬值）/设备复原重置成本

［例 3-14］一化工设备——冷凝器，已建成并使用了 8 年，预计将来还能再使用 16 年。该冷凝器评估时正在维修，其原因是原冷凝器因受到腐蚀，底部已出现裂纹，发生渗漏，必须更换才能使用。整个维修计划费用为 450 000 元，其中包括冷凝器停止使用造成的经济损失、清理、布置安全工作环境、拆卸并更换被腐蚀底部的全部费用。该冷凝器的复原重置成本为 3 000 000 元，现在用修复费用法估测冷凝器的实体性贬值率。

解：可修复部分实体性贬值：450 000 元

不可修复部分实体性贬值率：8／（8+16）×100%＝33.33%

不可修复部分复原重置成本：3 000 000-450 000＝2 550 000 元

不可修复部分实体性贬值：2 550 000×33.33%＝849 915 元

冷凝器全部实体性贬值率：（450 000+849 915）／3 000 000＝43.33%

修复费用法适用于那些特定结构部件经常被磨损但能够以经济上可行的办法加以修复的资产，如需定期更换部分系统的机组、成套设备、生产线。

以上介绍的测算机器设备实体性贬值的三种方法简单易行，可操作性强，在机器设备评估中得到了广泛应用。

在估算机器设备实体性贬值（或成新率）时还应注意以下问题：

第一，在采用观察法、比率法和修复费用法估算实体性贬值时，具体选用哪种方法，应根据实际情况，以获取支撑每种方法的信息资料的多少以及评估人员的专业知识和经验等来加以选取。

第二，在估算实体性贬值时，要注意实体性贬值是否包含功能性贬值或其他贬值的因素，不要将已经考虑了的功能性贬值和其他贬值再重复计算。例如，用观察法确定实体性贬值（或成新率）时，评估人员主观上可能综合考虑了功能性贬值；用比率法确定实体性贬值时，对那些已经进行了大修或技改的设备，也可能涉及功能性贬值因素。

三、功能性贬值的估算

技术进步引起的资产价值的损失称为功能性贬值。设备的功能性贬值主要体现在超额投资成本和超额运营成本两个方面。

（一）超额投资成本形成的功能性贬值的估算

科学技术的不断进步，新技术、新材料、新工艺的不断出现，使制造与原相同功能设备的成本降低，投资新设备比投资原相同功能设备的投资额减少，从而形成原有设备的功能性贬值。

超额投资成本的确定一般是以设备的复原重置成本与更新重置成本之间的差额估算：

设备超额投资成本＝设备复原重置成本-设备更新重置成本

在基本功能相同的情况下，由于技术进步，设备的更新重置成本应该小于其复原重置成本。在评估中，如果使用的是复原重置成本，则应该考虑是否存在超额投资成本引起的功能性贬值；如果使用的是更新重置成本，这种贬值因素则已经考虑了。

对于大部分设备，重置成本一般根据现行市场价格确定，这个价格中已包括了超额投资成本造成的功能性贬值。

（二）超额运营成本形成的功能性贬值的估算

由于科学技术的进步，新制造的设备能耗低、效能高，在人力、物力等方面的消耗都比原有设备更为节省，致使原有的设备在运营成本上比新设备高，从而引起原有设备的功能性贬值。具体表现为原有设备与新设备在完成相同生产任务时，前者消耗高于后者,形成了一部分超额的运营成本。

一般情况下,超额运营性功能性贬值就是设备在未来使用过程中超额运营成本的现值。通常可按下例步骤进行估算:

[例3-15] 某一食品生产线,日生产食品200箱,其能耗为500元,正常运行需36名操作人员。目前,同类新式生产线,同样生产200箱食品,其能耗为400元,所需的操作人员为24名。假定在运营成本的其他项目支出方面大致相同,操作人员每人平均年工资福利费约为8 000元,试估算该生产线的功能性贬值。

分析与计算:

①计算被评估生产线的年超额运营成本额。一年以300天计工作日,得

能耗年超额运营成本 = (500-400)×300 = 30 000(元)

人力年超额运营成本 = (36-24)×8 000 = 96 000(元)

②按企业适用的所得税税率为25%,计算被评估生产线超额运营成本抵减所得税后的年超额运营成本净额。

年超额运营成本净额 = (30 000+96 000)×(1-25%) = 94 500(元)

③根据生产线实际情况,预计该生产线尚可使用3年,适用的折现率为10%。由此,估算其功能性贬值额:

功能性贬值额 = 94 500×$(P/A, 10\%, 3)$ = 94 500×2.486 9 ≈ 235 012(元)

(三)功能性贬值估算中应注意的几个因素

在机器设备评估中,估算功能性贬值主要是在成本法中应用,因为在市场法和收益法中,功能性贬值因素已被综合考虑了。但是,在使用成本法时,功能性贬值的估算也应注意以下几点:

(1)如果在评估时采用的是复原重置成本,一般应考虑功能性贬值。例如,下列两种情况均需单独估算功能性贬值:

①通过物价指数调整被评估机器设备的历史成本来得到重置成本;

②通过细分求和法计算被评估设备所用的原材料、人工、能源消耗,以及固定成本和间接成本之和来计算重置成本。

(2)对采用了更新重置成本的设备,有时也要考虑其运营性的功能性贬值。这是因为现在许多新型设备,不仅购置价比同功能旧设备低,而且在运营时,操作成本也低,如电脑。

(3)功能性贬值的扣除问题。在评估机器设备时,功能性贬值可以有两种扣除方式:

①若重置成本采用的是更新重置成本

设备评估值 = 更新重置成本 - 实体性贬值 - 超额运营成本

或 设备评估值 = 更新重置成本×成新率 - 超额运营成本

②若重置成本采用的是复原重置成本

设备评估值 = 复原重置成本 - 实体性贬值 - 超额投资成本与超额运营性成本的代数和

或 设备评估值 = 复原重置成本×成新率 - 超额投资成本与超额运营成本的代数和

(4) 在评估实务中，被评估的设备可能已经停止生产，评估时只能参照其替代设备，而这些替代设备的特性和功能通常要比被评估设备更先进，其价格通常也会高于被评估设备的复原重置成本（例如用价格指数法调整得到的重置成本）。这样一来，就可能会出现设备更新重置成本大于设备复原重置成本的情形，前述公式得出的结果就会是负值。但在一般情况下，更新重置成本大于复原重置成本的部分将在运营成本节约上得到抵偿。但如果出现这种情况，评估师就要予以充分重视。

四、经济性贬值及其估算

机器设备的经济性贬值是由外部因素引起的贬值。这些因素包括：市场竞争的加剧，致使产品需求下降；产业结构调整导致的限产，生产能力相对过剩；原材料、能源等的提价，劳动力及其他费用上涨，但产品售价得不到相应提高；国家有关能源、环境保护等法律法规的出台，导致产品生产成本提高，或者使设备提前强制性报废，缩短了设备的正常使用寿命，等等。

（一）设备利用率下降造成的经济性贬值的估算

当机器设备因外部因素影响出现开工不足、设备相对闲置，即实际生产能力显著低于其额定生产能力，从而使最终收益减少时，便会出现经济性贬值。其计算公式如下：

经济性贬值率 = $[1-(实际使用生产能力/额定生产能力)^X] \times 100\%$

式中：X 为规模效益指数，实践中多为经验数据。对机器设备，X 一般取 $0.6 \sim 0.7$。

经济性贬值额 =（重置成本 - 实体性贬值 - 功能性贬值）× 经济性贬值率

造成经济性贬值的原因很多，例如，整个行业的额定生产能力过剩，开工不足会造成整个行业特有的低效率。又如，企业管理不善，产品落后，市场上激烈的竞争等，使企业内的生产能力不能被充分利用等。

[例 3-16] 某彩电生产线，额定生产能力为 10 万台/年，在生产技术方面，此生产线为目前国内先进水平，目前状态良好。但是，由于市场竞争激烈，目前只能生产 7.5 万台/年。这类设备的规模经济效益指数 $X = 0.7$。试估算此生产线运行于 7.5 万台/年的经济性贬值率。估算如下：

经济性贬值率 = $[1-(7.5/10)^{0.7}] \times 100\% = 18.2\%$

应该看到，用经济性贬值率计算得到的经济性贬值额就是机器设备原来具有的额定生产能力或设计能力所需投资成本与实际使用生产能力所需投资成本之间的差额，即机器设备因生产能力闲置产生使用价值降低的经济惩罚。由此可见，采用这种估算方法得到的贬值额有可能包含不同种类的贬值。如果机器设备生产能力闲置是外部因素引起的，那么，估算出来的价值就是经济性贬值；如果机器设备生产能力匹配不合理，造成某些设备生产能力不足，这样估算出来的价值可能会是功能性贬值；如果机器设备因物理或化学磨损，造成原有生产能力降低，这时估算出来的价值就可能是实体性贬值的一部分。因此，评估时可以在不同场合，根据不同实际情况运用这种方法。

（二）收益减少造成的经济性贬值的估算

如果设备由于外界因素变化，出现原材料涨价、能耗提高等造成生产成本提高并且得不到补偿，或是竞争必须使产品降价出售，使设备创造的收益减少，使用价值降低，进而引起经济性贬值，从而使造成的收益减少额能够直接测算出来，那么，可直接按设备继续使用期间每年的收益损失额折现累加得到设备的经济性贬值额。其计算公式为

经济性贬值额＝设备年收益损失额×（1－所得税税率）×$(P/A, r, n)$

（三）使用寿命缩短造成的经济性贬值的估算

国家在有关能源、环境保护和产业政策等方面的法律法规越来越严格，这使机器设备的使用价值受到了影响。近年来，由于环境保护方面的问题日益严重，国家对机器设备的环保要求越来越高，对落后的、高能耗的机电产品施行强制淘汰制度，缩短了设备的正常使用年限。

[例3-17] 某火电厂以2000年12月31日为基准日进行资产评估，其装机容量为5万千瓦，已使用了10年，按目前的技术状态还可以正常使用10年，但根据国家有关规定，5万千瓦以下的火电机组在2003年前必须淘汰。试计算因报废政策引起的经济性贬值。

解：按年限法计算，该机组的经济性贬值率为

经济性贬值率＝（10－2）／（10＋10）＝40%

国家有关政策不仅对产生污染和高能耗的设备的使用年限带来了限制，从而造成经济性贬值；而且，对产生污染的设备还处以罚金，或必须花费一笔费用对设备进行改造，这样增加了运营成本，从而造成了经济性贬值。

在实际评估工作中，机器设备的经济性贬值和功能性贬值有时可以单独估算，有时不能单独估算，这主要取决于在设备的重置成本和成新率的测算中考虑了哪些因素。在具体运用重置成本法评估机器设备时，应注意这一点，避免重复扣减贬值因素或漏减贬值因素。

第三节 市场法在机器设备评估中的应用

市场法是指在市场上选择若干相同或相似的机器设备作为参照物，针对各项价值影响因素，将被评估机器设备分别与参照物逐个进行价格差异的比较调整，再综合分析各项调整结果，最后确定被评估机器设备评估价值的一种评估方法。

一、市场法的评估步骤

（一）鉴定被评估对象

考察被评估设备，并对机器设备的性能、结构、新旧程度等做必要的技术鉴定，以获得被评估机器设备的基本经济技术参数，为收集市场数据资料、选择参照物提供依据。

(二) 选择参照物

选择参照物应考虑评估的特定目的、被评估设备的有关技术参数,并遵循可比性原则进行,一般应选择三个或三个以上的参照物。选择参照物时,首先要考虑选择市场上已成交的交易案例的机器设备作为参照物;若市场上没有已成交的参照物,也可考虑有标价的或报价相同的设备作为参照物。

(三) 对被评估设备和参照物之间的差异进行比较和调整

1. 销售时间差异的比较和调整

在选择参照物时,应尽可能选择评估基准日的成交案例,以免对销售时间差异进行调整。但一般说来,参照物的交易时间在评估基准日之前,这时可采用物价指数法对销售时间差异进行调整。

2. 结构、性能、品牌差异的比较和调整

机器设备型号间及结构上的差异都会集中反映到设备间的功能和性能差异上,具体表现为生产能力、生产效率、营运成本等方面的差异;同时,不同的品牌,由于声誉不同,市场价格也不一样。对于前者,可以运用功能成本法等一些方法,将被评估设备与参照物在结构、型号等方面的差异进行调整;对于后者,主要是利用历史数据资料辅以市场咨询加以调整。

3. 新旧程度差异的比较和调整

被评估设备与参照物在新旧程度上不可能完全一样,参照物通常是全新设备。这就要求评估人员对被评估设备与参照物的新旧程度做出基本判断,取得被评估设备和参照物成新率数据后,以参照物的价格乘以被评估设备与参照物成新率之差得到两个设备新旧程度的差异量。

4. 销售数量、结算方式差异的比较和调整

销售量的大小以及付款方式的不同等,均会对设备的成交价格产生影响。对于这两个因素,要根据具体情况做出不同的调整处理。一般说来,付款方式差异主要体现为付款时间的差异,其调整方法是采用不同时期付款折现求和的方法。

(四) 汇总各因素差异调整值,计算出评估值

具体计算步骤,此处省略。

二、市场法评估机器设备的具体方法

(一) 直接比较法

直接比较法是根据与评估对象相同的市场参照物,按照参照物的市场价格来直接确定评估对象价值的一种评估方法。这种方法适用于在二手设备交易市场上能够找到与评估对象相同的参照物,包括制造商、型号、出厂年代、实体状态、成新率等方面。在这种情况下,一般可以直接使用参照物的价格。直接比较法比较简单,对市场的反映较为客观,能较为准确地反映设备的市场价值。

在大多数情况下,要找到完全相同的两台设备是很困难的,这就需要对评估对象与参照物之间的细微差异做出调整。需要注意的是,评估对象与参照物之间的差异必须是很小的,价值量的调整也应该很小且容易直接确定,否则不能使用直接比较法。

（二）相似比较法

相似比较法是以相似参照物的市场销售价格为基础，通过对效用、能力、质量、新旧程度等方面的比较，按一定的方法对其差异做出调整，从而确定评估对象价值的一种评估方法。这种方法与直接比较法相比，主观因素更大，因为需要做更多的调整。这种方法可用以下公式表示：

评估价值＝参照物价格±被评估设备与参照物差异的量化合计金额

为减少差异调整的工作量，减少调整时因主观因素产生的误差，应尽可能做到：在选择对象上所选择的参照物应尽可能与评估对象相似；在时间上，参照物的交易时间应尽可能接近评估基准日；在地域上，参照物与评估对象尽可能在同一地区。调整的因素和方法如下：

1. 制造商

不同生产厂家生产的相同产品，其价格往往是不同的，市场参照物应尽量选择同厂家的产品。如果无法选择到同厂家生产的设备作为参照物，则需要对该因素进行调整。可以将新设备的价格差异率作为旧设备的调整比率。

2. 生产能力

生产能力是影响价格的重要因素，如果参照物与评估对象的生产能力存在差异，需要做出调整。调整方法一般为两种：一是按新设备的价格差异率调整，二是用规模经济效益指数法调整。

3. 出厂日期和服役年龄调整

通过二手设备交易市场的成交价资料统计，设备的出厂日期是影响设备价格的主要因素。表3-6是不同出厂年代的某类型设备的统计数据，可以得知二手设备的交易价格与出厂年代之间的相关性是比较强的。

表3-6　某类型设备的统计数据

序号	出厂年限/年	二手设备售价/新设备价格
1	6	0.70
2	7	0.61
3	8	0.59
4	9	0.56
5	10	0.50
6	11	0.48
7	12	0.48
8	13	0.44
9	14	0.42

4. 销售时间

从理论上讲，参照物价格应该是评估基准日价格，当然这一点较难做到。如果获取的资料不是基准日价格，就应对其进行调整。

调整额＝参照物的售价×价格变动率

5. 地理位置

参照物与评估对象可能处于不同地域,这就形成地理位置差异,地理位置差异可能影响价格,因为评估对象需要发生部分拆卸和移动成本。

6. 安装方式

安装是影响价格的另一因素。如果参照物的价格是已拆卸完毕并在交易市场提货的价格,而评估对象是安装在原使用者所在的地点未进行拆卸的,则需要考虑该因素的影响,从参照物的价格中扣减拆卸设备所要发生的费用。

7. 附件

在设备市场上交易的设备,随机附件、备件情况差异较大,有些设备的附件占整机价值量的比例很大,评估人员应对参照物和评估对象的附件情况进行比较。尤其是一些老设备的附件以及易损备件等也是要考虑的重要因素,因为这些备件可能在市场上难以买到,如果出售方没有足够的备件,设备的价格会大大降低。

8. 实体状态

设备的实体状态会影响价格。由于设备的使用环境、使用条件各不相同,因此,实体状态一般都有差异,需要对评估对象和市场参照物进行比较调整。这是比较过程中最困难的部分。即使目标资产的状况很清晰,参照物的状态有时也很难取得。这就有必要对参照物的实体状态进行实体调查取证。

9. 交易背景

评估人员应了解参照物的交易背景,以及可能对评估目标价值的影响,包括:①购买和出售的动机;②购买方和出售方是否存在关联交易;③购买方是最终用户还是经销商;④出售商是原使用者还是经销商;⑤交易的数量等。上述因素可能对交易价格产生影响,特别是大型设备。

10. 交易方式

设备的交易方式包括在设备交易市场公开出售、公开拍卖、买卖双方的直接交易等。不同交易方式的价格是不同的,设备的拍卖价格一般会低于设备交易的价格。如果评估人员评估的是设备的正常交易价格,则应选择设备交易市场作为参照物市场;如果评估的是快速变现价值,则应选择拍卖市场作为参照物市场。

11. 市场

两个不同地区的设备交易市场,设备的交易价格可能是不同的,在同一地区而在不同的市场上交易的设备的价格也可能是不同的,比如,同一个地区的设备交易市场和设备拍卖市场的价格就是不同的。评估时应选择相同交易市场的参照物。如果评估对象与参照物不在同一个市场,评估人员必须清楚两个市场的价格差异,并且做出调整。

[例3-18] 采用市场法对某车床进行评估。

解:第一步,评估人员对被评估对象进行鉴定。基本情况如下:

设备名称:普通车床

规格型号:CA6140×1500

制造厂家:A机床厂

出厂日期：2011年2月

投入使用时间：2011年2月

安装方式：未安装

附件：齐全（包括仿形车削装置、后刀架、快速换刀架、快速移动机构）

实体状态：评估人员通过对车床的传动系统、导轨、进给箱、溜板箱、刀架、尾座等部位进行检查、打分，确定其综合分值为61分。

第二步，评估人员对二手设备市场进行调研，确定三个与被评估对象较接近的市场参照物，见表3-7。

表3-7　三个与被评估对象接近的市场参照物

类别	评估对象	参照物A	参照物B	参照物C
名称	普通车床	普通车床	普通车床	普通车床
规格型号	CA6140×1500	CA6140×1500	CA6140×1500	CA6140×1500
制造厂家	A机床厂	A机床厂	B机床厂	B机床厂
出厂日期/役龄	2011年/7年	2010年/8年	2011年/7年	2012年/6年
安装方式	未安装	未安装	未安装	未安装
附件	仿形车削装置、后刀架、快速换刀架、快速移动机构	仿形车削装置、后刀架、快速换刀架、快速移动机构	仿形车削装置、后刀架、快速换刀架、快速移动机构	仿形车削装置、后刀架、快速换刀架、快速移动机构
状况	良好	良好	良好	良好
实体状态描述	传动系统、导轨、进给箱、溜板箱、刀架、尾座等各部位工作正常，无过度磨损现象，状态综合分值为6.1分	传动系统、导轨、进给箱、溜板箱、刀架、尾座等各部位工作正常，无过度磨损现象，状态综合分值为5.7分	传动系统、导轨、进给箱、溜板箱、刀架、尾座等各部位工作正常，无过度磨损现象，状态综合分值为6.0分	传动系统、导轨、进给箱、溜板箱、刀架、尾座等各部位工作正常，无过度磨损现象，状态综合分值为6.6分
交易市场		评估对象所在地	评估对象所在地	评估对象所在地
市场状况		二手设备市场	二手设备市场	二手设备市场
交易背景及动机	正常交易	正常交易	正常交易	正常交易
交易数量	单台交易	单台交易	单台交易	单台交易
交易日期	2018年3月31日	2018年2月10日	2018年1月25日	2018年3月10日
转让价格		23 000元	27 100元	32 300元

第三步，确定调整因素，进行差异调整。

（1）所选择的三个参照物中，一个与评估对象的生产厂家相同，另外两个为B厂家生产。在新设备交易市场A、B两个制造商生产某相同产品的价格分别为4.44万元和4万元。

新设备的价格差异率＝（4.44-4）÷4×100%＝11%，即B厂家生产的该产品市场价格比 A 厂家高 11%，以此作为被评估旧设备的调整比率。

（2）被评估对象出厂年限是 7 年，参照物 A、B、C 的出厂年限分别是 8 年、7 年和 6 年，根据市场同类设备交易价格的统计资料，调整比率见表 3-8。

表 3-8 调整比率

参照物	调整比率/%
A	4.9
B	0
C	−7

（3）实体状态调整。

实体状态调整，见表 3-9。

表 3-9 实体状态调整

参照物	实体状态	调整比率/%
A	传动系统、导轨、进给箱、刀架、尾座等各部位工作正常，无过度磨损现象，状态综合分值 5.7 分	7
B	传动系统、导轨、进给箱、刀架、尾座等各部位工作正常，无过度磨损现象，状态综合分值 6 分	2
C	传动系统、导轨、进给箱、刀架、尾座等各部位工作正常，无过度磨损现象，状态综合分值 6.6 分	−8

第四步，计算评估值，见表 3-10。

表 3-10 计算评估值

	参照物 A	参照物 B	参照物 C
交易价格/元	23 000	27 100	32 300
制造厂家因素调整	1	0.89	0.89
出厂年限因素调整	1.049	1	0.93
实体状态因素调整	1.07	1.02	0.92
调整后结果/元	25 816	24 601	24 596

被评估对象的评估值 =（25 816+24 601+24 596）÷3 ≈ 25 004（元）

第四节 收益法在机器设备评估中的应用

收益法是根据资产的获利能力来确定资产价值的一种方法。在机器设备评估中，使用收益法的前提条件是：第一，机器设备必须具备独立获利能力并可以量化；第二，能确定合理的折现率。

在现实中，大多数机器设备是单项机器设备，很难单独计算出收益，因此，单项机器设备通常不采用收益法评估。某些生产线、成套化工装置以及单独进行运营的运输设备（车辆、船舶、飞机等），可能具有独立获利能力，因此，可以采用收益法进行评估。

虽然在现实中采用收益法评估机器设备的情况不多，但如果能够采用收益法，则尽可能采用，因为采用收益法评估的结果可以用来确定机器设备的功能性贬值和经济性贬值，也可以用来分析企业是否存在无形资产。

例如，某企业的机器设备，用成本法评估的价值是500万元，用收益法评估的价值是300万元，低于成本法结果200万元，这表明在采用成本法评估机器设备时，可能有200万元的贬值没有考虑到。反之，如果收益法评估的价值是800万元，高于成本法结果300万元，则表明机器设备可能存在某种无形资产。

对于租赁设备，采用收益法进行评估也是比较合理的，投资者容易接受此评估价值。

[例3-19] 如某有线网络公司有一条从A地到B地的光纤线路，某通信公司租赁该条光纤线路，租期为10年。要求：试估算该光纤线路的价值。

解：经调查，该光纤线路具有独立获利能力，因此，可以采用收益法进行评估。评估人员从租赁市场了解到该类线路年租金为80 000元左右，折现率确定为14.5%，根据下列公式：

$$PV = A \times \left[\frac{1 - \frac{1}{(1+r)^n}}{r} \right]$$

式中：PV——机器设备评估值；
　　　A——被评机器设备的预测收益；
　　　r——折现率；
　　　n——机器设备的收益年限。

则该光纤线路的价值为：

$PV = 80\ 000 \times [1 - 1/(1+14.5\%)^{10}]/14.5\% \approx 409\ 273$（元）

第五节　机器设备评估的特殊问题研究

机器设备评估所面临的行业是多种多样的，不仅有制造业、商业、服务业等，还涉及能源、环保、传媒等行业。这些行业中存在着一些具有特殊性质的机器设备。本节主要针对这些问题进行专门讨论：

一、关于水轮机的评估

水轮机是水电站的主要设备，是针对不同河流、不同地理位置、不同水流量设计制造的专用设备。在对水轮机进行评估时，不能简单按出厂价加各种费用的方法确定其重置成本，而应根据技术参数和运行状态（如：立轴还是卧轴，轴流还是混流，设计水头，额定转速等），按工程量以及对应的各种费用计算评估值。下面就水轮机的评估进行实例分析讨论。

[例3-20] 某水轮机安装在牛栏江第六级水电站，距昭通市区约为45km。坝址位于洪石岩村，水库总库容69.3万 m³，水库正常蓄水位为1 137.5m，发电死水位1 131m。发电厂房为引水式地面厂房，厂内装有四台水轮发电机组，单机容量为20MW。水轮机型号：HLA551-LJ-220；水轮机转轮方式：主轴；布置形式：立式；蜗壳包角及形式：345°，金属蜗壳；尾水管形式：弯肘形；转轮公称直径：Φ2 200mm；水轮机俯视的旋转方向：俯视顺时针；额定转速：273r/min；额定水头52m；最大飞逸转速（最大水头时）：534r/min；水轮机补气方式：自然补气；水轮机总重量：196.5t。在设计水头52m，额定转速为273r/min运转时，水轮机出力保证值不小于20 429kw。在全部运行范围内，水轮机最高效率保证值为94.59%。

（一）计算重置成本

该水轮发电机组的重置全价由设备费、运杂费、安装费、独立费和资金成本四个部分组成，其四部分费用的定义、内容、标准是依据《水电工程设计概算费用标准》（2013）划分的。重置成本的计算公式为

重置成本=设备费+运杂费+安装调试费+工程建设其他费用+资金成本

1. 设备费的确定

根据该水轮机的技术参数，其市场销售价为5 568 000.00元。

2. 设备运杂费的确定

设备运杂费的确定依据上述的概预算定额规定，由铁路运杂费和公路运杂费两部分组成。主设备运杂费率如表3-11所示。其计算公式如下：

（1）主设备运费=主设备原价×（主设备铁路运杂费率+公路运杂费率）

表3-11 主设备运杂费率表　　　　　　　　单位:%

设备分类	铁路 基本运距 1 000km	铁路 每增运距 500km	公路 基本运距 50km	公路 每增运距 10km	公路直达基本费率
水轮发电机组	2.21	0.4	1.06	0.10	1.01
主阀、桥机	2.99	0.7	1.85	0.18	1.33
主变压器					
120 000kVA 及以上	3.5	0.56	2.8	0.25	1.2
120 000kVA 以下	2.97	0.56	0.92	0.1	1.2

该水轮机组由设备生产厂家运到安装地，其铁路段运距：哈尔滨至市火车站约3 887km。其公路段运距：市火车站至建设地45 km。

水轮机运杂费率=2.21%+（3 887-1 000）/500×0.4%+1.06%=5.58%

（2）运输保险费。国产设备运输保险费按设备原价的0.4%计算。

（3）特大（重）件运输增加费。特大（重）件运输增加费按设备原价的1.5%计算。

（4）采购及保管费。采购及保管费按设备原价与设备运杂费之和的0.7%计算。

设备运杂费=5 568 000.00×（5.58%+0.4%+1.5%）+5 568 000.00×

（1+5.58%+1.5%）×0.7%

≈458 221.9（元）

3. 设备安装费

该水轮发电机整体重量为196.5吨，参照《水电设备安装工程概算定额》和《水电工程设计概算费用标准》，计算其设备的安装费，如表3-12所示。

表3-12 水轮机安装直接费计算表

定额单位：台　　　　　　　　　　　　　　　　　　　　　　　　金额单位：元

编号	名称及规格	单位	数量	单价/元	合计/元
一	人工费				207 038.20
	高级熟练工	工时	1 505	10.41	15 667.05
	熟练工	工时	15 008	7.69	115 411.52
	半熟练工	工时	9 005	5.98	53 849.90
	普工	工时	4 503	4.91	22 109.73
二	材料费				117 468.41
	钢板	kg	1 826	5.63	10 280.38
	型钢	kg	6 846	5.11	34 983.06
	钢管	kg	577	6.46	3 727.42
	铜材	kg	53	40.00	2 120.00
	电焊条	kg	1 220	7.00	8 540.00
	油漆	kg	456	18.00	8 208.00
	汽油	kg	606	8.06	4 884.36
	透平油	kg	47	13.50	634.50
	氧气	m³	1 571	3.50	5 498.50
	乙炔气	m³	680	15.00	10 200.00
	木材	m²	2.77	1 660.27	4 598.95
	电	KW/h	15 284	0.61	9 323.24
	其他材料费	元	14 470	1	14 470.00
三	施工机械使用费				44 744.82
	桥式起重机	台时	276	29.738	8 207.69
	电焊机20-30KV.A	台时	1 085	11.96	12 976.60
	普通车床400-600	台时	146	34.472	5 032.91
	牛头刨床B650	台时	117	28.252	3 305.48
	摇臂钻床50	台时	162	24.572	3 980.66
	压力滤油机150型	台时	85	32.888	2 795.48
	其他机械费	元	8 446	1	8 446.00

设备安装直接工程费＝207 038.20+117 468.41+44 744.82＝369 251.43（元）

根据《水利水电建设机电安装工程消耗量定额》（2007），计算安装工程费见表3-13。

表3-13 水轮机安装工程费计算表　　　　　　　　　　金额单位：元

序号	费用项目	取费依据	取费基数	费率/%	费用合计
一	直接工程费				401 007.05
（一）	直接费				369 251.43
1	人工费	预算定额	207 038.20	100	207 038.20
2	材料费	预算定额	117 468.41	100	117 468.41
3	机械使用费	预算定额	44 744.82	100	44 744.82
（二）	其他直接费				31 755.62
1	冬雨季施工增加费	直接费	369 251.43	1.50	5 538.77
2	夜间施工增加费	直接费	369 251.43	1.20	4 431.02
3	小型临时设施摊销费	直接费	369 251.43	2.00	7 385.03
4	安全文明施工措施费	直接费	369 251.43	1.50	5 538.77
5	其他	直接费	369 251.43	2.40	8 862.03
二	间接费	人工费	207 038.20	108.00	223 601.26
三	利润	直接工程费+间接费	624 608.31	7.00	43 722.58
四	税金	直接工程费+间接费+利润	668 330.89	3.22	21 520.25
五	合计				689 851.14

安装工程造价＝689 851.14（元）

4. 工程建设其他费用

工程建设其他费用，即为独立分摊费用。待分摊的独立费主要包括项目建设管理费、生产准备费、科研勘察设计费及其他税费。根据《水电工程设计概算编制规定》（2013）、《水电工程设计概算费用标准》（2013）中的相关规定，按下列公式求取独立费分摊率：

独立费分摊率＝独立费／（建筑安装工程造价+永久设备费）
　　　　＝90 230 664.75／（441 727 617.59+128 223 277.04）
　　　　≈15.83%

该水电工程按照决算分为建筑安装工程、机电设备及安装工程、独立费、资金成本等几个部分。其中，建筑工程、机电设备及安装工程作为主体工程可以交付使用，独立费和资金成本应分摊到发电设备和水工建筑物中去，分摊原则是按价值量的大小进行分摊。其分摊公式为

设备待分摊的独立费＝（设备费+运杂费+安装费）×独立费分摊率
　　　　＝（5 568 000.00+458 221.90+689 851.14）×15.83%
　　　　≈1 063 154.36（元）

5. 资金成本

根据相关规定，对于全部机组发电前的全部资金利息，可以计入固定资产；项目工程 2005 年年初开工，2008 年 2 月开始发电。按该电站的生产规模，该工程的合理工期按三年计算，根据各年投资比例，按复利计算利息，利率按 2009 年 12 月 31 日执行的中国人民银行公布的利率执行 3 年期固定资产贷款利率 5.4%，按季计息的复利利率为 5.51%。利息计算如表 3-14 所示。

表 3-14 利息计算表　　　　　　　　　　　　　　　　　单位：%

项目	第 1 年	第 2 年	第 3 年	合计
投资比例	18	49	33	100
年名义利率	5.40	5.40	5.40	
年实际利率	5.51	5.51	5.51	
机组全部投产前利息系数	0.492	2.369	4.759	7.620

综合利息系数 = 7.620%

资金成本 =（设备费+运杂费+安装费+独立费分摊）×综合利息系数

　　　　 =（5 568 000.00+458 221.90+689 851.14+1 063 154.36）×7.620%

　　　　 ≈ 592 777.13（元）

6. 重置成本的计算

重置成本 = 设备费+运杂费+安装费+独立费分摊+资金成本，计算汇总，如表 3-15 所示。

表 3-15　HLA551-LJ-220 水轮机重置全价计算表　　　　金额单位：元

代码	项目	计费费率/%	计算公式	计算结果
A	设备购置费			5 568 000.00
B	运输、保险、采保（含税）			458 221.90
C	安装费		详见安装工程造价计算表	689 851.14
D	独立费分摊	15.83	(A+B+C)×费率	1 063 154.36
E	上述费用小计		A+B+C+D	7 779 227.40
F	资金成本	7.62	E×费率	592 777.13
G	重置成本		E+F	8 372 004.53

该设备的重置成本确定为 8 372 004.53 元。

(二) 成新率的确定

成新率采用理论成新率和现场勘察成新率加权平均得出。其计算公式如下：

成新率 = 理论成新率×0.4+勘察成新率×0.6

1. 理论成新率

该水轮发电机组经济使用年限为 30 年，于 2008 年 2 月 29 日正式投入使用，至评估基准日止，已使用年限为 1.84 年，则：

理论成新率 =（1-已使用年限÷经济寿命年限）×100% = 93.87%

2. 现场勘察成新率

根据现场了解，该水轮发电机组的转轮出力可达到设计值，机组运行稳定。评估人员、水电设备专家、厂方设备管理人员、设备操作人员、设备维护人员等专业技术人员在现场对该设备进行了共同勘察评定。具体评分结果见表3-16。

表3-16 评分结果

组成部分	主要技术状态	标准分	评分
水导轴承	检修报告反映，轴承间隙正常、水导轴各指标正常	20	19
转轮及主轴	检修报告反映，转轮叶片未见有裂纹、变形和汽蚀	15	14.5
导水机构	压紧行程、导叶间隙、导叶轴套端面等指标正常	15	14.5
油、水、风系统	管路去锈干净，阀门、压力表、顶盖等检查正常	10	9
蜗壳	焊缝、裂纹、进人门、用风压等检查正常	10	9.5
尾水管	钢板、排水阀、空蚀、进人门、蜗壳、尾管检查正常	10	9.5
蝶阀及压力钢管	调整液压系统、电气及整体控制系统正常，液压油已换	10	9.5
其他	水轮机在线检测系统检查、测试正常	10	9.5
合计		100	95

3. 成新率

成新率＝理论成新率×0.4+现场勘察成新率×0.6
　　　＝93.87%×0.4+95%×0.6
　　　＝94.548%　取整95%

（三）评估值的确定

评估值＝重置成本×成新率
　　　＝8 372 004.53×95%
　　　≈7 953 404（元）

二、关于有线网络资产的评估

有线网络资产主要是指动力输电网、通信和有线电视网络等通过埋设和架空电缆、光缆所形成的固定资产。有线网络资产在评估方面的特殊性表现在其与通常的机器设备不一样，是一种对电力或信息进行传输的线路或装置。这类资产主要分布在野外，有的建设在山上，有的埋设在地下，并且覆盖范围广，给核实清查带来很大难度；在评估时，常常是根据网络资产实际竣工的工程量等有关资料，依据现行的定额标准，结合评估基准日人工价格及材料价格等确定这类资产的价值。

［例3-21］某网络公司拥有城域网，覆盖范围为全市，现有传输光缆800多千米，有线电视用户为298 148户。网络公司的有线电视网络始建于1993年，主要从事有线电视节目和数据传输，目前传输模拟电视节目有51套，采用750 MHz邻频传输（部分设备为860 MHz）。在1993年至1996年10月，网络公司主要采用MMDS微波传输有线电视信号。随着光纤传输技术的推广，从1996年10月起，传输网络逐渐改建为容量更大、传输信号更加稳定、更少受干扰、适用范围更加广泛的HFC网（光缆—同轴电缆混合传输网络）。在网络公司传输的51套电视节目中，除当地

电视节目外，其余节目的信号均采用卫星信号，由网络公司自行接收并传送。传输系统采用 HFC 网传输，在城域网已形成了"五环六线"的网络传输结构。

具体以 4 芯光缆干线为例加以说明。该干线始建于 1997 年 5 月，于 1997 年 10 月建成投入使用，由网络公司安装队施工建设。该干线为架空 4 芯光缆，分布于全市各 2 级站，全长 229.69 千米，主要沿城市街道敷设，电杆借用电力公司的动力电杆。路经地形以城市道路为主，未跨大的江河，全程未经高山峡谷地区，无大跨距的塔、杆。干线光缆为国产光缆，质量优良，能满足信号传输的要求。

评估时主要以原广播电影电视部《有线广播电视系统安装工程预算定额》（1997）（以下简称《工程预算定额》）规定的"有线广播电视系统工程费用组成及计算原则"计算其工程费用，再加上其他费用、资金成本等构成重置成本，其中设备及主材以同类设备及主材在评估基准日的市场价格为取价基础。

（一）重置成本的确定

以下公式中的有关数据来源省略，直接得出结果。

1. 安装（含调试）工程费

安装（含调试）工程费 = 工程直接费(1) + 间接费(2) + 远地施工增加费(3) + 计划利润(4) + 税金(5) = 2 409 758.2 （元）

（1）工程直接费 = 直接费① + 其他直接费② + 现场经费③ = 1 914 051.13 （元）

①直接费 = Ⅰ + Ⅱ + Ⅲ + Ⅳ = 1 682 055.82 （元）

Ⅰ.定额人工费 = 229.69 × (11 + 14.97 + 29) × 20.45 = 258 202.91 （元）

根据《工程预算定额》，架空光缆线路勘测为 11 综合工日/km，架设 7/2.2~6.6 吊线为 14.97 综合工日/km，架设架空 4 芯光缆为 29 综合工日/km。

Ⅱ.材料费 = 1 423 852.91 元（查《工程预算定额》及价格资料计算）

其中，光缆为 2 350.00 元/km，主、辅材费为 3 849.02 元/km。

Ⅲ.机械台班费 = 0 （元）

Ⅳ.仪器仪表台班费 = 0 （元）

②其他直接费 = 定额人工费 × 其他直接费率 = 258 202.91 × 42.43% = 109 555.49 （元）

③现场经费 = 定额人工费 × 现场经费费率 = 258 202.91 × 47.42% = 122 439.82 （元）

（2）间接费 = 定额人工费 × 间接费费率 = 258 202.91 × 81.47% = 210 357.91 （元）

（3）远地施工增加费 = 定额人工费 × 规定费率 = 258 202.91 × 20% = 51 640.58 （元）

（4）计划利润 = 定额人工费 × 利润费率 = 258 202.91 × 60% = 154 921.75 （元）

（5）税金 = ［工程直接费（1）+ 间接费（2）+ 远地施工增加费（3）+ 计划利润（4）］× 税金费率 = 2 330 971.37 × 3.38% ≈ 78 786.83 （元）

2. 其他费用

其他费用 = 安装工程费 × 4% = 2 409 758.20 × 4% ≈ 96 390.33 （元）

其他费用包括设计费、建设单位管理费等，费率取 4%。

3. 资金成本

资金成本=（安装工程费+其他费用）×5.31%/2=66 538.24（元）

网络公司安装工程的合理工期为一年，一年期贷款利率为5.31%，以资金平均投入并简化计算。

4. 重置成本

重置成本=安装工程费+其他费用+资金成本=2 572 686.77（元）

（二）成新率的确定

该干线已使用5.2年，尚可使用4.8年，故

成新率=4.8/（5.2+4.8）×100%

　　　=48%

（三）评估价值的确定

该干线评估价值=重置成本×成新率

　　　　　　＝2 572 686.77×48%

　　　　　　≈1 234 889.65（元）

第四章
房地产评估

第一节 土地使用权评估

一、土地概述

（一）土地的概念

土地的概念可分为广义和狭义两种。广义的土地是一个垂直剖面的概念，即土地是一个应当包括以地球表面为基点，上至大气层、下至地心的广阔领域；狭义的土地则是一个平面区域概念，即土地仅仅是指地球表面构成陆地部分的土壤层。本书所讲的土地概念是狭义的土地概念。

现实中，一宗土地的平面范围通常是根据有坐标点的用地红线图，由城市规划管理部门或土地管理部门在地块各转点钉桩、埋设混凝土界桩或界石来确定，面积大小依水平投影面积计算；一宗地的空间范围通常通过规划限制条件确定，如建筑高度、建筑后退红线距离、建筑密度、容积率、建筑间距等限制指标。

（二）土地的特性

土地的特性可分为土地的自然特性和土地的社会经济特性两个方面。

1. 土地的自然特性

土地的自然特性是指土地作为自然物体存在所具有的特殊性质。具体包括以下特性：

（1）位置的不可移动性。土地是一种不可位移的物质，每一宗土地都有其固定的位置，因而附属于该位置的温度、湿度、日光等均有一定的状态，它们共同构成了土地的自然地理位置。

（2）数量的固定性。土地是自然的产物，不具有再生性，其数量是由地球的面积决定的。在一定时期，土地的数量是一个基本确定的量，它不受土地需求而变化，从总量上讲，土地的供给是不具有弹性的。

（3）效用的持久性。土地作为一种自然资源，只要合理地加以利用，其使用价值是持久不失的。在没有特别限制的条件下，土地可产生持久不断的使用效应。

2. 土地的社会经济特性

土地的社会经济特性是指土地作为人类社会经济资源所具有的特殊性质，具体包括以下特性：

（1）用途的多样性。土地作为一种社会经济资源，可以具有多种用途，如工业用地、商业用地、住宅用地、交通用地等用途。土地的用途不同，其价值也有差别，尤其是在市场经济条件下，土地的用途直接影响其市场价格。

（2）经济地理环境的可变性。土地作为自然资源，其自然地理位置是固定的。但是，土地作为社会经济资源，其经济地理环境却是可变的。土地的经济地理环境取决于土地的周边环境、离商业服务中心的距离、交通条件等，而这些都是可变的。土地的经济地理环境的变化对土地的价值影响极大。

（3）可垄断性。通过一定的法律关系，特定主体可以将土地的所有权加以垄断，以形成特定的土地制度。土地所有权的可垄断性构成了土地使用权的市场价格的基础，形成了与其他商品市场规律的差异特性。

（三）土地的分类

（1）以土地的经济地理位置为标准，城市土地可划分市中心区土地、一般市区土地、市区边沿区土地、近郊区土地、远郊区土地、边远区土地等类别。

（2）以土地的社会经济作用为标准，城市土地可划分为工业用地、商业用地、住宅用地、交通用地、公用事业用地等类别。

（3）以土地开发程度为标准，城市土地可分为熟地（已开发的土地）、生地（未开发的土地）、毛地（已部分开发的土地）和列入城镇开发规划的土地等类别。

（4）以所有权归属为标准，土地可以分为国家所有的土地和集体所有的土地。

从我国的实际情况出发，根据土地利用总体规划和土地用途，《中华人民共和国土地管理法》（2019）将我国土地分为三大类，即农用地、建设用地和未利用地。农用地是指直接用于农业生产的土地，包括耕地、林地、草地、农田水利用地、养殖水面等；建设用地是指建造建筑物、构筑物的土地，包括城乡住宅和公共设施用地、工矿用地、交通水利设施用地、旅游用地、军事设施用地等；未利用地是指农用地和建设用地以外的土地。

二、土地使用权概述

（一）土地使用权的概念

土地使用权是从土地所有权衍生，并与土地所有权相分离，依照法律法规或合同约定而非自由发生的受限制的物权。土地使用权可以通过出让、划拨、转让、租赁等方式获得。

（二）与土地使用权相关的法律规定

1. 国有土地使用权

《中华人民共和国土地管理法》（2019）第二条规定："中华人民共和国实行土地的社会主义公有制，即全民所有制和劳动群众集体所有制。"第九条规定："城市市区的土地属于国家所有。农村和城市郊区的土地，除由法律规定属于国家所有的以外，属于农民集体所有；宅基地和自留地、自留山，属于农民集体所有。"第十条规定："国有土地和农民集体所有的土地，可以依法确定给单位或者个人使用。"

由此可见，国有土地使用权可以通过有关法定方式获得。

2. 集体所有土地的承包经营权

《中华人民共和国土地管理法》（2019）第十三条规定："农民集体所有和国家所有依法由农民集体使用的耕地、林地、草地，以及其他依法用于农业的土地，采取农村集体经济组织内部的家庭承包方式承包，不宜采取家庭承包方式的荒山、荒沟、荒丘、荒滩等，可以采取招标、拍卖、公开协商等方式承包，从事种植业、林业、畜牧业、渔业生产。"又规定："国家所有依法用于农业的土地可以由单位或者个人承包经营，从事种植业、林业、畜牧业、渔业生产。"

由此可见，单位或个人可以通过土地承包经营方式取得集体所有土地的使用权。本章中以后提到的土地使用权，除非特别说明，均指国有土地使用权。

（三）土地使用权的特性

土地使用权的特性是指设定权益的特殊性质，主要包括对土地使用权本身的限制及对土地使用的管制。

1. 对土地使用权本身的限制

任何单位或个人均可依法取得土地使用权，进行土地开发、利用、经营，但取得的土地使用权不包含该土地范围内的地下资源、埋藏物和市政公用设施。

2. 对土地使用的管制

对城市国有土地使用权而言，其使用管制主要指针对它的城市规划限制条件，包括：①土地用途；②建筑高度；③容积率；④建筑密度；⑤建筑物后退红线距离；⑥建筑间距；⑦绿地率；⑧交通出入口方位；⑨停车泊位；⑩建筑体量、体形、色彩；⑪地面标高；⑫其他要求，如规定规划设计方案须符合环境保护、消防安全、文物保护、卫生防疫等有关法律法规的规定。

上述限制条件中，容积率是指一宗土地上建筑物的总建筑面积与该宗地土地总面积的比值；建筑密度是指一宗土地上建筑物的基底总面积与该宗地土地总面积的比值；绿地率是指用地红线内绿化用地总面积与该宗土地总面积的比值；建筑物后退红线距离是指规定的建筑物应离城市道路或用地红线的距离。

（四）土地的权属分类

土地的权属类别较多，但主要可分为两大类，即土地所有权和土地使用权，其他的权属都是由这两类权属派生而形成的。

1. 土地所有权

土地所有权是指土地所有者在法律规定的范围内占有、使用和处分其土地，并从土地上获得合法收益的权利。

2. 土地使用权

土地使用权是指土地使用者依法对土地进行使用或依法对其使用权进行出租、转让、抵押、投资的权利。

在我国，按土地使用者所取得的土地使用权性质可分为划拨土地使用权、出让土地使用权、租赁土地使用权三类。

（1）划拨土地使用权

划拨土地使用权是指土地使用者通过各种方式依法无偿取得的土地使用权。

《中华人民共和国土地管理法》（2019）第五十四条规定："建设单位使用国有土地，应当以出让等有偿使用方式取得；但是，下列建设用地，经县级以上人民政府依法批准，可以以划拨方式取得：（一）国家机关用地和军事用地；（二）城市基础设施用地和公用事业用地；（三）国家重点扶持的能源、交通、水利等基础设施用地；（四）法律、行政法规规定的其他用地。"

（2）出让土地使用权

出让土地使用权是指国家以土地所有者的身份将土地使用权在一定年限内让与土地使用者，并由土地使用者向国家支付土地使用权出让金的行为。土地使用者通过出让方式取得的土地使用权为出让土地使用权。

通过出让方式取得的土地的使用权须受相应的法规限制。例如关于土地使用权的出让年限，《中华人民共和国城镇国有土地使用权出让和转让暂行条例》（1990）第十二条规定："土地使用权出让最高年限按下列用途确定：（一）居住用地七十年；（二）工业用地五十年；（三）教育、科技、文化、卫生、体育用地五十年；（四）商业、旅游、娱乐用地四十年；（五）综合或其他用地五十年。"

（3）租赁土地使用权

租赁土地使用权是指土地使用者通过租赁方式依法取得土地使用权的一种权利。承租人向出租人支付土地使用权租金。

（五）土地使用权的价格类型

由于土地的多种特性以及土地使用权的特性，土地使用权的价格表现形式与其他资产不同，土地使用权价格有多种表现形式。

1. 基准地价

《城镇土地估价规程》（GB/T 18508-2014）关于基准地价的定义是："是在土地利用总体规划确定的城镇建设用地范围内，对平均开发利用条件下，不同级别或不同均质地域的建设用地，按照商服、住宅、工业等用途分别评估，并由政府确定的，某一估价期日上法定最高使用年期土地权利的区域平均价格。"

2. 标定地价

《城镇土地估价规程》（2014）中对标定地价的定义为："政府为管理需要确定的，标准宗地现状开发利用、正常市场条件下，于某一估价期日法定最高使用年限土地权利的区域平均价格。"《中华人民共和国城市房地产管理法》（2007）第三十三条规定："基准地价、标定地价和各类房屋重置价格应当定期确定并公布。"由此可见，标定地价的特点是：在一定时期和一定条件下，能够代表不同区位、不同用途地价水平的标志性宗地的价格。

3. 出让底价与出让价格

出让底价是政府根据土地用途、出让年限、土地规划条件、地产市场行情等因素确定的待出让土地的底价，通常是由政府出让土地确定的最低价格。出让价格是由政府将土地出让给土地使用者的成交价格。

4. 转让价格

转让价格是土地使用者将已取得的土地使用权再转让给第三者的交易价格，具体包括：买卖价格、租赁价格、征用价格。

买卖价格是以买卖方式让渡土地使用权所形成的土地使用权交易价格。租赁价格是指以租赁方式让渡土地使用权所形成的土地使用权交易价格。征用价格是指政府征用土地而对土地使用者进行补偿所形成的价格。

5. 其他价格

其他价格主要包括抵押价格和课税价格。

（1）抵押价格是指为融资而将土地使用权抵押所形成的价格；

（2）课税价格是指按税法规定，构成土地使用权课税基础的价格。

按国有土地使用权的垄断程度，可划分为政府垄断的一级市场和竞争性的二级市场。土地使用权价格体系中的基准地价、标定地价、出让底价和出让价格，应属于一级市场的价格范畴，转让价格和抵押价格等属于二级市场的价格范畴。

（六）影响土地使用权价格的因素

影响土地使用权价格的因素包括一般因素、区域因素、个别因素等，参见图4-1。

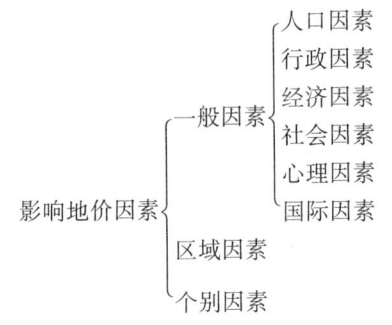

$$
\text{影响地价因素}\begin{cases} \text{一般因素}\begin{cases} \text{人口因素} \\ \text{行政因素} \\ \text{经济因素} \\ \text{社会因素} \\ \text{心理因素} \\ \text{国际因素} \end{cases} \\ \text{区域因素} \\ \text{个别因素} \end{cases}
$$

图4-1 影响土地使用权价格的因素

1. 一般因素

一般因素主要包括人口因素、行政因素、经济因素、社会因素、心理因素、国际因素六大方面。

（1）人口因素。人口密度、人口素质、家庭人口规模等状况对土地价格有很大的影响。

（2）行政因素。行政因素主要是指国家对土地价格的干预。国家从全社会利益和宏观经济发展角度出发，或推动土地的转移，或限制某类土地的利用等，从而达到提高土地总体利用效益的目的。这种干预，对土地价格的影响至关重要。

影响土地价格的主要行政因素有土地制度、住房制度、城市规划、土地出让方式、地价政策、税收政策、交通管制和行政隶属变更等。

（3）经济因素。影响土地价格的经济因素主要是指经济发展状况、储蓄和投资水平、财政收支与金融状况、居民收入和消费水平、物价变动等因素。

（4）社会因素。影响土地价格的社会因素主要有政治安定状况、社会治安状况、房地产投机和城市化程度四个方面。

（5）心理因素。影响土地价格的心理因素主要有购买或出售土地（房地产）的心态、个人偏好、时尚风气、接近名家住宅心理、吉祥号码等。

（6）国际因素。影响土地价格的国际因素主要有世界经济状况、军事冲突状况、政治对立状况等。

2. 区域因素

影响土地价格的区域因素是指影响城镇（市）内部区域之间地价水平的商业繁华程度以及该区域在城镇（市）中的位置、交通条件、公用设施及基础设施水平、区域环境条件、土地使用限制和自然条件等。

针对不同用途的土地而言，影响它们价格的区域因素是有差别的，同一因素对同一区域内不同用途的土地价格的影响程度是不一样的，同时，同一因素对不同区域内同一用途的土地价格影响程度也可能是不一样的。下面分别列出影响商业、住宅、工业用地的主要区域因素。

（1）影响商业用地价格的主要区域因素，见表4-1。

表4-1　影响商业用地价格的主要区域因素

序号	影响因素	影响因素分析的具体内容
01	区域自然因素	区域在城镇（市）的位置等
02	区域社会因素	常住人口及流动人口数量、社会人文环境等
03	交通状况	街道状况、道路状况与交通便捷程度等
04	基础设施状况	供水、排水、供电、供气、通信等基础设施与公用服务设施等
05	商业繁华程度	距离商业中心的距离、商务设施的种类、规模与聚集程度、经营类别、客流的数量与质量等
06	区域行政因素	区域经济政策、土地规划及城镇规划限制、交通管制等
07	区域环境因素	区域环境与景观、噪音、空气污染或污染源的临近程度等

（2）影响住宅用地价格的主要区域因素，见表4-2。

表4-2　影响住宅用地价格的主要区域因素

序号	影响因素	影响因素分析的具体内容
01	区域自然因素	区域在城镇（市）的位置、自然条件及发生自然灾害的概率等
02	区域社会因素	社区规模、功能与安全保障、人口密度、邻里的社会归属、文化程度及生活方式等
03	交通条件	距社会经济活动中心的距离、道路状况与交通便捷程度等
04	基础设施状况	供水、排水、供热、供电、供气、通信等基础设施与公用服务设施状况等
05	区域行政因素	区域经济政策、土地规划及城镇（市）规划限制
06	区域经济发展水平	区域经济发展规模及水平、居民收入水平等
07	区域环境因素	区域环境与景观、噪音、空气污染及与危险设施或污染源的临近程度等

（3）影响工业用地价格的主要区域因素，见表4-3。

表4-3　影响工业用地价格的主要区域因素

序号	影响因素	影响因素分析的具体内容
01	交通状况	对外交通便捷程度、交通管制、距货物集散地（车站、码头、机场）的距离及货物集散地的规模与档次、道路体系、道路构造及档次等
02	基础设施状况	供水、排水、供热、供电、供气等状况
03	区域环境状况	污染排放状况及治理状况、距离危险设施或污染源的临近程度、自然条件等
04	工业区成熟度	相关产业的配套及集聚状况、工业区的未来发展趋势等
05	区域行政因素	规划限制、政府的特殊政策、产业管制等

3. 个别因素

影响土地价格的个别因素是指该宗地自身的地价影响因素，包括宗地自身的自然条件、开发程度、形状、长度、宽度、面积、土地使用限制和宗地临街条件等。

针对不同用途的土地而言，影响其价格的个别因素是有差别的。同一因素对不同用途的土地价格的影响程度是不同的，同一因素对同一用途、不同宗地的价格影响程度也可能是不一样的。

表4-4分别列出了影响商业、住宅、工业用地价格的主要个别因素。

表4-4　影响用地价格的主要个别因素

序号	土地用途	影响土地价格的主要个别因素
01	商业	宗地地形、地质、地势、日照、通风、干湿、宽度、深度、面积、形状、临街状况、邻接道路等级、通达性、宗地利用状况与商业中心的接近程度、与客流的适应性、相邻不动产的使用状况、规划限制、地上建筑物的成新率、土地权利状况及使用年限等
02	住宅	宗地地形、地质、地势、日照、通风、干湿、宽度、深度、面积、形状、临街状况、邻接道路等级、通达性、规划限制、宗地利用状况、地上建筑物的成新率、土地权利状况及使用、与交通设施的距离、与商业设施和公共设施及公益设施的接近程度、与危险设施及污染源的接近程度、相邻土地利用等
03	工业	地形、地势、地质、水文条件、面积、临路状况、位置、土地使用限制、土地开发程度、土地权利状况及使用等

上述分析影响土地使用权的价格因素主要是从影响土地自身的一般因素、区域因素和个别因素等进行的，而土地使用权的土地使用者对土地的开发利用现状也会影响土地使用权的价格，如土地使用者闲置土地，国家会对土地使用者征收土地闲置费或无偿回收土地。

三、土地使用权评估的原则

（一）土地使用权评估的基本原则

1. 供需原则

供需原则是指土地评估要以市场供需决定土地价格为依据。

土地是一种特殊商品，它的价格与其他商品一样，同样由土地市场中供给与需求的相互关系而定。但土地又有别于一般商品，因为土地具有位置固定性、面积不增性、区位个别性等，从而形成它所特有的供求原则，即土地供给的稀缺性。土地供给的稀缺性是影响土地价格的一个重要因素。

2. 替代原则

替代原则是指土地评估应以相邻地区或类似地区功能相同、条件相似的土地市场交易价格为依据，评估结果不得明显偏离具有替代性质土地的正常价格。

3. 最有效利用原则（也叫最高最佳利用原则）

最有效利用原则是指土地评估应以评估对象的最有效利用为前提。

最有效利用是指法律上许可、技术上可能、经济上可行，经过充分合理的论证，能使评估对象的价值达到最大的一种最有效的使用，具体包括三层含义：最佳用途、最佳规模、最佳集约度。

4. 预期原则

预期原则是指土地评估应以评估对象在最有效利用条件下的未来客观的预期收益为依据。

土地评估在很大程度上以对将来收益预测为基础，受预期收益形成因素的变动所左右。在土地评估时要分析影响土地价格变化的各种因素，并对将来的变动趋势作客观合理的预测。

（二）土地使用权价格评估的相关应用原则

土地评估不仅要遵循上述四条基本原则，还要考虑由此派生出来的一系列相关应用原则，它们是四条基本原则的具体应用，并从不同角度提出了土地评估时应注意的问题。

（1）与供求原则相关的应用原则有竞争原则，或叫竞争与超额利润原则。竞争原则是自由竞争体制的一个原则，其基本含义是：超额利润引起竞争，竞争使超额利润减少以至消失。竞争关系的变化与市场供求关系的变化是密切相关的，可以说是供求关系的另一种表现。

（2）与预期原则相关的应用原则有预期收益原则、变化原则、变动原则、评估基准日原则等。其中，预期收益原则是指土地评估总是以将来的预期收益而不是过去的收益作为评估依据；变化原则是指分析影响土地收益因素的变化趋势和可预见的后果；变动原则要求在土地评估中随影响土地价格各种因果关系的变化而调整变动。评估基准日原则以土地价格随时间变化为依据，设定评估基准日进行期日修正，作为比较替代的基础。从内容上分析，这几条原则都注意到了土地价格的波动性，即土地价格的形成是一动态过程，土地价格随时间和影响土地价格因素的变化而变动。

（3）与最有效利用原则（最高最佳利用原则）相关的应用原则有贡献原则、报酬递增递减原则、均衡原则等。贡献原则是指土地上的总收益是由土地及其他生产要素共同作用的结果，土地的价格可以由土地对土地上的总收益的贡献大小来决定，与之对应的有收益分配原则，即从生产费用理论的角度看，总收益是由土地、资金、劳动和经营四个生产要素共同创造，按各自所起的作用，分配各自的收益。报酬递增递减原则是指土地评估要考虑在技术上可行、法律上允许的条件下，土地纯收益会随着土地投资的增加而出现由递增到递减的规律。这与经济学中的边际收益递减规则相联系。均衡原则是强调以土地内部构成因素的组合是否保持均衡来判定土地是否处于最有效利用状态。

（三）土地使用权评估的基本原则、相关应用原则间的关系

土地评估中遵循的各项原则不是相互独立的，而是相互影响、相互联系的，其相互关系见表4-5。

表4-5 土地评估原则的相互关系

基本原则	主要依据的经济学原理	相关应用原则
供求原则	供求原理、稀缺原理	竞争原则、竞争与超额利润原则
预期原则	预期原理	预期收益原则、变化原则、变动原则、评估基准日原则
最有效利用原则（最高最佳利用原则）	生产费用价值理论、边际效益递增递减原理	贡献原则、报酬递增递减原则、收益分配原则、均衡原则

四、土地使用权价格评估方法及其应用

（一）土地使用权价格评估方法

1. 评估方法

评估方法分为基本评估方法和应用评估方法。

通常认为，市场法、收益法、成本法为三大基本评估方法，剩余法、基准地价系数修正法、路线价评估法等为应用评估方法。

三大基本评估方法通常被认为是三大相对独立的评估方法，而应用评估方法则不是相对独立的评估方法，是基本评估方法在评估实践中组合应用而形成的评估方法。

2. 三大基本评估方法之间的关系

三大基本评估方法间的关系如图4-2所示。

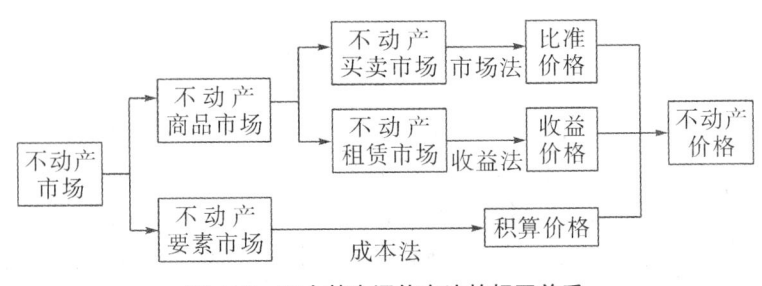

图4-2 三大基本评估方法的相互关系

（二）土地使用权价格的定义

土地使用权价格的定义是指土地使用权评估结果的内涵，即在评估基准日、现状利用或规划利用条件下设定的开发程度与用途，法定最高年限内一定年期的土地使用权（包括其他内容）价格。

在实际评估过程中，必须明确土地使用权价格内涵，具体包括：

（1）土地使用权的性质。土地使用者所取得的土地使用权性质可分为划拨土地使用权、出让土地使用权、租赁土地使用权等。

（2）土地使用权的用途。土地使用权的用途说明评估对象实际用途和评估时所设定的用途，实际用途须以国有土地使用证登记用途为依据。

（3）土地使用权的权利状况。土地使用权的权利状况说明评估对象是否设定了他项权利，如抵押权、租赁权、地役权、地上权、地下权等。

（4）开发程度。开发程度说明评估对象宗地内外实际开发程度和评估时设定的宗地内外实际开发程度，但土地开发程度的设定应与评估对象土地利用特点和评估目的相一致，分别界定宗地外围或宗地内外"几通"（指通路、通电、通上水、通下水、通气、通暖、通信等）和宗地内场地平整。

（5）容积率。容积率说明宗地实际容积率或规划容积率和评估时设定的容积率。

（6）剩余使用年限。根据土地使用权性质和评估目的，确定评估对象从评估基准日计算；剩余使用年限，即评估对象的最高出让年限减去已使用年限。

（三）成本法在土地使用权价格评估中的应用

1. 基本概念

成本法是资产评估的一种基本方法，在土地评估应用中，通常被称为成本逼近法。成本逼近法以开发土地所耗费的各项客观费用之和为主要依据，再加上一定的利润、利息、应缴纳的税金和土地增值收益来确定土地价格的方法。由于该评估方法的基本原理是将构成土地价格的各项要素相加来求取土地使用权价格，故称为"成本逼近法"。

2. 基本公式

$$V = (E_a + E_d + T + R_1 + R_2 + R_3) \times \sum K \times K_n$$

$$= (VE + R_3) \times \sum K$$

式中：V——土地价格；

E_a——土地取得费；

E_d——土地开发费；

T——税费；

R_1——利息；

R_2——利润；

R_3——土地增值收益；

VE——土地成本价格；

$\sum K$——个别因素修正系数；

K_n——使用年期修正系数。

3. 适用范围

一般适用于新开发土地，土地市场欠发育、交易实例少的地区或区域的土地评估。

4. 评估程序

（1）判断待估土地是否适用成本逼近法；

（2）收集与估价相关的成本费用、利息、利润及土地增值收益等资料；

（3）通过直接或间接方式求取待估土地的土地取得费、土地开发费及相关的税费、利息、利润；

（4）确定土地开发后较开发前的价值增加额（土地增值收益）；

（5）按公式求取待估土地的价格；

（6）对地价进行修正，确定待估土地的最终价格。

5. 操作步骤

（1）确定土地取得费。土地取得费按土地使用者为取得土地使用权而支付的各项客观费用计算。

征收农村集体土地时，土地取得费就是征地费用，征地过程中所发生的各项费用以待估宗地所在区域政府规定的标准或应当支付的客观费用来确定。

城镇国有土地的土地取得费可按拆迁安置费计算。拆迁安置费主要包括拆除房屋及构筑物的补偿费用及拆迁安置补助费。拆迁安置费应根据当地政府规定的标准或应当支付的客观费用来确定。

从市场购买土地时，土地取得费就是土地购买价格。

（2）确定土地开发费。土地开发费按该区域土地平均开发程度下需投入的各项客观费用计算。

对于宗地红线外的土地开发费用，要客观计算道路费、基础设施配套费、公用设施配套费和小区开发费；宗地红线内的土地开发费一般有土地平整和小设施配套费，根据评估目的和投资主体不同，宗地红线内的小设施配套费是否计入也不同。

按照待估宗地的条件、评估目的和实际已开发程度确定待估宗地的开发程度。属建成区内已开发完成的土地，评估设定的开发程度最少应为红线外"三通"、红线内"场平"，即宗地红线外通路、通上水、通电和宗地红线内场地平整。开发程度最为完善的可达到"七通一平"，即通上水、通下水、通电、通信、通气、通热、通路和场地平整。"三通一平"只是最基本的条件，通常只有搞好"五通一平"，即通上水、通下水、通电、通信、通路和场地平整，土地上的投资项目才能正常运行。

（3）确定各项税费。征地过程中发生的税费一般有：①占用耕地的耕地占用税；②占用耕地的耕地开垦费；③占用菜地的新菜地开发建设基金；④征地管理费；⑤政府规定的教育基金及其他有关税费。房屋拆迁过程中发生的税费一般有：①房屋拆迁管理费和房屋拆迁服务费；②政府规定的其他有关税费。

（4）确定土地开发利息。按照设定的土地开发程度的正常开发周期、各项资本费用的投入期限和资本年利息率，分别估计各期投入的成本费用的利息。土地开发利息以土地取得费和土地开发费等作为计息基础。计息期按开发期的一半计算。土地开发周期超过一年，利息按复利计算。

（5）确定土地开发利润。土地开发总投资应计算合理的利润。土地开发总投资包括土地取得费、土地开发费和各项税费。按照开发性质和各地实际，确定投资的正常回报率，估算土地投资应取得的投资利润。

（6）确定土地增值收益。对城市土地的投资开发，除获得正常的投资回报外，往往还存在一个价值增加额，即土地增值权收益，该增加额归土地所有者享有，土地所有者取得土地增值额。

土地增值收益按该区域土地因改变用途或进行土地开发，达到建设用地的某种利用条件（开发程度）而发生的价值增加额计算。在实践中，通常参照该区域土地使用权出让金标准确定土地增值收益。

6. 价格修正与确定

（1）个别因素修正。根据待估宗地在区域内的位置和宗地条件，进行个别因素修正。

（2）年期修正。利用成本法求取有限年期的土地使用权价格时，应进行土地使用年期修正。其年期修正公式如下：

$$K_n = 1 - 1/(1+r)^n$$

式中：K_n——年期修正系数；

r——土地还原利率；

n——土地使用年期。

进行年期修正时要注意：①当土地增值收益是以有限年期的市场价格与成本价格的差额确定时，年期修正已在土地增值收益中体现，不再另行修正；②当土地增值收益是以无限年期的市场价格与成本价格的差额确定时，土地增值收益与成本价格一道进行年期修正；③待估宗地为已出让土地时，应进行剩余使用年期修正。

7. 举例

［例 4-1］待估宗地面积 6 658.5 平方米，为待开发用地，规划用途为工业用地，至评估基准日时，剩余使用年限为 36.83 年，土地实际开发程度为宗地外"六通"（通上水、通下水、通电、通气、通信、通路）、宗地内场地平整，规划容积率为 0.8。

（1）求取土地取得费及相关税费，见表 4-6。

表 4-6　土地取得费及相关税费表

序号	项目	计算依据	标准/元/平方米	备注
01	土地补偿费	政府××号令	13.5	
02	劳动力安置费	政府××号令	15.0	
03	青苗补偿费	政府××号文	1.8	
04	耕地合同税	政府××号文	7.5	

表4-6(续)

序号	项目	计算依据	标准/元/平方米	备注
05	土地管理费	政府××号文	1.6	
06	附着物赔偿费	政府××号文	15.0	
07	耕地复垦费	政府××号文	15.0	
08	新增用地有偿使用费	政府××号文	14.0	
09	不可预见费		8.3	取上述费用的10%
10	合计		91.7	

(注：表4-6中的土地补偿费和劳动力安置费，至本次教材再版时，已由政府公布的区片综合地价所替代)

该区域代征地比例为5%，则土地取得费为97元/平方米 [91.7÷(1-5%)]。

(2) 求取土地开发费。条件如下：

①该区域宗地外"六通"的正常费用为50元/平方米；

②该区域宗地内场地平整的正常费用为15元/平方米。

则土地开发费为65元/平方米。

(3) 计算利息。该宗地达宗地外"六通"要求、宗地内场地平整的正常开发周期为0.5年，利息率取年5.31%。

据该区域征地惯例，土地取得费及相关税费和土地开发费中的宗地外"六通"费用在办理征地手续时一并支付，然后进行场地平整和项目开发建设。则：

利息 = (97+50) × [(1+5.31%)$^{0.5}$-1] + 15 × [(1+5.31%)$^{0.25}$-1]
≈ 4（元/平方米）

(4) 计算利润。该区域工业用地平均年投资利润率为10%，则：

利润 = (97+50+15) × 10% × 0.5 ≈ 8（元/平方米）

(5) 确定土地增值收益。估价对象所在区域政府规定的土地出让金标准为30元/平方米（50年期）。经分析，待估宗地为该区域中较优宗地，估算土地增值收益为38元/平方米。

(6) 确定土地成本价格和熟地价格。其计算如下：

①土地成本价格（VE）= 97+65+4+8 = 174（元/平方米）

②熟地价格 = $VE+R_3$ = 174+38 = 212（元/平方米）

(7) 个别因素等因素修正。主要有以下两点：

①使用年期修正。其计算如下：

修正后熟地价格 = 土地成本价格 × [1-1÷(1+10%)$^{36.83}$] + 土地所有权收益 ×
[1-1÷(1+10%)$^{36.83}$] ÷ [1-1÷(1+10%)^{50}]
≈ 206（元/平方米）

则使用年期修正系数 K_n = 206÷212 ≈ 0.971 7

②个别因素修正结果。经作个别因素修正，个别因素修正值为0.996 0。

(8) 确定土地价格。其计算如下：

土地价格 = 212 × 0.971 7 × 0.996 0 ≈ 205（元/平方米）

（四）市场法在土地使用权价格评估中的应用

1. 基本概念

市场法又称市场比较法，是根据市场中的替代原理，将待估土地与具有替代性的且在评估基准日近期市场上交易的类似地产进行比较，并对类似地产的成交价格作适当修正，以此估算待估土地客观合理价格的一种评估方法。

2. 基本公式

待估宗地比准价格的基本计算公式如下：

$V = V_B \times A \times B \times D \times E$

A = 待估宗地情况指数（E_P）/比较实例宗地情况指数（E_E）

　　= 正常情况指数/比较实例宗地情况指数

B = 待估宗地评估基准日地价指数（Q）/比较实例宗地交易日期地价指数（Q_0）

D = 待估宗地区域因素条件指数（D_P）/比较实例宗地区域因素条件指数（D_E）

E = 待估宗地个别因素条件指数（S_P）/比较实例宗地个别因素条件指数（S_E）

公式中：V——待估宗地比准价格；

　　　　V_B——比较实例价格；

　　　　A——交易情况修正系数；

　　　　B——评估基准日修正系数；

　　　　D——区域修正系数；

　　　　E——个别因素修正系数。

3. 评估程序

（1）收集宗地交易实例；

（2）确定比较实例；

（3）建立价格可比基础；

（4）进行交易情况修正；

（5）进行评估基准日修正；

（6）进行区域因素修正；

（7）进行个别因素修正；

（8）进行使用年期等修正；

（9）求出比准价格；

（10）决定土地评估结论。

4. 适用范围

市场法（市场比较法）主要适用于地产市场发达、有充足的具有替代性的土地交易实例的地区。市场法除可直接用于评估土地的价格或价值外，还可用于其他评估方法中有关参数的求取。

5. 操作步骤

（1）收集宗地交易实例。收集交易实例的信息一般包括：①交易实例的基本状况，主要有名称、坐落、四至、面积、用途、产权状况、土地形状、土地使用期限、周围环境等；②成交日期；③成交价格，包括总价、单价及计价方式；④付款方式；

⑤交易情况，主要有交易目的、交易方式、交易税费负担方式、交易人之间的特殊利害关系、特殊交易动机等。

（2）确定比较实例。要求选取至少三个比较实例。比较实例应选择与评估基准日最接近，与待估宗地用途相同，土地条件基本一致，属同一供需圈内相邻地区或类似地区的正常交易实例。

用作参照物的交易实例应当具备下列条件：①在区位、用途、规模、权利、性质等方面与评估对象类似；②成交日期与评估基准日接近；③交易类型与评估目的吻合；④成交价格为正常价格或者可修正为正常价格。

（3）建立价格可比基础。各比较实例应在以下方面统一：付款方式、币种和货币单位、面积内涵和面积单位等。

（4）交易情况修正。交易情况修正是排除交易行为中的一些特殊因素所造成的比较实例的价格偏差，将其成交价格修正为正常市场价格。

交易行为中的特殊因素概括起来主要有下列9种：①有利害关系人之间的交易；②急于出售或购买情况下的交易；③受债权债务关系影响的交易；④交易双方或者一方获取的市场信息不全情况下的交易；⑤交易双方或者一方有特别动机或者特别偏好的交易；⑥相邻地块的合并交易；⑦特殊方式的交易；⑧交易税费非正常负担的交易；⑨其他非正常的交易。

将各特殊因素对土地价格的影响程度求和，得出宗地情况指数，再按下列交易情况修正公式计算：

$$V_E = V_O \times E_P / E_E$$

式中：V_E——交易情况修正后的比较实例价格；

V_O——交易情况修正前的比较实例价格；

E_P——待估宗地情况指数；

E_E——比较实例宗地情况指数。

（5）评估基准日修正。评估基准日修正是将比较实例在其成交日期的价格调整为评估基准日的价格。修正公式如下：

$$V_E = V_O \times Q / Q_0$$

式中：V_E——评估基准日宗地价格；

V_O——交易期日宗地价格；

Q——评估基准日地价指数；

Q_0——交易期日地价指数。

（6）区域因素修正。区域因素修正的具体因素，应根据待估对象的用途确定（参见前述影响土地使用权价格的因素等相关内容）。

将区域因素中的各具体因素对地价的影响程度求和得出区域因素条件指数，再按下列公式计算。

$$V_E = V_O \times D_P / D_E$$

式中：V_E——区域因素修正后的比较实例价格；

V_O——区域因素修正前的比较实例价格；

D_P——待估宗地区域因素条件指数;

D_E——比较实例宗地区域因素条件指数。

(7) 个别因素修正。个别因素修正是将比较实例在其个体状况下的价格调整为待估土地个体状况下的价格。

个别因素修正的具体因素应根据待估土地的用途确定(参见前述影响土地使用权价格的因素等相关内容)。

将个别因素中的各具体因素对土地价的影响程度求和得出个别因素条件指数,再按下列公式计算:

$$V_E = V_O \times S_P / S_E$$

式中:V_E——个别因素修正后的比较实例价格;

V_O——个别因素修正前的比较实例价格;

S_P——待估宗地个别因素条件指数;

S_E——比较实例宗地个别因素条件指数。

(8) 土地使用年期等修正。土地使用年期修正是将各比较实例的不同使用年期修正到待估宗地使用年期,以消除因土地使用年期不同而对地价的影响。修正公式如下:

$$V_t = V_O \times K$$

$$K = [1-1/(1+r)^m] / [1-1/(1+r)^n]$$

式中:V_t——年期修正后的比较实例价格;

V_O——年期修正前的比较实例价格;

K——年期修正系数;

r——土地还原利率;

m——待估宗地的使用年期;

n——比较实例的使用年期。

除上述几项修正外,还应根据比较实例与待估宗地的条件差异进行其他必要的修正,如容积率修正(在个别因素未修正的情况下)等。

(9) 比准价格确定。所选取的若干个比较实例价格经上述各项比较修正后,可选用下列方法之一计算综合结果,作为比准价格:①简单算术平均法;②加权算术平均法;③中位数法;④众数法。

6. 举例

[例4-2] 某宗地有待评估,经实地查勘和市场调查,选择了与之类似的三宗已成交案例。几宗地块的交易情况及剩余使用年限与待估宗地一致,其他条件比较见表4-7。表中数字为正值,表示成交宗地的条件优于待估地块;反之则表示成交宗地的条件劣于待估地块。数字大小表示优劣的幅度。

表 4-7 地块的其他条件表

项 目		待估宗地	比较案例 A	比较案例 B	比较案例 C
用 途		住宅	住宅	住宅	住宅
成交日期		评估基准日 2020年1月	2019年12月	2019年7月	2019年8月
成交价格/元			5 000	4 850	5 300
容积率		3	3	3	4
区域条件	位置	0	−1%	0%	2%
	基础设施	0	0%	1%	−1%
	交通	0	−1%	0%	−2%
	小计	0	−2%	1%	−1%
个别条件	地势	0	0%	1%	2%
	形状	0	−2%	−1%	0%
	其他	0	1%	−1%	−1%
	小计	0	−1%	0%	1%

（1）该宗地所在城市住宅用地地价指数，见表 4-8。

表 4-8 地块所在城市住宅用地地价指数

时间	2019年7月	2019年8月	2019年9月	2019年10月	2019年11月	2019年12月	2020年1月
地价指数	100	101	101.5	102	103	103	104

（2）该宗地所在城市住宅用地容积率修正系数，见表 4-9。

表 4-9 地块所在城市住宅用地容积率修正系数

容积率	1	2	3	4
修正系数	97	100	103	105

（3）计算各案例宗地修正后的价格：

交易情况修正　期日修正　容积率修正　区域因素修正　个别因素修正

A. $5\,000 \times \dfrac{100}{100} \times \dfrac{104}{103} \times \dfrac{103}{103} \times \dfrac{100}{98} \times \dfrac{100}{99} = 5\,203.61$（元/平方米）

B. $4\,850 \times \dfrac{100}{100} \times \dfrac{104}{100} \times \dfrac{103}{103} \times \dfrac{100}{101} \times \dfrac{100}{100} = 4\,994.06$（元/平方米）

C. $5\,300 \times \dfrac{100}{100} \times \dfrac{104}{101} \times \dfrac{103}{105} \times \dfrac{100}{99} \times \dfrac{100}{101} = 5\,354.01$（元/平方米）

（4）评估待估宗地的地价。将收集的宗地进行修正后，各宗地地价偏差不大，故采用算术平均数计算宗地价格。

待估宗地地价：$(A+B+C) \div 3 = 5\,183.89$（元/平方米）

（五）收益法在土地使用权价格评估中的应用

1. 基本概念

收益法又称为收益还原法，是将待估土地未来正常年纯收益（地租），以一定的土地还原利率还原，以此估算待估土地价格的方法。

2. 基本公式

（1）土地收益为无限年期时，土地价格的计算公式为

$$V = a/r$$

式中：V——土地价格；

a——土地纯收益；

r——土地还原利率。

（2）土地收益为有限年期时，土地价格的计算公式为

$$V = (a/r)[1-1/(1+r)^n]$$

式中：V、a、r 含义同上；

n——土地剩余年期。

3. 评估程序

（1）收集相关资料；

（2）测算年土地总收益；

（3）确定年土地总费用；

（4）确定土地年纯收益；

（5）确定土地还原利率；

（6）选用适当的计算公式；

（7）计算土地收益价格；

（8）确定待估宗地地价。

4. 适用范围

收益法适用于有现实收益或潜在收益的土地或不动产的评估。

5. 操作步骤

（1）收集相关资料。收集的资料包括待估宗地和与待估宗地相同或相似的宗地用于出租或经营的年平均总收益与总费用资料等。出租性土地及房屋的宗地应收集三年以上的租赁资料。营业性土地及房屋的宗地应收集五年以上的营运资料。直接生产用地应收集过去五年的原料、人工及产品的市场价格资料。所收集的资料应是持续、稳定的，能反映土地的长期收益趋势。

（2）估算年土地总收益。年土地总收益是指待估宗地按法定用途和最有效用途出租或自行使用。在正常情况下，合理利用土地应取得的持续而稳定的年收益或年租金，包括租金收入、押金利息收入等。对总收益的收益期超过或不足一年的，要统一折算为年土地总收益。

在这里，需要说明的是，企业价值评估中的收益是指净利润或净现金流量，土地评估中的收益指的是土地获得的总收入。

（3）确定年土地总费用。年土地总费用是指利用土地进行经营活动时正常合理的年支出。在确定土地年总费用时，要根据土地利用方式进行具体分析。对总费用的支出所属期限超过或不足一年的，要统一折算为年土地总费用。

①土地租赁的年土地总费用包括营业税、土地使用税、土地管理费、土地维护费及其他费用。

②房地出租的年土地总费用包括经营管理费、维修费、房屋年折旧费、房屋年保险费、营业税、房产税及其他费用。

③经营性企业的年土地总费用包括销售成本、销售费用、管理费用、财务费用、税金及正常经营利润。

④生产性企业的年土地总费用包括生产成本、产品销售费用、管理费用、财务费用、产品销售税金及附加、企业正常利润。

（4）确定土地纯收益。纯收益按总收益扣除总费用计算。土地纯收益是在总纯收益中扣除非土地因素所产生的纯收益后的剩余额。

几种主要土地利用方式下的土地纯收益应按下列公式计算：

①土地租赁。土地纯收益的计算公式为

$$a = R - C$$

式中：a——土地纯收益（下同）；
　　　R——年租金收入；
　　　C——年总费用。

②房地出租。土地纯收益的计算公式为

$$a = R_{in} - I_{hn}$$
$$R_{in} = R_{lg} - C_{lg}$$
$$I_{hn} = P_{hc} \times r_2$$
$$P_{hc} = P_{hk} \times D_n = P_{hk} - E$$

式中：R_{in}——房地纯收益；
　　　I_{hn}——房屋纯收益；
　　　R_{lg}——房地出租年总收益；
　　　C_{lg}——房地出租年总费用；
　　　P_{hc}——房屋现值（不含地价）；
　　　r_2——建筑物还原利率；
　　　P_{hk}——房屋重置价值；
　　　D_n——房屋成新率；
　　　E——房屋折旧总额。

③经营性企业。土地纯收益的计算公式为

$$a = I_{jp} - I_{jf}$$
$$I_{jp} = Y_{jp} - C_{jp}$$

式中：I_{jp}——企业经营纯收益；
　　　I_{jf}——非土地资产纯收益；

Y_{jp}——年经营总收入；

C_{jp}——年经营总费用。

④生产性企业。土地纯收益的计算公式为

$a = I_{sp} - I_{if}$

$I_{sp} = Y_{sp} - C_{sp}$

式中：I_{sp}——企业生产纯收益；

Y_{sp}——年生产总收入；

C_{sp}——年生产总费用。

⑤自用土地或待开发土地，可采用市场法求取。即比照类似地区或相邻地区有收益的相似土地的纯收益，经过区域因素、个别因素的比较修正，求得其土地纯收益。

（5）确定土地还原利率。土地还原利率应按下列方法确定：

①土地纯收益与价格比率法。应选择三宗以上可比的近期发生交易的，且在交易类型上与待估土地相似的交易实例，以交易实例的纯收益与其价格比率的均值作为还原利率。

②安全利率加风险调整值法，即还原利率＝安全利率＋风险调整值。安全利率可选用同一时期的一年期国债年利率或银行一年期定期存款年利率；风险调整值应根据估价对象所处地区的市场经济发展和土地市场等状况对其影响程度而确定。

③投资风险与投资收益率综合排序插入法。该方法首先要调查、收集待估宗地所在地区的土地投资，相关投资的收益率和风险程度的资料，如银行存款、债券、股票、房地产投资等投资的收益率和风险程度；然后，将不同类型投资按投资收益率由低到高的顺序排列；将待估宗地投资的风险程度与这些类型投资的风险程度进行比较，确定待估宗地投资的风险程度应落在的区间位置；根据待估宗地应落在的区间位置，分析、判断确定土地还原利率。

在确定土地还原利率时，还应注意不同土地权利、不同土地使用年期、不同类型及不同级别土地之间还原利率的差别。

与土地还原利率有关的还有综合还原利率（房地还原利率）和建筑物还原利率，三者之间的关系如下：

$r = (r_1 L + r_2 B) / (L+B)$

式中：r——综合还原利率；

r_1——土地还原利率；

r_2——建筑物还原利率；

L——土地价格；

B——建筑物价格。

（6）选用适当的计算公式。具体如下：

①一般的公式

$$V = \sum_{i=1}^{n} \frac{a_i}{(1+r)^i}$$

a_i——第 i 年的土地纯收益。

②收益年限无限且其他因素不变的公式

$$V = \frac{a}{r}$$

③收益年限有限且其他因素不变的公式

$$V = \frac{a}{r}\left[1 - \frac{1}{(1+r)^n}\right]$$

④净收益在未来的前若干年有变化的公式

A. 收益年限无限年的公式：

$$V = \sum_{i=1}^{t} \frac{a_i}{(1+r)^i} + \frac{a_i}{r(1+r)^t}$$

式中：t——净收益有变化的年限。

B. 收益年限有限年的公式：

$$V = \sum_{i=1}^{t} \frac{a_i}{(1+r)^i} + \frac{a}{r(1+r)^t}\left[1 - \frac{1}{(1+r)^{n-t}}\right]$$

⑤净收益按一定数额递增的公式

A. 收益年限无限年的公式：

$$V = \frac{a}{r} + \frac{b}{r^2}$$

B. 收益年限有限年的公式：

$$V = \left(\frac{a}{r} + \frac{b}{r^2}\right)\left[1 - \frac{1}{(1+r)^n}\right] - \frac{b}{r} \times \frac{n}{(1+r)^n}$$

⑥净收益按一定数额递减的公式（只有收益年限为有限年一种）

$$V = \left(\frac{a}{r} - \frac{b}{r^2}\right)\left[1 - \frac{1}{(1+r)^n}\right] + \frac{b}{r} \times \frac{n}{(1+r)^n}$$

⑦净收益按一定比率递增的公式

A. 收益年限无限年的公式：

$$V = \frac{a}{r-g}$$

式中：g——净收益逐年递增的比率。

B. 收益年限有限年的公式：

$$V = \frac{a}{r-g}\left[1 - \left(\frac{1+g}{1+r}\right)^n\right]$$

⑧净收益按一定比率递减的公式

A. 收益年限无限年的公式：

$$V = \frac{a}{r+g}$$

B. 收益年限有限年的公式：

$$V=\frac{a}{r+g}\left[1-\left(\frac{1-g}{1+r}\right)^n\right]$$

⑨预知未来若干年的净收益及若干年后的价格的公式：

$$V=\sum_{i=1}^{n}\frac{a_i}{(1+r)^i}+\frac{V_t}{(1+r)^t}$$

式中：V_t——土地在未来第 t 年的价格。

（7）计算土地收益价格。在确定了土地纯收益和土地还原利率后，根据已选择的公式计算土地价格。

[例4-3] 某公司于2017年12月购入一仓库，其占用土地使用权面积为2 000平方米，为50年期工业用地，仓库于2017年12月建成，面积1 800平方米，其经济耐用年限为50年，至评估基准日2019年12月31日该类建筑重置价值为500元/平方米。据调查，当地同类仓库出租租金一般为每月8元/平方米，土地及房屋还原利率分别为5%和6%，需支付的税金为出租收入的12%，需支付的管理费用为租金收入的4%，年维修费为重置价值的1%，年保险费为重置价值的0.15%。

①计算房地出租年总收益

收益应采用客观收益，即每月8元/平方米。

年总收益 = 8×1 800×12 = 172 800（元）

②计算房地出租年总费用

总费用包括以下几项：

年税金 = 172 800×12% = 20 736（元）

年管理费 =172 800×4% = 6 912（元）

年维修费 = 500×1 800×1% = 9 000（元）

年保险费 = 500×1 800×0.15% = 1 350（元）

房屋年折旧费 = 500×1 800÷50 = 18 000（元）

房地产出租年总费用 = 20 736+6 912+9 000+1 350+18 000 = 55 998（元）

③计算房屋出租年纯收益

房屋现值 = 房屋重置价-年折旧费×已使用年限

　　　　 = 500×1 800-18 000×2

　　　　 = 864 000（元）

房屋年纯收益 = 房屋现值×房屋还原率

　　　　　　 = 864 000×6%

　　　　　　 = 51 840（元）

④计算土地年纯收益

土地年纯收益 =①-②-③

　　　　　　 = 172 800-55 998-51 840 = 64 962（元）

⑤计算2019年12月31日的土地使用权价格

本案例土地在2019年12月的土地使用权剩余使用年限为48年，因此土地使用权价格为

$$土地使用价格 = \frac{a}{r}\left[1-\frac{1}{(1+r)^n}\right]$$

$$= \frac{64\,962}{5\%}\left[1-\frac{1}{(1+5\%)^{48}}\right]$$

$$\approx 1\,174\,328.33（元）$$

（六）剩余法在土地使用权价格评估中的应用

1. 基本概念

剩余法又称为假设开发法，是在预计开发完成后不动产正常交易价格的基础上，扣除预计的正常开发成本及有关专业费用、利息、利润和税收等，以价格余额来估算待估土地价格的方法。

2. 基本公式

待估土地价格的计算公式为

$$V=A-B-C$$

式中：V——待估土地价格；

A——开发完成后的土地总价值或房地产总价值；

B——整个项目的开发成本；

C——开发商合理利润。

3. 评估程序

（1）调查待估宗地的基本情况；

（2）确定待估宗地的最高最佳利用方式；

（3）估计开发周期和投资进度安排；

（4）估算开发完成后的土地总价值或房地产总价值；

（5）估算开发成本和开发商合理利润；

（6）确定待估宗地的土地价格。

4. 适用范围

剩余法适用于具有投资开发或再开发潜力的土地的评估。常见有下列情形：①待开发房地产或待拆迁改造后再开发房地产的土地的评估；②仅将生地或毛地整理成可供直接利用的土地的评估；③现有房地产中土地价格的单独评估。

5. 操作步骤

（1）估算开发完成后的土地或房地产总价值。根据待估宗地的最高最佳（最有效）利用方式和当地房地产市场状况及未来变化趋势，采用市场法与长期趋势法结合进行。对开发完成后拟采用出租或自营方式经营的土地或房地产价值，也可以根据同一市场状况，采用收益法与长期趋势法来确定其价值。

（2）确定开发周期和投资进度安排。应参照类似房地产、土地的正常开发过程所需时间进行确定。

（3）确定开发成本。开发成本是项目开发建设期间所发生的一切费用的总和。

在土地开发项目中，整个项目的开发成本包括购地税费、将土地开发为成熟地（与待估宗地投资开发程度一致）的开发费用、管理费用、投资利息和销售税费；

在房地产开发项目中,整个项目的开发成本包括:购地成本与税费、土地开发成本、房屋建造成本、管理费用、专业费用、投资利息和销售税费。

(4)计算利息。土地价款、土地开发费用或房屋建造成本、管理费用和购地税费等全部预付资本要计算利息。销售税费不计利息。利息的计算要充分考虑资本投入的进度,并按复利计算。

在实际评估工作中,也可把土地或房地产的未来价值及开发成本用折现的方法贴现至估价期日,从而在剩余法公式中没有利息项。也就是下面要讲到的剩余法评估中现金流量折现法和传统方法。

折现率和利息率的选取应参照公布的同期银行贷款利率。

(5)计算利润。开发项目正常利润一般以土地或房地产产品价值或全部预付资本的一定比例计算。利润率宜采用同一市场上类似土地或房地产开发项目的平均利润率。

(6)现有房地产项目的土地评估。其计算公式为:

$$V = V_r - P_h - T$$

式中:V——土地价格;

V_r——房地产价格;

P_h——房屋现值;

T——交易税费。

房地产价格可用正常交易成交价格,或采用市场法来确定,或结合房地产的经营状况和市场条件运用收益法确定。

6. 确定待估宗地的土地价格

[例4-4]待估宗地面积为2 448.03平方米,用途为商业用地,剩余使用年限为37.25年,实际开发程度为宗地外"六通",宗地内"五通一平",规划容积率为1.6。要求:采用传统方法测算该宗地的总价。

(1)确定最佳利用方式

土地面积为2 448.03平方米,容积率为1.6,总建筑面积为3 917平方米;用途以商业为主的综合用途;建筑覆盖率为30%;建筑结构为砖混结构,共五层(局部六层);绿化率为40%。

(2)估算开发价值(售价)

根据市场法(计算过程略)估算出房屋均价为2 400元/平方米。

(3)估算开发成本

①建设税费为150元/平方米;

②建筑安装成本为550元/平方米;

③假设本楼面单位地价为V;

④项目正常开发周期为1年,即从取得土地使用权始算。假设地价在项目开始时支付,其余开发成本均匀投入。利息率为5.31%,则利息为:

$V \times [(1+5.31\%)^1 - 1] + (550+150) \times [(1+5.31\%)^{0.5} - 1]$

$= 0.053\ 1V + 18.34$(元/平方米)

⑤专业费用

专业费用=（150+550+V）×3%

　　　　=21+0.03V（元/平方米）

开发成本=150+550+（0.053 1V+18.34）+（21+0.03V）

　　　　=739.34+0.083 1V（元/平方米）

（4）利润估算

利润=（150+550+V）×10%

　　=0.10V+70（元/平方米）

（5）销售税费

①营业税及附加费为售价的5.5%；

②销售费用为售价的3%；

③手续费、登记费为售价的1.5%。

则：

销售税费=2 400×（5.5%+3%+1.5%）=240（元）

（6）单位楼面地价测算

因为，V=2 400-（739.34+0.083 1V）-（0.10V+70）-240

所以，V≈1 142（元/平方米）

（7）总地价

总地价=1 142×3 917=4 473 214（元）

[例4-5] 某宗"七通一平"熟地的面积为5 000平方米，容积率为2，适宜建造一幢乙级写字楼。预计取得该宗土地后将该写字楼建成需要2年的时间，建筑安装工程费为1 500元/平方米，勘察设计和前期工程费及其他工程费为建筑安装工程费的8%，管理费用为建筑安装工程费的6%；第一年需要投入60%的建筑安装工程费、勘察设计和前期工程费及其他工程费、管理费用，第二年需要投入40%的建筑安装工程费、勘察设计和前期工程费及其他工程费、管理费用。在写字楼建成前半年需要开始投入广告宣传等销售费用，该费用预计为售价的2%。房地产交易中卖方应缴纳的营业税等税费为交易价格的6%，买方应缴纳的契税等税费为交易价格的3%。预计该写字楼在建成时可全部售出，售出时的平均价格为3 500元/平方米。请利用所给资料采用现金流量折现法测算该宗地的总价（折现率为12%）。

（1）估算开发完成后的总价值

开发完成后的总价值=（3 500×5 000×2）/（1+12%）^{2}

　　　　　　　　　≈2 790.18（万元）

（2）估算开发成本

开发成本=1 500×5 000×2×（1+8%+6%）×[60%×（1+12%）$^{-0.5}$+

　　　　40%×（1+12%）$^{-1.5}$]

　　　　≈1 546.55（万元）

建筑安装工程费、勘察设计和前期工程费及其他工程费、管理费用在各年的投入实际上是覆盖全年的。为折现计算的方便起见，假设各年的投入是均匀的。

（3）销售税费

销售费用＝3 500×5 000×2×2%×（1+12%）$^{-1.75}$

　　　　＝57.41（万元）

销售税费＝2 790.18×6%

　　　　＝167.41（万元）

（4）购买土地的税费

设该宗土地的总价为 V，则

购买该宗土地的税费＝V×3%＝0.03V

（5）求取总地价

V＝2 790.18－1 546.55－57.41－167.41－0.03V

V＝989.14（万元）

（七）基准地价系数修正法

1. 基本概念

基准地价系数修正法是利用城镇基准地价和基准地价修正系数表等评估成果，按照替代原则，就待估宗地的区域条件和个别条件等与其所处区域的平均条件相比较，并对照修正系数表选取相应的修正系数对基准地价进行修正，进而求取待估宗地在评估基准日价格的方法。

2. 基本公式

$$V = V_{1b} \times (1 \pm \sum_{ki}) \times \sum_{kj}$$

式中：V——土地价格；

　　　V_{1b}——基准地价；

　　　$\sum_{ki}$——宗地地价修正系数；

　　　$\sum_{kj}$——评估基准日、容积率、土地使用年期等其他修正系数。

3. 评估程序与操作步骤

（1）收集有关基准地价资料；

（2）确定待估宗地所处级别（区域）的同类用途土地的基准地价；

（3）分析待估宗地的地价影响因素，编制待估宗地地价影响因素条件说明表；

（4）依据宗地地价影响因素指标说明和基准地价系数修正表，确定待估宗地地价修正系数；

（5）进行评估基准日、容积率、土地使用年期等其他修正；

（6）求出待估宗地地价。

4. 适用范围

基准地价系数修正法适用于已制定和公布了基准地价的区域范围内的土地的价格评估。

5. 举例

［例4-6］待估宗地为一休闲度假村，土地面积为63 774.72 平方米，实际容积率为0.23，系某市Ⅶ级综合用地，至评估基准日剩余使用年限为48 年，基准地价

估价期日为 2017 年 12 月 1 日，待估宗地评估基准日为 2019 年 12 月 1 日。

（1）基准地价。经查该市公布的基准地价表，Ⅶ级综合用地基准地价为 750 元/平方米。

（2）确定宗地地价修正系数。根据实地查勘，对照该市基准地价修正系数表，编制出待估宗地地价修正系数，如表 4-10 所示。

表 4-10 待估宗地地价修正系数

区位因素		因素说明	修正系数/%
商业繁华条件	区域商业区等级	街区级商服中心	-2
	产业聚集规模	一般性零售商服务设施分布	-2
	距市级商服中心距离	>5 000 米	-4
交通条件	公交便捷度	3 路公交车通过	1
	道路通达度	次干道通过	1
	交通管制	混合街道	1
	交通配套设施	有地面停车场所	0
规划条件	土地利用类型	无限制	2
宗地条件	街面位置	局部临街	-1
	临街道路宽度	20 米	0
	临街宽度	10 米	0
	面积	适中，无影响	0
	形状	基本规则，无影响	0
	工程地质	无不良地质现象	0
	地形	起伏<1 米	0
合计			-4

（3）确定待估宗地使用年期修正系数。综合用地最高出让年期为 50 年，则使用年期修正系数为：

$$\left[1-\frac{1}{(1+8\%)^{48}}\right] \bigg/ \left[1-\frac{1}{(1+8\%)^{50}}\right] = 0.996\ 4$$

（4）确定评估基准日修正系数。根据统计该市综合用地地价指数见表 4-11。

表 4-11 该市综合用地地价指数

时间	2017 年 12 月	2018 年 12 月	2019 年 12 月
地价指数	93	94	95

则：评估基准日修正系数为 = 95/93 ≈ 1.021 5

6. 容积率修正系数

估价对象的综合容积率为0.23,该市基准地价设定容积率为4,综合用地土地容积率修正系数见表4-12。

表4-12 综合用地土地容积率修正系数

容积率	≤1	2	3	4	5	6	>6
修正指数	80	85	92	100	108	115	120

则容积率修正系数为:80/100=0.8

7. 确定待估宗地地价

地价=750×(1-4%)×0.996 4×1.021 5×0.8
　　≈586.27(元/平方米)

(八) 路线价评估法

1. 基本概念

路线价评估法是指利用路线价评估宗地地价的评估方法,即在已知路线价的基础上,根据宗地的自身条件进行深度修正、宗地形状修正、宽度修正、宽深比率修正、容积率修正等因素修正来求取宗地地价的方法。路线价是指对面临特定街道而接近距离相等的市街土地,设定标准深度,求取该标准深度的若干宗地的平均单价。

路线价估价法的原理是:认为市区各宗土地价值与其离开街道的距离远近关系很大,这个距离即为临街深度,土地价值随临街深度而递减,一宗地越接近道路部分价值越高,离开街道越远价值越低。同一深度的宗地价值基本相等,但由于宗地深度、宽度、形状、面积、位置等仍有差异,在评估宗地地价时还须对上述差异因素进行修正。

2. 基本公式

待估宗地地价的计算公式为:

$V = u \times dv \times k_1 \times k_2 \times k_i \times \cdots \times k_n$

式中:V——待估宗地地价;

　　u——路线价;

　　dv——深度修正率;

　　k_i——差异因素修正系数($i=1 \to n$)。

3. 评估程序

(1) 收集有关路线价资料;

(2) 确定待估宗地所在街道的路线价;

(3) 收集待估宗地深度、形状、宽度、宽深比率、容积率等参数;

(4) 对照路价资料进行宗地深度、形状、宽度、宽深比率、容积率等修正;

(5) 求取待估宗地价格。

4. 操作步骤

(1) 划分路线价区段

路线价区段是沿着街道两侧带状分布的。一个路线价区段是指具有同一个路线价的地段。在划分路线价区段时，应将可及性相当、地块相连的土地划为同一个路线价区段；两个路线价区段的分界线原则上是地价有明显差异的地点，一般是从十字路或丁字路中心处划分，两个路口之间的地段为一个路线价区段；但是，有些较长的繁华街道，也可以根据情况划分为两个以上的路线价区段，而某些不很繁华的街道，同一路线价区段可以延长至多个路口。

（2）设定标准临街深度

标准临街深度通常简称标准深度，从理论上讲是街道对地价影响的转折点，由此接近街道的方向，地价受街道的影响逐渐升高。在实际评估中，设定的标准临街深度通常是路线价区段内各宗地临街土地的临街深度的众数。

（3）选取标准临街宗地

选取标准临街宗地的要求：①一面临街；②土地形状为矩形；③临街深度为标准临街深度；④临街宽度为标准临街宽度（同一路线价区段内临街各宗土地的临街宽度的众数）；⑤临街宽度与临街深度的比例适当；⑥用途为所在路线价区段具有代表性的用途；⑦容积率具有代表性（临街各宗土地的容积率的众数）；⑧其他，如土地使用年期、土地的开发程度等也应具有代表性。

（4）调查评估路线价

路线价是附设在街道上的若干临街宗地的平均价格。

（5）制作价格修正率表

价格修正率表有临街深度价格修正率表和其他价格修正率表。临街深度价格修正率表通常称为深度价格修正率表，也称深度百分率表、深度指数表，是基于临街深度价格递减率制作出来的。以下简要介绍临街深度价格修正率表的制作方法。

容易理解的临街深度价格递减率是"四三二一法则"。该法则是将临街深度100英尺（1英尺＝0.3048米，下同）的临街土地，划分为与街道平行的四等份，各等份由于距离街道的远近不同，价值因而亦有所不同。从街道方向算起，第一个25英尺等份的价值占整块土地价值的40%，第二个25英尺等份的价值占整块土地价值的30%，第三个25英尺等份的价值占整块土地价值的20%，第四个25英尺等份的价值占整块土地价值的10%。如果超过100英尺，则以"九八七六法则"来补充，即超过100英尺的第一个25英尺等份的价值为临街深度100英尺的土地价值的9%，第二个25英尺等份的价值为临街深度100英尺的土地价值的8%，第三个25英尺等份的价值为临街深度100英尺的土地价值的7%，第四个25英尺等份的价值为临街深度100英尺的土地价值的6%。

［例4-7］某块临街深度30.48米（100英尺）、临街宽度为20米的矩形土地总价为121.92万元。试根据"四三二一法则"，计算其相邻的临街深度为15.24米（50英尺）、临街宽度20米的矩形土地的总价。

解：该相邻临街土地总价为：121.92×（40%+30%）≈85.34（万元）

根据上例，如果该相邻临街土地的临街深度为45.72米（150英尺），在其他条件不变的情况下，该相邻临街土地的总价为：

土地总价＝121.92×（40%+30%+20%+10%+9%+8%）≈142.65（万元）

临街深度价格修正率表的制作形式有：单独深度价格修正率（深度价格递减率）、累计深度价格修正率和平均深度价格修正率三种。根据"四三二一法则"，假设 a_1、a_2、a_3、$\cdots$、a_{n-1}、a_n 分别表示各等份的价值占整块土地价值的比率，则：

单独深度价格修正率的关系为：$a_1>a_2>a_3>\cdots>a_{n-1}>a_n$，根据"四三二一法则"，单独深度修正率为 40%>30%>20%>10%>9%>8%>7%>6%。

累计深度价格修正率的关系为：$a_1<a_1+a_2<a_1+a_2+a_3<\cdots<a_1+a_2+a_3+\cdots+a_{n-1}+a_n$，根据"四三二一法则"，累计深度修正率为 40%<70%<90%<100%<109%<117%<124%<130%。

平均深度修正率的关系为：$a_1>(a_1+a_2)/2>(a_1+a_2+a_3)/3>\cdots>(a_1+a_2+a_3+\cdots+a_{n-1}+a_n)/n$，根据"四三二一法则"，平均深度修正率为 40%>35%>30%>25%>21.8%>19.5%>17.7%>16.25%，将各修正率扩大 4 倍得出平均深度修正率为 160%>140%>120%>100%>87.2%>78.0%>70.8%>65.00%。

为了简明起见，将上述内容用表来说明，见表 4-13。

表 4-13 临街深度价格修正率的形式表

临街深度/英尺	25	50	75	100	125	150	175	200
四三二一法则/%	40	30	20	10	9	8	7	6
单独深度价格修正率/%	40	30	20	10	9	8	7	6
累计深度价格修正率/%	40	70	90	100	109	117	124	130
平均深度价格修正率/%	160	140	120	100	87.2	78.0	70.8	65.00

制作临街深度价格修正率表的步骤是：①设定标准临街深度；②将标准临街深度分为若干等份；③制定单独深度价格修正率，或将单独深度价格修正率转换为累计深度价格修正率或平均深度价格修正率。

（6）计算临街土地的价值

运用路线价法评估临街土地的价值，需要搞清楚路线价的含义、临街深度价格修正率的含义、标准临街宗地的条件，并结合需要评估临街土地的形状和临街状况。采用不同的临街深度价格修正率，路线价法的评估公式会有所不同。

①当以标准临街宗地的总价作为路线价时，应采用累计深度价格修正率。其中，如果评估对象土地的临街宽度与标准临街宗地的临街宽度相同，则计算公式为

V（总价）= 标准临街宗地总价×累计深度价格修正率

$$V（单价）= \frac{标准临街宗地总价×累计深度价格修正率}{评估对象面积}$$

$$= \frac{标准临街宗地总价×累计深度价格修正率}{临街宽度×临街深度}$$

如果临街宽度与标准宽度不相同，则计算公式为

$$V（总价）= \frac{标准临街宗地总价×累计深度修正率}{标准宽度×临街深度}×评估对象土地面积$$

$$= \frac{标准临街宗地总价 \times 累计深度修正率}{标准宽度 \times 临街深度} \times (临街宽度 \times 临街深度)$$

$$= 标准临街宗地总价 \times 累计深度修正率 \times (临街宽度 / 标准宽度)$$

V（单价）$= V$（总价）$\div$ 评估对象面积

$$= \frac{标准临街宗地总价 \times 累计深度修正率}{标准宽度 \times 临街深度}$$

②当以单位宽度的标准临街宗地的总价作为路线价时，也应该采用累计深度价格修正率。其计算公式为

V（总价）$=$ 路线价 $\times$ 累计深度价格修正率 $\times$ 临街宽度

V（单价）$= V$（总价）$\div$ 评估对象面积

$$= \frac{路线价 \times 累计深度价格修正率}{临街深度}$$

③当以标准临街宗地的单价作为路线价时，应采用平均深度价格修正率。其计算公式为

V（单价）$=$ 路线价 $\times$ 平均深度价格修正率

V（总价）$=$ 路线价 $\times$ 平均深度价格修正率 $\times$ 临街宽度 $\times$ 临街深度

5. 适用范围

路线价评估法适用于已建立路线价的区域范围内的土地价格评估。它能对大量土地迅速评估，是评估大量土地的一种常用方法，特别适用于土地课税、征地拆迁等需要在大范围内对多宗土地进行评估的场合。

6. 举例

[例4-8] 现有临街宗地 A、B、C、D、E，如图 4-3，深度分别为 2.5 米、5 米、7.5 米、10 米和 12.5 米，宽度分别为 1 米、1 米、2 米、2 米和 3 米。

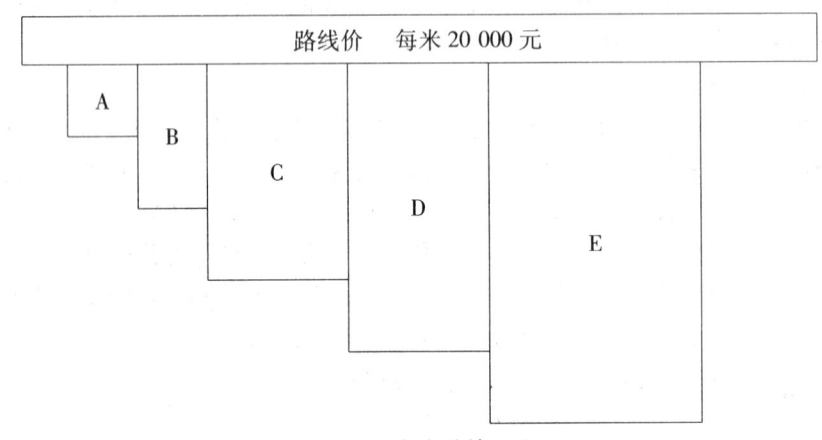

图 4-3 各宗地情况图

路线价为 20 000 元/米，标准深度为 10 米的标准宗地，深度指数如表 4-14 所示。

表 4-14 深度指数表

深度/米	2.5	5	7.5	10	12.5	15	17.5	20
单独深度修正率/%	40	30	20	10	9	8	7	6
累计深度修正率/%	40	70	90	100	109	117	124	130

根据题意，路线价是以单位宽度的标准临街宗地的总价表示的，应采用累计深度价格修正率，采用上述变形公式②V（总价）= 路线价×累计深度价格修正率×临街宽度，则各宗地价格的计算如下：

$V_A = 20\,000 \times 40\% \times 1 = 8\,000$（元）

$V_B = 20\,000 \times 70\% \times 1 = 14\,000$（元）

$V_C = 20\,000 \times 90\% \times 2 = 36\,000$（元）

$V_D = 20\,000 \times 100\% \times 2 = 40\,000$（元）

$V_E = 20\,000 \times 109\% \times 3 = 65\,400$（元）

第二节　建筑物评估

本节所涉及的建筑物评估，不含其占用范围内的土地使用权。

一、建筑物

（一）建筑物的概念

建筑物可从物质形态的建筑物和权益形态的建筑物两个方面加以认识。

物质形态的建筑物是指附着于地上或地下由人工建造的定着物，包括房屋和构筑物两大类。

房屋是指供人居住、工作、进行其他社会活动以及储藏物品等的工程建筑，一般由基础、墙、门、窗、柱和屋顶等主要构件组成。构筑物是指除房屋以外的工程建筑，如道路、水坝、隧道、水塔、桥梁、烟囱等。

权益形态的建筑物是指建筑物所有人在法律范围内对建筑物拥有的占有、使用、收益和处分的权益。

由于建筑物总是建造在土地之上或之下，因此，其所有权受其占用范围内的土地使用权的权利状态限制。评估中，最常见的是建筑物所有权使用年限受土地使用权的剩余使用年限的限制。

（二）建筑物的分类

从评估的角度划分，建筑物可有两种分类。

1. 按经济用途分类

建筑物按经济用途可分为商业用房、民用建筑（又可分为住宅及其他民用建筑）、工业建筑、公共建筑与公用设施等。

建筑物的经济用途不同，影响其价值的因素就有差异，其获利能力也就有所差异，从而采用的评估方法就可能有所不同。

2. 按结构件材质分类

建筑物的结构件材质基本上决定了建筑物的使用性能、使用寿命以及购建成本等建筑物评估中的重要参数。掌握不同结构件材质建造的建筑物的特点是建筑物评估的基本要求。建筑物按其结构件材质划分，大致可分为以下几类：

（1）钢结构。钢结构建筑物是指其承重构件（梁、柱、屋架等）是用钢材制作的建筑物。

（2）钢筋混凝土结构。钢筋混凝土结构建筑物是指其承重构件（梁、柱、屋面板、楼板等）是用钢筋混凝土建造的建筑物。

（3）砖混结构。砖混结构建筑物是指其主要承重构件（柱、墙等）是由砖砌筑而成的建筑物。

（4）砖木结构。砖木结构建筑物是指其主要承重构件（梁、柱、墙等）是由木材与砖构成的建筑物。通常，其梁由木结构构成，墙、柱由砖砌成。

（5）其他结构。凡不属于上述结构的建筑物均归入此类，如竹结构、石结构、木板房等。

不同结构的建筑物的经济耐用年限与残值率是不相同的，而且它们所处的使用环境也直接影响其经济耐用年限，这是评估中要考虑的问题，具体情况参见表 4-15。

表 4-15 建筑物的经济耐用年限与残值率参考值一览表

序号	建筑物结构类型	不同使用环境下的经济耐用年限/年			残值率
		生产用房	受腐蚀的生产房	非生产用房	
01	钢结构	70	50	80	
02	钢筋混凝土结构	50	35	60	0
03	砖混结构	40	30	50	2%
04	砖木结构	30	20	40	4%~6%
05	简易结构	10	10	10	0

需要说明的是，建筑物的经济耐用年限与建筑物的设计使用年限、会计折旧年限等是有一定区别的。

（三）建筑物的特性

1. 不能脱离土地而单独存在

从前面建筑物的定义中可见，建筑物一定是建造在土地上或（和）之下的，是不可以脱离土地而单独存在的。

2. 建筑物的使用价值是有年限的

任何一种结构的建筑物，其使用年限总是有限的，由于自然损耗规律的作用，不可能无限期地正常使用，这与土地是不同的。一般地讲，土地的使用价值是不随时间流逝而消失的。

3. 建筑物属于可再生社会资源

建筑物建造在土地之上或之下，其使用价值终止后，在同一土地上可再建造建筑物。而土地则是不可再生的资源，通常认为土地的面积是不变的。

4. 建筑物所有权受其占用范围内的土地使用权性质与年限限制

如果土地使用者是通过有偿出让方式取得的国有土地使用权，那么，该使用权是有年限限制的。因此，建造在该类土地上的建筑物的所有权也相应受土地使用权使用年限的约束。

（四）影响建筑物价值的个别因素

1. 面积

建筑物面积的大小直接影响建筑物价值，在评估实践中要注意面积的含义，通常提的建筑物面积有建筑面积、使用面积、营业面积等概念，评估中一般采用建筑面积为计量面积。

2. 建筑结构

建筑结构包括钢结构、框架结构、砖混结构等。

3. 建筑高度

建筑物的层高与其用途有关，各类用途的建筑物都有一个合理的层高，层高不合理将影响其使用价值。因而，建筑高度也是判断是否存在功能性贬值的重要因素。

4. 附属设施

附属设施的完善程度将影响建筑物主体功能的发挥，同时，附属设施的耐用年限与建筑物主体的耐用年限也可能存在差异，在计算建筑物成新率时要考虑这种差别。

5. 建造质量

建筑物的建造质量直接影响到建筑物的使用寿命和使用功能等，因此，建造质量是评估中的一个非常重要的参考因素。

6. 建成及投入使用时间

在计算建筑物成新率时，建筑物建成及投入使用时间是一个重要参数。

7. 平面布局

建筑物的平面布局是否合理，直接影响其使用价值。这也是评估中考虑其是否存在功能贬值的重要因素。

8. 外观

建筑物的外观应与其用途、功能相匹配，与所在地段相协调。

9. 产权

建筑物完整的产权是指其所有权，包括占有、使用、收益、处分的权利，其产权是否受到限制将直接影响其价值。在具备所有权的前提下，评估时通常还要考虑建筑物是否设置抵押、担保、典当、租赁等限制其产权的情形。

10. 其他

除上述以外的其他影响因素。

二、建筑物评估的特点

(一) 建筑物评估应在合法的前提下进行

我国现已颁布了《城市房地产管理法》《土地管理法》《城市规划法》等法律及相应的条例、规章，对城市房地产加强了管理和利用，建筑物的购建应是有法可依的。因此，对建筑物的评估应在合法的前提下进行。建筑物是否合法应以是否符合下列的规划限制条件进行判断：①用途；②建筑高度；③容积率；④建筑密度；⑤建筑物后退红线距离；⑥建筑间距；⑦绿地率；⑧交通出入口方位；⑨建筑体量、体形、色彩；⑩地面标高；⑪停车泊位；⑫其他限制条件，如设计方案是否符合环境保护、消防安全、文物保护、卫生防疫等有关法律、行政法规的规定。

另外，根据我国法律规定，政府为满足社会公共利益的需要，可以对房地产实施拆迁、征用或收买，同时给予一定的补偿，因此，对被政府列入拆迁、征用或收买范围的建筑物，应充分考虑这些方面的法规、政策等对其价值的影响。

(二) 建筑物评估应考虑其所有权受土地使用权使用年限限制的特性

建筑物一经建成，其使用寿命可达几十年甚至上百年。但是，对于以出让方式取得的国有土地使用权有最高出让年限的限制（商业用地为40年，工业用地为50年，住宅用地为70年），且法律规定了土地使用权期限届满，除《中华人民共和国物权法》规定住宅用地可以自动续期外，相应的土地使用权及其地上建筑物由国家无偿取得。因此，在评估建筑物价值时，我们必须分析建筑物的尚可使用年限与土地使用权剩余使用年限的吻合程度。通常只能以土地使用权的剩余使用年限为限来评估建筑物价值。如果建筑物的尚可使用年限远远长于其所占土地的使用权剩余使用年限，也只能以土地使用权的剩余使用年限来作为建筑物的剩余使用年限。这样，在评估建筑物的价值时，就要考虑一定的折扣率。

但是，我国《城市房地产管理法》和《物权法》对土地使用权出让年限的续展也做出了规定。在评估实践中，既要考虑建筑物所有权受其占用的土地使用权剩余使用年限的限制，也要考虑建筑物所在区域、地块的未来城市规划，不排除土地使用权出让年限续展的可能。

(三) 房地分估

建筑物是不能脱离土地而单独存在的，但如果要对建筑物的价值单独进行评估，自然就要求房地分估。从资产评估的角度，房地分估也便于合理地分别评估建筑物的价值与其占用的土地的价值，避免由于土地未处于最佳利用状态（见前述土地评估的最佳使用原则）而造成土地评估价值失实与建筑物评估价值失真的情况出现。例如，对市中心商业繁华区内的非商业性建筑物进行评估，假如不采取房地分估的方式，很可能导致低评该建筑物所占土地的价值；又如，评估3 000平方米土地上的唯一一幢300平方米的建筑物，假如不采用房地分估的方式，极易高评建筑物的价值。

三、建筑物评估中的成本法

建筑物评估中的成本法是从建筑物的再建造或投资的角度，估算待估建筑物在

全新状态下的重置成本,再扣减各种损耗因素造成的贬值,从而求得建筑物价值的评估方法。其基本公式为

评估价值=重置成本-实体性贬值-功能性贬值-经济性贬值

因此,应用成本法评估建筑物价值时主要涉及四个基本要素,即重置成本、实体性贬值、功能性贬值、经济性贬值。其中,实体性贬值又称为有形损耗,功能性贬值和经济性贬值又统称为无形损耗。

(一)建筑物重置成本的构成

建筑物重置成本的计算公式为

重置成本=建设成本+管理费用+投资利息+销售费用+销售税费+开发利润

1. 建设成本

建设成本又叫开发成本,是指在取得的房地产开发用地上进行基础设施建设、房屋建设所需的直接费用、税金等。主要有以下几项:

(1)勘察设计和前期工程费用,包括市场调研、可行性研究、项目策划、工程勘察、环境影响评价、交通影响评价、规划及建筑设计、建设工程招标,以及施工通水、通电、通路、场地平整和临时用房等。

(2)建筑安装工程费,包括建造商品房及附属工程所发生的土建工程费、安装工程费、装饰装修工程费等费用,附属工程是指房屋周围的围墙、水池、建筑小品、绿化等。

(3)基础设施建设费,包括由开发商承担的红线内外的自来水、雨水、污水、煤气、热力、供电、电信、道路、绿化、环境卫生、照明等建设费用。

(4)公共设施配套建设费,包括城市规划要求配套的教育、医疗卫生、文化体育、社区服务、市政公用等非营业性设施的建设费用。

(5)其他工程费用,包括工程监理费、竣工验收费等。

(6)开发期间税费,包括有关税收和地方政府或有关部门收取的费用,如绿化建设费、人防工程费等。

需要说明的是,有时又把建设成本分为建筑安装工程费、专业费和建设税费,其所包含的内容都是一致的。

2. 管理费用

管理费用,是指为组织和管理房地产开发经营活动而支出的管理人员的工资及福利费、办公费、差旅费等。

3. 投资利息

投资利息又叫建设期利息,是指按合理的建设期和按适当的贷款利率计算的投入资金的利息。

4. 销售费用

销售费用是指预售或销售开发完成后的房地产的必要支出,包括广告费、销售资料制作费、售楼处建设费、样板房或样板间建设费、销售人员费用或销售代理费等。为了便于投资利息的测算,销售费用应区分为销售之前发生的费用和与销售同时发生的费用。

5. 销售税费

销售税费是指预售或销售开发完成后的房地产应由卖方缴纳的税费，包括营业税、城市维护建设税、教育费附加，以及应当由卖方负担的印花税、交易手续费、产权转移登记费等。

6. 开发利润

开发利润又叫投资利润，是指对建筑物的投资应获得的正常利润。

(二) 建筑物重置成本的测算方法

1. 重编预算法

重编预算法是指借助编制工程预算的思路，对待估建筑物的重置成本构成项目按重新编制预算的方法进行分别估算，加总求取重置成本。其计算公式为

$$建筑物重置成本 = 建安工程投资 + \sum 按评估基准日标准估算的其他重置成本构成项目价值$$

对于建安工程投资，通常根据建筑物的竣工图进行工程量计算，再按相应的定额求得。

对于其他重置成本构成项目，包括专业费、建设税费、管理费用、建设期利息、开发商利润等，按评估基准日的正常标准进行估算。

重编预算法主要用于测算建筑物更新重置成本。这种评估方法具有以下特点：①它是以采用新技术、新设计、新材料、新工艺为前提的，评估思路及所用经济技术参数符合估算更新重置成本的要求；②使用这种测算方法估算重置成本的准确性较高；③估算的工作量大。

2. 预决算调整法

预决算调整法是指以待估建筑物的工程决算工程量为基础，按评估基准日的工料价格、适用定额及费率标准估算出建安工程成本，再按评估基准日的标准估算出建筑物重置成本的其他构成项目，加总求取重置成本的方法。

这种测算方法不需要对建筑物原工程量进行重新计算，而是以原工程量是合理的为假设前提的。相对于用重编预算法求取重置成本而言，这种测算方法的效率更高一些，但是要求能取得待估建筑物比较完整的建筑工程预决算资料。

使用预决算调整法测算重置成本的基本步骤如下：

(1) 取得完整的工程预决算资料，根据其记录的工程量及评估基准日的工料价格、适用定额及费率标准求得建安工程成本（工程造价）；

(2) 根据评估基准日的正常标准估算建筑物重置成本的其他构成项目；

(3) 加总求取重置成本。

3. 价格指数调整法

价格指数调整法是指根据待估建筑物的历史成本，运用相关价格指数求取建筑物重置成本的方法。

这种测算方法一是以建筑物的历史成本是合理的为假设前提的，待估建筑物历史成本不清、不准、不实的不宜采用；二是要收集、建立相应的价格指数，不具备条件的，无法采用这种方法。

具体运用这种方法时,首先要分析建筑物历史成本的构成项目与评估考虑的重置成本构成项目是否一致,若不一致,需做相应调整。例如,某待估建筑物历史成本为1 200元/平方米,与评估考虑的重置成本构成项目相比,不含"开发商利润"项目,历史成本中含供电贴费30元/平方米,而评估基准日该费用项目已被取消,距评估基准日的价格指数为1.5(建成时价格指数为1)。则待估建筑物的重置成本=(1 200元/平方米-30元/平方米)×1.5+开发商利润。其次,运用这种方法测算时要考虑价格指数的调整项目与重置成本构成项目的匹配。例如,待估建筑物历史成本1 200元/平方米(其中,建安工程成本850元/平方米),建筑物建成时的价格指数为1.0,评估基准日的价格指数为1.5,价格指数是根据建安工程成本的变动统计出来的,则重置成本为:$850\times\dfrac{1.5}{1.0}$+按评估基准日标准估算的专业费、建设税费、管理费用、建设期利息、开发商利润,而不是$1\,200\times\dfrac{1.5}{1.0}$。

价格指数可利用相关政府部门公布的指数,也可由评估师与评估机构统计得出。对于数量多而又相似的一批建筑物的评估,若无可以利用的价格指数,则可选择几个有代表性的典型建筑物,运用重编预算法或预决算调整法求得其重置成本,再与其历史成本比较得到价格指数,利用这个指数估算其他类似建筑物重置成本。

4. 单位比较法

单位比较法是指将与待估建筑物类似的建筑物的单位(通常指建筑面积)重置成本经过与待估建筑物的比较、修正,求得待估建筑物的单位重置成本,再乘以数量(通常指建筑面积)来求取重置成本的测算方法。

[例4-9] 待估建筑物为9层钢筋混凝土框架结构住宅,类似的另一建筑物的单位重置成本为1 000元/平方米。待估建筑物与类似建筑物的差异如下:

(1)待估建筑物楼面铺大理石,而类似建筑物为水磨石地面,该项差异为200元/平方米;

(2)待估建筑物门、窗尚未装修,而类似建筑物为木门、铝合金窗,该项差异为-38元/平方米;

(3)待估建筑物层高3.3米,而类似建筑物为3.0米,该项差异为+5%。

综合以上差异,则待估建筑物的单位重置成本为1 212元(=1 000+200-38+1 000×5%)。

这种方法的运用较广泛。在运用时要注意几个问题:①要掌握类似建筑物的成本及构成情况;②要分析待估建筑物与类似建筑物的差异及其对单位重置成本的影响程度;③要分析待估建筑物重置成本与类似建筑物成本构成的差异并作相应调整。

(三)建筑物实体性贬值的测算

建筑物的实体性贬值是指建筑物在使用过程中由物理、化学因素引起的,因人工使用或自然力影响而形成的价值损失。

估算实体性贬值的方法主要有年限法和观察打分法两种。

1. 年限法

年限法是指利用建筑物的尚可使用年限占建筑物预计使用年限的比率作为建筑物实体性贬值率的测算方法。其计算公式为：

建筑物实体性贬值率＝已使用年限÷（已使用年限＋尚可使用年限）×100%

（注：这个公式未考虑建筑物的无形损耗）

运用这种测算方法的关键在于测定建筑物的尚可使用年限。这需要评估师具备较丰富的实践经验。通常是以正常情况下同类建筑物的经济寿命年限为参考，结合对待估建筑物的现状的勘查和其维护保养状况、使用环境、使用强度等的了解，综合判断确定。

2. 观察打分法

观察打分法是指评估人员借助对于建筑物实体性成新率的评分标准，包括建筑物整体成新率评分标准以及按其不同构成部分的评分标准等进行对照打分，得出或汇总得出建筑物实体性成新率，再通过实体性成新率来计算实体性贬值率的评估方法。其计算公式如下：

实体性贬值率＝1－实体性成新率

（注：该公式是纯粹从实体上来考虑其损耗，未考虑建筑物的无形损耗）

建筑物实体性成新率评分标准的建立，可以由评估机构统计分析建立，也可在借鉴现存有关标准的基础上，结合地区特点、建筑物特点进行修正、完善后建立。下面以原城乡建设与环境保护部颁发的《房屋完损等级评定标准》（1984）为例进行阐述。根据上述标准，按房屋的结构、装修、设备等组成部分的完好和损坏程度，划分为5个等级，见表4-16。

表4-16 房屋评定部位内容、完损等级和成新率一览表（参考数据表）

部位内容			完损等级	实体成新率
结构	装修	设备		
地基基础	门窗	厨卫	完好房	80%～100%
承重构件	外抹灰	电气	基本完好房	60%～79%
非承重构件	内抹灰	暖气	一般损坏房	40%～59%
屋面	顶棚	特种设备	严重损坏房	40%以下
楼地面	细部装修		危房	残值

（1）完好房，包括了成新率在80%以上的房屋。房屋的结构构件、装修、设备齐全完好，成色新，使用状态良好。

（2）基本完好房，包括了成新率在60%～79%之间的房屋。房屋的结构构件、装修、设备基本完好，成色略旧并有少量或微量损坏，基本能正常使用。

（3）一般损坏房，包括了成新率在40%～59%之间的房屋。房屋的结构构件、装修、设备有部分损坏或变形、老化，需进行中、大修理。

（4）严重损坏房，成新率在40%以下的房屋。房屋的结构构件、装修、设备有明显的损坏或变形,并且不齐全,需进行大修或翻建。

(5)危房,房屋的结构构件处于危险状态,有倒塌的可能。

按上述评分标准,从房屋的结构、装修、设备等方面的完损程度,综合确定建筑物的成新率。但运用观察打分法要注意两点:①要建立合理、科学的评分标准,要考虑不同地区、不同建筑类型、不同使用条件下建筑物完损程度的不同特点和量化特征;②评估师对评分标准掌握和运用的水平。评分标准一经确定下来,就是相对固定的标准。但待估建筑物情况却具有多样性。评估师要在统一评分标准的基础上,根据完好情况,制定出不同类型建筑物成新率评分修正系数,对按统一打分标准评分的初步结论做进一步的调整和修正。

观察打分法估算建筑物实体性成新率的公式为:

实体性成新率=结构部分合计得分×G+装修部分合计得分×S+
设备部分合计得分×B

式中:G——结构部分的评分修正系数(权数);
S——装修部分的评分修正系数;
B——设备部分的评分修正系数。

$G+S+B=100\%$

[例4-10]某钢筋混凝土结构5层楼房,经评估师现场观察打分,结构部分合计得分80分,装修部分为70分,设备部分为60分。再查评分标准表:修正系数$G=0.75$,$S=0.12$,$B=0.13$,则

该楼房实体性成新率=(80×0.75+70×0.12+60×0.13)÷100
=76.2%

该楼房实体性贬值率=1-76.2%=23.8%

下面是不同结构类型房屋实体性成新率的评分修正系数表(见表4-17):

表4-17 不同结构类型房屋实体性成新率的评分修正系数表

楼层数	钢筋混凝土结构			混合结构			砖木结构			其他结构		
	结构部分G	装修部分S	设备部分B	结构部分G	装修部分S	设备部分B	结构部分G	装修部分S	设备部分B	结构部分G	装修部分S	设备部分B
单层	0.85	0.05	0.10	0.7	0.2	0.1	0.8	0.15	0.05	0.87	0.10	0.03
2~3层	0.8	0.10	0.10	0.6	0.2	0.2	0.7	0.2	0.1			
4~6层	0.75	0.12	0.13	0.55	0.15	0.3						
7层以上	0.8	0.10	0.10									

(四)建筑物功能性贬值的测算

1. 建筑物功能性贬值的概念

建筑物的功能性贬值是指由建筑物用途、使用强度、设计、结构、装修、设备配备等不合理因素造成建筑物功能缺陷或浪费而导致的价值损失。

所谓建筑物的功能(又称为功效),是指其满足使用者(或市场)需求的程度。建筑物的功能性贬值是以评估基准日正常的、为市场(使用者)接受的设计、结

构、装修、设备配备等因素的正常水平来加以判断的。

2. 建筑物功能性贬值的常见情形

(1) 建筑物用途与使用强度不合理形成的功能性贬值

这种贬值是相对于其占用的土地的最佳利用方式而言的。在资产评估中，土地使用权价值通常是按其最佳利用方式的假设进行估价的，对土地与建筑物用途、使用强度不协调而形成的价值损失定义为建筑物的功能性贬值。

[例4-11] 某市中心繁华区建筑物2 000平方米，用途为办公，共2层，占地面积2亩（1亩≈0.067公顷。下同）。依据城市规划，该宗地规划容积率为3，用途为商业。评估师用市场法按现状评估出房地产价值为600万元（2 000平方米×3 000元/平方米），即房地合估前提下的价值，亦为重置成本。土地上建筑物重置成本为400万元，实体性贬值为160万元，土地使用权按最佳利用方式（容积率为3，商业用途，拆除重建，建筑物残值率为0）的评估价值为1 800万元，假设无经济性贬值。试计算建筑的功能性贬值。

计算如下：

①房地合一评估下的房地产价值：600万元

②房地分离评估下的房地产价值：1 800+（400-160）= 2 040（万元）

建筑物功能性贬值 = 2 040-600 = 1 440（万元）

地上建筑物的价值 = 400-160-1 440-0 = -1 200（万元）

可见，在建筑物用途与土地使用强度不合理的前提下，会出现建筑物功能性贬值，地上建筑物的价值甚至可能出现负值。这在对市中心低矮非商业建筑物的评估中时常见到。

(2) 建筑物的设计及结构上的缺陷形成的功能性贬值

①建筑物有效使用面积与其建筑面积的比例低于正常水平形成的功能性贬值。

[例4-12] 同一小区两栋6层住宅，户均建筑面积均为100平方米，但甲栋住宅的使用面积为75平方米/户，乙栋住宅使用面积为60平方米/户，均新建成，且两栋住宅地上建筑物重置成本相同。甲栋住宅销售单价比乙栋高300元/平方米，其原因为：甲栋住宅的设计合理，乙栋住宅设计不合理，则乙栋住宅每套房的功能性贬值 = 300元/平方米×100平方米 = 30 000元。

②建筑物设计功能上的不完善形成的功能性贬值，如老式住宅无客厅或客厅过小、卫生间过小等。

(3) 建筑物的装修及其配套设备与其总体功能不协调形成的功能性贬值

例如：建筑物超标准的豪华装修与配置设备过剩，超过建筑物已定位的服务功能，在增加建筑物使用价值不明显的前提下，增大了建造成本，形成建筑物局部功能浪费，从而形成损失。

无论是哪种原因形成的建筑物功能性贬值，在其测算过程中都要与建筑物重置成本测算、成新率测算一并统筹考虑，避免重复考虑与漏评现象出现。

(五) 建筑物经济性贬值的测算

建筑物的经济性贬值是指由于外界条件的变化而影响了建筑物效用的发挥，从而导致的价值损失。从现象上看，建筑物出现经济性贬值一般都伴随着利用率下降，如商业用房空置率增加、工业用房大量闲置等；从其后果看，最终都会导致建筑物的收益下降。所以，在测算建筑物经济性贬值时，可按下列公式计算：

$$经济性贬值 = \sum_{i=1}^{n} R_i(1+r)^{-i}$$

式中：R_i——第 i 年的建筑物年收益损失额；

　　　r——折现率；

　　　n——预计建筑物经济性贬值的年限。

在这里，需要注意的是，建筑物必须与土地相结合才能发挥效益，因此，这里的建筑物通常包括其占用范围内的土地。

（六）评估举例

[例4-13] 某仓库建筑面积 5 000 平方米，钢筋混凝土框架结构，共三层，一、二、三层层高分别为 5 米、4.2 米、3.9 米，砼地面，外墙贴白色墙砖，内墙及天棚为涂料，铝合金门窗，配两台货运电梯，通上水、下水、通电、通信、通路。于 2011 年建成投入使用。

试求：2019 年 12 月 31 日的仓库价值（不含土地）。

评估公式：评估价值＝重置成本×成新率

　　　　　重置成本＝建设成本＋管理费用＋投资利息＋开发利润

计算如下：

1. 建设成本

（1）建安工程费估算

采用单位比较法，评估人员搜集到与待估仓库相似的另一仓库，其建安工程费为 1 200 元/平方米。但与待估仓库比较，存在如下差异：①底层层高为 4.5 米；②未配备货运电梯。

经评估师分析，底层层高差异影响重置成本的 6%，未配货运电梯影响为 35 元/平方米。

待估仓库建安工程费＝1 200÷（1-6%）+35≈1 311.6（元/平方米）

（2）专业费估算

依据评估师掌握的同类仓库的历史成本分析，与待估仓库建筑规模相近的仓库的专业费为 8%，评估取 8%。

（3）建设税费

经收集、汇总当地建设税费有关文件、资料，建设税费为 120 元/平方米。则：
建设成本＝1 311.6+1 311.60×8%+120≈1 536.53（元/平方米）

2. 管理费用

经测算，管理费用为建安工程费用的 3%，评估取 3%。

3. 投资利息

查《工程项目建设工期定额》，合理工期为一年，利息率取一年期固定资产贷款利率 5.49%。

4. 开发利润

取当地对仓库投资的年平均利润率5.5%。

5. 单位重置成本计算

单位重置成本 = 1 536.53+1 311.6×3.0%+（1 536.53+1 311.6×3.0%）×$\frac{1.0}{2}$×5.49%+（1 536.53+1 311.60×3.0%）×$\frac{1}{2}$×5.5%

= 1 536.53+39.35+43.26+43.34

= 1 662.48（元/平方米）

6. 成新率计算

采用年限法，仓库已使用9年，尚可使用51年。则：

成新率 = 51/（51+9） = 85%

7. 评估价值计算

评估价值 = 1 662.48×5 000×85%

= 7 065 540（元）

四、建筑物评估中的残余法

建筑物评估中的残余法（又称为剩余法），是指先计算建筑物与其占用的土地的共同收益，然后采用收益法以外的方法估算出土地价格，再从建筑物与其占用土地的共同收益中扣除属于土地的收益，即可得到归属于建筑物的纯收益，通过建筑物的折现率还原，从而取得建筑物的价值的评估方法。

$$B = \frac{a - Lr_1}{r_2 + d} = \frac{a_2}{r_2 + d}$$

式中：B——建筑物价值；

a——房地总收益；

L——土地价格；

r_1——土地还原利率；

a_2——建筑物收益；

r_2——建筑物还原利率；

d——建筑物的折旧率。

残余法运用了收益法的评估原理，适用于用其他方法难以较为准确判断土地或建筑物的价格的情况。例如，当建筑物的用途、使用强度与土地的最佳利用方法不一致时，需判断建筑物的存在而导致土地价值的减值幅度（建筑物的功能性贬值），用其他方法很难做出准确判断，此时运用残余法就可以给出一个比较合理的说明。

[例4-14] 某房地产项目的房地年总收益为100万元，土地评估价值为1 000万元，土地还原利率为8%，建筑物还原利率为10%，折旧率为2%，假设收益为无限年期，则：

建筑物评估价值 =（100-1 000×8%）÷（10%+2%）≈ 166.67（万元）

此房地产价值 = 1 000+166.67 = 1 166.67（万元）

又假设估算出建筑物重置成本为500万元，实体性损耗为200万元，则可计算出建筑物的功能性贬值。

建筑物功能性贬值=（1 000+500-200）-1 166.67=133.33（万元）

[例4-15] 某项房地产，建筑面积为500平方米，占用范围内的土地面积为800平方米，月租金为10 000元，土地还原利率为8%，建筑物还原利率为10%，年折旧率为2%，空租率为10%。试用残余法评估建筑物价值（假设收益为无限年期）。

（1）年总收入：10 000×12×（1-10%）=108 000（元）
（2）年总费用：
房产税（按租金的12%）=108 000×12%=12 960（元）
营业税（按租金的5%）=108 000×5%=5 400（元）
土地使用税（按土地面积2元/平方米）=2×800=1 600（元）
管理费（按租金的3%）=108 000×3%=3 240（元）
维修费（按租金的4%）=108 000×4%=4 320（元）
保险费：1 500元
年总费用=12 960+5 400+1 600+3 240+4 320+1 500=29 020（元）
（3）房地年总收益：108 000-29 020=78 980（元）
（4）土地纯收益：
土地评估价格=1 000×800=800 000（元）
土地年纯收益=800 000×8%=64 000（元）
（5）建筑物年纯收益：78 980-64 000=14 980（元）
（6）建筑物价格：14 980÷（10%+2%）≈124 833（元）
建筑物每平方米价格：124 833÷500≈249.67（元）

由于残余法采用了收益法的基本评估原理，因此，要求被评估的房地产应能获得正常收益，这种收益还应是客观收益，只有具有客观收益的房地产才能运用这种方法；同时，这种方法还要求建筑物的用途、使用强度、使用状态与土地最佳使用不能严重背离。例如，建筑物已濒临倒塌或建筑物容积率过低导致房地总收益低，以至于房地总收益小于土地纯收益，就难用这种方法正确评估建筑物价值了。

此外，还要注意收益计算口径与还原利率计算口径的匹配。在使用净现金流量作为收益时，原计算公式中的折旧率（d）就不再采用。

第三节　房地产评估

一、房地产概述

（一）房地产的概念
对房地产可以从两个方面加以认识：

1. 从物质形态的角度去认识

在这种情况下,房地产是指物质形态的土地和附着于土地上或(和)其下的人工建造的建筑物及其他定着物。

其他定着物是指固定在土地或建筑物上,与土地、建筑物不能分离或者虽然可以分离,但是分离后其经济价值会受到影响,或者分离后会破坏土地、建筑物的完整性、使用价值或功能,或者使土地、建筑物的价值明显受到损害的物体。如埋设在地下的管线、设施,以及在地上建成的庭院、花台、假山、围墙等。

2. 从财产权益的角度去认识

在这种情况下,房地产是指一切与房地产所有权相关的权益的载体。

权益是房地产中无形的、不可触摸的部分,包括权利、利益和收益,如所有权、使用权、租赁权、典权、地役权、抵押权、相邻关系等。其中,所有权是指在法律规定的范围内自由支配房地产并排除他人干涉的权利;使用权是指对房地产的占有、收益、使用的权利;租赁权是指承租人通过支付租金从房屋所有人或土地使用权人(所有人)那里获得的占有、使用房地产的权利;典权是指通过支付典价而占有他人房地产加以使用和取得收益的权利;地役权是指土地所有人或土地使用权人为便于使用土地与获得利益而利用他人土地的权利,最典型的地役权是在他人土地上通行的权利;抵押权是债权人对债务人或者第三人不转移占有而作为债权担保的房地产,在债务人不履行债务时,优先受偿该房地产的变现价款的权利。

由此可见,房地产是一个物质实体与权益相结合的概念。两宗物质形态相近的房地产,其权益可能存在较大差异,从而形成价值差异。

(二) 房地产的特性

房地产的特性是基于土地与建筑物各自的特性结合在一起而形成的,又由于建筑物总是建在土地之上或(和)其下的,因此,房地产的特性又是以土地的特性为基础的。

房地产与其他资产相比较,具有众多特性。下面分别阐述它的几个主要特性:

1. 房地产位置的固定性

房地产的自然地理位置是固定的,不可移动的。房地产所有人和使用人无法改变其自然地理位置以适应市场的变化。在房地产交易中流动的不是房地产的物质实体,而是其权益,这是与其他市场交易商品的主要区别。这个特性也就决定了世界上没有两宗完全一样的房地产。

但是,房地产的经济地理位置却是可变的。经济地理位置指房地产的周围环境、交通条件、与公共设施及商业中心的接近程度等外部条件。这些因素可能发生变化,从而导致房地产价值的升、降。

2. 房地产效用的长久性

在正常条件下,土地可以永久利用,地上建筑物也不易损坏,通常可使用几十年,与其他商品相比,房地产的效用是长期的,如钢筋混凝土结构房屋经济寿命可达五六十年,技术寿命和自然寿命则会更长。

3. 房地产价值影响因素的多样性

房地产的价值影响因素有一般因素、区域因素、个别因素,集合了对土地价值、建筑物价值有影响的所有因素。具体见本章土地价值的影响因素、建筑物价值的影响因素。这也是与其他财产不同的。

4. 房地产投资数额的巨大性

与其他资产（如一般的存货或设备等）相比，房地产所需投资是巨大的。一宗地、一栋房子的投资额通常在几百万元、几千万元甚至数亿元以上。

5. 房地产的保值增值性

由于土地、房地产供给总是有限的，而对房地产的需求却在不断增加，因此，房地产的保值增值性明显。

（三）房地产的分类

房地产的分类是在土地分类与建筑物的分类结合的基础上划分的，划分标准多样。下面仅就与房地产评估密切相关的分类做阐述。

1. 按房地产的经济用途划分

按房地产的经济用途划分，可划分为下列10类：

（1）居住房地产，包括普通住宅、高档公寓、别墅等。

（2）商业房地产，包括百货商场、购物中心、商业店铺、超级市场、批发市场等。

（3）办公房地产，包括商务办公楼（写字楼）、政府办公楼等。

（4）旅馆房地产，包括饭店、酒店、宾馆、旅店、招待所、度假村等。

（5）餐饮房地产，包括酒楼、美食城、餐馆、快餐店等。

（6）娱乐房地产，包括游乐场、娱乐城、康乐中心、夜总会、俱乐部、影剧院、高尔夫球场等。

（7）工业和仓储房地产，包括工业厂房、仓库等。

（8）农业房地产，包括农地、农场、林场、牧场、果园等。

（9）特殊用途房地产，包括车站、机场、医院、学校、教堂、寺庙、墓地等。

（10）综合房地产，是指具有两种或两种以上作用的房地产。

2. 按是否产生收益来划分

（1）收益性房地产。收益性房地产是指能直接产生租赁或其他经济收益的房地产，包括商店、商务办公室、公寓、旅馆、餐馆、影剧院、游乐场等。

（2）非收益性房地产。非收益性房地产是指不能直接产生经济收益的房地产，如：私人住宅、未开发的土地、政府办公楼、教堂、寺庙等。

收益性房地产通常采用收益法评估，非收益性房地产则不能采用收益法评估。

3. 按经营使用方式划分

（1）出售型房地产；

（2）出租型房地产；

（3）营业型房地产；

（4）自用型房地产。

这种分类方法对选择评估方法很有针对性。如：出售型房地产可选用市场法评估；出租或营业型房地产可选用收益法评估；自用型房地产可选用成本法评估。

（四）房地产价格

1. 房地产价格的基本概念

房地产价格是指合法地获得他人的房地产所必须付出的代价。

房地产价格是由房地产的有用性（使用价值）、稀缺性和有效需求三者结合而产生的。在现实中，不同房地产价格之所以有高低，同一宗房地产价格之所以有变动，归总起来，即是由于这三者的程度不同以及它们不断发生变化而引起的。

2. 房地产价格的基本特征

（1）房地产价格实质上是房地产权益的交易价格，其物质实体并不转移。

（2）房地产价格既有交换代价的价格，也有使用代价的租金。房地产由于价值大、使用寿命长，出现了买卖和租赁两种方式并存的交易方式。

（3）房地产价格通常是个别形成的，容易受买卖双方的个别因素（偏好、讨价还价能力、感情冲动等）的影响。

3. 房地产价格的分类

房地产价格可以按不同标准进行分类。下面仅就《中华人民共和国城市房地产管理法》提及的房地产交易类型所涉及的房地产价格做一介绍，涉及各种评估目的的房地产价格在后面阐述。

（1）房地产转让价格。房地产转让是指房地产权利人通过买卖、赠予或其他合法方式将房地产转移给他人的行为。该行为相应地形成房地产买卖价格，即房地产转让价格。

（2）房地产抵押价格。房地产抵押是指抵押人以其合法的房地产以不转移占有的方式向抵押人提供债务履行担保的行为。债务人不履行债务时，抵押权人有权依法以抵押的房地产拍卖所得的价款优先受偿。房地产抵押价格就是在房地产抵押时形成的价格。

（3）房地产租赁价格。房屋租赁是指房屋所有权人作为出租人，将其房屋出租给承租人使用，由承租人向出租人支付租金的行为。由房地产租赁交易而形成的价格叫房地产租赁价格。

（五）影响房地产价格的因素

影响房地产价格的因素由影响土地使用权价格的因素和影响土地上建筑物价格的因素组成，包括一般因素、区域因素、个别因素等。由于已在前面的土地使用权评估、建筑物评估等相关部分做了介绍，故此不再赘述。

二、房地产评估原则

《中华人民共和国国家标准房地产估价规范》（GB/T 50291-2015）中提到房地产估价应遵循的估价原则有：①合法原则；②最高最佳使用原则；③替代原则；④估价时点原则。此外，在评估实践中，还运用到供求原则、预期原则等评估原则。

上述评估原则中，除合法原则、估价时点原则外，均在土地评估原则中做了阐述。此处仅就合法原则和估价时点原则做简要说明。

（一）合法原则

合法是指符合国家的相关法律法规和当地政府的有关规定。理解合法原则需要注意以下几点：

（1）评估对象的产权合法。在评估时，必须确认评估对象具有合法的产权。在无法确认评估对象产权的合法性的情况下，必须在评估报告中加以披露，明示评估报告的使用人对此要充分注意。

（2）评估对象的用途合法。例如，在采用剩余法（假设开发法）评估时，需要设定评估对象未来的用途，在设定该用途时，必须保证该用途的合法性，如必须符合城市规划限制的要求。

（3）交易或处分方式合法。例如，在涉及划拨土地使用权抵押时，必须得到政府的批准才是合法、有效的。

（二）估价时点原则

估价时点是指估价结果对应的日期，又叫评估基准日。

估价时点原则强调的是评估结论具有很强的时间性和时效性。时间性是指评估结论是以某一时点的价格为基础而得出的；时效性是指评估结论只是在法规规定的时段内才是有效的。

三、房地产价格评估方法

房地产价格评估方法主要有市场法、成本法、收益法、剩余法（假设开发法），这在本章第一节土地使用权评估中阐述过，基本方法为前三种方法，剩余法是前三种方法的综合运用形成的具体操作方法。

四、房地产价格评估方法的应用

用市场法、收益法、成本法进行房地产价格评估，其评估公式、评估程序与用于土地评估时一致，参看本章第一节的有关内容。这里仅就这些方法在房地产价格评估的具体应用中的部分环节做进一步阐述，这些阐述同样适用于土地使用权评估。

（一）市场法

1. 搜集交易实例

（1）搜集交易实例的途径：①查阅政府有关部门的房地产交易信息资料，如房地产权利人转让房地产时申报的成交价格资料、交易登记资料、政府出让土地使用权的地价资料、政府公布的基准地价、标定地价和房屋重置价格资料等；②查阅报刊上有关房地产出售和出租的广告、信息等资料；③参加房地产交易展示会，了解房地产价格行情，收集有关信息、资料；④向房地产交易当事人、经纪人等调查了解有关房地产交易的情况；⑤以购买房地产者的身份，与出售者洽谈，取得真实的房地产价格资料；⑥同行之间互相提供、交流房地产价格信息资料。

（2）搜集交易实例的主要信息内容：①交易双方的基本情况和交易目的；②交易对象的状况；③成交日期；④成交价格；⑤付款方式；⑥交易情况。对非正常交易情况（如强制交易）应具体说明。

2. 可比实例的选取标准

一般来说，选取的可比实例应符合下列要求：

（1）可比实例所处的地区应与评估对象所处的地区相同，或是同一供求范围的类似地区。

（2）可比实例的用途应与评估对象的用途相同。这里的用途主要指大类用途（一般分为居住、商业、办公、旅馆、工业、农业等），若能做到小类用途相同则更好。

（3）可比实例的建筑结构应与评估对象建筑结构相同。这里的建筑结构指大类建筑结构（一般分为钢结构、钢筋混凝土结构、砖混结构、砖木结构、简易结构），如果能做到小类建筑结构相同则更好。例如，钢筋混凝土结构又可分为框架结构、剪力墙结构，框—剪结构等小类。

（4）可比实例的规模（一般指土地面积、建筑面积）应与评估对象规模相当。

（5）可比实例的权利性质应与评估对象权利性质相同，或可修正为一致，不能修正的就不能选为比较实例。

（6）可比实例的交易类型应与评估目的吻合。

（7）可比实例的交易日期应与评估基准日接近。最好选择近期一年内成交的，如果房地产市场相对比较稳定，则可适当延长间隔时间，但最长时效不宜超过两年。

（8）可比实例的交易情况正常，为正常交易价格，或可修正为正常交易价格，不能修正的不能选为比较实例。

3. 因素修正方法

市场法中的交易情况、交易日期、区域因素和个别因素修正，可采用百分率法、差额法或者回归分析法进行修正。

（1）百分率法是将可比实例与评估对象房地产在某一方面的差异折算为价格差异的百分率来修正可比实例价格的方法。

（2）差额法是将可比实例与评估对象房地产条件的差异所导致的价格差额大小求出来，并在可比实例的价格上直接加上或减去这一数额，而求得评估对象房地产价格的修正方法。

4. 修正幅度

按照上述的选取标准选择可比实例，并对交易情况、交易日期、区域因素和个别因素修正，每项修正对可比实例成交价格的调整不得超过20%，综合调整不得超过30%。

5. 举例

[例4-16] 评估某底层营业房2018年12月31日（建筑面积300平方米）的价格，搜集了A、B、C三个交易实例。有关资料如表4-18所示。

表4-18 交易实例有关资料表

项 目	实例A	实例B	实例C
坐落位置	A路	B路	C街
用途性质	营业铺面	营业铺面	营业铺面
交易楼层	底楼一层	底楼一层	底楼一层

表4-18(续)

项　　目	实例A	实例B	实例C
交易日期	2018年3月	2018年9月	2018年8月
交易方式	转让	转让	转让
建筑面积/平方米	60	85	79
交易单价/元/平方米	12 000	12 500	13 000

评估计算如下：

(1) 交易情况的分析判断结果，见表4-19。

表4-19　交易实例情况分析结果

比较案例	实例A	实例B	实例C
交易情况修正	−2%	0	+2%

交易情况的分析判断是以正常交易情况为基准的，正值表示交易实例价格高于其正常价格的幅度，负值表示低于其正常价格的幅度。

(2) 该类营业房2018年的价格指数，见表4-20。

表4-20　该类营业房2018年价格指数

月份	1	2	3	4	5	6	7	8	9	10	11	12
价格指数	100	99.5	99.6	99.7	99.8	99.9	100.3	100.5	100.7	100.9	100.9	101.0

(3) 区域因素修正结果，见表4-21。

表4-21　交易实例区域因素修正结果　　　　单位:%

修正因素	实例A	实例B	实例C
商业服务繁华程度	−2	0	+1
周围用地类型	0	1	−1
交通条件	+1	0	−2
规划条件	+2	+1	+3
基础设施完善程度	0	0	−1
区域因素修正值	+1	+2	0

与待估房屋比较，正值表示优于待估房屋的程度，负值表示劣于待估房屋的程度。

(4) 个别因素修正结果，见表4-22。

表 4-22　交易实例个别因素修正结果　　　　　单位:%

修正因素		实例 A	实例 B	实例 C
与房屋所占土地相关的个别因素	宗地形状	-5	0	+3
	临街宽度	-2	-1	+2
	宽深比	+1	0	-1
地上房屋的个别因素	结构	0	0	0
	设备	+1	-1	-2
	装修	+1	-1	+1
	成新率	0	0	+2
个别因素修正值		-4	-3	+5

(5) 计算公式及比准价格的确定。

比准价格的计算公式为:

比准价格=可比实例价格×交易情况修正系数×交易日期修正系数×
　　　　　区域因素修正系数×个别因素修正系数

具体计算过程见表 4-23。

表 4-23　交易实例比准价格计算表

项目	实例 A	实例 B	实例 C
成交单价（元/平方米）	12 000	12 500	13 000
交易情况修正	100/（100-2）	100/100	100/（100+2）
交易日期修正	101/99.6	101/100.7	101/100.5
区域因素修正	100/（100+1）	100/（100+2）	100/（100+0）
个别因素修正	100/（100-4）	100/（100-3）	100/（100+5）
比准价格（元/平方米）	12 806.33	12 671.56	12 198.58

(6) 评估价格的确定。三个实例的比准价格差异不大，评估师决定以其算术平均值为评估单价，则:

评估单价=（12 806.33+12 671.56+12 198.58）÷3≈12 558.82（元/平方米）

评估价值= 12 558.82×300=3 767 646（元）

(二) 成本法

本章第一节土地使用权评估和第二节建筑物评估中均介绍了成本法，下面仅简单介绍一下成本法在房地产价格评估中几种具体情况下的评估公式。

1. 适用于单纯土地评估的成本法公式

评估价值=（土地取得费+土地开发费+税费+利息+利润+土地增值收益）×
　　　　　个别因素修正系数×土地使用年期修正系数

2. 适用于房地合一评估的成本法公式

评估价值=土地评估价值+地上建筑物评估价值

建筑物评估价值的计算公式为

评估价值=重置成本-实体性贬值-功能性贬值-经济性贬值

需要说明的是：这里的土地价值评估可采用土地使用权评估的任何一种方法进行。

3. 举例

[例4-17] 评估对象为一个专用仓库，占地面积为2 500平方米，总建筑面积为6 000平方米，土地使用权性质为出让土地；建筑结构为钢筋混凝土结构；仓库于1998年建成投入使用。试评估该专用仓库2018年12月31日的价值。

评估过程如下：

（1）评估土地使用权价值

评估师采用基准地价系数修正法，评估出土地单价1 000元/平方米，土地总价为250万元（评估计算过程略）。

（2）评估地上房屋价值

①建安工程费，采用预决算调整法，估算结果为1 100元/平方米。

②专业费用取建安工程费的7%。

③管理费用及建设税费取25元/平方米（市政配套费等已在土地使用权评估时考虑，这里不再包括）。

④建设期利息，依据《工程建设项目期定额》，合理工期为一年，年利息率取一年期固定资产贷款利率5.49%。

⑤开发商利润取仓库所在地区该类投资年平均利润率12%。

⑥成新率，采用打分法，估算结果为70%。

⑦评估计算。

重置单价=（1 100+1 100×7%+25）+（1 100+1 100×7%+25）×$\frac{1}{2}$×5.49%+（1 100+1 100×7%+25）×$\frac{1}{2}$×12%

= 1 202+32.99+72.12

= 1 307.11（元/平方米）

重置成本=1 307.11×6 000×70% （假设不存在功能性贬值与经济性贬值）

= 5 489 862（元）

（3）估算房地产价值

评估价值=土地评估价值+地上建筑物评估价值

= 2 500 000+5 489 862

= 7 989 862（元）

需要说明的是：本例土地使用权的剩余使用年限与建筑物尚可使用年限基本一致，因此，不需对评估价值进行调查。若二者存在较大年限差异，需再考虑一定的价值折扣率。

(三) 收益法

1. 基本公式

(1) 选用直接资本化法进行评估时的计算公式

$$V = \frac{a}{r}$$

式中：V——评估价值；
　　　a——房地产净收益；
　　　r——资本化率。

(2) 选用全剩余寿命模式进行评估时的计算公式

$$V = \sum_{i=1}^{n} \frac{a}{(1+r)^i}$$

式中：V——评估价值；
　　　a——房地产净收益；
　　　r——未来第 i 年的折现率；
　　　i——1，2，3，…，n。

(3) 选用持有加转售模式进行评估时的计算公式

$$V = \sum_{i=1}^{t} \frac{a_i}{(1+r_i)^i} + \frac{V_t}{(1+r_t)^t}$$

式中：a_i——持有期第 i 年的收益；
　　　r_i——未来第 i 年的折现率；
　　　t——持有期（宜 5~10 年）；
　　　V_t——期末转售收益；
　　　r_t——期末折现率；
　　　i——1，2，3，…，t。

2. 净收益测算的基本原理

运用收益法评估房地产价值，需要预测评估对象的未来净收益。收益性房地产获取收益的方式，可分为出租和营业两大类。因此，净收益的测算途径可分为两种：一是基于租赁收入测算净收益，如存在大量租赁实例的普通住宅、高档公寓、写字楼、商铺、停车场、标准厂房、仓库等房地产；二是基于营业收入测算净收益，如旅馆、影剧场、娱乐中心、汽车加油站等房地产。在实际评估中，只要是能够通过租赁收入求取净收益的，都适宜通过租赁收入求取净收益来评估房地产价值。

(1) 基于租赁收入测算净收益的基本原理。基于租赁收入测算净收益的基本公式为

净收益＝潜在毛租金收入-空置和收租损失+其他收入-运营费用
　　　＝有效毛收入-运营费用

净收益是净运营收益的简称，是从有效毛收入中扣除运营费用以后得到的归因于房地产的收入。

潜在毛收入是指房地产在充分利用、没有空置下所能获得的归因于房地产的总

收入。写字楼等出租型房地产的潜在毛收入,一般是潜在毛租金收入加上其他收入;潜在毛租金收入等于全部可出租面积与最可能的租金水平的乘积;其他收入是租赁保证金或押金的利息收入,以及如写字楼中设置的自动售货机、投币电话等获得的收入。

空置的面积没有收入,空置时间没有租赁出去也无租赁收入。收租损失是指租出的面积因拖欠租金,包括延迟支付租金、少付租金或不付租金所造成的收入损失。

有效毛收入是指从潜在毛收入中扣除空置和收租损失以后得到的归因于房地产的收入。

运营费用是指维持房地产正常使用或营业的必要费用,包括房地产税、保险费、人员工资及办公费用、保持房地产正常运转的成本(建筑物及相关场地的维护、维修费)、为承租人提供服务的费用(如清洁、保安)等。运营费用与会计上的成本费用有所不同,运营费用是从评估角度出发的,不包括房地产抵押贷款还本付息额、房地产折旧额、房地产改扩建费用和所得税。

(2)基于营业收入测算净收益的基本原理。以营业方式获取收益的房地产,其业主与经营者是合二为一的,如旅馆、娱乐中心、汽车加油站等。这些收益性房地产的净收益与基于租赁收入的净收益测算,主要有以下两个方面的不同:一是潜在毛收入或有效毛收入变成了经营收入,二是要扣除归属于其他资本或经营的收益(如商业、餐饮、工业、农业等经营者正常的利润)。

3. 不同收益类型房地产收益的估算

(1)出租型房地产的净收益估算。出租型房地产是收益法评估的典型对象,包括出租的住宅(公寓)、写字楼、商场、停车场、标准工业厂房、仓库、土地等,其净收益是根据租赁资料来求取,通常为租赁收入扣除维修费、管理费、保险费(如房屋火灾保险费)、房地产税(如房产税、城镇土地使用税)和租赁代理费等后的余额。租赁收入包括有效毛租金收入和租赁保证金、押金等的利息收入。在实际求取时,维修费、管理费、保险费、房地产税和租赁代理费是否要扣除,应在分析租赁契约的基础上决定。如果保证合法、安全、正常使用所需的费用都由出租人负担,则应将它们扣除,反之,则出租人所得的租金就接近于净收益,此时扣除的项目要相应地减少。另外,如果租金中包含了为承租人无偿提供使用水、电、燃气、空调、暖气等,则要扣除这些相关费用。同时,还需要考虑是否连同家具等房地产以外的物品一起出租,如果是,则租赁收入中包含了家具等的贡献,这部分是否扣除,要视评估价格是否需要包含此部分的价格来加以确定。

评估中采用的潜在毛收入、有效毛收入、运营费用或净收益,除有租约限制之外,都应采用正常、客观的数据。有租约限制的,租约期内的租金宜采用租约所确定的租金,租约期外的租金应采用正常、客观的租金。利用评估对象本身的资料直接推算出的潜在毛收入、有效毛收入、运营费用或净收益,应与类似房地产的正常情况下的潜在毛收入、有效毛收入、运营费用或净收益进行比较,若与正常、客观的情况不符,应进行适当的调整修正,使其正常、客观。

(2)直接经营型房地产的净收益估算。直接经营型房地产的最大特点是该房地产的所有者同时又是该房地产的经营者，房地产租金与经营者利润没有分开。

①商业经营型房地产。应根据经营资料计算净收益，净收益通过商品销售收入扣除商品销售成本、经营费用、商品销售税金及附加管理费用、财务费用和商业利润等计算求得。

②工业生产型房地产。应根据产品市场价格以及原材料、人工费用等资料计算净收益，净收益通过产品销售收入扣除生产成本、产品销售费用、产品销售税金及附加、管理费用、财务费用和厂商利润等计算求得。

③农地净收益的估算。根据农地平均年产值（全年产品的产量乘以单价）扣除种苗费、肥料费、人工费、畜工费、机工费、农药费、材料费、水利费、农舍费、农具费、税费、投资利息等计算得到。

（3）自用或尚未使用的房地产的净收益估算。自用或尚未使用的房地产，可以比照同一市场上有收益的类似房地产的有关资料按上述相应的方法计算净收益，或直接比较得出净收益。

（4）混合型房地产的净收益估算。对于现实中包含有上述多种收益类型的房地产的净收益的估算，可以将其看成各种单一收益类型房地产的组合，先分别求取，然后进行综合。

4. 举例

[例4-18] 本评估对象为一座出租营业用房，土地总面积10 000平方米，总建筑面积为30 000平方米，共三层，钢筋混凝土结构，土地使用权年限为40年，从2017年1月5日起算。

试评估该房地产2018年12月31日的价格。

评估过程如下：

（1）收集有关资料。

租金按使用面积计，使用面积占建筑面积的比率为72%

平均月租金为160元/平方米

平均空置率为10%

建筑物原值15 500万元

管理费为180万元/年

房产税、营业税及其附加为租金收入的18%

保险费为20万元/年

（2）估算年总收入。

年总收入 = 30 000×160×12×72%×（1-10%）= 3 732.48（万元）

（3）估算年总费用。

管理费为180万元

房产税、营业税及其附加为：3 732.48×18% ≈ 671.85（万元）

保险费为20万元

年总费用 = 180+671.85+20 = 871.85（万元）

（4）计算年净收益（这里的净收益是指净现金流量）。
年净收益 = 3 732.48-871.85 = 2 860.63（万元）

（5）确定还原利率。

采用"投资风险与投资收益率综合排序插入法"，确定还原利率为15%。需要说明的是：这里的还原利率口径是与净收益为净现金流量相对应的还原利率。

（6）计算评估价格。

其计算公式为

$$V = \frac{a}{r}\left[1 - \frac{1}{(1+r)^n}\right]$$

土地使用权的剩余使用年限为38年，地上房屋的使用年限为50年，这里 n 取38年。

则：
$$V = \frac{2\,860.63}{15\%} \times \left[1 - \frac{1}{(1+15\%)^{38}}\right]$$
$$= 19\,070.87 \times [1 - 0.004\,9]$$
$$\approx 18\,977.42（万元）$$

（7）估价结果。

根据计算结果，评估师估价为18 977万元。

（8）上述评估中，未考虑土地剩余使用年限到期时地上房屋的残值，假设到期时其残值为500万元。

则：评估价值 = 18 977 + 500 × $\frac{1}{(1+15\%)^{38}}$
$$= 18\,977 + 2.45$$
$$\approx 18\,979.45（万元）$$

五、不同评估目的下的房地产评估

（一）房地产抵押评估

（1）房地产抵押评估，应区分抵押贷款前评估和抵押贷款后重估。

①抵押价值为评估对象假定未设立法定优先受偿权下的价值减去评估师知悉的法定优先受偿款后的价值。②抵押净值为抵押价值减去预期实现抵押权的费用和税金后的价值。

（2）评估待开发房地产假定未设立法定优先受偿权下的价值采用假设开发法的，应选择被迫转让开发前提进行评估。

（3）抵押房地产已出租的，其假定未设立法定优先受偿权下的价值应符合下列规定：①合同租金低于市场租金的，应为出租人权益价值；②合同租金高于市场租金的，应为无租约限制价值。

（4）抵押房地产的建设用地使用权为划拨方式取得的，应选择下列方式之一评估其假定未设立法定优先受偿权下的价值：①直接评估在划拨建设用地使用权下的假定未设立法定优先受偿权下的价值；②先评估在出让建设用地使用权下的假定未设立法定优先受偿权下的价值，且该出让建设用地使用权的使用期限应设定为自价值时点起计算的相应用途法定出让最高年限，再减去由划拨建设用地使用权转变为出让建设用地使用权需要缴纳的出让金等费用。

（5）由划拨建设用地使用权转变为出让建设用地使用权需要缴纳的出让金等费用，应按评估对象所在地规定的标准进行测算；评估对象所在地没有规定的，可按同类房地产已缴纳的标准进行估算。

（6）抵押房地产为按份共有的，抵押价值或抵押净值应为抵押人在共有房地产中享有的份额的抵押价值或抵押净值；抵押房地产为共同共有的，抵押价值或抵押净值应为共有房地产的抵押价值或抵押净值。

（7）抵押房地产为享受国家优惠政策购买的，抵押价值或抵押净值应为房地产权利人可处分和收益的份额的抵押价值或抵押净值。

（8）房地产抵押评估用于设立最高额抵押权，且最高额抵押权设立前已存在的债权经当事人同意转入最高额抵押担保的债权范围的，抵押价值或抵押净值可不减去相应的已抵押担保的债权数额。

（9）在进行续贷房地产抵押评估时，应调查抵押房地产状况和房地产市场状况发生的变化，并根据已发生的变化情况进行评估。对同一抵押权人的续贷房地产抵押评估，抵押价值、抵押净值可不减去续贷对应的已抵押担保的债权数额。

（10）房地产抵押贷款后重估，应根据监测抵押房地产市场价格变化，掌握抵押价值或抵押净值变化情况及有关信息披露等的需要，定期或在房地产市场价格变化较快、抵押房地产状况发生较大改变时，对抵押房地产的市场价格或市场价值、抵押价值、抵押净值等进行重新评估，并应为抵押权人提供相关风险提示。

（二）房地产税收评估

在房地产税收评估中，评估值统称为计税价值，它是指为征税目的而评出的价值。

（1）房地产税收评估，应区分房地产持有环节税收评估、房地产交易环节税收评估和房地产开发环节税收评估，并应按相应税种为核定其计税依据进行评估。

（2）房地产税收评估，应兼顾公平、精准、效率和成本。对同类房地产数量较多、相互间具有可比性的房地产，宜优先选用批量评估的方法进行评估。对同类房地产数量较少、相互间可比性差、难以采用批量评估的方法进行评估的房地产，应采用个案评估的方法进行评估。

（3）房地产持有环节税收评估，各宗房地产的评估基准日应相同。房地产交易环节税收评估，各宗房地产的评估基准日应为各自的成交日期。

（三）房地产征收、征用评估

（1）房地产征收评估，应区分国有土地上房屋征收评估和集体土地征收评估。

（2）国有土地上房屋征收评估，应区分被征收房屋价值评估、被征收房屋室内装饰装修价值评估、被征收房屋类似房地产市场价格测算、用于产权调换房屋价值评估、因征收房屋造成的搬迁费用评估、因征收房屋造成的临时安置费用评估、因征收房屋造成的停产停业损失评估等。

(3) 被征收房屋价值评估，应符合下列规定：①被征收房屋价值应包括被征收房屋及其占用范围内的土地使用权和属于被征收人的其他不动产的价值；②当被征收房屋室内装饰装修价值由征收当事人协商确定或资产评估机构另行评估确定时，所评估的被征收房屋价值不应包括被征收房屋室内装饰装修价值；③被征收房屋价值应为在正常交易情况下，由熟悉情况的交易双方以公平交易方式在房屋征收决定公告之日自愿进行交易的金额，且假定被征收房屋没有租赁、抵押、查封等情况；④当被征收房地产为正常开发建设的待开发房地产或因征收已停建、缓建的未完工程且采用假设开发法评估时，应选择业主自行开发前提进行评估；⑤当被征收房地产为非征收原因已停建、缓建的未完工程且采用假设开发法评估时，应选择自愿转让开发前提进行评估。

(4) 用于产权调换房屋价值评估，应符合下列规定：①用于产权调换房屋价值应包括用于产权调换房屋及其占用范围内的土地使用权和用于产权调换的其他不动产的价值；②用于产权调换房屋价值应是在房屋征收决定公告之日的市场价值，当政府或其有关部门对用于产权调换房屋价格有规定的，应按其规定执行。

(5) 房地产征用评估，应评估被征用房地产的市场租金，为给予使用上的补偿提供参考依据，并可评估因征用造成的搬迁费用、临时安置费用、停产停业损失；当房地产被征用或征用后毁损的，还可评估被征用房地产的价值减损额；当房地产被征用或征用后灭失的，还可评估被征用房地产的市场价值，为相关补偿提供参考依据。

(四) 房地产拍卖、变卖评估

(1) 房地产拍卖评估，应区分司法拍卖评估和普通拍卖评估。

(2) 房地产司法拍卖评估，应符合下列规定：①应根据最高人民法院的有关规定和人民法院的委托要求，评估拍卖房地产的市场价值、其他特定价值；②评估价值的影响因素应包括拍卖房地产的瑕疵，但不应包括拍卖房地产被查封及拍卖房地产上原有的担保物权和其他优先受偿权；③人民法院书面说明依法将拍卖房地产上原有的租赁权和用益物权除去后进行拍卖的，评估价值的影响因素不应包括拍卖房地产上原有的租赁权和用益物权；④当拍卖房地产为待开发房地产且采用假设开发法评估时，应选择被迫转让开发前提进行评估。

(3) 房地产普通拍卖评估，可根据评估委托人的需要，评估市场价值、快速变现价值，为确定拍卖标的的保留价提供参考依据。快速变现价值可根据变现时限短于正常销售期的时间长短，在市场价值的基础上进行适当减价确定。

(4) 房地产变卖评估，宜评估市场价值。

(五) 房地产分割、合并评估

(1) 房地产分割、合并评估，应分别以房地产的实物分割、合并为前提，并应分析实物分割、合并对房地产价值的影响。

（2）房地产分割评估，不应简单地将分割前的整体房地产价值按建筑面积或土地面积、体积等进行分摊得出分割后的各部分房地产价值，应对分割后的各部分房地产分别进行评估，并应分析因分割造成的房地产价值或价格增减。

（3）房地产合并评估，不应简单地将合并前的各部分房地产价值相加作为合并后的整体房地产价值，应对合并后的整体房地产进行评估，并应分析因合并造成的房地产价值增减。

（六）房地产损害赔偿评估

（1）房地产损害赔偿评估，应区分被损害房地产价值减损评估、因房地产损害造成的其他财产损失评估、因房地产损害造成的搬迁费用评估、因房地产损害造成的临时安置费用评估、因房地产损害造成的停产停业损失评估等。

（2）被损害房地产价值减损评估，应符合下列规定：①应调查被损害房地产在损害发生前后的状况；②应区分并分析、测算、判断可修复和不可修复的被损害房地产价值减损及房地产损害中可修复和不可修复的部分；③对可修复的被损害房地产价值减损和房地产损害中可修复的部分，宜采用修复成本法测算其修复成本作为价值减损额；④对不可修复的被损害房地产价值减损，应根据评估对象及其所在地的房地产市场状况，分析损失资本化法、价差法等方法的适用性，从中选用适用的方法进行评估。

（七）房地产保险评估

（1）房地产保险评估，应区分房地产投保时的保险价值评估和保险事故发生后的财产损失评估。

（2）房地产投保时的保险价值评估，宜评估假定在评估基准日因保险事故发生而可能遭受损失的房地产的重置成本或重建成本，可选用成本法、比较法。

（3）保险事故发生后的财产损失评估，应调查保险标的在投保时和保险事故发生后的状况，评估因保险事故发生造成的财产损失，可选用修复成本法、价差法、损失资本化法等方法。对其中可修复的部分，宜采用修复成本法测算其修复成本作为财产损失额。

（八）房地产转让评估

房地产转让包括房屋所有权转让和土地使用权转让，是指房屋所有权人或土地使用权人通过买卖、互换、赠予或者其他合法方式将其房屋所有权和土地使用权（简称房地产）转移给他人的行为。其他合法方式包括用房地产作价出资、作价入股、抵偿债务等。

（1）房地产转让评估，应区分转让人需要的评估和受让人需要的评估，并应根据评估委托人的具体需要，评估市场价值或投资价值、卖方要价、买方出价、买卖双方协议价等。

（2）房地产转让评估应调查转让人、受让人对转让对象状况、转让价款支付方式、转让税费负担等转让条件的设定或约定，并应符合下列规定：①当转让人、受让人对转让条件有书面设定或约定时，宜评估在其书面设定或约定的转让条件下的价值；②当转让人、受让人对转让条件无书面设定、约定或书面设定、约定不明确时，应评估转让对象在评估基准日的状况、转让价款在评估基准日一次性付清、转让税费正常负担下的价值。

（3）对已出租的房地产进行转让评估，应评估出租人权益价值；转让人书面设定或转让人与受让人书面约定依法将原有的租赁关系解除后进行转让的，可另行评估无租约限制价值，并应在评估报告中同时说明出租人权益价值和无租约限制价值及其使用条件。

（4）以划拨方式取得建设用地使用权的房地产转让评估，评估对象应符合法律、法规规定的转让条件，并应根据国家和评估对象所在地的土地收益处理规定，给出需要缴纳的出让金等费用或转让价格中所含的土地收益。

（5）保障性住房销售价格评估，应根据分享产权、独享产权等产权享有方式，评估市场价值或其他特定价值、价格。对采取分享产权的，宜评估市场价值；对采取独享产权的，宜根据类似商品住房的市场价格、保障性住房的成本价格、保障性住房供应对象的支付能力、政府补贴水平及每套住房所处楼幢、楼层、朝向等保障性住房价格影响因素，测算公平合理的销售价格水平。但国家和保障性住房所在地对保障性住房销售价格确定有特别规定的，应按其规定执行。

（九）房地产租赁评估

（1）房地产租赁评估，应区分出租人需要的评估和承租人需要的评估，并应根据评估委托人的具体需要，评估市场租金或其他特定租金、承租人权益价值等。

（2）以营利为目的出租划拨建设用地使用权上的房屋租赁评估，应根据国家和评估对象所在地的土地收益处理规定，给出租金中所含的土地收益。

（3）保障性住房租赁价格评估，应根据货币补贴、实物补贴等租金补贴方式，评估市场租金或其他特定租金。对采取货币补贴的，宜评估市场租金；对采取实物补贴的，宜根据类似商品住房的市场租金、保障性住房的成本租金、保障性住房供应对象的支付能力、政府补贴水平及每套住房所处楼幢、楼层、朝向等保障性住房租金影响因素，测算公平合理的租金水平。但国家和保障性住房所在地对保障性住房租赁价格确定有特别规定的，应按其规定执行。

（十）房地产投资基金物业评估

（1）房地产投资基金物业评估，应区分房地产投资信托基金物业评估、其他房地产投资基金物业评估。

（2）房地产投资信托基金物业评估，根据房地产投资信托基金发行上市、运营管理、退出市场及相关信息披露等的需要，可包括下列全部或部分内容：①信托物业状况评价；②信托物业市场调研；③信托物业价值评估。

（3）信托物业价值评估，应符合下列规定：①应对信托物业的市场价值或其他价值、价格进行分析、测算和判断，并提供相关专业意见；②宜采用报酬资本化法中的持有加转售模式；③应遵循一致性原则，当为同一评估目的对同一房地产投资信托基金的同类物业在同一价值时点的价值进行评估时，应采用相同的评估方法；

④应遵循一贯性原则,当为同一评估目的对同一房地产投资信托基金的同一物业在不同价值时点的价值进行评估时,应采用相同的评估方法;⑤当未遵循一致性原则或一贯性原则而采用不同的评估方法时,应说明理由。

(4) 已出租的信托物业价值评估,应进行租赁状况调查和分析,查看评估对象的租赁合同原件,并应与执行财务、法律尽职调查的专业人员进行沟通,从不同的信息来源交叉检查评估委托人提供的租赁信息的真实性和客观性。

(5) 信托物业状况评价,应对信托物业的实物状况、权益状况和区位状况进行调查、描述、分析和评定,并提供相关专业意见。

(6) 信托物业市场调研,应对信托物业所在地区的经济社会发展状况、房地产市场状况及信托物业自身有关市场状况进行调查、描述、分析和预测,并提供相关专业意见。

(7) 其他房地产投资基金物业评估,应根据具体情况,按相应评估目的的房地产评估进行。

(十一) 为财务报告服务的房地产评估

(1) 为财务报告服务的房地产评估,应区分投资性房地产公允价值评估,作为存货的房地产可变现净值评估,存在减值迹象的房地产可回收金额评估,受赠、合并对价分摊等涉及的房地产入账价值评估,境外上市公司的固定资产重估等。

(2) 从事为财务报告服务的房地产评估业务时,应与评估委托人及执行审计业务的注册会计师进行沟通,熟悉相关会计准则、会计制度,了解相关会计确认、计量和报告的要求,理解公允价值、现值、可变现净值、重置成本、历史成本等会计计量属性及其与房地产评估相关价值的联系和区别。

(3) 为财务报告服务的房地产评估,应根据相关要求,选择相应的资产负债表日、减值测试日、购买日、转换当日、首次执行日等某一特定日期为评估基准日。

(4) 为财务报告服务的房地产评估,应根据相应的公允价值、现值、可变现净值、重置成本、历史成本等会计计量属性,选用比较法、收益法、假设开发法、成本法等方法评估相应的价值。对采用公允价值计量的,应评估市场价值。

(十二) 企业各种经济活动涉及的房地产评估

(1) 企业各种经济活动涉及的房地产评估,应区分用房地产作价出资设立企业、企业改制、上市、资产重组、资产置换、收购资产、出售资产、产权转让、对外投资、合资、合作、租赁、合并、分立、清算、抵债等经济活动涉及的房地产评估。

(2) 企业各种经济活动涉及的房地产评估,应在界定房地产和其他资产范围的基础上,明确评估对象的财产范围。

(3) 企业各种经济活动涉及的房地产评估,应根据企业经济活动的类型,按相应评估目的的房地产评估进行。对房地产权属发生转移的,应按相应的房地产转让行为进行评估。

(4) 企业各种经济活动涉及的房地产评估,应调查评估对象合法改变用途的可能性,并应分析、判断以"维持现状前提"或"改变用途前提"进行评估。

(5) 企业破产清算等强制处分涉及的房地产评估,评估价值的影响因素应包括评估对象的通用性、可分割转让性、改变用途、更新改造等的合法性和可能性及变现时限、对潜在购买者范围的限制等。

(十三) 房地产纠纷评估

(1) 房地产纠纷评估,应对有争议的房地产评估价值、赔偿金额、补偿金额、交易价格、市场价格、租金、成本、费用分摊、价值分配等进行鉴别和判断,提出客观、公平、合理的鉴定意见,为和解、调解、仲裁、行政裁决、行政复议、诉讼等方式解决纠纷提供参考依据或证据。

(2) 房地产纠纷评估,应根据纠纷的类型,按相应评估目的的房地产评估进行。

(3) 房地产纠纷评估,应了解纠纷双方的利益诉求,评估结果应平衡纠纷双方的利益,有利于化解纠纷。

(十四) 其他目的的房地产评估

(1) 其他目的的房地产评估,应区分分家析产评估,为出境提供财产证明的评估,为行政机关处理、纪律检查部门查处、检察机关立案等服务的评估,国有土地上房屋征收预评估等。

(2) 分家析产评估,应符合下列规定:①应区分财产分割的分家析产评估和财产不分割的分家析产评估;②财产分割的分家析产评估,应按本规范对房地产分割评估的规定执行;③财产不分割的分家析产评估,宜评估财产的市场价值。

(3) 为出境提供财产证明的评估,应评估财产的市场价值。

(4) 为行政机关处理、纪律检查部门查处、检察机关立案等服务的评估,应慎重确定评估基准日等评估基本事项。

(5) 国有土地上房屋征收预评估,应为编制征收补偿方案、确定征收补偿费用或政府作出房屋征收决定等服务,可按本规范对国有土地上房屋征收评估的规定进行,但不得替代国有土地上房屋征收评估。

第四节 在建工程评估

一、在建工程的概念及特点

(一) 在建工程的概念

在建工程资产(以下简称在建工程)是指在评估基准日尚未完工的建设项目形成的资产,或者虽然已经完工但尚未交付使用的建设项目形成的资产,以及建设项目需用的材料、物资等。

(二) 在建工程的特点

1. 在建工程种类多，情况复杂

在建工程包括的范围很广，既有建筑工程的在建工程，又有机械设备的在建工程。以建筑工程为例，既包括建筑中的各种在建的房屋和构筑物，又包括设备安装工程的内容，范围涉及广，情况较为复杂。

2. 在建工程的形象进度以及资产功能差别很大

在建工程包括了从刚刚兴建的在建工程到已基本完工但尚未交付使用的在建工程。这些完工程度差异巨大的在建工程，其资产功能差异也大。这就造成了在建工程之间可比性较差，评估时不易找到合适的参照物，难以直接采用比较法评估。

3. 在建工程的会计核算投资金额与在建工程实际完成投资金额较难一致

在建工程在其包括的项目未办理工程结算前，一般按收付实现制核算，而其付款金额往往与实际完成投资金额不一致，形成差异，即使对已完工部分按完工进度估计列账，估计金额与实际完成投资金额也往往不一致，存在差异。因此，会计核算的在建工程投资并不能完全体现在建工程投资进度，两者之间总存在时差和量差。

4. 在建工程建设周期的长短差别大

不同规模、不同性质的在建工程建设周期差别大。有些在建工程规模小，建设周期短，而有些在建工程如高速公路、港口、码头等的建设周期长。建设周期长短上的差别直接与建造期间材料、人工价格变化、资金利息等相联系，对评估标准、评估参数的选择有直接影响。

(三) 在建工程评估的特点

在建工程本身的特点，决定了在建工程评估的特点，这就是在进行评估时难以采用统一的评估思路和评估方法评估，而要针对个体状况，选用不同的评估方法和评估思路。

(1) 对于建设周期较短，会计核算在建工程投资金额与在建工程实际完成进度基本一致，且账列在建工程投资构成项目与重置成本构成项目一致的，评估时可考虑以在建工程账面价值作为评估价值。账列在建工程投资构成项目与重置成本构成项目不一致的，不能直接以在建工程账面价值作为评估价值，而应相应调整后确定评估价值。

[例4-19] 某在建工程账面价值1 000万元，为在建写字楼，刚进展到±0.00的工程进度，拟转让。经分析：账面价值构成项目中无"投资利润"项目，而重置成本中则应包括该项目。假设已完工部分正常工期为1年，资金均匀投入，投资利润率为10%，则

评估价值 = 1 000+1 000/2×10% = 1 050万元（单利）

或：评估价值 = 1 000×（1+10%）$^{0.5}$ = 1 048.8万元（复利）

(2) 如果在建工程完工或接近完工交付使用，就可以按完工后形成的建筑物或其他固定资产的评估思路进行评估。

如某项在建工程已完工95%，就可以假设它已完工进行评估，评估价值扣除尾

工工程 5%需追加的投资即为评估价值。

（3）对于停建的在建工程，要查明停建的原因，确因预期项目建成后的产、供、销及工程技术等原因停建的，用成本法评估时要考虑其存在的功能性贬值和经济性贬值。

（4）对于正常的在建工程，只要其预期收益率与该类资产的平均收益率基本一致，一般应将在建工程的重置成本作为评估价值。

二、在建工程的评估方法

由于在建工程本身的特点，很难采用市场比较法评估，一般采用成本法、剩余法等进行评估。在采用剩余法评估时，也可运用市场比较法、收益法等来确定项目完工后的市场价值。

（一）成本法在在建工程评估中的应用

成本法在在建工程评估中应用的具体操作方法有三种：工程进度法、变动因素调整法、重编预算工程进度法。下面分别加以介绍：

1. 工程进度法

这是指以工程预算为依据，按勘察确定的评估基准日的完工程度估算在建工程资产价值的一种方法。这种方法主要适用于建设期较短且在建设期间其重置成本构成项目的价格变化较小的在建工程评估。

该方法的评估公式为：

在建工程评估价值 = $\sum$ 各重置成本构成项目的预算价格 × 相应的完工程度

运用这种方法评估的关键：一是要分析建设项目的预算构成项目与重置成本构成项目是否一致，若不一致，须按重置成本构成项目调整预算价格；二是确定各重置成本构成项目的完工程度。

[例 4-20] 某砖混结构住宅建筑面积为 1 000 平方米，其建筑工程预算金额为 200 000 元，设备安装工程预算为 50 000 元，专业费用预算 6 000 元，建设税费及管理费用预计为 20 000 元。评估基准日该住宅基础工程已完工，结构工程完成了 30%，设备安装工程、装饰工程尚未进行，工期已进行了 6 个月（总工期 1 年），发生专业费用成本 4 000 元，建设税费及管理费用支出 20 000 元。现拟转让，需评估其价值（不含土地）。

首先，分析重置成本项目与其预算构成项目的差异。

重置成本中应包括利息、利润两项，而预算中则无这两项。

其次，确定各重置成本构成项目的完工程度。

建筑安装工程投资：该住宅建安工程投资中基础、结构工程和装饰工程分别各占 13%、60%、27%，则其完工程度 = 13% + 60%×30% + 27%×0 = 31%

则：评估价值 = 200 000×31% + 4 000 + 20 000 + 利息 + 利润

= 86 000 + 利息 + 利润

利息率取年利率 6%，年投资利润率为 10%，假设已完工工程资金均匀投入，则：

$$评估价值 = 86\,000 + 86\,000 \times \frac{0.5}{2} \times 6\% + 86\,000 \times \frac{0.5}{2} \times 10\%$$

$$= 86\,000 + 1\,290 + 2\,150$$

$$= 89\,440（元）$$

2. 变动因素调整法

该方法的评估思路与建筑物评估中的预决算调整法一致。首先，对在建工程实际完成部分因价格变化、设计变更等因素引起的调整金额进行计算，与在建工程实际支出相加或相减；然后将实际支出构成项目与重置成本构成项目的差异进行调整，从而确定在建工程的评估价值。

该方法适用于工期较长、设计变更及价格变化对在建工程成本影响较大的项目。评估公式为：

$$在建工程评估价值 = 在建工程实际支出 \pm \sum 各项调整金额 \pm \sum 实际支出构成$$
$$项目与重置成本构成项目的差异金额$$

3. 重编预算工程进度法

对于建设工期较长、设计变更较多、价格变化较大、实际工程成本与工程预算差距较大的在建工程，可采用重新编制工程预算的思路确定重置成本金额，再按工程进度法估算在建工程的评估价值。

（二）剩余法在在建工程评估中的应用

对于建成后的预期价值（开发价值）能够以市场比较法或收益法确定的在建工程，可以采用剩余法评估。下面举例说明：

[例4-21] 某水电站建设周期为两年，已进行一年，账面成本价值为8 000万元。预计一年后竣工投产，竣工投产后年发电量为1.25亿千瓦时，政府批准电价0.35元/千瓦时，预计尚须支出投资成本5 000万元，电站使用年限为25年。

（1）以收益法估算项目建成后的预期价值（假设折现率为10%）

年收入：0.35元/千瓦时×1.25亿千瓦时 = 4 375（万元）

年成本费用：2 500万元（估算过程略）

年净收益：4 375万元 - 2 500万元 = 1 875（万元）

假设收益期为25年，资产残值为0，则

建成后的预期价值为：1 875万元×9.077 0（P/A, 10%, 25）= 17 019（万元）

（2）计算在建工程评估价值

$$在建工程评估价值 = 17\,019 \times \frac{1}{(1+10\%)} - 5\,000 \times (1+10\%)^{-0.5}$$

$$\approx 15\,472 - 4\,767$$

$$\approx 10\,705（万元）$$

（三）在建工程功能性贬值、经济性贬值的估算

当在建工程的预期收益率低于或高于行业平均收益率时，就存在功能性贬值或（和）经济性贬值。

1. 在建工程功能性贬值的估算

[例4-22] 某水电站,评估基准日账面记录已完成投资3 000万元,评估师采用重编预算工程进度法估算其重置成本为5 000万元,项目建设周期为两年,已进行1年,尚须投资5 000万元。评估师采用收益法估算该电站建成后(基准日一年之后)的价值为10 000万元,折现率取10%,收益期取25年,残值为0。

该电站在建工程评估价值 = 10 000×(1+10%)$^{-1}$-5 000×(1+10%)$^{-0.5}$

$\qquad$ = 9 091-4 767

$\qquad$ = 4 324(万元)

又假设电站不存在经济性贬值,则利用成本法公式:

评估价值=重置成本-实体性损耗-功能性贬值

4 324=5 000-0-功能性贬值

功能性贬值=676万元。

2. 在建工程经济性贬值的估算

[例4-23] 某在建水电站重置成本10 000万元,一年后建成投入使用,假设不存在功能性贬值,在评估基准日政府变更其电价,由0.35元/千瓦时变为0.315元/千瓦时,电站年发电量5 000万千瓦时,电站使用年限为20年,折现率取10%。

估算年收益下降金额(假设电价下调不引起成本、费用变化),则

年收益损失额=(0.35-0.315)×5 000=175(万元)

经济性贬值=175×8.513 6(P/A,10%,20)×$\dfrac{1}{(1+10\%)}$=1 354(万元)

在建工程评估价值=10 000-1 354=8 646(万元)

由上述案例可见,对在建工程价值进行评估时,可将成本法、市场法和剩余法加以结合运用,来估算其功能性贬值、经济性贬值。

三、企业整体资产评估中的在建工程价值评估

由于在建工程的会计核算已完成投资金额与实际已完成投资金额较难一致,之间存在时差或(和)量差,在企业整体资产评估中(采用成本法下)应考虑这种差异对净资产价值的影响。下面以一实例来说明:

[例4-24] 某企业资产总额为1 000万元,负债总额为600万元,所有者权益为400万元。资产总额中有一项在建工程,账面价值200万元,经评估:在建工程用剩余法评估价值为380万元,其余资产评估价值为800万元,负债评估价值为600万元。

一般地认为评估结论为:资产总额1 180万元(380万元+800万元),负债总额为600万元,净资产为580万元。

但经评估师分析:在建工程账面价值为200万元,并未办理决算,假设按重编预算工程进度法估算,该在建工程的实际已完成投资金额为300万元(假设预算所列成本构成项目与重置成本构成项目一致)。其增值为:380万元-300万元=80万

元，而不是 180 万元（380 万元-200 万元）。

因此，正确的评估结论应为：

资产总额＝380 万元+800 万元＝1 180 万元；但对在建工程重置成本与账面价值之间的差额（300 万元-200 万元＝100 万元）应做清查调整：调增负债 100 万元，负债总额为 700 万元。这样，净资产＝1 180 万元-700 万元＝480 万元。

小结：在采用成本法评估企业整体资产价值时，若不考虑在建工程会计核算已完成投资金额与实际已完成投资金额不一致产生的时差或（和）量差，极易高评或低评净资产价值。

四、在建工程价值评估中应关注的问题

（一）在建工程的预期前景

当在建工程建成后的预期收益率低于或高于行业平均收益率时，用成本法评估就存在功能性贬值或（和）经济性贬值问题，就须用剩余法评估确定其贬值额。因此，评估师在评估在建工程时，应依据有关信息资料对其建成后的前景做出判断，正确选择评估方法。

（二）建设工期是否合理

在建工程评估应以正常的工程建设周期为依据。采用成本法评估时，对超过正常工程建设周期所引起的利息及其他成本费用增加额，不能列入重置成本，不能构成在建工程的评估价值。

（三）在建工程贷款利率水平是否合理

对在建工程进行评估时，应依据同类项目能获得的同期限正常贷款利率水平确定利率，而不是通过被评估项目的实际贷款利率确定，实际贷款利率明显偏高或偏低时，估算利息时应做调整。

（四）在建工程重置成本构成项目与其预算构成项目是否一致

若不一致，须按重置成本构成项目为准进行调整。如采用成本法评估在建工程价值，投资方用自有资金投资，其实际成本中无利息，但重置成本构成项目中应包括利息项目，因此应予调整。

第五节 农用地价格评估

一、农用地评估概述

（一）农用地评估的基本概念

1. 农用地的基本概念

农用地是指直接用于农业生产的土地，包括耕地、林地、草地、农田水利用地、养殖水面等。

2. 农用地价格

农用地价格是指根据农用地的自然因素、社会经济因素和特殊因素等，在评估基准日农用地所能实现的价格。

3. 农用地宗地价格

农用地宗地价格是指具体某一宗农用地在正常条件下于某一评估基准日的评估价格。

(二) 农用地评估的目的

农用地的性质与城市用地及其他非农业用地的使用性质完全不同，在评估思路及评估重点上也有所不同。进行农用地评估的目的通常为农用地流转（买卖、承包、转包）、农用地开发整理、土地整理项目管理、耕地占补平衡和国家征收集体土地等农用地评估。

二、影响农用地价格的因素

影响农用地价格的因素主要包括自然因素、社会经济因素和特殊因素等。

(一) 自然因素

自然因素是指影响农用地生产力的各种自然条件，包括 ≥10℃ 有效积温、降雨量、降雨均衡度、无霜期、灾害性气候状况、地形坡度、土壤质地、土层厚度、有机质含量、盐渍化程度、地下水埋深、农田基本设施状况、地块形状等。

自然因素通常决定农用地本身的质量价格，不同地区、不同宗地的农用地自然因素均会存在差异，因此，自然因素一般决定农用地的个别价格水平。

(二) 社会经济因素

社会经济因素是指影响农用地收益的社会经济发展条件、土地制度和交通条件等，主要包括区域城市化水平、城市规模、农业生产传统、人均土地指标（人均耕地、人均农用地）、农民人均收入水平、单位土地投入资本量、单位土地投入劳动量、农产品市场供求、农机应用方便度、土地利用规划限制、交通通达性等。

由于社会经济因素一般在一定的行政区域内具有一致性，或者说很多指标是以一定的行政区域为范围进行分析的，因此，社会经济因素一般决定农用地的区域总体价格水平。

(三) 特殊因素

特殊因素是指影响农用地生产力和收益所独有的条件或不利因素，如特殊的气候条件、土壤条件、环境条件、环境污染状况等。

由于拥有特殊条件的土地数量往往有限，而且受到土地位置固定性的影响，拥有特殊条件的土地就会由此获得垄断利润，因此，特殊因素一般形成农用地的垄断价格。详细因素参见表 4-24。

表 4-24　农用地价格影响因素表

自然因素	气候条件	日照条件
		≥10℃有效积温
		无霜期
		降雨量
		降雨均衡度
		湿度
		灾害性天气
	地貌	地形坡度
		坡向
		海拔高度
		浸湿切割
	土壤条件	表层土壤质地
		有效土壤厚度
		有机质含量
		酸碱度
		障碍层深度
		盐渍化程度
	水文状况	地表水状况
		地下水状况
	农田基本设施状况	灌溉条件
		防洪排涝条件
		田块平整度
		供电条件
		地块形状
		田块大小
社会经济因素	社会经济发展条件	人均收入水平
		人均土地指标
		单位土地投入劳动量
		单位土地投入资本量
		农产品市场供求
		农机应用方便度
	土地制度	土地利用规划
	交通条件	道路类型
		交通通达度
		路网密度
		对外交通便利度
特殊因素	特殊的气候条件	灾害性天气
		特殊的小气候条件
	特殊的土壤条件	被污染的土壤
		有特异性质的土壤
	特殊的环境条件	居民点的影响
		工程建设的影响
	环境污染状况	环境污染状况

三、农用地评估的基本原则

中华人民共和国国家质量监督检验检疫总局、中国国家标准化管理委员会发布的《农用地估价规程》（GB/T 28406—2012）中提到农用地评估应遵循的基本原则有：①预期收益原则；②替代原则；③报酬递增递减原则；④贡献原则；⑤合理有效利用原则；⑥变动原则；⑦供需原则；⑧估价时点原则。这些评估原则中，预期收益原则、替代原则和供需原则在土地评估中已做了阐述，此处就其余五个原则做简要说明。

（一）报酬递增递减原则

报酬递增递减原则是指在技术不变、其他要素不变的前提下，对相同面积的土地不断追加某种要素的投入所带来的报酬增量迟早会出现下降。这一规律在农业生产经营中普遍存在，评估中应充分依据这一原则。

（二）贡献原则

贡献原则是指农用地的总收益是由土地、劳动力、资本、经营管理等各种要素共同作用的结果，评估时要充分考虑上述各要素对农用地总收益的实际贡献水平。

（三）合理有效利用原则

合理有效利用原则是指在一定的社会经济条件下，农用地的利用方式应能充分发挥其土地的效用，产生良好的经济效益，而且要保持土地质量不下降，并对周围的土地利用不会造成负面影响或危害。

判断和确定农用地合理有效利用方式应考虑以下因素：①持续的使用，根据农用地所处的区域环境和自身条件，所确定的农用地利用方式应是可持续的；②有效的使用，在确定的方式下，农用地所产生的经济效益是最佳的；③合法的使用，合理有效的农用地利用方式，应符合现行的法规、政策、规划等规定。

（四）变动原则

变动原则是指农用地价格是各种价格影响因素相互作用而形成的，这些价格影响因素经常在变化，农用地价格就在这些价格影响因素的不断变化中形成。评估人员应把握价格影响因素及价格变动规律，准确地评估价格。

（五）估价时点原则

这是指为评估资产的价值而确定的一个特定时间。

四、农用地评估方法

农用地评估方法主要有收益法、市场法、成本法、剩余法、评分估价法、基准地价修正法。其中，前三种方法为基本方法，剩余法和基准地价修正法是基本方法的综合运用形成的具体操作方法，评分估价法是农用地评估方法中较为特殊和适用的方法。

五、农用地评估方法概述

用收益法、市场法、成本法、剩余法、基准地价修正法对农用地进行评估，其基本原理、基本公式、评估程序与国有土地使用权评估相似，可以参看本章第一节的有关内容。这里仅就这些方法在农用地价格评估的具体应用中的部分环节做进一步阐述。

(一) 收益法

1. 农用地收益的估算

(1) 年总收益的分析计算。年总收益是指待估宗地按法定用途，合理有效地利用土地所取得的持续稳定的客观正常年收益。确定年总收益时应根据待估农用地生产经营的方式，进行具体分析。

①待估宗地为直接生产经营方式，用农产品年收入作为年总收益。农产品年收入是指农用地用于农业生产过程中，每年平均的农业生产产品的收入，包括主产品收入和副产品收入。收入的计算根据其产量和评估基准日的正常市场价格进行。

②待估宗地为租赁经营，年租金收入及保证金或押金的利息收入之和作为年总收益。租金收入及保证金或押金的利息收入是指农用地由其产权拥有者用于出租时，每年所获得的客观租金及承租方支付的保证金或押金的利息。客观租金根据实际租金水平考虑评估基准日当时正常的市场租金水平进行分析计算；保证金或押金的利息按其数量及评估基准日中国人民银行的一定年期定期存款利息率进行计算。

(2) 年总费用的分析计算。年总费用是指待估宗地的使用者在进行生产经营活动中所支付的年平均客观总费用。在确定年总费用时应根据待估农用地生产经营方式，进行具体分析。

①待估宗地为直接生产经营方式，将农用地维护费和生产农副产品的费用之和作为总费用。

农用地维护费一般指农用地基本配套设施的年平均维护费用；生产经营农副产品的费用一般包括生产农副产品过程中必须支付的直接及间接费用，如种苗费（或种子费、幼畜禽费）、肥料费（或饲料费）、人工费、畜工费、机工费、农药费、材料费、水电费、农舍费（或畜禽舍费）、农具费以及有关的税款、利息等。对于投入所形成的固定资产，按其使用年限摊销费用。

②待估宗地为租赁经营，将农用地租赁过程中发生的年平均费用作为年总费用（客观总费用）。

2. 适用范围

收益法适用于在正常条件下有客观收益且土地纯收益较容易测算的农用地价格评估。采用收益法进行宗地价格评估时，应以宗地为单位进行评估，即应考虑农用地收益是由宗地总面积产生的。不能只考虑农用地收益面积。

采用收益法评估农用地价格，所计算的年纯收益应与其权利状况相对应，即相应权利主体所获得的年纯收益经还原就是该权利状况下的价格。

(二) 市场法

1. 基本公式

待估宗地比准价格的基本计算公式为

$P = P_b \times K_c \times K_t \times K_n \times K_e \times K_s \times K_y$

K_c = 待估农用地情况指数(I_{cp})／比较实例农用地情况指数(I_{cb})

K_t = 待估农用地评估基准日地价指数(I_p)／比较实例农用地交易日期地价指数(I_b)

$K_n = \prod$ [待估农用地 i 因素的指数(I_{ci})／比较实例农用地 i 因素的指数(I_{bi})]

$K_e = K_s = K_n$

$K_y = [1-1/(1+r)^m] / [1-1/(1+r)^n]$

公式中：P——待估宗地比准价格；

　　　　P_b——比较实例价格；

　　　　K_c——交易情况修正系数；

　　　　K_t——评估基准日修正系数；

　　　　K_n——自然因素修正系数；

　　　　K_e——社会因素修正系数；

　　　　K_s——特殊因素修正系数；

　　　　K_y——年期修正系数。

2. 影响因素修正

根据农用地价格的影响因素体系和评估对象与比较实例之间的特殊条件，确定影响因素修正体系，并分别描述评估对象与各比较实例的各种影响因素状况，确定修正指数，计算修正系数。

影响因素根据前述"农用地价格影响因素"和评估对象与比较实例的具体条件确定。

影响因素状况描述应具体、明确，并尽量采用量化指标，避免采用"好""较好""一般"等形容词。

（三）成本法

1. 基本公式

$P = E_a + E_d + T + R_1 + R_2 + R_3$

式中：P——农用地价格；

　　　E_a——土地取得费；

　　　E_d——土地开发费；

　　　T——税费；

　　　R_1——利息；

　　　R_2——利润；

　　　R_3——农用地增值收益。

2. 确定土地取得费

农用地取得费主要表现为取得未利用土地或中低产田时客观发生的费用。

3. 确定农用地开发费

农用地开发费是为使土地达到一定的农业利用条件而进行的各种投入的客观费用，如农田平整、处理耕作层、建设农田水利设施、田间道路、田间防护林等所投入的费用。

根据农业生产的要求，农用地的开发程度主要包括以下几个方面：①通路，分通田间人行路、机耕路等情况；②灌溉，分上游有蓄水设施的自然灌溉、地下水灌溉、喷灌灌溉、滴灌灌溉等；③排水，分析能否顺畅地自然排水、有无排水沟渠等；④通电，考察田间耕作能否方便地使用电力；⑤土地平整，平整度应能满足农业生产的基本要求，有至少20厘米的疏松土壤的耕作层。在具体分析农用地的开发程度时，还应区分田块内外的情况，并根据各种农田基本设施的投资主体与评估对象的产权主体的权属利益关系，确定评估设定的土地开发程度，并合理确定开发费用。

4. 确定农用地增值收益

农用地增值收益是指待估农用地因追加投资进行农用地开发整理，使农用地生产能力得到提高，而引起农用地价格增值。农用地增值收益率根据开发农用地所处地区的经济环境、开发农用地的利用类型（行业特点）等方面确定。

5. 对农用地价格进行修正

（1）年限修正。通过上述公式计算的农用地价格，若求取的是有限年期的农用地价格，应判断是否进行年期修正。判断标准为：①当农用地增值收益是以有限年期的市场价格与成本价格的差额确定时，年期修正已在增值收益中体现，不再另行修正；②当农用地增值收益是以无限年期的市场价格与成本价格的差额确定时，农用地增值收益与成本价格一道进行年期修正；③当农用地为承包、转包等农用地时，应按使用年期或剩余使用年期进行修正；④当评估的是农用地无限年期价格时，就不用进行年期修正。

（2）区位修正。当区位对农用地的经营类型影响较大时，还应对农用地价格进行区位修正。

（四）评分估价法

1. 基本概念

评分估价法是指按照一定的原则，建立影响农用地价格的因素体系和因素评分标准，依据因素评分标准对待估农用地的相应条件评分赋分，按其得分值的大小，乘以客观的农用地单位分值价格，从而得到农用地价格的一种评估方法。

2. 基本公式

农用地价格的计算公式为

$$P = C \times S \text{ 或 } P = A \times S^c$$

式中：P——待估农用地价格；

　　　C——农用地单位分值价格；

　　　S——待估农用地的总得分；

　　　A——回归系数。

3. 评估程序

（1）建立农用地价格影响因素体系；

（2）制定农用地价格影响因素评分标准；

（3）对待估宗地进行评分；

（4）确定客观的农用地单位分值价格；

（5）计算待估宗地价格。

4. 适用范围

评分估价法适用于所有农用地价格评估，特别适用于成片农用地价格评估，但前提是必须先确定农用地单位分值价格。

（五）基准地价修正法

基准地价修正法具体分为系数修正法、定级指数模型评估法和基准地块法。系数修正法与国有土地使用权评估中的基准地价系数修正法的原理一样，可以参见第一节的相关内容；定级指数模型法是指利用农用地基准地价评估过程中所建立的定级指数与地价模型，通过评判待估农用地定级指数，并将其代入模型，测算出待估农用地价格的方法；基准地块法是指利用基准地价评估过程中已经建立的基准地块档案，通过比较修正评估出待估农用地价格的方法。

利用基准地价成果评估宗地地价适用于有基准地价成果区域的农用地价格评估。

六、不同利用类型的农用地宗地评估

（一）耕地地价的评估

1. 耕地地价的影响因素

（1）水田地价的影响因素。根据前述影响农用地价格的因素体系并结合水田的利用性质确定水田的地价影响因素，特别要注意保水能力、水源条件、灾害性气候等因素对地价的影响。

（2）旱地地价的影响因素。根据前述影响农用地价格的因素体系并结合旱地的利用性质确定旱地的地价影响因素，特别要注意地块形状、地形坡度、灌溉条件、灾害性气候等因素对地价的影响。

2. 评估方法选择

耕地地价评估根据其利用状况和所处地区条件，可采用收益法、市场法、评分估价法和基准地价修正法等；如果是新开发整理的耕地，可采用成本法；如果是待开发的耕地，可采用剩余法。

3. 评估思路要点

（1）在评估耕地价格时，应首先根据土地所处区域条件、近三年来耕地的实际耕作状况及可能的新的耕作利用方式，确定耕作制度、复种指数等，并根据其耕作制度分析其利用状况及收益能力。

（2）要充分考虑农田基本设施对耕地价格的影响，包括引水渠、排水渠、田间道路、机耕道路等，分析其可用程度对地价产生的影响，对于通过性设施对农用地可能产生的负面影响也应充分考虑。

（3）用收益法评估耕地价格时，其评估结果的可信度主要取决于土地的预期纯收益和还原率是否准确。在测算耕地纯收益时，总收益和总费用的测算要全面，一般应采用实测的方式，即具体计算待估宗地在一年内各种产出物的经济价值和各种投入的费用总和，收益及费用数据应采用近三年的客观平均值。

（4）采用市场法评估耕地价格时，应注意比较案例交易对象与评估对象的构成是否一致，即交易对象是否包括地上农作物、农田设施等，如果不一致应进行一致

性调整。比较案例的利用方式和耕作制度也应与评估对象一致。

（二）园地地价的评估

1. 园地地价的影响因素

根据前述影响农用地价格的因素体系并结合园地的利用性质确定园地的地价影响因素，特别要注意有机质含量、地下水埋深、园艺设施状况、距城市远近、独特的小气候以及特殊土壤等因素对地价的影响。

2. 评估方法选择

园地地价评估根据其利用状况和所处地区条件，可采用收益法、市场法和成本法等；如果是新开发的园地，可采用成本法；如果是待开发的园地，可采用剩余法。

3. 评估思路要点

（1）在评估园地价格时，应首先准确界定评估对象是否包括果树及有关设施等，如果包括应充分考虑包括后对园地价格的影响。

（2）应适当考虑特殊的土壤及气候条件对园地利用产生的垄断收益及垄断价格。

（3）对于果园用地应适当考虑其区位条件，如距消费地的距离、路网状况等；对具有景观及旅游价值的园地，应充分考虑景观及旅游价值对园地价格的影响。

（4）用收益法评估园地价格时，应尽量消除大小年对纯收益的影响，其收益及费用数据应采用最近连续3~5年的客观平均值。

（5）采用市场法评估园地价格时，也应注意比较案例交易对象与评估对象的构成是否一致，即交易对象是否包括地上果树、园林设施等，如果不一致应进行一致性调整。比较案例的果树类别及利用方式应与评估对象一致。

（三）林地地价的评估

1. 林地地价的影响因素

根据前述影响农用地价格的因素体系并结合林地的利用性质确定林地的地价影响因素，特别要注意立地条件、砾石含量、地形坡度、林业设施状况、林木经营结构、交通运输条件等因素对地价的影响。

2. 评估方法选择

林地地价评估根据其利用状况和所处地区条件，可采用收益法、市场法和成本法等。

3. 评估思路要点

（1）在评估林地价格时，应首先准确界定评估对象是否包括林木及有关林业设施等，如果包括应充分考虑包括后对林地价格的影响。

（2）采用市场法评估林地地价时，比较案例的林木类别及林地开发经营方式应与评估对象的一致，即交易对象是否包括地上林木、林业设施等，如果不一致应进行一致性调整。

（3）采用收益法评估林地价格时，宜以林木生长期和采伐期为周期计算年平均总收益和总费用。

（4）对具有生态及旅游价值的林地，应考虑生态及旅游价值对林地价格的影响。

（四）牧草地地价的评估

1. 牧草地地价的影响因素

根据前述影响农用地价格的因素体系并结合牧草地的利用性质确定牧草地的地价影响因素，特别要注意土壤沙化程度、草场经营方式、草场设施状况等因素对地价的影响。

2. 评估方法选择

牧草地地价评估根据其利用状况和所处地区条件，可采用评分估价法、收益法和市场法等。

3. 评估思路要点

（1）在评估牧草地价格时，应充分考虑牧草地的经营方式和草种结构，区分圈养和单独经营草场等不同方式。

（2）采用收益法评估牧草地价格时，对于用于圈养的草场，其经营收益来源于牲畜的出售收益，在测算总收益时应考虑出栏率和牲畜生长期，收益和费用数据一般宜采用连续3~5年的客观平均值；对于只进行草场经营的牧草地，其经营收益主要是草场经营使用费及牧草的出售收益，计算纯收益时可采用近3年的收益和费用数据客观平均值。

（3）采用市场法评估牧草地地价时，比较案例的草场类型及利用方式应与评估对象的一致。

（4）对牧草地地价评估时应考虑其生态价值。

（五）养殖水面地价的评估

1. 养殖水面地价的影响因素

根据前述影响农用地价格的因素体系并结合养殖水面的利用性质确定养殖水面的地价影响因素，特别要注意保水能力、水质条件、养殖设施状况、养殖种类结构、距消费地距离等因素对地价的影响。

2. 评估方法选择

养殖水面地价评估根据其利用状况和所处地区条件，可采用收益法、市场法和成本法等；如果是待开发的养殖水面，可采用剩余法。

3. 评估思路要点

（1）在评估养殖水面地价时，应首先确定评估对象类型及构成，是否包括养殖池及其有关设施等，如果包括养殖池及其有关设施等，应充分考虑包括后对土地或评估对象价格的影响。

（2）应适当考虑特殊的水质、气候条件对养殖水面产生的垄断收益及垄断价格。

（3）对于养殖水面应适当考虑其作为水产养殖及销售的区位条件，如距消费地的距离、路网状况等。

（4）采用收益法评估养殖水面地价时，其经营收益来源于水产品的出售收益，在测算总收益时应考虑所养殖水产的种类及其生长期等，收益和费用数据一般宜采用连续3~5年的客观平均值。

（5）采用市场法评估养殖水面地价时，比较案例的构成应与评估对象的一致，如是否包括养殖池设施等，如果不一致应进行一致性调整；比较案例的养殖水产类别及经营方式也应与评估对象的一致。

（六）未利用地价格的评估

未利用地是指农用地重要的后备土地资源，当未利用地开发为农用地（包括耕地、园地、林地、牧草地和养殖水面）时，应按照农用地估价方法的要求进行评估。

1. 评估方法选择

在进行未利用地价格评估时，首先应根据未利用地的规划要求或土地的开发利用计划，确定土地利用类型和土地利用方式，然后选择适当的方法进行评估。具体可根据实际情况采用剩余法和市场法进行评估。

2. 评估思路要点

（1）未利用地价格评估时，应先确定未利用地的开发利用方式，包括未利用地的开发用途、开发利用率等；确定的依据主要是未利用地本身的自然条件、有关规划的要求及开发者的实际开发计划等。

（2）未利用地价格评估时，应适当考虑未利用地开发后的价值增值，并充分考虑未利用地的可利用与未利用程度。

（3）采用剩余法评估时，按照确定的未利用地开发利用方式调查和评估开发后的买卖价格，要求有可比较的市场交易案例。

（4）采用市场法评估时，应调查当地的类似条件的未利用地拍卖等市场价格。

七、不同评估目的下的农用地评估

（一）承包农用地价格评估

承包农用地价格是指在正常条件下承包年期内的农用地的价格。评估时应综合考虑农用地的土壤质量、收益水平、土地承包经营期限、有无其他经营或权利限制等方面因素；评估方法可采用收益法、市场法和基准地价修正法；采用收益法评估时，由于承包方对农用地具有不完全处置权，因此，农用地还原率应比正常情况高。

（二）转包农用地价格评估

转包农用地价格是指在正常市场条件下转变期内农用地收益的现值之和。评估时应综合考虑农用地的土壤质量、土地收益水平、土地转包经营期限、有无其他经营或权利限制等方面因素，农用地转包的最高年限不能超过农用地的剩余承包年限；评估方法的选择，可采用市场法和收益法；采用收益法评估时，由于第二份合同的承包者只继承第一份合同承包者的权利，因此，农用地还原率应比正常情况高。

（三）农用地租金评估

农用地租金标准应与该宗地的正常地价标准相均衡。租金标准的评估可通过该宗地的正常农用地使用权价格标准折算，也可采用市场法等直接评估；租赁农用地使用权的投资风险比农用地承包经营权的投资风险大,收益不确定性高,因此,租赁农用地价格的还原率一般比农用地承包价格的高。

(四) 荒地拍卖价格评估

荒地拍卖的年限不应超过国家规定的最高年限。评估方法的选择,可采用剩余法和市场法,但应在评估报告中说明未来市场变化风险和预期强制处分对拍卖价格的影响。

(五) 荒地抵押价格评估

荒地抵押价格评估的是有限年期的荒地价格。评估方法的选择,可采用市场法、剩余法和成本法,但应在评估报告中说明未来市场变化风险和预期强制处分等因素对抵押价格的影响。在进行荒地抵押价格评估时,还应区分抵押物的权利状况,按照其相应的权利评估确定其相应的抵押价格。

第五章
流动资产评估

第一节 流动资产评估概述

一、流动资产的构成和特点

（一）流动资产的含义及构成

流动资产是指可以在一年或者超过一年的一个营业周期内变现或耗用的资产。资产满足下列条件之一的，应当归为流动资产：

(1) 预计在一个正常营业周期中变现、出售或耗用；

(2) 主要为交易目的而持有；

(3) 预计在资产负债表日起一年内（含一年，下同）变现；

(4) 在资产负债表日起一年内，交换其他资产或清偿负债的能力不受限制的现金或现金等价物。

从资产评估的角度看，流动资产由以下两部分构成：

第一部分是从会计报表的角度反映的流动资产，包括现金、各种存款以及其他货币资金、短期投资、应收及预付款项、存货、待摊费用、一年内到期的长期债权投资以及其他流动资产等。其中：

(1) 现金是指企业的库存现金，包括企业内部各部门用于周转使用的备用金；

(2) 各种存款是指企业的各种不同类型的银行存款；

(3) 其他货币资金是指除现金和银行存款以外的其他货币资金，包括外埠存款、银行本票存款、银行汇票存款、存出投资款、信用卡存款、信用证保证金存款等；

(4) 短期投资是指企业购入的各种能随时变现、持有时间不准备超过一年（含一年）的投资，包括股票、债券、基金等；

(5) 应收账款是指企业因销售商品、提供劳务等应向购货单位或受益单位收取的款项，是购货单位所欠的短期债务；

(6) 预付账款是指企业按照购货合同规定预付给供货单位的购货定金或部分货款；

(7) 存货是指企业的库存材料、低值易耗品、包装物、在制品、产成品、库存商品等；

（8）待摊费用是指企业已经支出，但应当由本期和以后各期分别负担的、分摊期在一年以内（含一年）的各项费用，如低值易耗品摊销、预付保险费等；

（9）一年内到期的长期债权投资是指长期债权投资中一年内到期的部分；

（10）其他流动资产是指除以上资产之外的流动资产。

第二部分是会计报表未反映但实际存在的流动资产。从资产评估角度界定的流动资产往往与从会计报表角度反映的流动资产的范围不一定相同。因为会计上对资产的揭示侧重于资产价值的补偿性，而评估更强调资产的实际存在性，故在进行流动资产评估时，在对账实详细核实并相符的前提下，还应进一步了解一些账外资产，如账面已摊销完但仍有实体存在的在用低值易耗品等。

（二）流动资产的分类

从资产评估的角度，企业的流动资产按其存在的形态可以分为四类：货币类流动资产、债权类流动资产、实物类流动资产和其他流动资产。

（1）货币类流动资产，包括现金、各项存款和随时可以变现、持有时间不超过一年的有价证券投资。

（2）债权类流动资产，包括应收账款、应收票据、预付账款、其他应收款和一年内到期的长期债权投资等债权资产。

（3）实物类流动资产，包括库存材料、低值易耗品、产成品、库存商品、自制半成品、在制品等。

（4）其他流动资产，是指除以上各类资产以外的其他流动资产。

（三）流动资产的特点

1. 周转速度快

这主要是相对固定资产而言的。流动资产在一个生产经营周期内，不断改变其存在形态，并将其全部价值转移到所形成的产品中，构成产品成本的重要组成部分，然后从营业收入中得到补偿。

2. 具有较强的变现能力

除个别项目（如待摊费用）外，其余各种形态的流动资产都可以在较短的时间内出售或变卖，具有较强的变现能力。

3. 存在形态多样化

流动资产在周转过程中不断改变其形态，经过供应、生产、销售等环节，依次由货币形态开始变换为储备形态、生产形态、结算形态，最后又变为货币形态。

二、流动资产评估的特点

流动资产的特点决定了流动资产价值评估的特点。由于流动资产的流动性较强、容易变现，其账面价值与市场价值较为接近，因此，流动资产的价值评估与其他资产的评估相比，具有如下特点：

（一）流动资产评估主要是单项资产评估

流动资产各个项目通常不具有单独获利能力，所以，对流动资产的评估主要是以单项资产为对象进行的价值评估，它不需要以其综合获利能力进行综合性价值评估。

（二）流动资产评估的基准日通常选择在会计期末

由于流动资产存在形态多样且在经营周转过程中不断改变形态，确定流动资产评估的基准时间对流动资产评估非常重要。评估基准日尽可能选择在会计期末，这样就可以直接运用企业会计报表的有关资料以及其他资料（如期末存货盘点表等）。

（三）对不同类型的流动资产，采用不同的评估方法

流动资产一般具有量大类繁、清查工作量大的特点，所以流动资产评估应考虑评估的时间要求和评估成本，根据不同企业的生产经营特点和流动资产分布的情况，对流动资产分清主次、重点和一般，选择不同的方法进行清查和评估，进行分类评估。例如，对存货进行评估时，首先采用ABC分类法对存货进行分类，A类是指价值高、数量少的资产，是评估的重点，可采用全面清查的方式；C类是指价值低、数量多的资产，在评估时，可采用抽查的方式；B类是介于A、C类之间的资产，可视具体情况采用相适宜的评估方法。

（四）流动资产的账面价值可以作为确定其评估值的依据

流动资产周转快、变现能力强，在物价水平相对比较稳定的情况下，流动资产的账面价值基本上可以反映出流动资产的现值，因此，在评估中，可以以流动资产的账面价值作为评估的基本依据。

此外，对非实物流动资产如现金、各项存款等，不需要进行评估，主要采用审计方法加以核实。

三、流动资产评估的程序

（一）确定评估对象和评估范围

1. 明确流动资产的评估范围

划清流动资产与非流动资产的界限，防止将不属于流动资产的机器设备等作为流动资产，也要防止将属于流动资产的低值易耗品等作为非流动资产。

2. 查核待评估流动资产的产权

落实待评估的流动资产是否具有所有权，如外单位委托加工材料不能列入本企业的评估范围中。

3. 对被评估流动资产进行抽查核实

查实待评估流动资产数量的真实性，防止账实不符，要以实际流动资产数量作为评估依据。

（二）确定评估目的和评估基准日（略）

（三）现场核查被评估资产（略）

（四）对有实物形态的流动资产进行质量检测和技术鉴定

对企业需要评估的材料、半成品、产成品等流动资产进行检测和技术鉴定，目的是了解这部分资产的质量状况，以便确定其是否还具有使用价值，并核对其技术情况和等级与被估资产清单的记录是否一致。

（五）对企业的债权情况进行分析

企业的债权情况分析主要针对应收账款、应收票据等的账龄、坏账的可能性、收账费用等进行分析。

（六）选择评估方法

评估方法选择的依据：一是根据评估目的，二是根据不同种类流动资产的特点。不同类别流动资产的评估方法如下：

1. 实物类流动资产可以采用市场法或成本法

（1）对存货类流动资产中价格变动较大的应考虑以市场价格为基础；

（2）对于购入价格较低的存货按现行市价进行调整；

（3）对于购入价格较高的存货除考虑现行市场价格外，还要分析最终产品的价格是否能够相应提高，或存货本身是否具有按现行市价出售的可能性。

2. 货币类流动资产

货币类流动资产清查核实后的账面价值本身就是现值，无须采用特殊方法进行评估，只是应对外币存款按评估基准日的外汇汇率进行折算。

3. 债权类流动资产

债权类流动资产只适合于用可变现净值进行价值评估。

4. 其他流动资产

对于其他流动资产，应区别不同情况采用不同的评估方法。对有物质实体的流动资产，则应视其价值情形，采用与机器设备等相同或相似的方法进行评估。

（七）评定估算流动资产价值，出具评估结论（略）

第二节　实物类流动资产评估

实物类流动资产主要包括各种库存材料、在制品、产成品、低值易耗品、包装物及库存商品等。对该类资产的评估，可采用成本法、市场法和清算价格法。

一、库存材料的评估

（一）库存材料的内容

库存材料包括原料及主要材料、辅助材料、燃料、修理用备件、外购半成品等。库存材料具有品种多、金额大、性质各异以及计量单位、购进时间、自然损耗各不相同等特点。

（二）库存材料的评估

由于库存材料购进的时间长短不同，所以，在对库存材料进行评估时，可以根据材料的购进情况选择相适应的评估方法。

1. 近期购进的库存材料

近期购进的材料库存时间较短，周转快。在市场价格变化不大的情况下，其账面价值与现行市价基本接近，在评估时，可以将原账面成本作为评估值，并在评估报告中予以揭示说明。

如果是从外地购进的原材料，运杂费发生额较大，评估时应将由被评估材料分担的运杂费计入评估值；如果是从本地购进的，运杂费发生额较少，评估时则可以不考虑运杂费。

[例5-1] 对甲企业中的库存化工原料A进行评估，有关资料如下：

该材料系两个星期前从外地购进，购进数量为5 000千克，单价为490元/千克，运杂费为600元；根据材料消耗的原始记录和清查盘点，评估时库存尚有2 500千克，经技术鉴定，质量没有发生变化；评估业务发生后，企业持续经营，材料按在用用途继续使用。

根据上述资料，可以确定该材料的评估值如下：

材料评估值＝2 500×（490+600/5 000）＝1 225 300（元）

2. 购进批次间隔时间长、价格变化较大的库存材料

对这类材料，可以直接以市场价格或采用最接近市场价格的账面成本为基础计算评估值。

[例5-2] 对甲企业的库存B材料进行价值评估，本年4月30日为评估基准日。据材料明细账，该材料分两批购进：第一批购进时间为上年10月，购进1 000吨，账面成本为3 800元/吨，第二批购进时间为本年4月20日，数量为400吨，账面成本为4 500元/吨；经盘点核实，该材料尚存580吨，且材料质量未发生变化；另外，根据评估人员的调查，该材料近期市场价格为4 505元/吨。

根据以上资料，B材料的评估值为：

B材料的评估值＝580×4 500＝2 610 000（元）

本例的评估中，因评估基准日4月30日与本年4月购进时间较近，所以直接采用4月份购进材料的成本价格。如果近期内该材料价格变动很大，或者评估基准日与最近一次购进时间间隔期较长，其价格变动较大，评估时应采用评估基准日的市价。另外，由于材料分期购进，且购进价格各不相同，企业采用的存货计价方法不同，如先进先出法、后进先出法、加权平均法等，其账面余额也就不一样。但需要特别注意的是：存货计价方法的差异不应影响评估结果。评估时关键是核查库存材料的实际数量，并按最接近市场价格的价格计算确定其评估值。

3. 购进时间早、市场已经脱销、目前无明确的市场价格可资参考的库存材料

对这类材料，可以通过市场同类材料的现行市场价格，同时考虑变现的风险和变现的成本确定评估值。采用这种方法时必须考虑以下三个因素：

（1）市场价格的选择。评估时应根据市场分析，选择最有可能成交的市场价格。

（2）被估资产的变现成本。这主要指销售被估资产时预计发生的各种广告、差旅、包装等费用。

（3）变现风险。这主要指那些专用性强又无法替代的专用材料、有时效要求的原料及专用备件等，这部分材料因适用范围小而相应增大了变现风险，风险系数一般根据市场供求情况、库存量的大小和资产本身的适用情况来确定。

[例5-3] 某企业准备与另一企业联营转产，原生产的产品下马，专门用于老产品维修的专用配件库存量为5 000件，现对其进行评估。预计该专用配件最大的维修需要量为250件/月，还需20个月才能用完，将配件分送各维修点的工人的工资为400元/月，货物包装费为80元/月，仓库的各种管理费用为30元/月。根据市场同类材料的价格水平，该配件最有可能接受的市场价格为40元/件。

评估值 = 5 000×40 - （400+80+30）×（5 000÷250）
       = 189 800（元）

[例5-4] 某企业转让不需用的外购甲材料40吨，同类材料的现行市场价格为15万元/吨，变现成本为售价的10%，一年内卖出的概率为70%，两年内卖出的概率为30%。已知该类材料的价格相对稳定，试对其进行评估（设年综合贷款利息率为10%）。

根据以上资料，计算如下：

如一年内变现：

变现净值 = 40×15×（1-10%）= 540（万元）

如两年内变现：

变现净值 = 40×15×（1-10%）×（1+10%）$^{-1}$
        = 490.9（万元）

评估值 = 540×70% + 490.9×30% = 525.27（万元）

4. 呆滞材料的评估

呆滞材料是指从企业库存材料中清理出来需要进行处理的材料。由于这类材料长期积压，时间较长，可能会因为自然力作用或保管不善等原因以致使用价值下降。对这类资产的评估，首先应对其数量和质量进行核实和鉴定，然后区别不同情况进行评估。对其中失效、变质、残损、报废、无用的，应通过分析计算，扣除相应的贬值数额后，确定其评估值。

[例5-5] 对某机械加工企业库存的一批外购标准件进行价值评估，评估的目的是企业改制。该批标准件品种规格繁多，单价不高。企业的原材料采用计划价格核算，材料采购的市内运输费、采购人员和仓库的经费均纳入企业管理费用核算，未计入材料采购成本。有关明细账列明，标准件计划成本为100万元，材料成本差异为30万元（其中上期应摊未摊10万元），纳入企业管理费用核算的购置费用部分相当于材料采购成本的5%。抽查清点表明，该材料短失率为5%（含生锈后需报废的部分），另有10%的标准件因生锈、撞击需加工后才能使用，加工费相当于现价的30%。经调查，该种零件的价格上涨率为3%。经测算，材料采购费用为10%。该企业改制后仍需使用这些标准件，试评估其价值。

因企业改制后仍需使用这些标准件，故以历史成本为基础，考虑短失、贬值、价格变动等因素进行调整。

评估值 = 材料历史成本×（1-短失率）×（1-贬值率）×（1+价格变动系数）

（1）该批标准件的历史成本。

标准件计划成本   100万元

加：材料成本差异　　　　　　　　　30万元
减：上期应摊未摊的材料成本差异　　10万元
加：未纳入材料成本核算的费用　　　6万元
标准件历史成本：　　　　　　　　　126万元

（2）扣除数量短失部分后实存标准件的历史成本。
实存标准件历史成本＝标准件历史成本×（1-短失率）
$$= 126 \times (1-5\%) = 120（万元）$$

（3）实存标准件的重置成本。
实存标准件的重置成本＝实存标准件的历史成本×（1+价格调整系数）
$$= 120 \times (1+3\%) = 123.6（万元）$$

（4）实存标准件的贬值额。
贬值标准件的历史成本＝$126 \times 10\% = 12.6$（万元）
贬值标准件的重置成本＝$12.6 \times (1+3\%) = 13$（万元）
贬值标准件的现行市价＝$13 \times (1-10\%) = 11.7$（万元）
贬值额＝贬值标准件的现行市价×加工费率＝$11.7 \times 30\% = 3.5$（万元）

（5）实存标准件的评估值。
实存标准件的评估值＝$123.6 - 3.5 = 120.1$（万元）

此外，在材料评估过程中，可能还存在盘盈、盘亏的情况，评估时应以有无实物存在为原则进行评估，并选用相适应的评估方法。

二、低值易耗品的评估

（一）低值易耗品的基本概念及其分类

1. 低值易耗品的基本概念

低值易耗品是指单项价值在规定限额以下或使用年限不满一年，但能多次使用且实物形态基本保持不变的劳动工具。

在评估过程中，劳动资料是否属于低值易耗品，原则上视其在企业中的作用进行，一般可尊重企业原来的划分方法。

2. 低值易耗品的分类

一般可以按其用途和使用情况进行分类。

（1）按用途划分，可分为一般工具、专用工具、替换设备、管理用具、劳动保护用品及其他低值易耗品等类别。这种分类的目的在于，可按低值易耗品的大类进行评估，以减少评估工作量。

（2）按使用情况划分，可分为在库低值易耗品和在用低值易耗品。这种分类的目的是，便于根据低值易耗品使用的具体情况，选用不同的评估方法。

（二）低值易耗品的特点

（1）周转时间较长，在用期间价值分次转移，报废之前，其实物形态基本不变；

（2）不构成产品实体；

（3）账面成本和重置成本差异较大。这主要是由低值易耗品的会计核算方法不同造成的。低值易耗品可以采用一次摊销或五五摊销等方法进行核算，这些都可能导致低值易耗品的账面成本与重置成本有较大差异。

（三）低值易耗品的评估方法

1. 在库低值易耗品的评估

对于在库低值易耗品，可以根据具体情况，采用与库存材料评估相同的方法。对于全新低值易耗品的评估价值，可以直接采用其账面价值（价格变动不大时）作为评估值，也可以采用现行市场价格或制造价格加上合理的其他费用确定评估值，或者在账面价值基础上乘以物价变动指数确定。对残缺、无用、待报废的低值易耗品，则需根据鉴定结果和有关凭证，通过分析计算，扣除相应贬值额后，确定评估值。

2. 在用低值易耗品的评估

在用低值易耗品的评估，可以直接采用成本法进行。其计算公式为

评估值 = 全新低值易耗品的价值 × 成新率

= （现行购置价 + 其他合理费用）× 成新率

其中：全新低值易耗品的价值，可以直接采用其账面价值（价格变动不大时），也可以采用现行市场价格，或者在账面价值基础上乘以其物价变动指数确定。

成新率计算公式为

$$成新率 = \left(1 - \frac{低值易耗品实际已使用月数}{低值易耗品预计使用月数}\right) \times 100\%$$

需要注意的是，由于会计上出于对成本、费用计算的需要，所以对低值易耗品的价值摊销采用了较为简化的方法，其摊销情况并不完全反映低值易耗品的实际损耗程度，因此，在确定低值易耗品成新率时，应根据其实际损耗程度确定，而不能完全按照其摊销方法确定。

由于低值易耗品具有低值与易耗的特点，故评估时一般不考虑其功能性损耗和经济性损耗。

[例5-6] 甲企业的某项低值易耗品，原价1 200元，预计使用1年，现已使用9个月，该低值易耗品现行市价为1 500元，由此确定其评估值为：

$$在用低值易耗品评估值 = 1\ 500 \times \left(1 - \frac{9}{12}\right) \times 100\%$$

$$= 375（元）$$

三、在制品评估

在制品包括原材料投入生产后尚未加工完毕的产品和已加工完毕但不能单独对外销售的半成品。它一般按完工程度折合为约当产量，随产成品进行评估。对外销售的半成品视同产成品评估。具体的评估方法有以下两种：

（一）成本法

成本法是指根据技术鉴定和质量检测的结果，按评估时的相关市场价格及费用水平重置同等级在制品所需的合理的料、工、费计算评估值的一种评估方法。这种

评估方法适用于生产周期较长（半年或一年以上）在制品的评估。对生产周期短的在制品，主要以其实际发生的成本为评估的依据。在没有变现风险的情况下，可根据其账面值进行调整。具体方法有以下几种，可选择使用。

1. 根据价格变动系数调整原成本

此种方法是将企业实际发生的原始成本，按其发生日到评估基准日期间市场价格变动系数，调整为重置成本。该方法主要适用于生产经营正常，会计核算水平较高，成本核算资料基本可靠的企业的在制品评估。具体评估方法和步骤是：

（1）对被评估在制品进行技术鉴定，将其中的不合格在制品的成本从总成本中剔除；

（2）分析原成本构成，从总成本中剔除其不合理的费用；

（3）分析原成本构成中材料成本从其生产准备开始到评估基准日为止的市场价格变动情况，并测算出价格变动系数；

（4）分析原成本中的工资、制造费用等从开始生产到评估基准日，有无大的变动，是否需要进行调整，如需调整，测算出调整系数；

（5）根据技术鉴定、原始成本构成的分析及价值变动系数的测算，调整成本，确定评估值，必要时还要从变现的角度修正评估值。

基本计算公式如下：

某项或某类在制品的评估价值＝原合理材料成本×（1+价格变动系数）+原合理工资、费用×（1+合理工资、费用变动系数）

需要说明的是，在制品成本包括直接材料、直接人工和制造费用三部分。直接人工尽管是直接费用，但也同间接费用一样较难测算，因此，评估时可将直接人工和制造费用合并为一项费用进行测算。

2. 按社会平均消耗定额和现行市价计算评估值

该方法是按重置同类资产的社会平均成本确定被评估资产的价值。采用此方法对在产品进行评估时需要掌握以下资料：

（1）被评估在制品的完工程度；

（2）被评估在制品有关工序的工艺定额；

（3）被评估在制品耗用物料的近期市场价格；

（4）被评估在制品在正常生产经营情况下的合理工时及单位工时的费用标准。

基本公式为

某在制品评估值＝某在制品实有数量×（该工序单件材料工艺定额×单位材料现行市价+该工序单件工时定额×正常工资费用）×在制品完工程度

对于工艺定额的选取，如果有行业的平均物料消耗标准，可按行业标准计算；没有行业统一标准的，按企业现行的工艺定额计算。

3. 按在制品完工程度计算评估值

由于在制品的最高形式为产成品，因此，可以在计算产成品重置成本基础上，按在制品完工程度计算确定在制品评估值。其计算公式为

在制品评估值＝产成品重置成本×在制品约当量

在制品约当量＝在制品数量×在制品完工率

在制品约当量、完工率等可以根据其完成工序与全部工序比例、生产完成时间与生产周期比例确定。当然，确定时应分析完成工序、完成时间与其成本耗费的关系。

[例5-7]对某在制品进行评估，该产品需经过三道工序加工。经查核，第一道工序现存在产品600件，第二道工序现存在产品450件，第三道工序现存在产品400件。原材料在第一道工序全部投入，已知该工序材料已投入80%；该产品工时定额50小时：第一工时15小时，第二工时20小时，第三工时15小时。单位产品社会平均成本为：材料300元，工资费用200元，制造费用100元。

计算在制品的评估值：

（1）各工序在制品完工程度：

第一工序：$\dfrac{15 \times 50\%}{50} \times 100\% = 15\%$

第二工序：$\dfrac{15 + 20 \times 50\%}{50} \times 100\% = 50\%$

第三工序：$\dfrac{15 + 20 + 15 \times 50\%}{50} \times 100\% = 85\%$

（2）计算在制品材料成本：

在制品材料成本＝600×80%×300+（450+400）×300＝399 000（元）

（3）计算在产品工资成本：

在制品工资成本＝（600×15%+450×50%+400×85%）×200＝131 000（元）

（4）计算在制品制造费用成本：

在制品制造费用成本＝（600×15%+450×50%+400×85%）×100＝65 500（元）

在制品评估值＝399 000+131 000+65 500＝595 500（元）

（二）市场法

市场法是按同类在制品不含税的市价，扣除销售过程中预计发生的费用后计算评估值。

这种评估方法适用于正常生产、通用性能好，能用于产品配件更换或用于维修的在制品。评估公式为

某在制品评估值＝该种在制品实有数量×市场可接受的不含税的单价－预计销售过程中发生的费用

如果在调剂过程中有一定的变现风险，还要考虑风险调整系数。

对产品下马不能继续生产的在制品或无法通过市场调剂出去的专用配件等，只能按评估时的状态或按能向市场出售的变现价格进行评估。评估公式为

在制品评估值＝可回收废料的重量×单位重量现行的回收价格

[例5-8]某企业因产品技术落后而全面停产，准备与Y公司合并，现对该企业的在制品进行评估。经盘查，各车间工序的在制品有以下三类：

第一类，存放于车间各工序尚未进行加工的各类材料；

第二类，已进行了一定程度的加工，能用于老产品配件更换和维修的部件；

第三类，无法销售，又不能继续加工，只能报废处理的在制品。

对于第一类，可根据技术鉴定情况、实有数量和现行市场价格计算评估值；第二类可根据市场同类产品的现行价格、调剂过程中的费用、调剂的风险确定评估；第三类只能按废料的回收价格计算评估值。

根据评估资料计算各类在产品的评估值，如表5-1、表5-2、表5-3所示。

表5-1 各工序尚未加工的材料

材料名称	编号	计量单位	实有数量	现行单位市价	按市价计算的资产价格/元
甲材料	（略）	千克	500	390	195 000
乙材料	（略）	千克	850	460	391 000
丙材料	（略）	件	7 000	15	105 000
合计					691 000

表5-2 尚可使用的在制品

部件名称	编号	计量单位	实有数量	现行单位市价	按市价计算的资产价格/元
A	（略）	件	1 920	86	165 120
B	（略）	件	2 300	120	276 000
C	（略）	件	1 020	180	183 600
D	（略）	件	870	385	334 950
合计					959 670

表5-3 报废在制品

在制品名称	计量单位	实有数量	可回收废料/千克/件	可回收废料总量/千克	回收价格/元/千克	评估值/元
E-1	件	6 000	3.5	21 000	0.85	17 850
E-2	件	7 200	10	72 000	1.30	93 600
E-3	件	4 500	2	9 000	4.5	40 500
E-4	件	2 800	1.4	3 920	6.3	24 696
合计						176 646

在制品评估值=691 000+959 670+176 646=1 827 316（元）

此外，房地产业的在制品是房屋建筑物的在建工程，其价值评估应按其工程进度，采用成本法进行（参看第四章相关部分，此处从略）。

四、产成品的评估

产成品是指已完工入库或虽未办理入库手续但已完工并经过质量检验合格的产

品。对此类资产应依据其变现能力和市场可接受的价格进行评估，适用的方法有市场法和成本法。

（一）市场法

产成品评估的市场法是指按不含价外税的可接受市场价格扣除相关费用后评估产成品价值的评估方法。运用市场法评估产成品时，需注意几个问题：

1. 市场价格的选择

运用市场法的关键是市场价格的选择，在选择市场价格时应注意考虑下面几个因素：

（1）产成品的使用价值。根据对产品本身的技术水平和内在质量的技术鉴定，确定产品是否具有使用价值以及产品的实际等级，以便选择合理的市场价格。

（2）分析市场供求关系和被评估产成品的前景。

（3）所选择的价格应是在公开市场上所形成的近期交易价格，非正常交易价格不能作为评估的依据。

（4）对于产品技术水平先进，但外表存有不同程度残缺的产成品，可根据其损坏程度，通过调整系数予以调整。同时，市场上近期正常交易的价格有出厂价、批发价、零售价等，不同价位的价格水平有较大的差别，制造业产成品的评估一般采用出厂价。

2. 考虑产品的销售周期和变现风险

通过对产品本身的技术性能和内在品质的鉴定，确定产品是否具有使用价值，分析其市场供求关系和市场前景，将被评估对象划分为市场交易活跃、市场销售一般和市场滞销等类别，按其销售周期和变现风险的不同，分别确定评估值。

对于市场活跃、产品紧俏、销售期短、货款回收快、售价有可能上涨的产品，可在现行市价的基础上，乘以预计售价上涨的幅度，扣除相应的税费，确定评估值。

对于正常生产、市场销售一般、产销率低的产成品，可根据市场上产品销售的实际周期和变现时间，预计价格变化情况和变现风险，对未来可实现的销售净额折现（如果预测产成品变现所需时间超过一年的话），确定评估值。

对于市场滞销的产品，需削价处理，按市场可接受的现价扣除清理变现费用，确定评估值。

3. 对尚未实现的利润和税金的处理

采用市场法评估产成品时，现行市价中包含了已耗费的成本和尚未实现的税金与利润。已耗费的成本理应得到补偿，但尚未实现的利润和税金的处理，则应具体分析，可以视评估的特定目的，按现行市价考虑扣除相应税费和给接受方的合理利润等来分析计算评估值。

一般地说，对于十分畅销的产品，根据其出厂销售价格减去销售费用和全部税金确定评估值；对于正常销售的产品，根据其出厂销售价格减去销售费用、全部税金和适当数额的税后净利润确定评估值；对于勉强能销售出去的产品，根据其出厂销售价格减去销售费用、全部税金和税后净利润确定评估值；对于滞销、积压、降价销售产品，应根据可收回净收益确定评估值。

但假如被评估对象以直接出售为目的，可将现行市场价格直接作为其评估值，而无须考虑扣除其销售费用和税金，因为任何低于市场价格的评估值，对于卖方来说都是不能够接受的。这时，对于缴纳增值税的产成品而言，增值税是价外税，它并不构成产品的价格。就卖方来说，价外计收的增值税是代收代缴性质；就买方来说，支付给卖方的销项税额即为自身的进项税额，它在买进的产成品再卖出时，作为销项税款的减项，意味着税款的扣除，而不是经营成本的构成。

如果是以企业投资为评估目的，由于产成品在新的企业中按市价销售后，流转税、所得税等都要流出企业，追加的销售费用也应得到补偿，这部分税费不能作为投资价值，所以需要扣除；而待实现的利润净额是否能全部作为投资价值的组成部分，应根据具体情况分析确定，因此，在这种情况下，应将从市价中扣除各种税费和投资方让给接受方的利润后余下的部分作为产成品评估值。在此，利润分成系数的确定较为困难，分成时应充分考虑产成品的畅销程度、市场的容量、变现的时间等风险因素。

[例5-9] 甲企业用生产的K产品向乙企业投资，评估基准日的账面价值为1 291 500元。根据评估人员的核查，评估基准日K产品的库存数量为28 700件，单位成本45元/件，市场近期正常价格为58.5元/件（不含增值税）。该产品的销售费用率为3%，销售税金及附加占销售收入的比例为1.4%，利润率为18.5%，该产品的销售势头较好，市场价格近三年平均上涨4%。甲、乙双方协议，将可实现的现实净收入作为投资额。

K商品的评估价值＝库存数量×（不含税的市场价格－销售税金－销售费用－所得税）
$$= 28\ 700 \times 58.5 \times (1 - 3\% - 1.4\% - 18.5\% \times 25\%)$$
$$= 28\ 700 \times 58.5 \times 0.909\ 8$$
$$= 1\ 527\ 509\ （元）$$

（二）成本法

采用成本法对生产及加工工业的产成品进行评估，主要根据生产该项产成品全过程发生的成本费用确定评估值。对于不改变原有用途和方式的产成品和不能采用市场法评估的产成品，可考虑采用成本法。在具体应用过程中，可以分为以下两种情况进行：

1. 评估基准日与产成品完工时间接近

可以直接按产成品的账面成本确定其评估值。其计算公式为

产成品评估值＝产成品数量×产成品单位成本

2. 评估基准日与产成品完工时间间隔较长

可按如下两种计算方法计算：

（1）以合理的消耗定额和料、工、费的现行市价计算

产成品评估值＝产成品实有数量×（合理材料工艺定额×材料单位现行价格＋
合理工时定额×单位小时合理工时工资、费用）

（2）以物价变动系数对实际成本进行调整

产成品评估值＝产成品实际成本×（材料成本比例×材料综合调整系数＋
工资、费用成本比例×工资、费用综合调整系数）

[例5-10] 某评估事务所对K企业进行资产评估。经核查，该企业A产成品实有数量为5 000件，根据该企业的成本资料，结合同行业成本耗用资料分析，合理材料工艺定额为6千克/件，合理工时定额为12小时。评估时，生产该产成品的材料价格上涨，由原来的80元/千克涨至85元/千克，每小时合理工资标准为15元/小时，每小时合理费用标准为10元/小时。

根据上述分析和有关资料，可以确定该企业产成品评估值：

产成品评估值 = 5 000×（6×85+12×15+12×10）
= 4 050 000（元）

[例5-11] 某企业的C产成品实有数量为400台，每台实际成本为1 500元，根据会计核算资料，生产该产品的材料费用与工资和其他费用的比例为30∶70，根据目前价格变动情况和其他相关资料，确定材料综合调整系数为1.05，工资和其他费用综合调整系数为1.20。由此可以计算出该产成品的评估值：

产成品评估值 = 400×1 500×（30%×1.05+70%×1.20）
= 693 000（元）

五、库存商品的评估

库存商品是指商品流通企业购入但尚未销售的商品。库存商品的评估可以采用市场法或成本法，但与制造业的产成品评估相比，有以下几个特点：

（1）评估时主要选用市场法，现行市价通常选择批发价；
（2）采用成本法时，重置成本主要指库存商品的进价；
（3）商品的市场情况对评估价值的影响很大。

实物流动资产的评估可以采用市场法和成本法，但同一种实物资产采用不同的评估方法，其评估值是不相同的。市场法是从资产市场售价考虑的，其评估值含有销售利润；成本法是从生产和购进该资产的耗费角度考虑的，其评估值不包含产品的销售利润。鉴于此，评估时应根据评估目的和被评估对象的变现能力来选择评估方法。

第三节 货币类流动资产评估

本书所指货币类流动资产包括现金、银行存款和短期投资。

一、库存现金和各项存款的评估

（一）库存现金的评估

库存现金的评估实际上是对库存现金进行审查盘点，以核实后的实有数作为评估值的过程。审查盘点的具体做法，可比照审计的方法进行。对于库存的外币现金，应按评估基准日国家外汇牌价（钞买价）折算成等值人民币。

（二）各项存款的评估

各项存款的评估实际上是对各项存款进行清查确认，通过与银行对账、函证，核实各项存款的实有数,并以核实的实有额作为评估值的过程。在审核中,对银行存款未达账要重点审核,尤其要注意有无长期未达账,如未达时间超过三年,应做坏账处理。如有外币存款,应按评估基准日的国家外汇牌价(汇买价)折算成等值人民币。

二、短期投资评估

短期投资是指企业购入的、能够随时变现的、持有时间不准备超过1年(含1年)的投资,包括各种股票、债权、基金等。短期投资中的有价证券,大多数是在证券市场上公开挂牌交易的,对这部分有价证券,可按评估基准日的收盘价计算确定评估值;不能公开交易的有价证券,可按本金加持有期利息计算评估值。

第四节 债权类流动资产评估

债权类流动资产包括应收账款、预付账款、应收票据以及其他应收款等。

一、应收账款和其他应收款的评估

企业的应收账款和其他应收款主要指企业在经营过程中由于赊销和预付、暂付所形成的尚未收回的款项。应收账款和其他应收款也具有货币资金的性质,与现金、各项存款不同的是它存在回收风险,即便是应收款项净额,由于会计估计的因素和收账费用等原因,会计资料反映的应收款项净额与应收款项的实际可变现价值存在差异,所以,应采用适当的方法对其进行评估。

(一)应收账款的评估

由于应收账款存在一定的回收风险,因此,在对这类资产进行评估时,应在核实无误的基础上,根据每一笔款项可能收回的数额确定评估值。一般应从两个方面进行:一是清查核实应收账款数额,二是估计可能的坏账损失。应收账款评估的基本公式为

应收账款评估价值=应收账款账面价值-已确定的坏账损失-
　　　　　　　预计可能发生的坏账损失及收账费用

其基本评估步骤如下:

1. 确定应收账款账面价值

除了进行账证核对、账表核对外,还应尽可能要求被评估单位按客户名单发函核对,查明每笔应收账款发生的时间、欠款的金额和原因、债务人单位的基本情况,并进行详细记录,作为评估时预计坏账损失的重要依据。

2. 确认已发生的坏账损失

已发生的坏账损失是指评估基准日债务人已经死亡或破产,以及有合法证据证明确实无法收回的应收账款。对于已确认的坏账损失,在评估其价值时,应从应收

账款价值中扣除。

3. 预计可能发生的坏账损失

根据应收账款收回的可能性进行判断，预计可能发生的坏账损失。

4. 预计可能发生的收账费用

实际评估中，可以根据企业与债务人的业务往来的历史资料和现实调查的情况，具体分析欠款的数额、时间和原因、前期欠款数额及款项的回收情况、债务人的资信和经营管理现状等，确定坏账损失的数额，计算评估值。

（1）对业务往来较多，债务人资金状况和结算信用良好，有充分理由相信款项近期内能全部收回的，可以按能收回的款项计算评估值。

（2）对业务往来较少，债务人资金状况和结算信用一般的应收账款，收回的可能性很大，但收回时间不能完全确定，可根据能回收数额，考虑合理的资金利息和收账费用，计算评估值。

（3）偶然发生业务往来，债务人资信状况不清的应收账款，很有可能只能部分收回，这时应按会计上计算坏账损失的方法预计可能发生的坏账，将其从应收账款中扣除后计算评估值。

评估值＝核实后的应收账款数额×（1-坏账率）

$$坏账率 = \frac{评估前若干年发生的坏账数额}{评估前若干年应收账款数额} \times 100\%$$

[例5-12] 对某企业进行整体资产评估，经核实，截至评估基准日的账面应收账款实有额为520万元，前5年的应收账款发生情况及坏账处理情况如表5-4所示。

表5-4　某企业前5年的应收账款发生坏账处理情况　　金额单位：元

	应收账款余额	处理坏账额	备注
第1年	1 500 000	200 000	
第2年	2 450 000	72 000	
第3年	2 500 000	120 000	
第4年	3 050 000	83 500	
第5年	2 140 000	10 100	
合计	11 640 000	485 600	

由此计算前5年坏账占应收账款的百分比为：

（485 600/11 640 000）×100%＝4.17%

预计坏账损失额为：520×4.17%＝21.684（万元）

另外，也可以用账龄分析法预计坏账损失。

[例5-13] 某企业评估时，经核实该企业应收账款实有额为858 000元，具体发生情况以及由此确定坏账损失情况如表5-5、表5-6所示。

表 5-5　应收账款账龄分析表　　　　　　　　　金额单位：元

应收账款项目	总金额	其中：未到期	其中：过期			
			半年	一年	两年	3年及3年以上
甲	487 000	202 000	85 000	160 000	40 000	
乙	176 000	80 000	40 000		10 000	46 000
丙	66 000			18 400	32 000	15 600
丁	129 000	22 000	18 000	24 000	25 000	40 000
合计	858 000	304 000	143 000	202 400	107 000	101 600

表 5-6　坏账计算分析表　　　　　　　　　金额单位：元

拖欠时间	应收金额	预计坏账率	坏账金额	备注
未到期	304 000	1%	3 040	
已过期：半年	143 000	10%	14 300	
1年	202 400	15%	30 360	
2年	107 000	25%	26 750	
3年以上	101 600	43%	43 688	
合计	858 000		118 138	

应收账款评估值=858 000－118 138＝739 862（元）

（4）对虽有业务往来，但债务人信用状况差，有长期拖欠货款的记录，符合有关制度规定，已具备坏账条件，或有确凿证据表明无法收回的应收账款，应按零值评估。

考虑以上各种情况后得出的评估值汇总，即得到应收账款的评估值。

（二）其他应收款的评估

其他应收款的评估，可以参照应收账款的评估方法进行。首先核实其他应收款的存在，再综合考虑其回收的可能、回收的时间以及收账费用等因素，确定评估值。

应收款项评估以后，"坏账准备"科目应按零值计算。因为"坏账准备"科目是应收账款的备抵账户，是企业根据坏账损失发生的可能性采用一定的方法计提的，而对应收账款评估是按照实际可收回的净值进行估算的，因此，不必再考虑坏账准备数额。

二、预付账款的评估

企业的预付账款主要指企业在经营过程中根据合同规定预付给其他单位的款项。

对预付账款的评估，应根据所能收回的相应资产或权利的价值确定评估值。评估时要注意以下两点：

（1）对预付账款的变现可能性进行分析判断，确定无法收回的坏账。例如，对于能收回相应货物的，将核实后的账面值作为评估值；对于有确凿证据表明收不回、不能形成相应资产或权益的预付款，其评估值为零。

（2）避免重复评估。例如，对货已到但尚未结清货款的项目要进行核对，避免将已到的货物按账外资产处理，重复计算资产价值。

三、应收票据的评估

应收票据是由付款人或收款人签发、由付款人承兑、到期无条件付款的一种书面凭证。

应收票据按承兑人不同，可分为商业承兑汇票和银行承兑汇票。对于银行承兑汇票，承兑银行是票据的第一付款人，承担票据到期见票即付的责任，因此，评估时可以不考虑变现风险；商业承兑汇票则应根据承兑人的资信状况和票据的可变现程度进行评估。

应收票据的评估值应由两部分组成，即票据的本金和利息。具体可采用下面两种方法进行：

（一）按票据的本利和计算

应收票据的评估价值为截至评估基准日止票据的面值加上应计的利息。

其计算公式为

应收票据评估值=本金×（1+利息率×时间）

［例5-14］某企业拥有一张付款期限为3个月的银行承兑商业汇票，出票日期为2018年3月12日，本金为75万元，月息为10‰，评估基准日2018年4月2日。由此确定评估值为

应收票据的评估值=750 000×（1+10‰÷30×20）=755 000（元）

（二）按应收票据的贴现值计算

商业汇票可依法背书转让或向银行申请贴现，对企业拥有的、满足银行贴现贷款条件的、尚未到期的应收票据，可按评估基准日的贴现值计算评估值。其计算公式为

应收票据评估值=票据到期价值-贴现息

贴现息=票据到期价值×贴现率×贴现期

［例5-15］B企业向甲企业售出一批半成品，货款金额为800万元，采取商业汇票结算，付款期为6个月。甲企业于4月10日开出汇票，并经甲企业的开户银行承兑。现对B企业进行评估，评估基准日为7月10日。由此确定贴现日期为90天，贴现率按月息6‰计算。则有：

贴现利息=（800×6‰/30）×90=14.4（万元）

应收票据评估值=800-14.4=785.6（万元）

（三）比照应收账款评估

如果被评估的应收票据系在规定的时间尚未收回的票据，由于会计处理上已将不能如期收回的应收票据转入应收账款账户，因此，可按应收账款的评估方法，在分析调查的基础上，对这部分票据进行价值评估。

第五节 其他流动资产评估

一、一年内到期的长期债权投资的评估

一年内到期的长期债权实质上具有短期债权的性质，可比照短期债权的评估方法进行评估。对在证券市场上公开挂牌交易的，可按评估基准日的收盘价计算确定评估值；不能公开交易的长期债券，可按本金加持有期利息计算评估值；对已有确凿证据证明不能如期、足额收回本息的长期债权，应在考虑变现风险和相应的资金成本、收账费用等的基础上，确定其评估值。

二、待摊费用的评估

待摊费用是指费用支出在前而收益期在后、应由企业本月和以后月份负担的未摊销费用，如大修理费、预付的报章杂志费、预付保险金、预付租金，等等。

待摊费用虽不是一项实际存在的资产，但费用的支出可以形成一定形式的享用服务的权利，这种权利的存在，可以使企业获得未来受益。从这个意义上讲，待摊费用仍然是一项资产。

由于待摊费用大部分没有单独的物质实体（如大修理费、租入固定资产改良工程支出、开办费等），不能单独交易和转让，因此，通常只有在企业整体评估时，才会涉及待摊费用评估。

对待摊费用评估要注意以下几点：

（1）了解情况。要了解其合法性、合理性和真实性，了解费用支出和摊余情况，了解形成新资产和权利的尚存情况。

（2）确认原则。要根据对在评估目的实现后，其资产占有者还拥有的而且与其他评估对象没有重复的那部分资产和权利的价值予以确认。例如，评估目的实现后，待摊费用中未消失的资产或权力仍为企业的生产经营服务，应按其摊余价值计算评估值。

（3）评估目的实现后，被评估企业不复存在或改变经营方向，未摊销的待摊费用对企业经营已无作用，则不再确认其价值。

[例5-16] 某资产评估公司受托对某改制企业进行整体评估，评估基准日为2018年4月30日。有关待摊费用的资料如下：企业截至评估基准日待摊费用账面余额为57.57万元，其中有预付一年的保险金9.6万元，已摊销1.6万元，余额为8万元；尚待摊销的低值易耗品余额为43.57万元，预付房屋租金9万元（二季度），已摊销3万元，余额为6万元，评估基准日后以上资产仍有续用价值。评估人员根据上述资料进行如下评估：

（1）预付保险金的评估。根据保险金全年支付数额计算每月应分摊数额：

每月应分摊数额 = 96 000/12 = 8 000（元）

应预留保险金（评估值）= 8 000×8 = 64 000（元）

（2）未摊销的低值易耗品价值的评估。低值易耗品根据实物数量和现行市场价格评估，评估值为 468 300 元。

（3）房屋租金的评估。房屋租金的价值按月摊销，每月租金为 3 万元。

评估值 = 3×2 = 6（万元）

评估结果为：

64 000+468 300+60 000 = 592 300（元）

三、其他流动资产的评估

其他流动资产主要指待处理流动资产等。其中，对待处理流动资产评估时，应认真审核每项待处理流动资产的具体内容，对明显处于报废、无效、价值严重损失的资产，经过符合规定的鉴定和检验，取得足够的证据，其评估值一般为清理变现后的净收益或为零。这部分资产的评估应在评估报告中单独列示，说明有关情况。

第六章
长期投资性资产的评估

第一节 长期投资性资产评估的特点与程序

一、长期投资性资产的概念及特点

长期投资性资产是指企业不准备随时变现，持有期在一年以上的投资性资产，包括长期债权投资资产和长期股权投资资产。

根据长期投资的目的不同，长期投资性资产可分为三类：

（一）为了积累供特定用途需要的资金而进行的投资形成的资产

这是指企业为了将来归还长期借款或扩大再生产而建立偿债基金或设立专项存款，并将偿债基金或专项存款投资于证券或其他企业形成的长期投资性资产。

（二）为了达到控制其他企业的业务以配合本企业的经营或对其他企业实施重大影响而进行的投资形成的资产

如为了保证企业生产的能源或原材料供应、扩大企业产品的销售等目的，购入并长期持有相关企业的债券或一定份额的股票等形成的长期投资性资产。

（三）出于其他长期的战略性考虑等进行的投资形成的资产

长期投资性资产是企业以获取投资权益和收益为目的，向那些并非直接为本企业使用的项目投入资产的行为形成的长期资产。长期投资行为的特点是以获取投资权益为目的，放弃对实际资产的直接控制权。

二、长期投资性资产评估的特点

长期投资性资产评估是对企业所拥有的、以长期投资形态存在的那部分资产的评估，包括对长期债权投资资产、长期股权投资资产的评估。长期投资行为的特点决定了长期投资性资产评估的特点。由于长期投资性资产是以对其他企业享有的权益而存在的，因此，长期投资性资产的评估主要是对长期投资性资产所代表的权益进行评估。其特点主要表现为：

（一）长期股权投资资产评估是对资本的评估

长期股权投资是投资者在被投资企业所享有的权益，虽然投资者的出资形式有货币资金、实物资产和无形资产等，但是，一旦该项资产被转移到被投资企业，其便发挥着资本金的作用。因此，对长期股权投资资产的评估是对其所代表的权益所进行的评估，事实上成为对被投资企业的资本的评估。

（二）长期股权投资资产评估是对被投资企业获利能力的评估

长期股权投资是投资者不准备随时变现，持有时间超过一年的权益性投资，其根本目的是获取投资收益和实现投资增值。长期股权投资资产价值的高低，主要取决于该项投资性资产能否获得相应的收益。因此，被投资企业的获利能力的大小就成为长期股权投资资产评估的决定因素。

（三）长期债权投资资产评估是对被投资企业偿债能力的评估

长期债权投资的投资利益是债券的利息收入，影响长期债权投资价值的是债券的利息收入水平以及债券到期时如数收回本金的安全性，而被投资企业的偿债能力直接影响着长期债权投资到期收回本息的可能性。因此，被投资企业偿债能力就成为长期债权投资资产评估的决定因素。

由此可见，对长期投资性资产的评估，已经超出了对被评估企业自身的评估，而通常需要对被投资企业进行评估。当然，这要视被评估企业对被投资企业的控制力和影响程度而定。

三、长期投资性资产评估的程序

（一）明确项目的具体内容

这包括投资的形式、原始投资额、评估基准日余额、投资收益获取的方式、历史收益额、长期股权投资资产占被投资企业实收股本的比例以及相关会计核算方法等。

（二）根据长期投资性资产的特点选择合适的评估方法（略）

（三）评定估算，得出结论（略）

第二节　长期债权投资的评估

一、长期债权投资的基本内容及其特点

（一）长期债权投资的基本内容

长期债权投资包括债券投资及其他债权投资。本书的长期债权投资，主要以债券投资为例加以介绍。

（二）长期债权投资的特点

1. 到期还本付息，收益相对稳定

债券收益主要受两大因素制约：一是债券面值，二是债券票面利率。这两大因素都是事前约定的。只要债券发行主体不发生较大变故，债券的收益是相对稳定的。

2. 投资风险较小，安全性较强

相对于股权投资而言，债券投资风险相对较小。因为国家对债券发行有严格的规定，发行债券必须满足国家规定的基本要求。当然，债券投资也具有一定的风险，一旦债券发行主体出现财务困难，债券投资者就有发生损失的可能。但是，即使债

券发行企业破产，在破产清算时，债券持有者也有优先受偿权。所以，相对于股权投资，债券投资仍有较高的安全性。

3. 具有较强的流动性

可以上市交易的债券具有较强的流动性。

二、长期债权投资的评估

（一）已上市交易债券的评估

上市交易债券指可以在证券市场上交易、自由买卖的债券。

对已上市交易的债券，一般采用现行市价法进行评估，即按照评估基准日的收盘价确定评估值。在特殊情况下，如果某种债券的市场价格严重扭曲、不能代表实际价格，就应该采用非上市交易债券的评估方法进行评估。

已上市交易债券价值的评估公式为

债券评估价值 = 债券数量 × 评估基准日该债券的收盘价

[例6-1] 某被评估企业的长期债权投资账面资料如下：某年发行的国库券为1 500张、面值100元/张、票面年利率为5.5%、期限为3年，已上市交易。根据市场调查，评估基准日该种债券面值的市场收盘价为110元。要求确定其评估值。

评估值 = 1 500 × 110 = 165 000（元）

采用市场法对债券的价值进行评估时，应在评估报告书中说明所有评估方法和结论与评估基准日的关系，并说明该评估结果应随市场价格变动而适当调整。

当某种上市交易的债券市场价格严重扭曲，市价不能够代表该债券的真实价值时，就应该采用非上市交易债券的评估方法对该种债券进行评估。

（二）非上市交易债券的评估

对于不能进入市场交易流通的债券，无法直接通过市场判断其价值，可以采用收益法，根据该债券本利和的现值确定评估值。

根据债券付息方法的不同，债券可分为到期一次还本付息和分次付息、到期一次还本两种。

1. 到期一次还本付息债券的评估

评估价值的数学表达式为

$$P = F(1+r)^{-n}$$

式中：P——债券的评估值；

F——债券到期时的本利和；

r——折现率；

n——评估基准日至债券到期日的间隔时间（以年或月为单位）。

本利和的计算还要区分债券计息方式是单利还是复利：

（1）采用单利计算时，债券本利和为

$$F = A(1 + m \times i)$$

（2）采用复利计算时，债券本利和为

$$F = A(1+i)^m$$

式中：A——债券面值；
　　　m——计息期限；
　　　i——债券利息率。

债券面值、计息期限、债券利息率等在债券上均有明确记载，而折现率是评估人员根据评估时的实际情况分析确定的。

折现率包括无风险报酬率和风险报酬率。无风险报酬率通常以银行储蓄存款利率、国库券利率为准。风险报酬率的大小则取决于债券发行主体的具体情况：国家债券、金融债券等有良好的担保条件，其风险报酬率一般较低；对于企业债券，如果发行企业经营业绩较好，有足够的还本付息能力，则风险报酬率较低，反之则应取较高的风险报酬率。

［例6-2］某评估事务所受托对甲企业的长期债权投资进行评估。被评估企业的"长期债权投资——债券投资"的账面价值为10万元，系A企业发行的三年期一次还本付息债券，年利率8%，单利计息，评估时债券购入时间已满一年，当时国库券利率为5%。经评估人员分析调查，发行企业经营业绩尚好，财务状况稳健。两年后具有还本付息的能力，投资风险较低，取2%的风险报酬率，以国库券利率为无风险报酬率，故折现率取7%。

根据前述的公式，该债券的评估价值为

$F = A(1+m \times i) = 100\,000 \times (1+3 \times 8\%) = 124\,000$（元）

$P = F(1+r)^{-n} = 124\,000 \times (1+7\%)^{-2} = 124\,000 \times 0.873\,4$
　$= 108\,301.6$（元）

2. 分次付息、到期一次还本债券的评估

评估价值的数学表达式为

$$P = \sum_{t=1}^{n} [R_t(1+r)^{-t}] + A(1+r)^{-n}$$

式中：P——债券的评估值；
　　　R_t——第t年的预期利息收益；
　　　r——折现率；
　　　A——债券面值；
　　　t——评估基准日至收取利息日的期限；
　　　n——评估基准日至到期还本日的期限。

［例6-3］仍以例6-2的资料，假定该债券是每年付一次息，债券到期一次还本。其评估值为

$P = \sum_{t=1}^{n} [R_t(1+r)^{-t}] + A(1+r)^{-n}$

$= 100\,000 \times 8\% \times (1+7\%)^{-1} + 100\,000 \times 8\% \times (1+7\%)^{-2} +$
　$100\,000 \times (1+7\%)^{-2}$

$= 8\,000 \times 0.934\,6 + 8\,000 \times 0.873\,4 + 100\,000 \times 0.873\,4$

$= 101\,804$（元）

需要注意的是，对于不能按期收回本金和利息的债券，评估人员应在调查取证的基础上，通过分析预测回收风险，合理确定评估值。

第三节 长期股权投资的评估

长期股权投资包括两种形式：一种是直接投资形式，投资主体通常以货币资金、实物资产以及无形资产等直接投入到被投资企业，并取得被投资企业的出资证明确认股权；另一种是间接投资形式，投资主体通常在证券市场上通过购买发行企业的股票，实现投资的目的。长期股权投资的评估，应区别股票投资和股权投资分别加以讨论。

一、股票投资的评估

（一）股票投资的特点

股票投资是指企业通过购买等方式取得被投资企业的股票而实现的投资行为。股票属于不确定请求权的有价证券，不确定请求权证券的收益是不确定的。非上市股票的收益基本上取决于发行企业的经营业绩；上市股票的收益主要取决于股市行情。所以，股票投资具有高风险、高收益的特点。

（二）股票投资评估的原则

1. 预期收益原则

股票是典型的虚拟资本，股票的价格基础是以证券形式所代表的股票发行主体的生产能力和获利能力。因此，在评估中应充分注意股票发行主体的经营实绩和预期效益。

2. 收益本金化原则

股票作为一种虚拟资本，其价值应当是预期收益的本金化价格。

3. 实际变现原则

股票作为一种特殊商品，其评估价值可根据股票的变现值确定。

（三）股票的种类、价格与价值

1. 股票的种类

股票按不同的分类标准可分为记名股票和不记名股票、有面值股票和无面值股票、普通股股票和优先股股票、上市股票和非上市股票等。

2. 股票的价格与价值

股票的价格包括票面价格、发行价格、账面价格、清算价格、内在价格和市场价格等。

此处所讲的股票的价值是指股票的评估价值，股票的评估价值与股票的票面价格、发行价格和账面价格的联系并不紧密，而与股票的内在价格、清算价格和市场价格有着较为密切的联系。

票面价格是指股份公司在发行股票时所标明的每股股票的票面金额。

发行价格是指股份公司在发行股票时的出售价格，主要有面额发行、溢价发行、折价发行几种形式。

账面价格，又称股票的净值，是指股东持有的每一股票在公司财务账单上所表现出来的净值。

清算价格是指企业清算时，每股股票所代表的真实价格。它是公司清算时公司净资产与公司股票总数之比值。

股票的内在价值是一种理论价值或市场模拟价值。股票发行公司的发展前景、财务状况、管理水平、技术开发能力、获利潜力以及公司面临的各种风险等因素决定了股票的内在价格。

市场价格是指证券市场上买卖股票的价格，在证券市场发育完善的条件下，股票市场价格是市场对公司股票的一种客观评价。

股票的市场价格是证券市场上买卖股票的价格。在证券市场比较完善的条件下，股票的市场价格基本上是市场对公司股票内在价值的一种客观评价，在某种程度上可以将市场价格直接作为股票的评估价值。当证券市场发育尚未成熟或股票市场的投机成分太大时，股票的市场价格就不能完全代表其内在价值。因此，在具体进行股票价值评估时，不能不加分析地将其市场价格作为股票的评估值。

（四）股票投资的价值评估

对于股票的价值评估，一般分为上市交易股票和非上市交易股票两类进行。

1. 上市交易股票的价值评估

上市交易股票是指企业公开发行的、可以在证券市场上市交易的股票。

对上市交易股票的价值评估，在正常情况下（指股票市场发育正常，股票自由交易，没有非法炒作的现象），可以按照评估基准日的收盘价确定被评估股票的价值，此时，股票的市场价格可以代表评估时点被评估股票的价值。在非正常情况下，股票的市场价格就不能完全作为评估的依据，而应采用评估非上市交易股票的方法，将股票的内在价值作为评估股票价值的依据。

2. 非上市交易股票的价值评估

非上市交易股票又分为优先股和普通股两种。

（1）优先股的价值评估

在一般情况下，优先股在发行时就已确定了股息率，所以，优先股的评估主要是判断股票发行主体是否有足够的优先分红的利润，而这种判断是建立在对股票发行企业的生产经营情况、利润实现情况、股本构成中优先股的比重、股息率的高低以及股票发行企业负债状况等情况的全面了解和分析基础上的。如果股票发行企业资本构成合理，企业盈利能力强，优先股的收益有保证，评估人员可以根据事先确定的股息率，计算出优先股的年收益额，然后折现计算评估值。其计算公式如下：

$$P = \sum_{t=1}^{\infty} \left[R_t (1+r)^{-t} \right] = A/r$$

式中：P——优先股的评估值；

R_t——第 t 年的优先股的收益；

r——折现率；

A——优先股的年等额股息收益。

[例6-4] 某被评估企业拥有甲企业1 000股累积性、非参加分配优先股，每股面值100元，股息率为年息15%。评估时，甲企业的资本构成不尽合理，负债率较高，可能会对优先股股息的分配产生消极影响。因此，评估人员将该优先股票的风险报酬率定为4%，加上无风险报酬率6%，该优先股的折现率为10%。

根据上述数据，该优先股评估值如下：

$P = A/r$

　　$= 100 \times 1\,000 \times 15\% / (6\% + 4\%)$

　　$= 15\,000 / 10\%$

　　$= 150\,000$（元）

（2）普通股的价值评估。

由于普通股股息率不固定，每年的收益额受股票发行主体的经营状况、利润分配政策等因素的影响，所以在确定普通股股票的未来收益和折现率时，就需要对股票发行企业进行全面、客观的了解与分析，包括被评估企业历史上的利润水平和利润分配政策、企业所处行业的前景、企业的发展前景、企业的盈利能力、企业管理人员素质和创新能力、企业现行的股利分配政策等。

股份公司的股利分配方式，通常可以划分为固定红利型、红利增长型和分段型三种类型。在不同的分配方式下，股票价值的评估方法不尽相同。

①固定红利型。固定红利型是假设企业经营稳定，分配红利固定，并且今后也能保持固定水平。在这种假设条件下，普通股股票评估值的计算公式为

$P = R/r$

式中：P——股票的评估值；

　　　R——股票的未来收益额；

　　　r——折现率。

[例6-5] 假设被评估企业拥有C公司的非上市普通股500 000股，每股面值1元。在持有期间，每年的收益率一直保持在18%左右。经评估人员了解分析，股票发行企业经营比较稳定，管理人员素质高、管理能力强。在预测该公司以后的收益能力时，按稳健的估计，今后几年，其最低的收益率为15%左右。评估人员根据该企业的行业特点及当时宏观经济运行情况，确定无风险报酬率为5%（国库券利率），风险报酬率为3%，则确定的折现率为8%。

根据上述资料，计算评估值为

$P = R/r = 500\,000 \times 15\% / 8\% = 937\,500$（元）

②红利增长型。红利增长型适用于成长型股票的评估。成长型企业发展潜力大，收益会逐步提高。该类型的假设条件是股票发行企业没有将剩余收益全部分配给股东，而是用于追加投资扩大再生产。

在这种假设前提下，普通股股票评估值的公式为

$P = R/(r-g)$　　　($r > g$)

式中：P——股票的评估值；

R——股票的未来收益额；

r——折现率；

g——股利增长率。

这种方式下评估的要点，主要是估算出股利增长率 g：可以运用统计分析的方法，将根据被评估企业过去股利的实际数据计算的平均增长率作为股利增长率；也可以采用趋势分析法，根据被评估企业的股利分配政策，以剩余收益中用于再投资的比率与企业净资产利润率相乘确定股利增长率。即

g＝再投资的比率（税后利润的留存比率）×净资产利润率

　＝（1－股利支付率）×净资产利润率

[例6-6] 某评估公司受托对 D 企业所持有的某非上市公司 10 万股普通股进行评估。该股票每股面值 1 元，公司每年以净利润的 70%用于发放股利，其余 30%用于追加投资，股票持有期间每年收益率在 10%左右。评估人员根据对企业经营状况的调查分析，认为该行业具有发展前途，具有较强的发展潜力，评估基准日后，股票发行企业至少可保持 3%的发展速度，净资产利润率将保持在 12%的水平，无风险报酬率为 5%（国库券利率），风险报酬率为 3%，则确定的贴现率为 8%。

该股票评估值为

P ＝R/（r－g）

　＝100 000×10%/［（5%+3%）－30%×12%］

　＝10 000/（8%－3.6%）

　＝227 273（元）

③分段型。前两种模型一是股利固定，二是固定的增长率，都过于模式化，很难适用于所有的股票评估。针对实际情况，采用分段型则比较客观。所谓分段型，是指将企业的未来预测期分为可清晰预测期与不可清晰预测期。其计算原理是：

第一段为可清晰预测期，即指较能客观地预测股票收益的期间；第二段为不可清晰预测期，即指不易预测股票收益的期间。评估时，分别计算两段的收益现值，并将两段收益现值相加，得出评估值。

[例6-7] 某评估公司受托对 Z 公司的资产进行评估，Z 公司持有某一公司非上市交易的普通股股票 20 万股，每股面值 1 元。在持有期间，每年股利收益率均在 12%左右。评估人员对发行股票公司进行调查分析后认为，前 3 年可保持 12%的收益率；从第 4 年起，一条大型生产线交付使用后，可使收益率提高 3 个百分点，并将持续下去。评估时国库券利率为 4%，该股份公司是公用事业企业，其风险报酬率确定为 2%，折现率为 6%。

该股票评估值为

股票的评估价值＝前三年收益的折现值＋第四年后收益的折现值

　　　　　　　＝200 000×12%×（P/A，6%，3）+（200 000×15%/6%）×

　　　　　　　　（1+6%）$^{-3}$

　　　　　　　＝24 000×2.673+30 000/6%×0.839 6

　　　　　　　＝64 152+419 800＝483 952（元）

二、股权投资的评估

（一）股权投资的基本概念

股权投资是指投资主体以现金资产、实物资产或无形资产等直接投入到被投资企业，取得被投资企业的股权，从而通过控制被投资企业获取收益的投资行为。这里主要指的是部分股权的投资。

在股权投资评估中，必须针对不同的投资形式和投资收益的获取方式，以及投资占被投资企业实收资本或股本的比重大小等具体情况，选择不同的评估方法。

直接的股权投资常见的投资形式有联营、合资、合作和独资。投资双方的权利、责任和义务、投资期限、投资收益的分配形式以及投资期满对投入资本金的处理方式等，大都是通过投资协议或合同加以确定。常见的收益分配方式有以下几种：

（1）按投资方投资额占被投资企业实收资本的比例，参与被投资企业净收益的分配；

（2）按被投资企业的销售收入或利润的一定比例提成；

（3）按投资方出资额的一定比例支付资金使用报酬。

投资协议或合同一般都规定了投资的期限。有限期的投资在投资协议期满时，对投入资本的处置方式有：

（1）按投资时的作价金额以现金退还；

（2）以实物资产返还；

（3）按协议满时实投资产的变现价格或续用价格作价，以现金返还等。

按股权投资占被投资企业实收资本或股本的比重大小和实际可实施控制程度，可分为控股型投资和非控股型投资，对应的评估形式也可分为控股型的股权投资评估和非控股型的股权投资评估两类。

（二）非控股型股权投资（少数股权）评估

非控股型股权投资是指投资企业对被投资企业不拥有控股权或实际的控制权的股权投资，对该类投资进行的评估称为非控股型股权投资评估。

对于非控股型股权投资评估，可采用收益法或重置价值法等。

在收益法下，应根据被投资企业历史收益情况和未来的经营情况以及经营风险，测算出未来的收益，再选用适当的折现率折算为现值作为评估值。

（1）对于合同、协议明确约定了投资报酬的长期投资，可将按规定应获得的收益折为现值，作为评估值；

（2）对于不是直接获取资金收入而是取得某种权利或其他间接经济效益的投资，可通过了解分析测算相应的经济效益，折现计值；

（3）对到期可收回资产的实物投资，可按约定或预测的预期收益折现，再加上到期收回资产的现值，计算评估值；

（4）对于明显没有经济利益，也不能形成任何经济权利的投资则按零价值计算。

在被投资企业的未来收益难以确定时，应视情况采用其他方法：

（1）采用成本法进行评估，即通过对被投资企业进行整体评估，确定净资产数额，再根据投资方所占的份额确定评估值；

（2）如果进行该项投资的期限较短，价值变化不大，被投资企业资产账实相符，可以根据核实后的被投资企业资产负债表上的净资产数额，再根据投资方所占的份额确定评估值。

对非控股型股权投资，不论采用什么方法评估，都应考虑少数股权因素可能会对评估值产生的影响。

（三）控股型股权投资评估

控股型股权投资是指投资企业对被投资企业拥有控股权或实际的控制权的股权投资，对该类投资进行的评估称为控股型股权投资评估。

控股型股权投资评估的关键在于确定控制权收益，而控制权收益的确定又必须建立在对被投资企业进行企业整体价值评估的基础上。所以，控股型股权投资评估的基本思路是：先对被投资企业进行整体价值评估，即根据被投资企业历史收益情况和未来经营情况及风险，对未来收益进行预测；然后选用适当的折现率将其折算为现值，从而得出企业的整体价值，再按投资企业拥有被投资企业股权的比例测算出控股股权的评估价值。

对被投资企业进行整体评估时应该以收益法为主，在特殊情况下，可以单独采用市场法。对被投资企业整体评估的基准日与投资方的评估基准日相同。

（四）股权投资评估应该注意的问题

对股权投资评估，不论是控股型股权投资评估还是非控股型股权投资评估，都应该单独评估股权投资的价值，并记录在长期股权投资项目之下，不能将被投资企业的资产和负债与投资方合并。

由于股东部分权益价值并不必然等于股东全部权益价值与股权比例的乘积，所以在对部分股权投资价值评估时，应当在适当及切实可行的情况下考虑由控制权和少数股权等因素产生的溢价或折价，并在评估报告中披露在股权评估中是否考虑了控股权和少数股权等因素产生的溢价或折价。

第四节 其他长期性资产的评估

其他长期性资产是指不能包括在流动资产、长期投资、固定资产、无形资产等之内的资产，主要包括长期待摊费用和其他长期资产。长期待摊费用包括固定资产大修理支出、租入固定资产改良支出、股票发行费用、筹建期间费用（开办费）等；其他长期资产是指除长期待摊费用以外的资产，如特种储备资产、银行冻结存款、冻结的物资以及涉及诉讼的财产。

长期待摊费用本质上是一种费用而不是资产，其摊余价值不能单独对外交易或转让，只有当企业发生整体产权变更时，才可能涉及对其价值的评估。

长期待摊费用能否作为评估对象，取决于它能否在评估基准日后给产权主体带来经济利益。所以，在评估时，必须了解费用支出和摊余情况，根据评估目的实现后资产的占有情况和尚存情况，并排除与其他评估对象重复计算的因素后，确定其评估值。

按此原则，对长期待摊费用的不同构成内容，应采取不同的评估方法。

理论上，要根据企业的收益状况、收益时间及货币时间价值、现行会计制度的规定等因素确定评估值。货币时间价值因素1年内的不予考虑，超过1年的应根据具体内容、市场行情的变化趋势处理。在实践中，如果物价总水平波动不大，可以将其账面价值作为其评估价值，或者按其发生额的平均数计算。

[例6-8] 某评估公司受托对某改制企业进行整体评估，评估基准日为2006年4月30日。有关长期待摊费用资料如下：企业截至评估基准日长期待摊账面余额为78.57万元。经查核，其中有尚待摊销的固定资产大修理费余额53.57万元；预付的租入固定资产改良支出30万元，已摊销5万元，余额为25万元等两项，评估基准日后仍有续用价值。根据租约，租入固定资产的起租时间为2005年4月30日，租约终止期为2011年4月30日。评估人员根据上述资料进行如下评估：

（1）未摊销的固定资产大修理费价值的评估。由于在固定资产评估时，已考虑了固定资产的修理状况，这部分费用已体现在固定资产中，故没有尚存的资产或权利，因此，不计算固定资产大修理费的评估值。

（2）预付租入固定资产改良支出价值的评估。预付租入固定资产改良支出的价值按租约规定的租期时间分摊计算，每年应摊的费用为5万元，租入固定资产尚有5年使用权。

预付租入固定资产改良支出的评估价值 = 5×5 = 25（万元）

综上，长期待摊费用评估结果为25万元。

第七章
无形资产评估

第一节 无形资产评估概述

无形资产在当今世界微观经济活动中，表现出远比有形资产更具有活力。企业拥有无形资产的多少，反映出企业所具有的竞争实力。无形资产成为企业一项重要的长期资产，是企业生产经营活动中一项重要的经济资源。

一、无形资产的定义及特征

《资产评估执业准则——无形资产》（2017）第二条指出："本准则所称无形资产，是指特定主体拥有或者控制的，不具有实物形态，能持续发挥作用并且能带来经济利益的资源。"评估执业准则强调了特定主体控制这个理念，更关注特定主体控制下的产权关系对无形资产的影响。

根据以上定义，无形资产具有以下特征：

（一）非实体性

非实体性是指无形资产不具有实物形态，如工业产权、专有技术等，它是无形资产的主要特征。但是，无形资产又具有另一方面的特征，即它往往依托于一定的实体而存在。商誉内含于企业的整体资产，开矿权通过矿产开发来体现，生产新产品的专利、专有技术要通过工艺、配方、生产线等来实现。因此，进行无形资产的评估，必须考虑其所依托的实体。

（二）控制性

控制性是指无形资产必须由一定的主体排他性地加以控制。这就把无形资产同一些偶然对生产经营发挥作用，但不具有持续性的经济资源，以及虽能持续发挥作用，但却没有效益或不能排他性控制的经济资源相区别，如普通技术、政府发布的经济信息等。

（三）效益性

效益性是指无形资产能够在较长时期内持续产生经济效益。此处要注意两点：一是较长时期，通常指3年以上；二是持续性，要不断地而不是断断续续地产生效益。

二、无形资产的功能特性

无形资产的功能特性是指无形资产发挥其功能或作用的特点，无形资产发挥作用的方式明显区别于有形资产。

（一）共益性

共益性是指无形资产可以让使用它的人共同受益。一项无形资产可以在不同的地点、同一个时间由不同的主体同时使用或控制。

（二）替代性

替代性是指一项无形资产很容易被新的无形资产所取代，这是技术进步所致。这个特性要求人们在评估无形资产时必须考虑它的作用期限，尤其是尚可使用年限。

（三）积累性

积累性是指无形资产的形成和发展本身具有一个积累的过程。这体现在两个方面：

（1）一项无形资产的形成可能要依靠其他无形资产的发展；

（2）一项无形资产自身的发展也是一个不断积累和演进的过程。

三、无形资产的分类

无形资产种类很多，可以按不同标准进行分类：

（1）按企业取得无形资产的渠道划分，可以分为企业自创（或者自身拥有）的无形资产和外购的无形资产。前者是由企业自己研制创造获得的以及由于客观原因形成的，如自创的专利、专有技术、商标等；后者则是企业以一定代价从其他单位或个人购入的，如外购的专利、商标等。

（2）按可辨识程度划分，可以分为可辨认无形资产和不可辨认无形资产。可辨认无形资产是指能够独立存在，并可以单独对外出租、出售、授予许可、交换的无形资产，如专利权、商标权、著作权、专有技术、销售网络、客户关系、商业特许权、合同权益等；不可辨认无形资产是指不能独立存在，且与企业整体或者经营实体不可分割的无形资产，如商誉。

（3）按照其构成内容划分，可以分为单项无形资产和无形资产组合。单项无形资产是指独立的某一项无形资产；无形资产组合是指若干项无形资产合并在一起的情形，比如，有时评估对象是专利，但其中包含有商标等无形资产。

（4）按照作用领域划分，可以分为促销型无形资产、制造型无形资产和金融型无形资产。促销型无形资产是指与促销产品或服务有关的无形资产，如商号/商标、顾客名单等；制造型无形资产是指与生产制造产品有关的无形资产，如专利、配方等；金融型无形资产是指与获得金融、财务竞争优势有关的无形资产，如优惠融资、核心存款等。

四、影响无形资产评估价值的因素

根据上述无形资产的特征和分类，可以看出，与有形资产相比，无形资产评估的难度更大。进行无形资产评估，首先要明确影响无形资产评估价值的因素。一般说来，影响无形资产评估价值的因素主要有：

（一）无形资产的成本

无形资产的成本包括外购无形资产成本与自创无形资产成本。对企业来说，外购无形资产成本较易确定，而自创无形资产成本计量较为困难。一般来说，无形资产的成本包括创造发明成本、法律保护成本、发行推广成本等。

（二）机会成本

机会成本是指该项无形资产转让、投资、出售后所失去的市场以及损失收益的大小。

（三）获利能力因素

获利能力因素是指无形资产的预期收益能力。成本是从无形资产补偿角度考虑的，无形资产更重要的特征是其创造超额收益的能力。

（四）使用期限

无形资产一般都有一定的使用期限。使用期限的长短，一方面取决于该无形资产的先进程度，另一方面取决于其无形损耗的大小。一般而言，无形资产越先进，其领先水平越高，使用期限越长，无形损耗程度越低，使用期限也越长。考虑无形资产的期限，除了应当考虑法律保护期限外，更主要的是考虑其具有实际超额收益的期限（或者收益期限）。比如某项发明专利，保护期为 20 年，但由于无形损耗较大，拥有该项专利实际能获超额收益的期限为 10 年，则这 10 年为评估该项专利时应当考虑的期限。

（五）技术成熟程度

一般而言，科技成果都有一个"发展—成熟—衰退"的过程。科技成果的成熟程度如何，直接影响到评估值高低，其开发程度越高，技术越成熟，运用该技术成果的风险性越小，评估值就会越高。

（六）转让内容因素

从转让内容看，无形资产转让一般有所有权转让和使用权转让。另外，关于转让过程的有关条款的规定，都会直接影响其评估值。就所有权转让和使用权转让来说，所有权转让的无形资产评估值一般高于使用权转让的评估值。在技术贸易中，同是使用权转让，由于其许可程度不同，也会影响评估值的高低。

（七）无形资产的更新换代情况

一项无形资产的寿命期，主要取决于其损耗程度。该项无形资产的更新换代越快，无形损耗越大，其评估值越低。因此，无形资产价值的损耗和贬值，不取决于自身的使用损耗，而取决于本身以外的更新换代情况。

（八）无形资产的市场供需状况

市场供需状况一般反映在两个方面：一是无形资产市场需求情况，二是无形资产的适用程度。对于可出售、转让的无形资产，其评估值随市场需求的变动而变动。市场需求大，则评估值就高；市场需求小，且有同类无形资产替代，则其评估值就低。同样，无形资产的适用范围越广，适用程度越高，需求者越多，需求量越大，评估值就越高。

（九）同行业同类无形资产的交易方式

无形资产评估值的高低，还取决于无形资产交易、转让的价款支付方式、各种支付方式的提成基数、提成比例等。在评估无形资产时，应当予以综合考虑。

五、无形资产评估的特点

无形资产评估的特点主要有两个：

（一）评估的是无形资产所带来的超额收益能力

无形资产的价值，从本质上来说，是能为特定持有主体带来经济利益，这种获利能力通常表现为无形资产的超额收益能力。

（二）剔除其他资产对评估值的影响

无形资产的实施一般要与其他资产共同发挥作用，因此，在无形资产评估中，需要剔除其他资产对评估值的影响，才能合理估算所评估无形资产的价值。

六、无形资产评估的程序

无形资产评估的程序是评估无形资产的操作规程。评估程序既是评估工作规律的体现，也是提高评估工作效率、确保评估结果科学有效的保证。无形资产评估一般按下列程序进行：

（一）明确评估目的

无形资产的评估目的一般包括转让、许可使用、出资、拍卖、质押、诉讼、损失赔偿、财务报告、纳税等。评估目的是委托方基于将要进行的商业交易等经济行为而提出的需要价值估算服务的要求，评估目的决定了选取的价值类型，进而影响具体评估方法的选取。

（二）确认无形资产

对无形资产进行评估时，评估人员首先应对被评估的无形资产进行确认。应当解决以下问题：一是确认无形资产的存在，二是区别无形资产种类，三是确定其有效期限。

1. 确认无形资产的存在

这主要是验证无形资产是否存在，特别是非专利技术，它不受法律保护，没有证书来加以证明。确认无形资产的存在可以从以下几个方面进行：一是受法律保护的，可以从鉴定产权证明来确定产权的归属；二是存在状况，主要是通过鉴定无形资产的技术先进性、获利能力、保密程度等来确定，对于不受法律保护的无形资产，更应关注其存在的状况；三是注意无形资产的归属是否为委托者所拥有或为他人所有；四是分析评估委托的资产是否形成了无形资产，有的专利尽管已获得了专利证书，但并没有实际经济意义，有的商标还没有使用，在消费者中间没有影响力，这些专利、商标就没有形成无形资产。

2. 确认无形资产的具体种类

这主要是确定无形资产的种类、具体名称、存在形式。比如，是专利权还是非专利技术，是品牌还是商标等。有些无形资产是由若干项无形资产综合构成，如商誉，应加以确认、合并或分离，避免重评和漏评。

(三) 确定无形资产有效期限

无形资产有效期限是其存在的前提。某项专利权,如超过法律保护期限,就不能作为专利资产评估。有的未交专利年费,被视为撤回,专利权失效。有效期限对无形资产评估值具有很大影响,比如有的商标,历史越悠久,价值越高。当然,也有的商标时间较长,但不一定具有较高的价值。

(四) 收集相关资料

在资产评估中,信息资料的收集、分析、归纳和整理是一项基础性工作,直接影响评估结果的客观性、合理性。在无形资产的评估中,资产评估人员无法像对有形资产一样获得对无形资产的直观认识。另外,无形资产通常需要和其他资产共同发挥作用,需要准确地界定无形资产带来的经济效益,因此在无形资产评估中的信息收集、分析、归纳和整理更为重要。

《资产评估执业准则——无形资产》(2017) 中列举的需收集的无形资产相关资料包括:

(1) 无形资产权利的法律文件、权属有效性文件或者其他证明资料;
(2) 无形资产持续的可辨识经济利益;
(3) 无形资产的性质和特点、历史取得和目前的使用状况;
(4) 无形资产的剩余经济寿命和法定寿命、无形资产的保护措施;
(5) 无形资产实施的地域范围、领域范围与获利方式;
(6) 无形资产以往的交易、质押、出资情况;
(7) 无形资产实施过程中所受到的国家法律、行政法规或者其他限制;
(8) 类似无形资产的市场价格信息;
(9) 宏观经济环境;
(10) 行业状况及发展前景;
(11) 企业状况及发展前景;
(12) 其他相关信息。

(五) 确定评估方法

执行无形资产评估业务,应当根据评估目的、评估对象、价值类型、资料收集情况等相关条件,分析收益法、市场法和成本法三种资产评估基本方法的适用性,恰当选择一种或者多种资产评估方法。

可以收集到的资料是选择恰当评估方法的基础,评估方法的适用性往往与可以收集到的资料紧密相关。例如,只有能够收集到可比的交易案例,市场法才有适用的基础;只有充分了解被评估无形资产应用行业的发展状况,并且进一步了解拟实施无形资产评估的企业状况,才能做出可信的预测,收益法才有适用的基础。

(六) 撰写评估报告

无形资产评估报告,要确定评估结果,同时也是无形资产评估过程的总结和评估人员承担法律责任的依据。无形资产评估报告的撰写除遵循一般评估报告的要求外,应特别注重评估推理过程的陈述,明确阐释评估结论产生的前提、假设及限定条件,各种参数的选用依据,评估方法使用的理由以及逻辑推理方式。

第二节　收益法在无形资产评估中的应用

一、无形资产评估中收益的基本概念及类型

采用收益法评估无形资产价值，其收益是指无形资产对于企业总收益的贡献值，在评估实践中，无形资产产生的收益一般包括两类：

（1）直接收益型收益，即无形资产可以直接或间接销售以获得收益，如图书著作权、影像作品著作权以及计算机软件等。这些无形资产是通过直接销售无形资产副本，如直接销售图书、影像作品和计算机软件，来实现无形资产的收益。

（2）间接收益型收益，即无形资产作为企业生产产品或提供服务的手段，通过生产出来的产品或提供的服务来实现无形资产的收益。这类无形资产主要包括专利、专有技术等。

二、无形资产评估中收益法的基本公式

在无形资产评估实践中，收益法的应用最为广泛。根据无形资产转让或许可使用的计价方式不同，收益法可以表示为下列两种方式：

（一）无形资产的收益来源于该无形资产的总收益分成

$$\text{无形资产评估值} = \sum_{i=1}^{n} \frac{K \times R_i}{(1+r)^i}$$

式中：K——无形资产分成率；

　　　r——折现率；

　　　R_i——第 i 年无形资产带来的收益；

　　　i——收益期限序号；

　　　n——收益期限。

（二）无形资产的收益来源于适用该无形资产的超额收益

$$\text{无形资产评估值} = \sum_{i=1}^{n} \frac{R_i}{(1+r)^i}$$

式中：R_i——被评估无形资产的第 i 年的超额收益；

　　　i——收益期限序号；

　　　r——折现率；

　　　n——收益期限。

三、收益法应用中各项参数的确定

（一）无形资产超额收益的测算

采用收益法评估无形资产的关键是超额收益额的测算，一般有以下常用方法：

1. 直接估算法

通过未使用无形资产与使用无形资产的前后收益情况对比分析，确定无形资产

带来的收益额。直接估算法可划分为收入增长型和成本费用节约型。

收入增长型无形资产应用于生产经营过程，能够使得产品的销售收入大幅度增加。

（1）若销售价格上涨、销售量不变、单位成本不变，形成的超额收益可以参考下式：

$$R=(P_2-P_1)Q(1-T)$$

式中：R——超额收益；

P_2——使用无形资产后单位产品的价格；

P_1——未使用无形资产时单位产品的价格；

Q——产品销售量（此处假定销售量不变）；

T——所得税税率。

（2）采用与同类产品相同价格的情况下，销售数量大幅度增加，市场占有率扩大，形成的超额收益可以参考下式：

$$R=(Q_2-Q_1)(P-C)(1-T)$$

式中：R——超额收益；

Q_2——使用无形资产后产品的销售量；

Q_1——未使用无形资产时产品的销售量；

P——产品价格（此处假定价格不变）；

C——产品单位成本；

T——所得税税率。

（3）费用节约型无形资产，是指无形资产的应用，使得生产产品中的成本费用降低，从而形成超额收益。当假定销售量不变、价格不变时，可以参考下式计算为投资者带来的超额收益：

$$R=(C_2-C_1)Q(1-T)$$

式中：R——超额收益；

C_2——使用无形资产后产品的单位成本；

C_1——未使用无形资产时产品的单位成本；

Q——产品销售量（此处假定销售量不变）；

T——所得税税率。

实际上，收入增长型和消费节约型无形资产的划分，是一种为了明晰无形资产形成超额收益来源情况的人为划分方法。通常，无形资产应用后，其超额收益是收入变动和成本变动共同形成的结果。

［例7-1］被评估企业生产A产品100万件，每件售价为160万元，每件成本为130万元，预计未来5年不会发生变化。为提高收入，现拟购买某无形资产5年的使用权，预计使用该无形资产后，A产品每件售价可上升到180万元，每年可销售150万件，该厂设计生产能力为年产150万件，预计未来5年不会发生变化。请预测该无形资产应用带来的超额收益（所得税税率为25%）。

解：（1）价格增长带来的净超额收益

$\quad$ =（使用后单位产品价格-使用前单位产品价格）×销量×（1-所得税税率）

$\quad$ =（180-160）×100×（1-25%）=1 500（万元）

（2）销量增加带来的净超额收益

$\quad$ =（使用后产品销量-使用前产品销量）×（产品价格-产品单位成本）×（1-所得税税率）

$\quad$ =（150-100）×（180-130）×（1-25%）=1 875（万元）

（3）使用无形资产后每年新增税后利润=1 500+1 875=3 375（万元）

2. 差额法

当无法将使用无形资产和没有使用无形资产的收益情况进行对比时，可以采用无形资产和其他类型资产在经济活动中的综合收益与行业平均水平进行比较的方法，得到无形资产的超额收益。其步骤如下：

（1）收集有关使用无形资产的产品生产经营活动财务资料，进行盈利分析，得到经营利润和销售利润率等基本数据；

（2）对上述生产经营活动中的资金占用情况（固定资产、流动资产和已有账面价值的其他无形资产）进行统计；

（3）收集行业平均收益率等指标；

（4）计算无形资产带来的超额收益。

无形资产带来的超额收益=经营利润-资产总额×行业平均资金利润率

或

无形资产带来的超额收益=销售收入×销售利润率-销售收入×每元销售收入平均占用资金×行业平均资金利润率

使用这种方法计算出来的超额收益，有时不完全是由被评估无形资产带来的，往往可能是一种组合无形资产的超额收益，还需进行分解。

3. 分成率法

分成率法是目前国际和国内技术交易中技术作价所遵循的收益分享原则在评估无形资产超额收益中的运用。无形资产收益额通常根据无形资产在获利过程中所起的作用或贡献大小所对应分享的比率得到。具体的计算公式如下：

无形资产收益额=销售收入（利润）×销售收入（利润）分成率

在实务中，由于企业保守商业秘密、利润波动等原因，一般难以获取购买企业确切的利润额，故通常采用销售收入分成率。

利润分成率的确定，是以无形资产带来的追加利润在利润总额中的比重为基础的。具体确定方法有：

（1）边际分析法。

边际分析法是运用转让的无形资产进行经营所获得的利润，与企业原有技术或者利用普通市场技术进行经营获得的利润进行比较，求得的差额即为投资于无形资产所带来的追加利润；然后求出无形资产寿命期间追加利润占总利润的比重，从而得到评估的利润分成率。

具体运用步骤如下：

第一，对无形资产边际贡献率因素进行分析，测算追加利润；

第二，测算无形资产寿命期间的利润总额及追加利润总额，并进行折现处理；

第三，按利润总额现值和追加利润总额现值计算利润分成率。

利润分成率 = $\sum$ 追加利润现值 ÷ $\sum$ 利润总额现值

[例7-2] 企业转让非专利技术，经对该技术边际贡献因素分析，测算在其寿命期间各年度分别可带来追加利润100万元、120万元、90万元和70万元，各年利润总额分别为250万元、400万元、450万元、500万元。试评估无形资产利润分成率。（假定折现率为10%）

分析：

第一，利润总额现值

$$\frac{250}{1+10\%}+\frac{400}{(1+10\%)^2}+\frac{450}{(1+10\%)^3}+\frac{500}{(1+10\%)^4}\approx 1\,237.450（万元）$$

第二，追加利润现值

$$\frac{100}{1+10\%}+\frac{120}{(1+10\%)^2}+\frac{90}{(1+10\%)^3}+\frac{70}{(1+10\%)^4}\approx 305.512（万元）$$

第三，无形资产利润分成率 = $\frac{305.512}{1\,237.450}\times 100\% = 25\%$

（2）约当投资分成法。

无形资产往往需要与其他资产共同作用才能产生效益。根据这个特点，可以采取在投资成本（资金）的基础上附加成本利润率，考虑将交易双方的投资折合为约当投资的办法，按无形资产的折合约当投资与购买方投入的资产约当投资的比例计算确定利润分成率。其计算公式如下：

无形资产利润分成率 = 无形资产约当投资量 ÷（购买方约当投资量 + 无形资产约当投资量）×100%

无形资产约当投资量（卖方）= 无形资产重置成本 ×（1+无形资产成本利润率）

购买方约当投资量 = 购买方投入总资产的重置成本 ×（1+购买方资产的成本利润率）

[例7-3] 甲企业拥有一项专利技术，重置成本为100万元，经测算专利技术的成本利润率为500%，现拟向乙企业投资入股，乙企业原资产经评估确定的重置成本为3 000万元，成本利润率为10%。

要求：①分别计算专利技术和乙企业资产的约当投资量；
②计算专利技术的利润分成率。

分析：如果直接采用投资成本分成，不能体现无形资产作为知识智能密集型资产的较高报酬率，因而采用约当投资分成法估算利润分成率。

①约当投资量分别为

专利技术约当投资量 = 100×（1+500%）= 600（万元）

乙企业约当投资量 = 3 000×（1+10%）= 3 300（万元）

②利润分成率为

利润分成率 = 600÷（600+3 300）×100% = 15.38%

4. 要素贡献法

要素贡献法可以看作是分成率法的一种特殊情况。当无形资产已经成为生产经营的必要条件，由于某些原因不可能或很难确定其带来的超额收益，这时可以根据构成生产经营的要素在生产经营活动中的贡献，从正常利润中粗略估计出无形资产带来的收益。我国通常采用"三分法"，即主要考虑生产经营活动中的三大要素即资本、技术和管理，这三种要素的贡献在不同行业不一样。

一般认为，在资金密集型行业，三者的贡献分别是50%、30%、20%；一般行业依次是30%、40%、30%，技术密集型行业依次是40%、40%、20%，高科技企业依次是30%、50%、20%。

（二）无形资产评估中折现率的确定

折现率实际是一种投资者期望的投资回报率。一般情况下，投资者期望的投资回报率与投资者认为承担的风险程度相关，承担的投资风险程度高，则期望的回报率也高；反之则低。资产又可以分为流动资产、固定资产和无形资产。从实物形态上说，流动资产和固定资产全部具有实物形态，而无形资产不具有实物形态，并且无形资产一般不能单独发挥作用。因此，一般认为，无形资产的投资风险要高于其他资产的投资风险。

此外，投资者对企业整体资产投资也存在一个期望投资回报率。这个回报率应当是对该企业全部资产回报率的加权平均值，即

企业整体投资回报率 R = 流动资产市场价值÷全部资产市场价值之和×$R_{流动}$ +
固定资产市场价值÷全部资产市场价值之和×$R_{固定}$ +
无形资产市场价值÷全部资产市场价值之和×$R_{无形}$

因此，企业整体回报率 R 不同于流动资产回报率 $R_{流动}$、固定资产回报率 $R_{固定}$ 以及无形资产回报率 $R_{无形}$。

在评估实践中，流动资产回报率 $R_{流动}$ 可以采用短期银行贷款利率来获得，固定资产回报率 $R_{固定}$ 可以采用长期银行贷款利率来获得，企业整体回报率 R 可以采用加权平均资本成本模型或其他方式获得，根据上式就可以得到无形资产回报率 $R_{无形}$。

此外，折现率的口径应与无形资产评估中采用的收益额的口径一致。

（三）无形资产收益期限的确定

无形资产收益期限又称有效期限，是指无形资产发挥作用并具有超额获利能力的时间。在实践中，无形资产的有效期限可依照下列方法确定：

（1）法律或合同、企业申请书分别规定有法定有效期限和受益年限的，可按照法定有效期限与受益年限孰短的原则确定。

（2）法律未规定有效期，企业合同或企业申请书中规定有受益年限的，可按照规定的受益年限确定。

（3）法律和企业合同或申请书均未规定有效期限和受益年限的，按预计受益期限确定。预计受益期限可以采用统计分析或与同类资产比较得出。

四、收益法在无形资产评估中的适用范围

运用收益法评估无形资产,需要具备以下几个条件:
(1) 能够带来超额收益或垄断收益,收益可以预测并度量;
(2) 由持续经营的企业所控制,预期收益所承担的风险可以预测;
(3) 能够具有较长时期的盈利能力,且其获利年限可以预测。

第三节 成本法在无形资产评估中的应用

一、无形资产成本的基本概念及特性

(一) 无形资产成本的基本概念

无形资产成本是指无形资产形成过程中的全部投入,包括研制或取得、持有期间的全部物化劳动和活劳动的费用支出,如研发支出、注册费用、广告费用、研发人员工资等。

(二) 无形资产成本的特性

无形资产的成本尤其就研制、形成费用而言,明显区别于有形资产。

1. 不完整性

不完整性是指无形资产开发和研制过程中的各项费用没有完整计入无形资产成本中。按照我国现行会计准则的规定,无形资产研究阶段的各项支出均作费用化处理,而不是先对科研成果的费用进行资本化处理,再按无形资产折旧或摊销的办法从生产经营费用中补偿。

2. 弱对应性

弱对应性是指无形资产对应的成本范围不明确,开发无形资产的费用很难一一对应。无形资产的创建经历基础研究、应用研究和工艺生产开发等漫长过程,成果的出现带有较大的随机性和偶然性,其价值并不与其开发费用和时间产生某种既定的关系。如果在一系列的研究失败之后偶尔出现一些成果,由这些成果承担所有的研究费用显然不够合理。而在大量的先行研究(无论是成功还是失败)成果的积累之上,往往可能产生一系列的无形资产。然而,这些研究成果是否应该以及如何承担先行研究的费用也很难明断。

3. 虚拟性

虚拟性是指一些无形资产的内涵已经远远超出了它的外在形式的含义,这种无形资产的成本只具有象征意义,如名牌商品的内涵是商品的质量信誉、获利能力等,其内在价值已远远超过商标成本中包括的设计费、注册费、广告费等的价值。

二、无形资产评估中成本法的基本公式

运用成本法评估无形资产价值的基本公式如下:
无形资产评估值=无形资产重置成本×成新率

无形资产的重置成本是指在现时市场条件下重新创造或购置一项全新无形资产所耗费的全部货币总额。根据无形资产的取得方式，无形资产可以划分为自创无形资产和外购无形资产。

三、无形资产评估中成本法的具体应用

（一）自创无形资产重置成本的估算

自创无形资产的成本是由创制该项资产所耗费的物化劳动和活劳动费用所构成的。

如果自创无形资产所发生的成本费用已进行了账务归集，即有完整的账面价值，则可运用物价指数对账面价值作相应调整后，得到其重置成本。其基本公式如下：

无形资产重置成本＝被评估资产的账面原值×适用的物价变动指数

如果没有账面价值，或成本记录不完整，则可根据具体情况采用成本核算法和倍加系数法两种方法计算重置成本。下面分别对这两种方法加以介绍：

1. 成本核算法

成本核算法的基本计算公式为

无形资产重置成本＝成本＋期间费用＋合理利润

期间费用＝管理费用＋财务费用＋销售费用

其中，成本是按无形资产创建过程中实际发生的材料、工时耗费量，运用现行价格和费用标准进行估算的；期间费用是指创建无形资产过程中分摊到该项无形资产的费用，包括管理费用、财务费用和销售费用；合理利润一般根据无形资产的直接成本、间接成本、资金利息之和与外购同样无形资产平均市场价格之间的差额确定。

该方法适用于无形资产形成过程中的各项耗费能够取得或估算的情形。

2. 倍加系数法

对于投入智力比较多的技术型无形资产，考虑到科研劳动的复杂性和风险，可以用以下公式估算无形资产重置成本：

无形资产重置成本 = $(C+\beta_1 V) \div (1-\beta_2) \times (1+L)$

式中：C——无形资产研制开发中的物化劳动消耗；

V——无形资产研制开发中活劳动消耗；

β_1——科研人员创造性劳动倍加系数；

β_2——科研的平均风险系数；

L——无形资产投资报酬率。

该方法适用于智力投入较多的技术资产，并且无形资产形成过程中的各项耗费能够取得，特别是创造性劳动的系数能够合理测算。

[例7-4] 某企业转让自制专利权。据调查，该专利技术研制开发期为3年，消耗材料费、设备费等账面成本共计12万元，人员工资及各类津贴账面成本共计10万元，当时的物价指数是120%，评估时的物价指数是150%。经分析确定，该技术含有较高科技含量，因此活劳动的倍加系数为2.2，该类技术研制的平均风险率为

30%，平均投资报酬率为300%。试计算该无形资产的重置成本。

解：（1）将账面价值调整为现行价格：

$C = 12 \times 150\% \div 120\% = 15$（万元）

$V = 10 \times 150\% \div 120\% = 12.5$（万元）

（2）考虑倍加系数和风险系数：

无形资产重置成本 = [（15+2.2×12.5）÷（1-30%）] ×（1+300%）

= 242.86（万元）

（二）外购无形资产重置成本的估算

外购无形资产一般有购置费用的记录，也有可能参照现行交易价格，故评估重置成本相对比较容易。外购无形资产的重置成本包括购买价和购置费用两部分，一般可以采用以下两种方法：

1. 市价类比法

在无形资产交易市场中选择类似的参照物，再根据功能和技术先进性、适用性对其进行调整，从而确定其现行购买价格，购置费用可根据现行标准和实际情况核定。

当无形资产的市价与功能相关性较大时，可以假设二者之间存在线性关系。在这种情况下，应用市价类比法的关键是进行功能价格的回归分析，运用最小二乘法求价格 Y 与功能 X 的关系式：

$Y = a + bX$

为了求得 a、b 之值，可利用微积分中的极值原理或用代数方法得到以下两个标准方程式：

$\sum Y = na + b\sum X$

$\sum XY = a\sum X + b\sum X^2$

式中：Y——价格；

X——功能系数；

n——选定的数据个数。

解以上方程组即可求得 a、b 之值，再将 a、b 之值代入价格 Y 与功能 X 的关系式中，求得无形资产重置购价，重置购价加上支付的有关费用即为重置全价。

[例7-5]假设某企业拟以一项生产专利对外投资，该专利原购价为2 600万元，功能系数为1 000。现有甲、乙、丙三家企业购买过与此项专利相同的无形资产，其买价分别为3 000万元、4 000万元、3 600万元，对应的功能系数分别为1 600、2 400、2 000，该项无形资产实际购置费用相当于购买价的1.5%。试按市价类比法估算该企业购买这项生产专利的重置全价。

分析：与该项无形资产类似的买价分别为3 000万元、4 000万元、3 600万元，说明买价与功能差别的相关度较高，可作功能价格的回归分析。

解：运用最小二乘法求价格 Y 与功能系数 X 的关系式。

$Y = a + bX$

已知 $Y = (3\ 000, 4\ 000, 3\ 600)$；$X = (1\ 600, 2\ 400, 2\ 000)$，依照最小二乘

法标准方程，求 a 和 b 的值：

$\sum Y = 3\,000 + 4\,000 + 3\,600 = 10\,600$

$\sum X = 1\,600 + 2\,400 + 2\,000 = 6\,000$

$\sum XY = 1\,600 \times 3\,000 + 2\,400 \times 4\,000 + 2\,000 \times 3\,600 = 21\,600\,000$

$\sum X^2 = 1\,600^2 + 2\,400^2 + 2\,000^2 = 12\,320\,000$

$n = 3$

将以上数据代入标准方程式得：

$3a + 6\,000b = 10\,600$

$6\,000a + 12\,320\,000b = 21\,600\,000$

解得：$a = 1\,033.33$；$b = 1.25$

故 $Y = 1\,033.33 + 1.25X$

被评估资产的功能系数为 1 000，按现行市价类比，并考虑功能因素，代入上式得：

重置购价 = 1 033.33 + 1.25 × 1 000 = 2 283.33（万元）

重置成本 = 重置购价 + 购置费用

= 2 283.33 + 2 283.33 × 1.5% = 2 283.33 + 34.25 ≈ 2 317.58（万元）

2. 物价指数法

它是以无形资产的账面历史成本为依据，用物价指数进行调整，进而估算其重置成本的方法。其计算公式为

无形资产重置成本 = 无形资产账面成本 × 评估时物价指数 ÷ 购置时物价指数

[例 7-6] 某企业于 2017 年外购一项无形资产，账面价值为 80 万元，于 2019 年对其进行评估。试按物价指数法估算其重置成本。

分析：经鉴定，该无形资产系运用现代先进的实验仪器经反复试验研制而成，物化劳动耗费的比重较大，可适用生产资料物价指数法。根据资料，此项无形资产购置时物价指数和评估时物价指数分别为 120% 和 150%，故该项无形资产的重置成本为：

$80 \times \dfrac{150\%}{120\%} = 100$（万元）

（三）无形资产成新率的估算

成新率是运用成本法中的一个重要参数。无形资产不存在有形损耗，其损耗主要表现为功能性损耗和经济性损耗。功能性损耗是由于技术进步或该无形资产的普遍使用等原因，以致拥有该无形资产获取超额收益的能力减弱。经济性损耗是指无形资产外部环境变化，导致使用该无形资产的产品价值或需求下降，导致无形资产的经济价值的降低。

无形资产成新率的估算，可以采用专家鉴定法和剩余经济寿命预测法进行。

1. 专家鉴定法

专家鉴定法是指邀请有关技术领域的专家，对被评估无形资产的先进性、适用

性做出判断,从而确定其成新率的方法。

2. 剩余经济寿命预测法

它是由评估人员通过对无形资产剩余经济寿命的预测和判断,从而确定其成新率的方法。其计算公式为

成新率=[已使用年限÷(已使用年限+剩余使用年限)]×100%

公式中,已使用年限比较容易确定,剩余使用年限应由评估人员根据无形资产的特征,分析判断获得。

在确定无形资产成新率时需注意无形资产的使用效用与时间的关系,这种关系通常不是线性的。如果无形资产的效用是非线性递减(如技术型无形资产),或者是在一定时间内呈非线性递增(如商标、商誉),在确定成新率时可以采用摊销折余法。该方法是在条件具备的情况下,按成本摊销比例来确定贬值率的。其计算公式如下:

成新率=(原应摊销总额-已计提摊销额)÷原应摊销总额×100%

[例7-7] 某企业账面资料记录,某项无形资产的原始成本为200万元,定期物价指数为160%,已摊销80万元,试按摊销折余法计算成新率和无形资产评估值。

成新率=(原应摊销总额-已计提摊销额)÷原应摊销总额×100%
  =(200-80)÷200×100%
  =60%

无形资产评估值=无形资产重置成本×成新率
       =无形资产账面原值×物价指数×成新率
       =200×160%×60%
       =192(万元)

四、成本法在无形资产评估中的适用范围

成本法的适用范围主要有:

(1)收益法不能运用,如以摊销为目的的无形资产评估、工程图纸转让、计算机软件转让、技术转让中最低价格的评估等;

(2)有较为完整的账面成本资料。

第四节　市场法在无形资产评估中的应用

一、无形资产评估中市场法的基本概念

无形资产评估的市场法是指选择一个或几个与评估对象相同或类似的无形资产作为比较对象,分析比较它们之间的成交价格、交易条件、资本收益水平、新增利润或销售额、技术先进程度、社会信誉等因素,进行对比调整后估算出无形资产价值的一种方法。

理论上,如果被评估无形资产可以找到足够多的参照物,并且调整被估无形资

产与参照物之间差异的相关参数也可以获得，才可以运用市场法评估无形资产。

二、市场法评估的基本公式

无形资产评估价值=参照物的价格÷收益性指标×各项调整系数

收益性指标一般包括无形资产应用所产生的收益，如收入、现金流、息税前盈利等。

三、市场法应用的注意事项

无形资产市场交易活动的局限性和无形资产构成的非标准性限制了参照物的选择，使得市场法在无形资产评估中的应用受到限制。

应用市场法评估无形资产的基本程序和方法与有形资产评估的市场法基本相同，但是应注意：

（1）以具有合理比较基础的类似无形资产为参照物。

采用市场法评估无形资产的关键因素是需要可比的交易案例。可比性一般需要至少满足以下几个要求：

①类型相同，即被评估无形资产与可比交易案例的无形资产应当是同类型的无形资产，如同为专利技术或者专有技术等。

②功能相同或者相似，即被评估无形资产与可比交易案例的无形资产应当具有相同或者相似的实施功能，产出的产品或者服务相同或者相似。

③权束相同或者相近。权束是指无形资产的权利束。无形资产实际上是一种权利束，通常具有多种权利，其最高形式是所有权。因此，被评估无形资产与可比交易案例的无形资产，应当具有相同或者相近的权利束。

④成熟度相当。无形资产的成熟度是指无形资产具备实际实施状态的程度。成熟度相当，要求被评估无形资产与可比交易案例的无形资产应当具有相当的成熟度，也就是两者之间的实施条件和对其他资产的要求应当相当。

⑤收益型相同。直接收益型无形资产评估应当采用直接收益型对比交易案例，间接收益型无形资产评估应当采用间接收益型对比交易案例。

（2）收集类似的无形资产交易的市场信息是为横向比较提供依据，而收集被评估无形资产以往的交易信息则是为纵向比较提供依据。

关于横向比较，评估人员在参照物与被评估无形资产在形式、功能和载体方面满足可比性的基础上，应尽量收集致使交易达成的市场信息，即要涉及供求关系、产业政策、市场结构、企业行为和市场绩效的内容。其中对市场结构的分析尤为重要，即需要分析卖方之间、买方之间、买卖双方、市场内已有的买方和卖方与正在进入或可能进入市场的买方和卖方之间的关系。评估人员应根据经济学市场结构做出的完全竞争、完全垄断、垄断竞争和寡头垄断的分类。对于纵向比较，评估人员既要看到无形资产具有依法实施多元和多次授权经营的特征，使得过去交易的案例成为未来交易的参照依据，同时也应看到，时间、地点、交易主体和条件的变化也会影响被评估无形资产的未来交易价格。

(3）根据宏观经济发展、交易条件、交易时间、行业和市场因素、无形资产实施情况的变化，对可比交易案例和被评估无形资产以往交易信息进行必要调整。

注册资产评估师采用市场法评估无形资产，一般可以采用被评估无形资产的市场价值与该无形资产相关收益指标的一个比率乘数来进行比较，如被评估无形资产产品销售收入、息税前利润或息税折旧及摊销前利润等。在评估时，通常根据以下因素对可比案例进行修正：

①交易条件修正。所谓交易条件是指对比交易案例中有可能存在一些特定的交易附带条件。这些条件有些是带有一定的价值补偿性质的，也有的包括一些付款优惠条件等。这些因素有时对其成交价是有影响的，因此需要进行必要的调整。

②交易时间因素修正。这主要是指可比交易案例实际成交的日期与被评估无形资产的基准日之间存在差异。在这个差异期间，行业经济发展情况或者与被评估无形资产相关的替代无形资产发展等因素造成被评估无形资产出现价值上的差异。因此，注册资产评估师需要分析、判断是否需要进行必要的调整。

③行业和市场因素修正。这主要是对比交易案例成交日期和被评估无形资产的评估基准日之间被评估无形资产实施或拟实施的行业以及整个宏观经济环境的情况。如果宏观经济处于高速发展阶段，行业也处在高速发展，或者相反处在经济衰退时期，则可能会对资产的交易市场产生影响，因此需要进行必要的因素修正。

四、市场法在无形资产评估中的适用范围

市场法的适用性主要依赖于无形资产或者类似无形资产是否存在活跃的市场以及可比案例的可获得性。如果存在活跃的市场，可以搜集到相关可比案例，则市场法适用；否则市场法就没有适用性。

第五节 专利资产和专有技术评估

专利资产与专有技术是不同的概念，具有各自的特点，但它们同属于技术型无形资产，是知识产权型无形资产的重要组成部分。两者在评估目的、评估方法方面具有一定的相同性。因此，本节将两者合在一起进行介绍。

一、专利资产的基本概念

《知识产权资产评估指南》（2017）中明确了专利资产的概念，即"专利资产是指专利权利人拥有或者控制的，能够持续发挥作用并且带来经济利益的专利权益"。

"专利"一词在专利制度里通常含有三种意思：①指发明创造，是受专利法保护的发明、实用新型和外观设计；②指专利权，是权利人在法定期限内对其发明创造所享有的独占实施权；③指专利证书，是记载着发明创造内容和专利权归属的一种法律文件。

我国依法保护的专利同世界各国大体相同，分为三种：

1. 发明专利

《中华人民共和国专利法》（2008）（以下简称《专利法》）对发明的定义为："发明，是指对产品、方法或者其改进所提出的新的技术方案。"发明按其表现形式虽然有很多种，但一般将其分为两类：一类是产品，另一类是方法。目前，国际上很多国家的专利法，只保护发明专利，如美国、英国的专利法。另外，在《巴黎公约》等国际公约中，专利也仅指发明专利，因此，这些专利法规中所提及的专利相当于我国的发明专利。

2. 实用新型专利

一些国家的专利资产法律中没有实用新型的概念。采用实用新型制度的大多数国家所规定的实用新型保护的客体，主要是有"型"的小发明，我国《专利法》对实用新型的定义为："实用新型，是指对产品的形状、构造或者其结合所提出的适于实用的新的技术方案。"

3. 外观设计专利

我国《专利法》规定："外观设计，是指对产品的形状、图案或者其结合以及色彩与形状、图案的结合所作出的富有美感，并适于工业应用的新设计。"

二、专利资产的特点

专利资产的特点表现在以下几个方面：

1. 垄断性

专利资产的垄断性也称专利性，即同样的发明创造只能授予一次专利，而且专利的所有者在保护期限内拥有排他性运用该专利的特权。任何单位和个人未经专利权人许可，都不得实施其专利。如果要实施其专利，必须与专利权人签订书面合同，向专利权人支付专利使用费；否则，专利权人有权提出诉讼，依法要求侵权人停止侵权行为并赔偿损失。

2. 地域性

专利资产的地域性是指一项技术在其获得专利权的国家或地区，依当地专利法的规定获得保护。这主要是由于专利法是一个国内法，专利资产的地域性特征对国外专利技术在国际市场的价值起决定性作用。

3. 时间性

专利资产只在法定时间内有效，当专利资产保护期满后，任何人都可以使用该项专利。我国法律规定，发明专利的保护期限为20年，实用新型专利和外观设计专利的保护期限为10年。

4. 可转让性

专利资产的转让包括所有权转让和使用权转让。在转让专利权的所有权时必须签订书面合同，并经原专利登记机关变更登记和公告后才能生效。专利权的所有权一经转让，原专利权人不再拥有该专利权。专利权使用权的转让是指专利权人通过许可合同，以一定的条件允许被许可方实施该项专利，被许可方因而获得该项专利的使用权，但专利权的主体并不发生变更。

5. 共享性

专利资产的共享性指专利权人可以许可多家企业在同一时间、同时使用同一专利资产。

三、专利资产评估的目的

专利资产评估的目的一般包括转让、投资、清算、法律诉讼等。本书仅涉及专利资产的转让。专利资产的转让分为所有权转让和使用权转让。所有权转让是指将专利资产的所有权通过合同转让给受让方。使用权转让是指专利权人与受让方签订许可使用合同，按照一定条件在一定范围内许可受让方使用其专利。

按照专利资产许可使用权限的大小，可以分为以下几种形式：

1. 专利独占许可

专利独占许可是指在一定时间和一定地域范围内，专利权人只许可一个被许可人实施其专利，而且专利权人自己也不得实施该专利。

2. 专利独家许可

专利独家许可是指在一定时间和一定地域范围内，专利权人只许可一个被许可人实施其专利，但专利权人自己有权实施该专利。独家许可与独占许可的区别就在于，独家许可中的专利权人自己享有实施该专利的权利，而独占许可中的专利权人自己也不能实施该专利。

3. 专利普通许可

专利普通许可是指在一定时间内，专利权人许可他人实施其专利，同时保留许可第三人实施该专利的权利。由此，在同一地域内，被许可人同时可能有若干家，专利权人自己也可以实施。

四、专利资产的评估方法

专利资产的评估方法有收益法、市场法和成本法。由于专利资产的特殊性和不可复制的特点，一般不采用市场法进行评估。下面主要介绍收益法和成本法。由于在无形资产评估方法中已对收益法、成本法进行了详细的介绍，这里就不再重复，仅强调要点和给出例题。

（一）收益法

收益法应用于专利资产评估，根本的问题是如何寻找、判断、选择和测算评估中的各项技术指标和参数，即专利资产的收益额、折现率和获利期限。专利资产的收益额是指直接由专利资产带来的预期收益，对于收益额的测算，通常可以通过直接测算超额收益和通过利润分成率测算获得。由于专利资产收益的来源不同，可以将专利资产划分为收入增长型专利和费用节约型专利来测算，也可以用分成率方法测算。如前所述，专利资产收益额是由专利资产带来的超额收益。评估人员在估算专利资产的超额收益时，应当注意区分除专利资产以外的其他因素对超额收益的贡献。

下面通过举例说明专利资产评估过程。

[例7-8] 甲公司自行开发了一项专利技术，并获得发明专利证书，保护期为10年。甲公司拟将这项专利权转让给乙企业，拟采用利润分成支付方法，现需要对该项专利技术进行评估。经过评估人员核查测算，获得如下信息资料：

（1）该项技术已在某科技发展公司使用了4年，剩余保护期限为6年。产品已进入市场，并深受消费者欢迎，市场潜力大。因此，该项专利技术的有效功能较好。

（2）根据对该类专利技术的更新周期以及市场上产品更新周期的分析，确定该专利技术的剩余使用期限为4年。

（3）专利的账面成本为100万元，成本利润率为400%。

（4）乙企业资产的重置成本为4 000万元，成本利润率为13%，通过对市场供求状况及生产状况分析得知，乙企业的年实际生产能力为20万件，成本费用为每件400元，根据过去经营业绩以及对未来市场需求的分析，评估人员对未来4年每件产品的售价进行预测，结果如表7-1所示。

表7-1 预期每件产品售价

年份	每件产品售价/元
2020	600
2021	700
2022	900
2023	900

折现率为10%，所得税税率为25%，试确定该专利的评估值。

解：（1）利润分成率 = $\dfrac{100\times(1+400\%)}{100\times(1+400\%)+4\,000\times(1+13\%)}$ = 9.96%

（2）未来每年的预期利润额如表7-2所示。

表7-2 未来每年的预期利润额

年份	预期利润/元/件	预期利润/万元
2020	600−400=200	200×20=4 000
2021	700−400=300	300×20=6 000
2022	900−400=500	500×20=10 000
2023	900−400=500	500×20=10 000

（3）计算评估值：

评估值 = $9.96\%\times(1-25\%)\times\left[\dfrac{4\,000}{1+10\%}+\dfrac{6\,000}{(1+10\%)^2}+\dfrac{10\,000}{(1+10\%)^3}+\dfrac{10\,000}{(1+10\%)^4}\right]$

= 1 713.49（万元）

（二）成本法

成本法应用于专利资产的评估，重要的在于分析计算其重置成本的构成、数额以及相应的成新率。确定专利资产的重置成本时，应当考虑重新研发专利资产的全部可能的投入。专利资产分为外购和自创两种，外购专利资产的重置成本确定比较容易。自创专利资产的成本一般由下列因素组成：

（1）研制成本。研制成本包括直接成本和间接成本。直接成本是研制过程中直接投入发生的费用，主要包括材料费用、工资、设备费、资料费、培训费、协作费、差旅费等；间接成本是与研制开发相关的费用，一般包括管理费用、应分摊的费用等。

（2）交易成本。这是指发生在交易过程中的费用支出，主要包括技术服务费、交易过程中的差旅费、手续费、税金等。

（3）专利费。这是申请和维护专利权所发生的费用，包括专利代理费、专利申请费、实质性审查请求费、维护费、证书费、年费等。

由于评估的目的不同，其成本构成内涵也不一样，在评估时应视不同情形考虑以上成本的全部或一部分。

下面通过举例说明成本法用于专利资产评估的过程：

[例7-9] 某股份有限公司，有一项2016年自行研制开发成功并获得的实用新型专利技术，2018年因出售需要对其价值进行评估。财务核算表明，该专利技术的开发研制花费4年时间，总费用为20万元。2017—2018年生产及生活资料物价上涨5%。经专家鉴定该专利技术的剩余经济使用年限为6年。试评估该专利技术的价值。

解：（1）该专利技术的重置成本为：

$20 \times (1+5\%) = 21$（万元）

（2）该专利技术的成新率为：

$6 \div (2+6) = 75\%$

（3）该专利技术的评估值为：

$21 \times 75\% = 15.75$（万元）

五、专有技术的概念与特征

专有技术又称非专利技术、技术秘密、技术诀窍，是指未经公开或未申请专利，但能为拥有者带来超额经济利益或竞争优势的知识和信息，主要包括设计资料、技术规范、工艺流程、材料配方、经营诀窍和图纸、数据等技术资料。专有技术与专利权不同，从法律角度讲，它不是一种法定的权利，而仅仅是一种自然的权利，是一项收益性无形资产。从这一角度来说，进行专有技术的评估，首先应该鉴定专有技术，分析、判断其存在的客观性。

专有技术具有以下特点：

1. 实用性

专有技术的价值取决于其是否能够在生产实践过程中操作，不能应用的技术不能称为专有技术。

2. 获利性

专有技术必须有价值，表现在它能为企业带来超额利润。价值是专有技术能够转让的基础。

3. 保密性

如前所述，专有技术不是一种法定的权利，其自我保护是通过保密性进行的。

尽管专有技术与专利技术同属技术类的无形资产，但专有技术与专利技术还是存在显著的差异。具体表现在以下几个方面：

（1）专有技术具有保密性，而专利技术则是在专利法规定范围内公开的，一项技术一经公开，获取它所耗费的时间与投资远远小于研制它所耗费的时间和投资，因此必须有法律手段保护发明者的所有权。没有专利权又不公开的技术，所有者只有通过保密手段进行自我保护。

（2）专有技术的内容范围很广，包括设计资料、技术规范、工艺流程、材料配方、经营诀窍和图纸等。

（3）专利技术有明确的法律保护期限，专有技术没有法律保护期限。

（4）专利技术受《专利法》的保护，对专有技术进行保护的法律主要有《中华人民共和国合同法》《中华人民共和国反不正当竞争法》等。

六、专有技术的评估方法

专有技术的评估方法与专利资产评估方法基本相同。下面举例说明专有技术的评估方法与过程：

[例7-10] 某工业企业因转产需要转让其一项自创生产工艺流程。据企业资料查实：该工艺方法研制时发生原材料费25 000元，燃料动力费3 000元，辅助材料费6 000元，专用设备费4 500元，管理费1 500元，固定资产折旧费24 000元，咨询、资料费2 000元，差旅费1 000元，科研和辅助人员工资、津贴等15 000元，其他开支2 000元。该工艺流程预计尚有有效期为5年，工艺方法使用后，按目前的情况每年可新增利润300 000元。求该项专用技术的评估价值。

其计算步骤如下：

第一步，计算自创专有技术总成本。假如该项技术创造性劳动倍加系数为4，科研平均风险率为8%，无形损耗率为12%。根据现有资料，该项专有技术自创总成本可按公式计算如下：

$$C_{总} = \frac{1}{1-8\%} \times [(25\,000+3\,000+6\,000+4\,500+1\,500+24\,000+2\,000+1\,000+2\,000)+4\times15\,000] \times (1-12\%)$$

$$= 1.087\,0 \times (69\,000+60\,000) \times 0.88$$

$$= 123\,396（元）$$

第二步，计算自创专有技术年收益额。在计算专有技术年收益额时，应考虑该专有技术设计功能和已经使用所得到的经济效益，同时还应考虑接受单位的消化、应用能力以及市场情况等因素。本例已明确该专有技术使用后每年新增利润300 000元。

第三步，确定专有技术的有效使用年限。确定有效使用年限十分重要，应当综合分析各方面的因素并与专有技术交易双方协商确定。本例已明确该专有技术有效使用年限为4年。

第四步，计算专有技术的重估价值。假定提成率为18%，贴现率为10%，则该项专有技术的重估价值计算如下：

P = 123 396+18%×300 000×(P/A,10%,5) = 123 396+204 703 = 328 099（元）

第六节　商标资产评估

一、商标的概念及其分类

商标是商品或服务的标记，是商品生产者或经营者为了把自己的商品或服务区别于他人的同类商品或服务而在商品上或服务中使用的一种特殊标记。这种标记一般由文字、图形、字母、数字、三维标志和颜色组合，以及上述要素的组合。

商标的作用通常表现在以下几个方面：

（1）商标表明商品的来源，说明该商品或者劳务来自何企业；

（2）商标能把一个企业提供的商品或者劳务与其他企业的同一类商品或者劳务相区别；

（3）商标标志着一定的商品质量；

（4）商标反映向市场提供某种商品的特定企业的声誉，消费者通过商标可以了解这个企业的形象，企业也可以通过商标宣传自己的商品，提高企业自身的知名度。

从经济学角度，商标的这些作用最终能为企业带来客观的超额收益。从法律角度来说，保护商标也就是保护企业拥有商标获取超额收益的权利。

商标的种类很多，可以依照不同标准予以分类。

1. 按商标是否具有法律的专用权分类

按商标是否具有法律保护的专用权划分，可以分为注册商标和未注册商标。《中华人民共和国商标法》规定："经商标局核准注册的商标为注册商标，包括商品商标、服务商标和集体商标、证明商标；商标注册人享有商标专用权，受法律保护。"

商标资产评估对象是指受法律保护的注册商标资产权益，包括商标专用权、商标许可权。

2. 按商标的构成分类

按商标的构成划分，可以划分为文字商标、图形商标、符号商标、文字图形组合商标、色彩商标、三维标志商标等。

3. 按商标的不同作用分类

按商标的不同作用划分，可以分为商品商标、服务商标、集体商标和证明商标等。我国商标资产评估涉及的商标通常为商品商标和服务商标。

二、商标权及其特点

商标权是商标法的核心，它是商标注册后，商标所有者依法享有的权益。各国商标法的内容，主要就是围绕商标权的取得和行使，商标权的期限、续展和终止，商标权的转让和使用许可，商标权的保护等问题做出的相关规定。

《知识产权资产评估指南》（2017）对商标资产的定义为"商标权利人拥有或者控制的，能够持续发挥作用并且能带来经济利益的注册商标权益"。

商标权有如下特点：

1. 专有性

专有性又称独占性或垄断性。这是商标经商标局注册后申请人取得的权利。任何第三者非经商标所有人同意，不得使用。商标权人可以向任何侵权人要求停止侵权行为并赔偿损失。

2. 时间性

时间性即商标专用权的有效期限，我国规定为 10 年，其他国家最长为 20 年，最短的为 5 年。到期需要继续使用的还可以续展，得到商标局批准续展注册，商标专用权依然存在。这一点不同于专利权，专利权到期一般不允许续展。

3. 地域性

商标注册人所享有的商标权，只能在授予该项权利的国家领域内受到保护，在其他国家内则不发生法律效力。

4. 可转让性

商标权作为一种产权，由商标注册人按一定条件可以实施产权转让或使用许可。

5. 价值依附性

商标使用权本身没有价值，它必须和特定的商品匹配起来才能带来经济利益。

三、商标资产的价值

从商标的成本构成看，商标的价值由以下四个部分组成：一是标志在设计、制作等过程中所花费的费用；二是法律上取得商标专用权的费用，包括申请费、注册费、变更费、续展费等；三是注册商标的所有人或使用人为使自己商标产品的内在质量优于其他同类，而在配方、技术、款式、包装、开拓市场等方面所花的费用；四是注册商标的所有人和使用人为建立自己的信誉、知名度等的耗费，如广告费、各类赞助等。商标资产之所以成为转让、投资的对象，关键在于其可以带来超额收益，这种超额收益来源于商标所代表的商品和服务的质量以及信誉。

四、商标资产的评估方法

尽管在商标设计、制作、注册和保护等方面都需要耗费一定的费用，广告宣传有利于扩大商标知名度，为此需支付很高的费用，但这些费用只对商标价值起影响作用，而不是决定作用，起决定作用的是商标所能带来的收益。商标带来效益的原因，在于它代表的企业的产品质量、信誉、经营状况的提高。基于此，商标资产评估较多采用收益法。

由于商标的单一性、同类商标价格获取的难度，使市场法的应用受到限制。商标资产的投入与产出具有弱对应性——有时设计、创造商标的成本费用较低，其带来的收益却很大；相反，有时设计、创造某种商标成本费用较高，比如为宣传商标投入了巨额的广告费，但带来的收益却不高。因此，采用成本法评估商标权时应慎重。

下面主要介绍说明收益法在商标权评估中的应用。

运用收益法进行商标资产评估时，应当合理确定预期收益。其口径可以是销售收入、利润或者现金流等，商标资产的预期收益应当是商标的使用而额外带来的收益，可以通过增量收益、节省许可费、收益分成或者超额收益等方式估算。确定预期收益时，应当区分并剔除与商标无关的业务产生的收益，并关注以下三个因素：

（1）商标商品或者服务所属行业的市场规模；

（2）商标商品或者服务的市场地位；

（3）相关企业的经营情况，经营的合规性、技术的可能性和经济的可行性。

运用收益法评估商标资产时，应当根据商标商品或服务所在行业的总体发展趋势，合理确定收益期限。收益期限需要综合考虑法律保护期限、相关合同约定期限、商标商品的产品寿命、商标商品或服务的市场份额及发展潜力、商标未来维护费用、所属行业及企业的发展状况、商标注册人的经营年限等因素确定，收益期限不得超出商品或服务的合理经济寿命。

运用收益法进行商标资产评估，应当综合考虑评估基准日的利率、资本成本，以及商标商品生产、销售实施过程中的技术、经营、市场等方面的风险因素，合理确定折现率。商标资产折现率应当有别于企业价值或者有形资产折现率。商标资产折现率口径应当与预期收益的口径保持一致。

[例7-11] 某企业将一种已经使用10年的注册商标转让。根据历史资料，该企业近5年使用这一商标的产品比同类产品的价格每件高0.7元，该企业每年生产100万件。该商标目前在市场上有良好趋势，产品基本上供不应求。根据预测估计，如果在生产能力足够的情况下，这种商标产品每年生产150万件，预计该商标能够继续获取超额利润的时间是10年。前5年保持目前超额利润水平，后5年由于市场竞争加剧，产品价格相对下调0.2元，经分析测算，折现率定为16%，适用所得税税率为25%。试评估这项商标权的价值。

解：商标权评估计算如表7-3所示。

表7-3 商标权评估计算表

年份	产销量/万件	单位产品超额利润/万元	超额利润/万元	超额净利润/万元	现值/万元
1	150	0.7	105	78.75	67.89
2	150	0.7	105	78.75	58.52
3	150	0.7	105	78.75	50.45
4	150	0.7	105	78.75	43.49
5	150	0.7	105	78.75	37.49
6	150	0.5	75	56.25	23.09
7	150	0.5	75	56.25	19.90
8	150	0.5	75	56.25	17.16
9	150	0.5	75	56.25	14.79
10	150	0.5	75	56.25	12.75
合计	1 500		900	675	345.55

由此确定商标权转让评估值为 345.55 万元。

[例 7-12] 甲自行车公司将红鸟牌自行车的注册商标使用权通过许可使用合同许可乙公司使用，使用时间为 5 年。双方约定由乙公司每年按使用该商标销售收入的 3% 收取商标使用费给甲公司，试评估该商标使用权价值。

评估过程如下：

（1）预测使用期限内销售收入。评估人员根据对现有市场的调查，预测 1~5 年的销售量分别为 15 万台、17 万台、20 万台、22 万台、25 万台，按目前市价每台售价 200 元。

（2）按同行业平均利润率确定的折现率为 15%，企业所得税税率为 25%。按合同确定的销售收入提成率为 3%。

（3）评估计算如表 7-4 所示。

表 7-4 评估计算表

年份	销售量/万台	销售收入/万元	提成额/万元	净提成额/万元	现值/万元
1	15	3 000	90	67.5	58.70
2	17	3 400	102	76.5	57.84
3	20	4 000	120	90	59.18
4	22	4 400	132	99	56.60
5	25	5 000	150	112.5	55.93
合计	99	19 800	594	445.5	288.25

该商标使用权的评估值为 288.25 万元。

第七节 著作权评估

一、著作权的基本概念

著作权亦称版权，是指作者对其创作的文学、艺术和科学技术作品所享有的专有权利。《知识产权资产评估指南》（2017）中定义的著作权资产为"著作权权利人拥有或者控制的，能够持续发挥作用并且带来经济利益的著作权财产权益和与著作权有关权利的财产权益"。

著作权资产的财产权利形式包括著作权人享有的权利和转让或者许可他人使用的权利。许可使用形式包括法定许可和授权许可；授权许可形式包括专有许可、非专有许可和其他形式许可等。

著作权财产权益种类包括复制权、发行权、出租权、展览权、表演权、放映权、广播权、信息网络传播权、摄制权、改编权、翻译权、汇编权以及著作权人享有的其他财产权利。

与著作权有关的权利通常包括：出版者对其出版的图书、期刊的版式设计的权利，表演者对其表演享有的权利，录音、录像制作者对其制作的录音、录像制品享有的权利，广播电台、电视台对其制作的广播、电视所享有的权利以及由法律、行政法规规定的其他与著作权有关的权利。

著作权资产评估对象通常有下列五种组成形式：

（1）单个著作权中的单项财产权利；

（2）单个著作权中的多项财产权利的组合；

（3）分属于不同著作权的单项或者多项财产权利的组合；

（4）著作权中财产权和与著作权有关权利的财产权益的组合；

（5）在权利客体不可分割或者不需要分割的情况下，著作权资产与其他无形资产的组合。

二、著作权的保护期

著作权中作者的署名权、修改权、保护作品完整权的保护期不受限制，永远归作者所有。

公民作品的发表权、使用权和获得报酬权的保护期为作者终生至死亡后 50 年，若为合作作品则至最后死亡的作者死亡后 50 年。单位作品的发表权、使用权和获得报酬权的保护期为首次发表后 50 年。

电影、电视、录像和摄影作品的发表权、使用权和获得报酬权的保护期为首次发表后的 50 年。

计算机软件的保护期限，在新修改的《计算机软件保护条例》（2013）中做了修改。根据新的保护条例，软件著作权自软件开发完成之日起产生。自然人的软件著作权，保护期为自然人终生及其死亡后 50 年，截止于自然人死亡后第 50 年的 12 月 31 日；软件是合作开发的，截止于最后死亡的自然人死亡后第 50 年的 12 月 31 日。法人或者其他组织的软件著作权，保护期为 50 年，截止于软件首次发表后第 50 年的 12 月 31 日，但软件自开发完成之日起 50 年内未发表的，该条例不再保护。

三、著作权的特征

（一）自动保护原则

《中华人民共和国著作权法》（2010）（以下简称《著作权法》）对作品的保护采用自动保护原则，即作品一旦产生，作者便享有著作权，登记与否都受法律保护。随着著作权纠纷越来越多，许多作者要求将自己的作品交著作权管理部门登记备案。在著作权的评估实践中，作品登记证书可以作为该著作权稳定性、可靠性的依据。

（二）形式的局限性

著作权从根本上说是为某思想、某观点的原创表达提供法律保护，但并非保护这些思想本身，这是它区别于专利的重要特征。

（三）独立性

著作权对保护的内容强调创作的独立性，而不是强调新颖性，思想相同的不同人创作的作品，只要是独立完成的，即分别享有版权。

（四）权利的多样性

根据我国《著作权法》（2010）的规定，著作权人享有的权利多达十几项，其中法律明确规定著作权人享有的经济权利有12项，而且这些权利的行使可以是彼此独立的。

（五）法律特性

根据法律规定，著作权是自动获得的权利，但是，法律同时规定了著作权的权利内容、保护期以及权利的限制，因此著作权具有显著的法律特性，主要体现在时间性及地域性，这点与专利权及商标权是相同的。

（六）使用特性

著作权与专利、商标相比，在使用过程中，除具有共享性外，还具有扩散性。著作权的扩散性是指具有著作权的作品在使用过程中可以产生新的具有著作权的作品，如翻译作品，翻译人对翻译后的作品享有著作权。

四、著作权的价值影响因素

影响著作权资产价值的因素通常包括以下几个：

（1）著作权评估对象包含的财产权利种类、形式以及权利限制，包括时间、地域方面的限制以及存在的质押、法律诉讼等权利限制；

（2）著作权作品作者和著作权权利人；

（3）著作权作品的创作形式；

（4）与著作权有关的权利和相关的专利权、专有技术和商标权等权利情况；

（5）著作权作品创作完成时间、首次发表时间；

（6）著作权作品的类别；

（7）著作权作品题材、体裁类型等情况；

（8）著作权作品创作的成本因素；

（9）著作权剩余法定保护期限以及剩余经济寿命；

（10）著作权的保护范围；

（11）著作权人所实施的著作权保护措施和保护措施的有效性以及可能需要的保护成本费用等；

（12）著作权作品发表后的社会影响、发表状况。

五、著作权的评估方法

一般说来，著作权的制作成本跟著作权的价值没有直接的对应关系，因而，采用成本法评估著作权的价值是不合适的。不同的著作权之间实际差别较大，市场法的运用有一定限制。整体而言，收益法是较适合著作权的评估方法。

资产评估人员执行著作权资产评估业务，应当了解与著作权资产共同发挥作用的其他因素，并重点关注下列情况：

（1）著作权资产与相关有形资产以及其他无形资产共同发挥作用；

（2）原创作品著作权与演绎作品著作权共同发挥作用；

（3）著作权和与著作权有关权利共同发挥作用。

当存在与评估对象共同发挥作用的其他因素时，应当分析这些因素对著作权资产价值的影响。

运用收益法进行著作权资产评估时，应当根据著作权资产对应作品的运营模式合理估计评估对象的预期收益，并关注运营模式法律上的合规性、技术上的可能性、经济上的可行性。著作权的预期收益通常通过分析计算增量收益、节省许可费和超额收益等途径实现。

执行著作权资产评估业务，应当关注该作品演绎出新作品并产生衍生收益的可能性。当具有充分证据证明该作品在可预见的未来可能会演绎出新作品并产生衍生收益时，注册资产评估师应当谨慎、恰当地考虑这种衍生收益对著作权资产价值的影响。

运用收益法进行著作权资产评估时，应当合理确定资产的剩余经济寿命。剩余经济寿命需要综合考虑法律保护期限、相关合同约定期限、作品类别、创作完成时间、首次发表时间以及作品的权利状况等因素确定。

运用收益法进行著作权资产评估时，应当综合考虑评估基准日的利率、资本成本，以及著作权实施过程中的技术、经营、市场、生命周期等方面的风险因素，合理确定折现率。著作权资产折现率应当区别于企业整体资产或者有形资产折现率。著作权资产折现率口径应当与预期收益的口径保持一致。

六、著作权评估举例

[例7-13] A影视公司出品并发行了B电影，B电影具体的收益状况如表7-5所示。评估基准日为2020年5月31日，当时B电影已经制作完成并与电影院线达成放映协议，即将在影院公映。同时，B电影公司还与影像公司、电视台等达成著作权转让和许可协议，将通过DVD、电视的形式播出。根据电影收入的特点，结合由A影视公司制作与发行的电影的历史票房，以及以往著作权转让的其他收入，做出预测，见表7-5。

表7-5　A公司销售预测表　　　　　　　　　　金额单位：万元

年份	2020年	2021年	2022年
销售收入	1 210.00	110.00	110.00
净利润	598.39	73.76	73.76

根据电影收益时间比较短的特点，将B电影的收入期限确定为3年。由于电影收益波动较大，所以电影的折现率较低，根据通常的计算方法，折现率由风险报酬和无风险报酬组成，电影的风险报酬较高，确定折现率为7.21%。根据著作权在电影票房中的贡献，确定分成率为90%。

根据以上收益法的参数，电影著作权评估价值为：

评估价值 $= 90\% \times (598.39 \div 1.072\ 1 + 73.76 \div 1.072\ 1^2 + 73.76 \div 1.072\ 1^3)$

　　　　　≈ 614（万元）

第八节 商誉的评估

一、商誉的概念及其特点

商誉通常是指企业在一定条件下，能获取高于正常投资报酬率的收益所形成的价值。这是企业由于所处地理位置优势，或由于经营效率高，管理基础好，生产历史悠久，人员素质高等原因，与同行业企业相比较，可获得超额利润。

从历史渊源考察，20世纪60年代以前所称的无形资产是一个综合体，商誉则是这个综合体的总称。20世纪70年代以后，随着对无形资产确认、计量的需要，无形资产以不同的划分标准，形成各项独立的无形资产。现在所称的商誉，则是指企业所有无形资产扣除各单项可确指无形资产以后的剩余部分。因此，商誉是不可确指的无形资产。

商誉具有如下特点：

（1）商誉不能离开企业而单独存在，不能与企业可确指的资产分开出售；

（2）商誉是多项因素作用形成的结果，但形成商誉的个别因素，不能以任何方法单独计价；

（3）商誉本身不是一项单独的、能产生收益的无形资产，而只是超过企业可确指的各单项资产价值之和的价值；

（4）商誉是企业长期积累起来的一项价值。

二、商誉的表现形式

商誉可分为内在表现形态的商誉和外在表现形态的商誉。前者是指商誉主体的经营规模、经营对象、经营方式和管理水平等；后者是指通过一些外在的表现形态所表现出来的，可以为社会公众所感知的内容，亦即商誉的表现形式。主要体现在以下几个方面：

（1）商标、商号是商誉的必要媒介和最主要的构成要件；

（2）专利；

（3）顾客名单、经销网络、供应合同是商誉的构成要件之一；

（4）企业的管理水平；

（5）企业文化是员工队伍和员工素质的综合反映，可以外化为一种品牌和形象，给企业带来商誉和效益。

由于商誉的上述特点和表现形式，一般认为商誉依附于企业整体资产，不能单独转让，只能和企业同时转让，商誉评估服务于企业产权转让有关的经济活动。但是，随着企业文化、管理模式、销售渠道等无形资产日益成为企业价值构成的主体，以管理为目的的商誉评估逐渐增多。

三、商誉评估的方法

按情况不同，商誉评估既可选用割差法，也可选用超额收益法。

（一）割差法

割差法是对企业整体评估价值与各项可确指资产评估值之和进行比较并确定商誉评估值的方法。其基本计算公式是：

商誉的评估值=企业整体资产评估值-企业各单项资产评估值之和（含可确指无形资产）

采用割差法对企业的商誉进行评估的步骤是：

（1）通过整体评估的方法，评出企业整体资产的价值。企业整体资产评估值可以通过预测企业未来预期收益并进行折现或资本化获取；对于上市公司，也可以按股票市价总额确定。

（2）通过单项资产评估方法，求出各项可确指资产的价值。

（3）在企业整体资产价值中扣除各单项可确指资产价值之和，剩余值即是企业商誉的评估值。

[例7-14] 某企业准备以整体资产与其他企业合资经营，需要了解企业商誉的价值。根据企业过去的经营情况和未来市场形势，预测其未来4年的净利润分别是11万元、12万元、14万元、13万元，并假定从第5年开始，以后各年净利润均为15万元。根据银行利率及企业经营风险情况确定的折现率和本金化率均为10%。并且，采用单项资产评估方法，评估确定该企业各单项资产评估之和（包括有形资产和可确指的无形资产）为90万元。试确定该企业商誉评估值。

解：企业整体评估值 $=\dfrac{11}{1+10\%}+\dfrac{12}{(1+10\%)^2}+\dfrac{14}{(1+10\%)^3}+\dfrac{13}{(1+10\%)^4}+\dfrac{15}{10\%\times(1+10\%)^4}$

≈ 141.77（万元）

商誉的价值=141.77-90=51.77（万元）

（二）超额收益法

超额收益是判断企业商誉价值是否存在的依据，将企业超额收益作为评估对象进行商誉评估的方法称为超额收益法。按照企业的经营状况和超额收益的稳定性，超额收益法又可分为超额收益本金化价格法和超额收益折现法两种。

1. 超额收益本金化价格法

超额收益本金化价格法是把被评估企业的超额收益经本金化还原来确定该企业商誉价值的一种方法。其基本计算公式如下：

商誉价值=（企业预期年收益-行业平均收益率×该企业可确指资产评估值之和）÷适用的本金化率

[例7-15] 某企业准备出售，对企业整体价值及各单项资产价值进行评估。在企业持续经营的前提下，评估人员估测企业年收益额为770万元，经过评估，得出

企业各类单项资产评估值之和为 2 000 万元，评估人员调查得知该行业资产收益率水平平均为 25%，根据企业现有情况，确定商誉的投资收益率为 28%。试确定该企业商誉评估值。

解：商誉的价值 = $\dfrac{770 - 25\% \times 2\,000}{28\%} \approx 964$（万元）

超额收益本金化价格法主要适用于经营状况一直较好、超额收益比较稳定的企业。如果在预测企业预期收益时，发现企业的超额收益只能维持有限期的若干年，这类企业的商誉评估就不宜采用超额收益本金化价格法，而应改按超额收益折现法进行评估。

2. 超额收益折现法

超额收益折现法是把企业可预测的若干年预期超额收益进行折现，将其折现值确定为企业商誉价值的一种方法。其计算公式是：

商誉的价值 = $\sum\limits_{i=1}^{n} R_i (1+r)^{-i}$

式中：R_i——第 i 年企业预期超额收益；

　　　r——折现率；

　　　n——收益年限。

[例 7-16] 某企业经预测在今后五年内具有超额收益能力，预期超额收益分别为 90 万元、120 万元、140 万元、110 万元、100 万元，该企业所在行业的平均收益率为 12%，则：

商誉的价值 = $\dfrac{90}{1+12\%} + \dfrac{120}{(1+12\%)^2} + \dfrac{140}{(1+12\%)^3} + \dfrac{110}{(1+12\%)^4} + \dfrac{100}{(1+12\%)^5}$

≈ 402.32（万元）

四、商誉评估需注意问题

商誉本身的特性，决定了商誉评估的困难性。在评估中，应注意以下几个问题：

（1）商誉评估必须在产权变动或经营主体变动的前提下才可进行。企业在持续经营情况下，如不发生产权或经营主体的变动，尽管该企业具有商誉，也无须评估商誉以显示其价值。

（2）商誉价值取决于企业所具有的超额收益水平。这里所说的超额收益指的是企业未来的预期超额收益。

（3）商誉价值形成既然建立在企业预期超额收益基础之上，那么，商誉评估值与企业中为形成商誉投入的费用没有直接联系。因此，商誉评估不宜采用成本法进行。

（4）商誉是由众多因素共同作用形成的，但形成商誉的个别因素不能单独计量，各因素的定量差异也难以调整。因此，商誉评估不宜采用市场法。

（5）企业负债与否、负债规模大小与企业商誉没有直接关系。

（6）商誉与商标是有区别的，它们反映了两个不同的价值内涵。

第八章
企业价值评估

第一节 企业价值评估概述

企业价值评估是市场经济深入发展的产物，主要服务于企业改制、并购重组、公司上市和跨国经营等经济活动，为企业经营决策提供价值评定依据。

一、企业与企业价值的基本概念

（一）企业的基本概念及其特点

企业的基本含义是指以营利为目的、按照法律程序建立的经济实体，形式上体现为由各种要素资产组成并具有持续经营能力的自负盈亏的法人实体。

进一步说，企业是由各个要素围绕着一个系统目标，发挥各自特定功能，共同构成一个有机的生产经营能力和获利能力的载体及其相关权益的集合或总称。企业作为一类特殊的资产，有其自身的特点：

1. 盈利性

盈利性是指企业存在和经营的目的就是要获得利润。

2. 持续经营性

持续经营性是指企业要在较长时期内不间断地开展生产经营活动。企业的目的是要盈利，而持续经营是保证正常盈利的一个重要方面。如果企业的经营活动断断续续，由于其固定费用不会因经营间断而减少，必然相对加大经营费用，影响盈利。所以，持续经营成为企业的一个重要特征。

3. 整体性

整体性是指企业所拥有的各类资产之间的合理匹配。只有匹配到最佳状态，资产才可能发挥最大的效应。如果它们之间的功能匹配不合理，由此组合而成的企业整体功能也未必很好。因此，整体性是企业区别于其他资产的一个重要特征。

（二）企业价值的基本概念

企业价值可以从不同的角度来看待和定义。从政治经济学的角度，企业价值是由凝结在企业中的社会必要劳动时间决定的；从会计核算的角度，企业价值是由建造企业的全部支出构成的；在财务管理中，企业价值通常是指企业在一定风险条件下能够提供报酬的能力价值；从市场交换的角度，企业价值是由企业的获利能力决定的。

从理论上讲，资产评估中的企业价值主要是企业的内在价值和企业的交换价值。企业的内在价值是指企业所具有的潜在获利能力的折现值之和。企业的交换价值是指企业内在价值在评估基准日可实现的部分。因此，企业价值是以企业的内在价值为基础的市场交换价值。在市场经济环境下，企业价值是由企业购买者（投资者）愿意支付的价格决定的。投资者之所以愿意拥有企业，是因为企业为他们提供了一种获取投资收益的途径。企业价值反映的是它在未来给其资本所有者提供投资回报的能力。

在资产评估中，对企业价值的界定主要从以下三个方面入手：

1. 企业价值是企业的公允市场价值

企业价值评估的主要目的是为企业产权交易提供服务，使交易双方对拟交易企业的价值有一个较为清晰的认识，所以企业价值评估应建立在公允市场假说之上，其揭示的是企业的公允市场价值。

2. 企业价值基于企业的盈利能力

创立企业或收购企业的目的不在于获得企业本身具有的物质资产或企业生产的具体产品，而在于获得企业产生现金流的能力并从中受益。因此，企业价值取决于要素资产组合的整体盈利能力，不具备现实或潜在盈利能力的企业也就不存在资产评估中所定义的企业价值。

3. 资产评估中的企业价值有别于账面价值、公司市值和清算价值

企业的账面价值是一个以历史成本为基础进行计量的会计概念，可以通过企业的资产负债表获得。由于没有考虑通货膨胀、资产的功能性贬值和经济性贬值等重要因素的影响，所以企业资产的账面价值不能代表企业的实际价值。

公司市值是指上市公司股票流通的市场价格（市场价值之和），由于上市公司的股票价格受多种因素的综合影响，因此，一般情况下，特别是在信息不对称的不完全市场条件下，公司的市值并不能完全反映公司的实际价值。

清算价值是指企业终止经营，变卖所有的企业资产减去所有负债后的现金余额。这时企业资产的价值是可变现价值，采用的是非持续经营假设。

由于每个人（比如会计师、经济学家和投资者等）观察问题的角度和出发点不同，所以他们各自对企业价值的定义也不相同。

二、企业价值评估的基本概念与企业价值的表现形式

（一）企业价值评估的基本概念

《资产评估执业准则——企业价值》（2018）中将企业价值评估界定为"资产评估机构及其资产评估专业人员遵守法律、行政法规和资产评估准则，根据委托对评估基准日特定目的下的企业整体价值、股东全部权益价值或者部分权益价值等进行评定和估算，并出具资产评估报告的专业服务行为"。

（二）企业价值的表现形式

根据《资产评估执业准则——企业价值》（2018）中的界定，企业价值评估中

的评估对象包括企业整体价值、股东全部权益价值和股东部分权益价值等。企业整体价值是指在假设将从企业获取资金回报（利息）的债权人等同为投资者的全投资口径下，归属于含企业股东和获取资金回报（利息）的债权人在内的投资者的企业价值，包括企业股东全部权益价值和付息债务价值。

股东全部权益价值是指归属于企业全体股东享有的权益价值，通常表现为企业总资产扣除企业各项债务后的剩余经济利益的价值。

股东部分权益价值是指在企业全体股东的股东全部权益价值中归属于部分股东的权益价值或者企业全体股东的全部权益价值中的某一比例或者部分的权益价值。

下面通过图表加以说明。表 8-1 是对某企业的全部资产和负债进行评估后的简化资产负债表，流动资产价值加上固定资产、无形资产价值和其他资产价值构成了全部资产的价值，即 $A+B+F$；流动负债和长期负债中的非付息债务价值加上付息债务价值和股东全部权益价值构成了全部负债和权益价值，即 $C+D+E$。股东全部权益价值 $=(A+B+F)-(C+D)=E$。企业整体价值 $=(A+B+F)-C=(A-C)+B+F=D+E$，即股东全部权益价值和付息债务的价值之和。由于在未来收益折现时，必须把负债的利息包含到收益流中，因此，在评估实务中，普遍采用的方法是定义资本结构中的债务包括所有的带息负债，不带息的负债一般不认为是债务资本。

表 8-1　某企业评估后的资产负债表简表

流动资产（A）	流动负债和长期负债中的非付息债务价值（C）
固定资产和无形资产价值（B）	付息债务价值（D）
其他资产价值（F）	股东全部权益价值（E）

在企业价值评估实务中，一般是在得到股东全部权益价值后才确定股东部分权益价值。如何分析和确定股东部分权益价值？股东部分权益价值并不必然等于股东全部权益价值与股权比例的乘积。资产评估专业人员在评估股东部分权益价值时，应当在适当及切实可行的情况下考虑由于具有控制权或者缺乏控制权可能产生的溢价或者折价，并且应当在评估报告中披露评估结论是否考虑了控制权对评估对象价值的影响。因此，股东部分权益价值存在溢价和折价的问题。

三、企业价值评估的特点

企业价值评估具有以下特点：

（1）评估对象是由多个或多种单项资产组成的资产综合体。整体资产涉及实物的有机组合、技术的有机组合、劳动要素的有机组合、企业战略的有机组合和整体性问题。

（2）决定企业价值高低的因素是企业的整体获利能力。这就是说，虽然企业的资产主要由各单项可确指资产组成，但企业价值往往不等于单项资产评估值之和，而是取决于企业整体的获利能力。

（3）企业价值评估是一种整体性评估，它与构成企业的各个单项资产的评估值简单相加是有区别的。这些区别主要表现为评估对象的差别、影响因素的差异、评估结果的差异等。

四、企业价值评估的范围界定

鉴于企业价值评估的复杂性和特殊性，在评估时应首先明确评估范围。企业价值评估的范围通常分为一般范围（产权评估范围）和具体范围（有效资产评估范围）。

（一）一般范围

企业价值评估的一般范围是指企业产权涉及的评估范围。比如，在一个企业集团中，有母公司、子公司、孙公司、重孙公司等各个层次。在评估时，要事先确定，是对哪一个层次进行整体评估。如果是对子公司进行整体评估，则除了对子公司本身进行评估外，还要包括对子公司下面的孙公司以及重孙公司等进行评估，以及对上述公司对外投资中的非控股部分中拥有的权益进行评估。

（二）具体范围

企业价值评估的具体范围是在一般范围划定的前提下，对具体被评估资产的界定。在界定企业价值评估的具体范围时，需重点做好以下几方面的工作：

1. 明晰资产产权

明晰资产产权是指要通过特定的方式或手段，对被评估资产的权属加以认定。明晰资产产权的目的是对资产的收益归属进行界定。对于评估基准日产权不清的资产，应划为"待定产权资产"，不列入企业价值评估的具体范围，并在评估报告中予以披露。

2. 划分有效资产和无效资产

有效资产是指企业中正在运营或虽未正在运营但具有潜在运营能力，并能对企业盈利能力做出贡献、发挥作用的资产；无效资产是指企业中不能参与生产经营，不能对企业盈利能力做出贡献的资产，以及虽然是经营性的资产，但在被评估企业已失去获利能力的资产。划分两种资产的目的是正确揭示企业价值，其中有效资产是企业价值评估的基础。

五、企业价值评估中的资料收集

评估人员执行企业价值评估业务，应当收集并分析被评估企业的信息资料和与被评估企业相关的其他信息资料，通常包括：

（1）评估对象权益状况相关的协议、章程、股权证明等法律文件、评估对象涉及的主要资产权属证明资料；

（2）被评估单位历史沿革、控股股东及股东持股比例、经营管理结构和产权架构资料；

（3）被评估单位的业务、资产、财务、人员及经营管理状况资料；

（4）被评估单位的经营计划、发展规划和收益预测资料；
（5）评估对象、被评估单位以往的评估及交易资料；
（6）影响被评估单位经营的宏观、区域经济因素；
（7）被评估单位所在行业现状与发展前景资料；
（8）证券市场、产权交易市场等市场的有关资料；
（9）可比企业的经营情况、财务信息、股票价格或者股权交易价格等资料；
（10）评估人员认为需要收集分析的其他相关信息资料。

第二节 企业价值评估的基本方法

企业价值评估的基本方法有三种：收益法、市场法和资产基础法。

一、收益法

（一）收益法的基本概念

《资产评估执业准则——企业价值》（2018）第十九条指出："企业价值评估中的收益法，是指将预期收益资本化或者折现，确定评估对象价值的评估方法。"

（二）收益法中的预期收益的基本概念及形式

预期收益是指企业在日常的生产经营及投资活动中产生的经济利益的总流入与总流出配比后的纯收入，它反映企业一定时期的最终经营成果。在对预期收益进行具体界定时，应注意两个方面的问题：一是虽然是由企业创造的，但不归企业产权主体所有的收入，如税收，无论是流转税还是所得税，均不能视为企业收益；二是归企业权益主体所有的企业收支净额，不论是营业收支、资产收支，还是投资收支，只要形成净权益流入，均可视为企业收益。

预期收益可以用会计利润、现金红利、现金流量（如企业自由现金流、权益自由现金流）等形式表示。

1. 对会计利润的评价

会计利润包括税后利润、息前税后利润等。会计利润容易受到企业所采取的不同会计政策、折旧方式、存货计价方法、间接费用分配方法、成本核算方法等的影响，具有较大的调节空间，易受人为因素的影响。另外，会计上的盈利并不一定意味着能够产生多余的现金用来进行资本性支出（再投资）和补充营运资本的增加需求。一个企业能否持续经营下去，不是取决于一定期间是否有盈利，而是取决于是否有现金流量用于各种支付。

2. 对现金红利的评价

现金红利是指采用现金的形式分配的企业股利。现金红利通常用于少数权益（不具有对企业的控制权）价值的评估，而很少用于直接计算股东全部权益价值，因为从实际操作的角度分析，采用这个指标容易产生偏差。例如，在对企业未来的经营和现金流量的预测未改变的情况下，如果只是改变了对股利政策的预测（如增加现金股利分配），权益价值就会因此提高，这显然是不合理的。产生这种不合理的结果的原因在于公式中分子（现金红利）发生变化的同时，反映资金成本/风险的折现率并未相应调整，这是不正确的。因为如果企业增加股息率的话，为维持原先预测的盈利水平，企业为保持正常的经营生产势必运用财务杠杆，增加付息债务。而负债比例的提高，会增加财务风险，从而权益资本成本应该相应提高，也就是分母应该相应提高。在实际运用中，对于这一调整往往很难把握，很难确保分子、分母变动一致而不使价值产生偏差。

3. 对现金流量的评价

现金流量是指一项投资或资产在未来不同时点所发生的现金流入与流出的数量，包括企业所产生的全部现金流量（企业自由现金流量）和属于股东权益的现金流量（权益自由现金流量）两种口径，与之相对应的价值分别为企业整体价值（包括付息债务价值）和股东全部权益价值。本书所指的现金流量均为最终的净现金流量。由于现金流量更能真实准确地反映企业运营的收益，因此，在国际上通行采用现金流量作为收益口径来估算企业的价值。

（三）收益法的类型及适用条件

《资产评估执业准则——企业价值》（2018）中规定，收益法常用的具体方法包括股利折现法和现金流量折现法。

股利折现法是将预期股利进行折现以确定评估对象价值的具体方法。预期股利实际上是代表企业分红后股东才可以得到的现金流，因此，采用该现金流估算的评估结论代表的是缺乏控制权的价值，因此，股利折现法通常适用于缺乏控制权的股东部分权益价值的评估。该模型依据不同的股利特点可以分为股利不稳定增长、固定增长和阶段性增长三种情况。追求稳定现金分红的投资者适宜运用股利折现模型对股权进行估价。

通常，现金流量折现法包括企业自由现金流折现模型和股权自由现金流折现模型。实际上只有控股股东才具有获取全部自由现金流的权利，因此，其评估结论应该是代表具有控制权的企业整体价值、股东全部权益价值或股东部分权益价值。该模型也可分为稳定增长模型和阶段性增长模型。

《资产评估执业准则——企业价值》（2018）中没有涉及关于会计利润（如净利润指标）在收益法中单独运用的问题。其原因在于：净利润指标可以通过加减一些因素，调整成为现金流量指标。但在评估实践中，不排除可以单独使用净利润指标来进行企业价值评估（比如，在企业集团规模很大，某些加减的指标难以取得的情况下）。

资产评估人员应当根据被评估企业未来经营模式、资本结构、资产使用状况以及未来收益的发展态势等，恰当选择现金流折现模型。

选择和使用收益法时应当注意下列适用条件：

（1）被评估企业具有获利能力。

（2）采用适当的方法，对被评估企业和参考企业的财务报表中对评估过程和评估结论具有影响的相关事项进行必要的分析调整，以合理反映企业的财务状况和盈利能力。

（3）获得委托方关于被评估企业资产配置和使用情况的说明，包括对非经营性资产、负债和溢余资产状况的说明。

（4）应当从委托方或相关当事方获取被评估企业未来经营状况和收益状况的预测，并进行必要的分析、判断和调整，确信相关预测的合理性。充分考虑取得预期收益将面临的风险，合理选择折现率。

（5）必须保持预期收益与折现率口径的一致。

（6）应当根据被评估企业经营状况和发展前景以及被评估企业所在行业现状及发展前景，合理确定收益预测期间，并恰当考虑预测期后的收益情况及相关终值的计算。

（四）收益法的计算公式

1. 年金法

假设评估基准日后可预测的企业若干年内的收益是以年金的方式获得的，则可采用年金法估算企业的价值。年金法的基本公式为

$$P = A/i$$

其中，P——企业评估价值；

A——企业每年的年金收益；

i——折现率及资本化率。

如果企业在评估基准日后可预测的若干年内发展处于平稳状态，虽然各年的收益额并不完全相同，但其未来收益具有充分的稳定性和预测性，则可对企业各期不同的收益进行年金化处理，然后再采用年金法估测企业的价值。用公式表述为

$$A = \sum_{i=1}^{n} \frac{R_i}{(1+r)^i} \div \sum_{i=1}^{n} \frac{1}{(1+r)^n}$$

其中：$\sum_{i=1}^{n} \frac{R_i}{(1+r)^i}$——企业前 n 年预期收益折现值之和；

$\sum_{i=1}^{n} \frac{1}{(1+r)^n}$——收益年金化系数；

R_i——第 i 年度的预期收益额；

r——折现率或资本化率。

[例 8-1] 被评估企业预计未来 5 年的预期收益额为 110 万元、130 万元、120 万元、126 万元和 120 万元，假定资本化率为 10%，试用年金法估测被评估企业价值。

解：（1）计算未来 5 年的预期收益额的现值之和：

$$\sum_{i=1}^{n} \frac{R_i}{(1+r)^i} = \frac{110}{1+10\%} + \frac{130}{(1+10\%)^2} + \frac{120}{(1+10\%)^3} + \frac{126}{(1+10\%)^4} + \frac{120}{(1+10\%)^5}$$

$$\approx 458.17(万元)$$

（2）计算 5 年预期收益额的等额年金值：

$$A = \sum_{i=1}^{n} \frac{R_i}{(1+r)^i} \div (P/A, 10\%, 5) = \frac{458.17}{3.7908} \approx 121（万元）$$

（3）计算被评估企业价值：

$$P = \frac{A}{i} = \frac{121}{10\%} = 1\,210（万元）$$

2. 分段法

分段法是将持续经营的企业的预测收益期分为前后两个阶段，根据各阶段的收益现值之和估算被评估企业价值的方法。分阶段的理由在于：在企业发展的前一个期间，企业处于不稳定状态，因此企业的收益是不稳定的；而在该期间之后，企业处于均衡状态，其收益是稳定的或按某种规律进行变化的。对于前段时期企业的预期收益采取逐年预测并折现累加的方法；而对于后阶段的企业收益，则针对企业具体情况并按企业的收益变化规律进行折现和还原处理。将企业前后两个阶段的收益现值加在一起便构成企业的收益现值。

假设以前段最后一年的收益作为后段各年的年金收益，分段法的公式可以写成：

$$P = \sum_{i=1}^{n} \frac{R_i}{(1+r)^i} + \frac{R_i}{(1+r)^i} \times \frac{1}{r}$$

其中：$\sum_{i=1}^{n} \frac{R_i}{(1+r)^i}$ ——企业前 n 年预期收益折现值之和；

$\frac{R_i}{(1+r)^i} \times \frac{1}{r}$ ——企业 n 年后（稳定期）预期收益年金现值；

R_i ——第 i 年度的预期收益额；

r ——折现率或资本化率。

假设从第 $(n+1)$ 年起的后段，企业预期年收益将按固定比率 g 增长，则分段法的公式可以写成：

$$P = \sum_{i=1}^{n} \frac{R_i}{(1+r)^i} + \frac{R_i(1+g)}{(1+r)^i} \times \frac{1}{r-g}$$

其中：$\frac{R_i(1+g)}{(1+r)^i} \times \frac{1}{r-g}$ ——企业 n 年后（稳定期）预期收益现值之和。

[例 8-2] 被评估企业预计未来 5 年的预期收益额分别为 110 万元、130 万元、120 万元、126 万元和 120 万元，根据企业实际情况推断，从第六年开始，企业的年收益额将维持在 120 万元水平上，假定资本化率为 10%，试用分段法估测企业的价值。

解：$P = \sum_{i=1}^{n} \frac{R_i}{(1+r)^i} + \frac{R_i}{(1+r)^i} \times \frac{1}{r}$

$= \left[\frac{110}{1+10\%} + \frac{130}{(1+10\%)^2} + \frac{120}{(1+10\%)^3} + \frac{126}{(1+10\%)^4} + \frac{120}{(1+10\%)^5} \right] + \frac{120}{(1+10\%)^5} \times \frac{1}{10\%}$

$\approx 458.17 + 1\,200 \times 0.6209 \approx 1\,203（万元）$

[例8-3] 承上例资料，假如评估人员根据企业的实际情况推断，企业从第六年起，收益额将在第五年的水平上以2%的增长率保持增长，其他条件不变，试估测待估企业的价值。

解：$P = \sum_{i=1}^{n} \dfrac{R_i}{(1+r)^i} + \dfrac{R_i(1+g)}{(1+r)^i} \times \dfrac{1}{r-g}$

$= \left[\dfrac{110}{1+10\%} + \dfrac{130}{(1+10\%)^2} + \dfrac{120}{(1+10\%)^3} + \dfrac{126}{(1+10\%)^4} + \dfrac{120}{(1+10\%)^5} \right] +$
$\dfrac{120 \times (1+2\%)}{(1+10\%)^5} \times \dfrac{1}{10\%-2\%}$

$\approx 1\,408(万元)$

（五）企业收益的预测

1. 企业收益的界定

在企业价值评估中，企业收益是指在正常条件下，企业所获得的归企业所有的所得额。

如前所述，企业收益有多种表现形式，选择何种形式的收益直接影响对企业价值的最终判断。根据上节的分析，在评估股东全部权益价值时，以现金流量为基础进行评估较之会计利润更为合理，因此，下面仅以现金流量来说明企业收益的预测。

在企业价值评估中，现金流量分为企业自由现金流量和权益自由现金流量两种。

企业自由现金流量指的是归属于包括股东和付息债务的债权人在内的所有投资者的现金流量。其计算公式为

企业自由现金流量=税后净利润+折旧与摊销+利息费用（扣除税务影响后）-资本性支出-净营运资金变动

权益自由现金流量指的是归属于股东的现金流量，是扣除还本付息以及用于维持现有生产和建立将来增长所需的新资产的资本支出和营运资金变动后剩余的现金流量。其计算公式为

权益自由现金流量=税后净利润+折旧与摊销-资本性支出-净营运资金变动+付息债务的增加

两种计算方法的示例如表8-2所示。

表8-2 采用两种计算方法计算的情况

项目	企业自由现金流量	权益自由现金流量
净利润	720	720
加：折旧与摊销	2 000	2 000
加：利息费用×（1-所得税税率）	225	不适用
减：营运资本的增加	（800）	（800）
减：资本性支出	（1 500）	（1 500）
加：付息债务的增加	不适用（企业自由现金流量的计算不含债务）	50
自由现金流量	645	470

注：假设利息费用为300元，企业的所得税税率为25%，则扣除税务影响的利息费用为225元 [300×（1-25%）]。

有必要指出的是，自由现金流量的计算与会计报告中现金流量表的计算方法不一样。

选择什么层次和口径的企业收益作为企业评估的依据，首先要服从于企业评估的目的，其次是企业收益层次和口径的选择，最后还应服从于哪些层次或口径的企业收益更能客观地反映企业的正常获利能力。在不影响实现企业评估目标的前提下，选择最能客观反映企业正常获利能力的企业收益额作为收益折现的基础是比较适宜的。在评估实践中，收益额的选择还应与折现率保持统计或核算口径上的一致。

2. 企业收益的预测

企业的未来收益能力和收益水平取决于企业的发展目标和战略、企业的经营管理和营销计划、企业的产品定价和材料采购、企业的人力资源和薪酬标准等关乎企业生存和发展的决策。

（1）对企业正常盈利能力的判断。

首先要根据企业的具体情况确定分析重点。对于已有较长经营历史且收益稳定的企业，应着重对其历史收益进行分析，并在该企业历史收益平均趋势的基础上判断企业盈利能力；对于发展历史不长的企业，要着重对其现状进行分析，并主要在分析该企业未来发展机会的基础上判断企业的盈利能力。此外，还要结合企业的实际生产经营情况对财务数据加以综合分析。可以作为分析判断企业盈利能力参考依据的财务指标有企业资金利润率、投资资本利润率、净资产利润率、成本利润率、销售收入利润率、企业资金收益率、投资资本收益率、净资产收益率、成本收益率、销售收入收益率等。利润率指标与收益率指标的区别主要在于：前者是企业的利润总额与企业资金占用额之比，而后者是企业的净利润与企业资金占用额之比。

为较为客观地判断企业的正常盈利能力，企业还必须结合影响企业盈利能力的外部因素进行分析。要对影响企业盈利能力的关键因素进行分析与判断。这些关键因素包括企业的核心竞争力、企业所处产业的发展前景、企业在该产业及市场中的地位、企业主要竞争对手的情况、影响企业发展的可以预见的宏观因素等。只有对企业内部与外部的因素进行综合分析，才能对企业的正常盈利能力做出正确的判断。

（2）企业收益预测的基础。

企业收益预测的基础是指在进行企业收益预测时是以企业现有的存量资产为基础进行预测，还是在预测时要充分考虑企业未来可能的增量资产的因素。关于这个问题，目前有两种观点：一种观点认为，应以企业在评估时点的存量资产为出发点，理由是这样做更符合资产评估的客观性原则；另一种观点认为，在预测时除了要充分考虑企业在评估时点的存量资产外，还要充分考虑企业未来可能的增量资产（或新产权主体）的因素，理由是企业的预期收益既是企业存在资产运作的函数，又是未来新产权主体经营管理的函数。

对于企业预期收益的预测，应以企业的存量资产为出发点，适当考虑对存量资产的合理改进或合理重组，任何不正常的个人因素或新产权主体的超常行为等因素可能产生的对企业预期收益的影响都不应考虑。

3. 企业收益预测的基本步骤

企业收益预测大致可分为以下三个步骤：

第一步，对评估基准日的审计后企业收益进行调整。调整包括两个部分的工作：一是对审计后的财务报表（主要是利润表和现金流量表）进行非正常因素调整，将一次性、偶发性或以后不再发生的收入或费用剔除，把企业评估基准日的利润和现金流量调整到正常状态下的数量，为企业预期收益的趋势分析打好基础；二是研究审计后报表的附注和相关披露，对在相关报表中披露的影响企业预期收益的非财务因素进行分析，并在该分析的基础上对企业的收益进行调整，使之能反映企业的正常盈利能力。表 8-3 概括了收益额调整的主要因素。

表 8-3　收益额调整的主要因素

收入和支出项目	调整事项
营业收入	产品售价的正常波动 产品换型期压价促销的收入损失 一次性销售收入（例如几年一度的一次性处理积压产品） 其他非正常的重大因素
商品成本	应提未提的费用 应摊未摊的费用 原材料、在产品、自制半成品、产成品的亏空和盘盈 非正常收入项目的成本开支 偶发性、一次性的非正常成本项目 其他非正常的重大影响项目
营业外收支	偶发性、一次性发生的大额收支 几年一度的大修理停工损失 其他非正常的重大影响项目
资产收支和投资收支	重大技术改造投资 中长期投资到期一次性收入 时机有利于大量出手有价证券，以获巨额价差 大量退役设备的变现收入 一次性处理闲置设备收入 投入生产经营成本的更新改造投资 其他影响资产、投资量的非正常的重大因素
税收和补贴	非正常的一次性税收减免 非常规的一次性财政补贴
其他影响现金净流量的重大非正常因素	

第二步，对企业预期收益趋势进行总体分析和判断。这是在对企业评估基准日审计后实际收益进行调整的基础上，结合企业提供的预期收益预测和评估机构调查收集到的有关信息的资料进行的。需要注意几点：首先，对企业评估基准日审计后的财务报表调整，尤其是客观收益的调整，仅作为评估人员进行企业预期收益预测的参考依据，不能用于其他目的。其次，企业提供的关于预期收益的预测是评估人员预测企业未来预期收益的重要参考资料。但是，评估人员不能仅将企业提供的收益预测作为对企业未来预期收益预测的唯一根据，评估人员应在自身专业知识和所

收集的其他资料的基础上做出客观、独立的判断。最后，尽管对企业在评估基准日的财务报表进行了必要的调整，并掌握了企业所提供的收益预测情况，评估人员还必须深入企业进行实地考察和现场调研，与企业的核心管理层进行充分的交流，了解企业的生产工艺过程、设备状况、生产能力和经营管理水平，再借助其他数据资料对企业未来收益趋势做出合乎逻辑的总体判断。

第三步，对企业预期收益进行预测。对企业预期收益的预测是指在前两个步骤完成的前提下，运用具体的技术方法和手段进行测算。在一般情况下，对于已步入稳定期间的企业而言，收益预测的分段较为简单：一是对企业未来3~5年的收益预测，二是对企业未来3~5年后的各年收益预测。对企业预期收益的预测需注意以下几个问题：

（1）对企业收益预测前提条件的设定。

企业未来3~5年的收益预测是在评估基准日调整的企业收益或企业历史收益的平均收益趋势的基础上，结合影响企业收益实现的主要因素在未来预期变化的情况，采用适当的方法进行的。目前，较为常用的方法有综合调整法、产品周期法、时间序列法等。不论采用何种预测方法，首先都应进行预测前提条件的设定，因为企业未来可能面临的各种不确定性因素对预期收益的影响是无法预测的。这些前提条件包括：国家的政治、经济等政策变化对企业预期收益的影响，除已经出台尚未实施的以外，只能假定其将不会对企业预期收益构成重大影响；不可抗拒的自然灾害或其他无法预期的突发事件，不作为预期企业收益的相关因素考虑；企业经营管理者的某些个人行为也未在预测企业收益时考虑等。当然，根据评估对象、评估目的和评估的条件，还可以对评估的前提做出必要的限定。

（2）对企业后期收益预测的预测方法。

对于企业后期收益的预测，一般采用的方法是：在前期收益测算的基础上，从中找出企业收益变化的取向和趋势，并借助某些手段，诸如采用假设的方式分析企业未来和长期收益的变化区间和趋势。比较常用的做法是假定企业未来若干年以后各年的收益水平维持在一个相对稳定的水平上不变。当然，也可以根据企业的具体情况，假定企业收益在未来若干年以后将在某个收益水平上，每年保持一个递增比率等。但是，不论采用何种假设，都必须建立在合乎逻辑、符合客观实际的基础上，以保证企业预期收益预测的相对合理性和准确性。

（3）注意对预测结果的检验。

由于对企业预期收益的预测存在较多难以准确把握的因素，并且易受评估人员主观的影响，而该预测又直接影响企业的最终评估值，因此，评估人员在对企业的预期收益预测基本完成之后，应该对所做预测进行严格检验，以判断所作预测的合理性。检验可以从以下几个方面进行：

①将预测与企业历史收益的平均趋势进行比较，如预测的结果与企业历史收益的平均趋势明显不符，或出现较大变化而又无充分理由作为支持时，则该预测的合理性值得怀疑。

②对影响企业价值评估的敏感性因素加以严格的检验。在这里，敏感性因素具

有两个方面的特征：一是该类因素未来存在多种变化，二是其变化能对企业的评估值产生较大影响。如对销售收入的预测，评估人员可能基于对企业所处市场前景的不同假设而会对企业的销售收入做出不同的预测，并分析不同预测结果可能对企业价值评估产生的影响。在此情况下，评估人员就应对销售收入的预测进行严格的检验，对设定的各种销售收入预测假设反复推敲。

③对所预测的企业收入与成本费用变化的一致性进行检验。企业收入的变化与其成本费用的变化存在较强的一致性。

④在进行敏感性因素检验的基础上，与用其他方法评估的结果进行比较，检验在哪一种评估假设下能取得更为合理的评估结果。

（六）折现率及其估测

折现率是将未来收益还原或转换为现值的比率。它在资产评估业务中有着不同的称谓，如资本化率、本金化率、还原利率等，本质上都属于投资报酬率。在运用收益法评估企业价值时，折现率起着至关重要的作用，它的微小变化会对评估结果产生较大的影响。其计算公式为

折现率＝无风险报酬率＋风险报酬率

1. 无风险报酬率的测算

无风险报酬率通常用评估基准日中、长期国债的到期收益率，但应注意换算为复利计算。

2. 风险报酬率的测算

风险补偿额相对于风险投资额的比率就叫做风险报酬率，即折现率。

（1）影响风险报酬率的主要因素。

就企业而言，影响风险报酬率的主要因素包括经营风险、财务风险、行业风险、通货膨胀风险等；从投资者的角度看，要投资者承担一定的风险，就要有相对应的风险补偿，风险越大，要求补偿的数额也就越大。在测算风险报酬率的时候，评估人员应注意以下几个因素：

①国民经济增长率及被评估企业所在行业在国民经济中的地位；

②被评估企业所在行业的发展状况及被评估企业在行业中的地位；

③被评估企业所在行业的投资风险；

④企业在未来的经营中可能承担的风险等。

（2）风险报酬率的测算。

①风险累加法。企业在其持续经营的过程中可能要面临许多风险，像前面已经提到的行业风险、经营风险、财务风险、通货膨胀等。将企业可能面临的风险对回报率的要求予以量化并累加，便可得到企业评估中的风险报酬率。用公式表示为

$$\frac{风险}{报酬率}＝行业风险报酬率＋经营风险报酬率＋财务风险报酬率＋其他风险报酬率$$

量化上述各种风险所要求的报酬率，主要是采取经验判断的方法。它要求评估人员充分了解国民经济的运行态势、行业发展方向、市场状况、同类企业竞争情况等。只有在了解和掌握上述数据资料的基础上，对于风险报酬率的判断才能较为客

观、合理。当然，在条件许可的情况下，评估人员应尽量采取统计和数量分析方法对风险回报率进行量化。

②β系数法。β系数法认为，行业风险报酬率是社会平均风险报酬率与被评估企业所在行业平均风险和社会平均风险的比率系数的乘积。使用β系数法估算风险报酬率的步骤如下：

第一步，将社会平均收益率扣除无风险报酬率，求出社会平均风险报酬率；

第二步，将企业所在行业的平均风险与社会平均风险进行比较，求出企业所在行业的β系数；

第三步，用社会平均风险报酬率乘以企业所在行业的β系数，可得到被评估企业所在行业的风险报酬率。用公式表示如下：

$$R_r = (R_m - R_f) \times \beta$$

式中：R_r——被评估企业所在行业的风险报酬率；

R_m——社会平均收益率；

R_f——无风险报酬率；

β——被评估企业所在行业的β系数。

在评估某一具体的企业价值时，应考虑企业的规模、经营状况及财务状况，确定企业在其所在的行业中的地位系数（α），然后与企业所在行业的风险报酬率相乘，得到该企业的风险报酬率。用公式表示如下：

$$R_r = (R_m - R_f) \times \beta \times \alpha$$

如果能通过一系列方法测算出风险报酬率，则企业评估的折现率的测算就相对简单了。企业价值评估的折现率包括加权平均资本成本模型和权益资本成本模型两种。

①加权平均资本成本模型。加权平均资本成本模型是以企业的所有者权益和负债所构成的投资成本，以及投资成本所需的回报率，经加权平均计算来获得企业评估所需折现率的一种数学模型。用公式表示如下：

$$R = \frac{E}{D+E} \times K_e + \frac{D}{D+E} \times (1-T) \times K_d$$

其中：R——加权资本成本；

$\dfrac{E}{D+E}$——权益资本占全部资本的权重；

$\dfrac{D}{D+E}$——债务资本占全部资本的权重；

K_e——权益资本要求的投资回报率（权益资本成本），包含风险报酬率和无风险报酬率；

K_d——债务资本要求的回报率（债务资本成本）；

T——被评估企业所适用的所得税税率。

资本加权平均成本是就企业总体而言的，一般用于评估企业整体资产价值。在确定权重的比例时，应当根据各项资本的市场价值而不是账面价值计算。

②权益资本成本模型。权益资本成本模型是以企业的所有者权益构成的投资成本所要求的回报率计算企业评估所需折现率的一种数学模型。在实际操作中常用资本资产定价模型计算权益资本成本。用公式表示如下：

$$K_e = R_f + Beta \times MRP + R_c$$

式中：K_e——权益资本成本；

R_f——目前的无风险利率；

R_m——市场回报率；

$Beta$——权益的系统风险系数；

MRP——市场的风险溢价；

R_c——企业特定风险调整系数。

权益资本成本是就股权而言的，一般用于评估股权价值。

3. 收益额与折现率或资本化率口径一致的问题

确定折现率的基本原则实质上是确定一个合理的期望投资报酬率，它通过估算企业的资本成本来确定。由于企业存在多种收益口径的选择，因此评估人员需要注意折现率必须与被折现的现金流量的类型和风险相一致。确定折现率的一个重要原则是：企业自由现金流与加权平均资本成本模型相匹配，权益自由现金流量与权益资本成本模型相匹配。

（七）收益法的具体应用举例

［例 8-4］A 公司 2018 年和 2019 年的财务资料如表 8-4 所示。

表 8-4　A 公司 2018 年和 2019 年的财务资料　　金额单位：万元

项目	2018 年	2019 年
流动资产合计	1 250	1 310
长期投资	0	102
固定资产原值	3 048	3 194
累计折旧	343	359
固定资产净值	2 705	2 835
其他长期资产	180	160
长期资产合计	2 885	3 097
总资产	4 135	4 407
股本（每股 1 元）	3 641	3 877
长期负债	100	120
未分配利润	394	410
所有者权益合计	4 035	4 287
主营业务收入	2 195	2 300
主营业务成本	916	960
主营业务利润	1 279	1 340
销售费用	630	660
其中：折旧	200	210

表8-4(续)

项目	2018年	2019年
长期资产摊销	20	20
利息	5	6
利润总额	649	680
所得税（30%）	195	204
净利润	454	476
年初未分配利润	234	342
可供分配利润	688	818
股利	344	409
未分配利润	342	409

A公司2019年的销售增长率为4.8%，预计今后的销售增长率可稳定在5%左右，并且资本支出、折旧与摊销、营运流动资产、长期负债以及利润等均将与销售同步增长，当前的国库券利率为4%，平均风险溢价为2%，公司的股票 β 值为1.1。要求：

（1）计算A公司2019年的股权现金流量；

（2）评估A公司2020年的股权价值。

解：（1）2019年股权现金流量：

股权现金流量=税后净利润+折旧与摊销-资本性支出-净营运资金变动+付息债务的增加

2019年息前税后利润=476（万元）

2019年折旧和摊销=210+20=230（万元）

2019年营运资本变动额=1 310-1 250=60（万元）

2019年资本支出=长期资产净值变动+折旧和摊销=2 995-2 885+230
　　　　　　　　=340（万元）

2019年付息债务的增加=长期负债的变动=120-100=20（万元）

所以，2019年股权现金流量=税后净利润+折旧和摊销-资本支出-营运资本变动额+付息债务的增加 =476+230-340-60+20=326（万元）

（2）2020年权益的市场价值：

2020年息前税后利润=476×（1+5%）=499.8（万元）

2020年折旧和摊销=230×（1+5%）=241.5（万元）

2020年营运资本变动额=2019年营运资本-2018年营运资本
　　　　　　　　　　=1 310×（1+5%）-1 310=65.5（万元）

2020年资本支出=340×（1+5%）=357（万元）

2020年付息债务的增加=120×（1+5%）-120=6（万元）

所以，2020年权益的现金流量=税后净利润+折旧和摊销-资本支出-营运资本变动额+付息债务的增加 =499.8+241.5-357-65.5+6=324.8（万元）

折现率=4%+1.1×2%=6.2%

股权价值=324.8/（6.2%-5%）=27 154.17（万元）

（八）收益法的适用范围

采用收益法评估企业价值的优点是：首先，它以企业整体盈利能力为基础，全面综合企业资产总量、管理水平、人力资源等要素，全面体现了企业的整体素质；其次，收益法是一种建立在价值分析和价值管理基础上的评估方法，利用投资回报和收益折现等技术手段，把评估企业的预期产出能力和获利能力作为评估对象来估算被评估企业的价值，反映的是企业资产整体的获利能力，因而采用收益法评估的企业价值容易为产权交易双方所接受。

收益法的不足之处是：由于运用收益法评估企业价值必须满足持续经营、预期收益和与预期收益相关联的风险能够预测、可以用货币进行计量等前提条件，这在一定程度上限制了收益法的使用。在运用收益法评估企业价值时，如果被评估企业的预期收益、折现率以及被评估企业取得预期收益的持续时间比较难以把握，易受较强主观判断和未来不可预见因素影响，那么在一定程度上就可能影响评估结果的准确性。

运用收益法进行评估需具备以下三个前提条件：
（1）企业能够在较长时期内持续经营；
（2）能够对企业未来收益进行合理预测；
（3）能够对与企业未来收益的风险程度相对应的收益率进行合理估算。

二、市场法

（一）市场法的基本概念

《资产评估执业准则——企业价值》（2018）将市场法定义为"将评估对象与可比上市公司或者可比交易案例进行比较，确定评估对象价值的评估方法"。

（二）市场法的基本原理

市场法的理论依据是"替代原则"，该方法是基于类似资产应该具有类似交易价格的理论推断。如果类似资产的交易价格有较大差异，则在市场上就可能产生套利交易的情况。因此，企业价值评估市场法的技术路线是首先在市场上寻找与被评估企业相类似的企业的交易案例，通过对所找到的交易案例中相类似企业交易价格的分析，确定被评估企业的交易价格，即被评估企业的公允市场价值。

（三）市场法运用的基本方法

市场法中常用的两种具体方法是上市公司比较法和交易案例比较法。

上市公司比较法是指获取并分析可比上市公司的经营和财务数据，计算价值比率，在与被评估单位比较分析的基础上，确定评估对象价值的具体方法。

交易案例比较法是指获取并分析可比企业的买卖、收购及合并案例资料，计算价值比率，在与被评估单位比较分析的基础上，确定评估对象价值的具体方法。

需要指出的是，交易案例价值比率在很多情况下并不能直接用于计算评估对象的价值，而需要考虑各种不同类型交易案例的折价或溢价。

（四）市场法运用的基本步骤

运用市场法进行企业价值评估的基本步骤如下：

（1）明确被评估企业的基本情况，包括评估对象及其相关权益状况。

（2）恰当选择与被评估企业进行比较分析的参考企业。

（3）对所选择的参考企业或交易案例的业务和财务情况进行分析，与评估对象的情况进行比较、分析并做必要的调整。根据评估项目的具体情况，可以考虑以下调整事项：

①调整被评估企业和参考企业财务报表的编制基础；

②调整不具有代表性的收入和支出，如非正常和偶然的收入和支出；

③调整非经营性资产、负债和溢余资产及与其相关的收入和支出；

④评估人员认为需要调整的其他事项。

（4）选择并计算合适的价值乘数，并根据以上工作结果对价值乘数进行必要的分析和调整。

（5）将价值比率运用到评估对象所对应的财务数据中，并进行适当的调整，得出初步的评估结果；对缺乏流动性折扣、控制权溢价等事项，评估人员应进行必要的分析并考虑在评估报告中做出适当的披露。

（6）根据被评估企业特点，对不同价值比率得出的数值予以分析，形成合理评估结论。

（五）价值比率的确定

价格是价值的货币表现，企业价值往往通过企业股票价格来体现，因此，企业价值可表现为价格比率与价值比率的乘积。

价值比率是指企业价格与公司特定变量之间的比率。企业的现金流量和利润直接反映了企业的盈利能力，与企业的价值直接相关，故现金流量和利润成为公司特定变量的主要指标，包括息税、折旧前利润，无负债的净现金流量，销售收入，净现金流量，净利润，净资产等。

运用市场法对企业价值进行评估，一般通过间接比较分析影响企业价值的相关因素，即通过相关因素间接比较的方法对企业价值进行评估。其理论基础在于：如果两家企业处于同一行业，拥有相同的收益、收入和增长前景，它们的价格应该是相似的。其思路可用公式表示如下：

$$\frac{V_1}{X_1} = \frac{V_2}{X_2}$$

即 $V_1 = X_1 \times \frac{V_2}{X_2}$

其中：V_1——被评估企业价值；

V_2——可比企业价值；

X_1——被评估企业与企业价值相关的可比指标；

X_2——可比企业与企业价值相关的可比指标。

$\frac{V}{X}$ 通常称为可比价值比率。在评估实务中，某些行业的特定指标也可以作为计算价值比率的一个主要参数。例如，对制造行业而言，年产量（如吨数）可能作为一个比较重要的指标;对电信运营商而言,用户数量可能是计算价值比率的一个关键指标;对基金管理公司而言,其所管理的基金的总金额通常作为计算价值比率的主要参数。

可比企业选择的关键是可比企业的相似性。判断企业的可比性有两个标准:行业标准和财务标准。行业标准是指应尽量在被评估企业所在行业中选择可比企业;财务标准是指应尽量选择与被评估企业有相似财务比率、财务结构的企业作为可比企业。

选择可比企业时需要考虑的主要因素包括:所从事的行业及其成熟度;行业中的地位及其市场占有率;业务性质及发展历史;所提供的产品或服务;企业架构及服务的目标市场;企业规模(包括资产、收入及市值等);资本结构及财务风险、经营风险;经营指标、未来发展能力等。

在企业价值评估过程中,常用的价值比率有多种,其中市盈率应用得较多。

(六)市场法的应用举例

[例8-5]某集团公司拟转让其下属一家运输公司的全部股权,评估基准日为2017年12月31日。评估人员在同行业的上市公司中选择了9家可比公司。为了使市盈率能够在一定程度上反映长期趋势,评估人员分别计算了可比公司2017年的市盈率(按2017年的实际数据计算)和2018年的市盈率(按2018年的预测数据计算)。同时,分别依据中位数和平均数确定了该组可比公司2017年和2018年的平均市盈率。具体计算过程见表8-5。

表8-5 2017年12月的价格——盈余分析

可比公司	股票价值/2017年盈余	股票价值/2018年盈余估计数
T1	17.8	16.7
T2	12.3	11.8
T3	15.0	14.3
T4	15.8	16.5
T5	28.6	31.0
T6	15.1	14.4
T7	21.5	21.7
T8	53.0	50.5
T9	16.7	16.0
平均数(不包括T5和T8)	16.3	15.9
中位数	16.7	16.5
评估目标公司的股票价值/亿元	根据2017年盈余2.18亿元所得的估计值/亿元	根据2018年盈余估计数2.69亿元所得的估计值/亿元
由平均数得出的结果	35.53	42.77
由中位数得出的结果	36.41	44.39

从表 8-5 中所计算的各可比公司的市盈率看，T5 和 T8 的市盈率显著高于其他公司，故评估人员决定在计算平均市盈率时将它们删除。而在计算中位数时，由于它们对中位数的计算无明显影响，故未被删除。

市盈率确定后，将两组市盈率分别乘以被评估企业 2017 年的实际盈利 2.18 亿元和 2018 年的预计盈利 2.69 亿元，即可得出被评估企业的评估值范围为 35.53 亿元~44.39 亿元。

由于企业的个体差异始终存在，仅采用单一可比指标计算出的乘数在某些情况下可能会影响评估值的准确性。因此在评估中，除了采用多样本外，还采用多种参数，即综合法。

[例 8-6] X 公司因产权变动需要评估，评估人员从证券市场上找到了三个（一般为三个以上的样本）与评估企业处于同一行业的相似公司 A、B、C，然后分别计算各公司的市场价值与销售额的比率、与账面价值的比率以及与净现金流量的比率，这里的比率即为可比价值倍数（V/X）。结果如表 8-6 所示。

表 8-6 相似公司比率汇总

项目	A 公司	B 公司	C 公司	平均
市价/销售额	1.2	1.0	0.8	1.0
市价/账面价值	1.3	1.2	2.0	1.5
市价/净现金值	20	15	25	20

把三个样本公司的各项可比价值倍数分别进行平均，就得到了应用于 X 公司评估的三个倍数。需要注意的是，计算出来的各个公司的比率或倍数在数值上相对接近是十分重要的。如果它们差别很大，就意味着平均数附近的离差相对较大，则选择本公司与目标公司在某项特征上就存在着较大的差异性，此时的可比性就会受到影响，需要重新筛选样本公司。

如表 8-6 所示，得出的数值结果具有较强的可比性。此时假设 X 公司的年销售额为 1 亿元，账面价值为 6 000 万元，净现金流量为 500 万元，然后我们使用从上表中得到的三个倍数计算出 X 公司的指示价值，再将三个指示价值进行算术平均，如表 8-7 所示。

表 8-7 X 公司的评估价值

项目	X 公司实际数据/万元	可比公司平均比率	X 公司指示价值/万元
销售额	10 000	1	10 000
账面价值	6 000	1.5	9 000
净现金流量	500	20	10 000
X 公司的平均价值			9 700

从表 8-7 得到的三个可比价值倍数分别是 1、1.5、20，然后分别以 X 公司的三个指标 10 000 万元、6 000 万元、500 万元分别乘以三个可比价值倍数，得到 X 公

司的三个指示价值 10 000 万元、9 000 万元、10 000 万元，将三个指示价值进行平均得到 X 公司的评估价值为 9 700 万元。

（七）市场法的适用范围

市场法的特点是从市场的角度评估企业的价值，所需的参数、指标可以直接从市场获得。

使用市场法需要具备以下四个条件：

（1）有一个充分发展、活跃的资本市场；

（2）在上述资本市场中存在着足够数量的与评估对象相同或相似的参考企业，或者在资本市场上存在足够的交易案例；

（3）能够收集并获得参考企业或交易案例的市场信息、财务信息及其他相关资料；

（4）可以确信依据的信息资料具有代表性和合理性，且在评估基准日是有效的。

三、资产基础法

（一）资产基础法的基本概念

《资产评估执业准则——企业价值》（2018）第三十五条将企业价值评估中的资产基础法定义为"以被评估单位评估基准日的资产负债表为基础，合理评估企业表内及可识别的表外各项资产、负债价值，确定评估对象价值的评估方法"。"资产基础"包含两种含义：一是指以企业的资产负债表上所载明的内容（如各类资产和负债）作为评估的基础，二是以企业的资产负债表上所载明的价值（账面价值）作为评估的基础。

（二）运用资产基础法的基本思路

进行资产评估时需要设定假设条件。运用资产基础法评估企业价值时也是如此。对于持续经营假设前提下的各个单项资产或资产组合的评估，应按贡献原则评估其价值；对于非持续经营假设前提下的单项资产或资产组合的评估，则按变现原则评估其价值。

（三）应用资产基础法的基本程序

（1）取得被评估企业评估基准日的资产负债表。

（2）调整项目。将每项资产、负债、权益项目的账面价值调整为公允价值。

（3）调整资产负债表表外项目。评估并加上资产负债表表外特定有形或无形的资产和负债。

（4）在调整基础上，编制新的资产负债表，反映所有项目的公允价值。

（5）确定所有者权益的调整后价值。

（四）应用资产基础法需注意的问题

（1）在应用资产基础法评估之前，应对企业的盈利能力以及匹配的单项资产进行认定，以便在委托方委托的评估范围的基础上，进一步界定纳入企业盈利能力范围内的有效资产和闲置资产的界限，明确评估对象的作用空间和评估前提。

(2) 对现金的评估。除对现金进行点钞核数外，还要通过对现金及企业运营的分析，判断企业的资金流动能力和短期偿债能力。

(3) 对应收账款及预付款的评估。从企业财务的角度，应收账款及预付款都构成企业的资产。而从企业资金周转的角度，企业的应收账款必须保持一个合理比例。企业应收账款占销售收入的比例以及账龄的长短大致可以反映一个企业的销售情况、企业产品的市场需求及企业的经营能力等，并为预期收益的预测提供参考。

(4) 对存货的评估。存货本身的评估并不复杂，但通过对存货进行评估，可以了解企业的经营状况，至少可以了解企业产品在市场中的竞争地位。畅销产品、正常销售产品、滞销产品和积压产品的比重，将直接反映企业在市场上的竞争地位，并为企业的预期收益预测提供基础。

(5) 对机器设备与建筑物的评估。机器设备和建筑物是企业进行生产经营和保持盈利能力的基本物质基础。设备的新旧程度、技术含量、维修保养状况、利用率等，不仅决定机器设备本身的价值，还对企业未来的盈利能力产生重大影响。按照机器设备及建筑物对企业盈利能力的贡献评估其现时价值，是持续经营假设前提下运用资产基础法评估企业单项资产的主要特点。

(6) 长期投资。对于控股的长期股权投资企业，采用资产基础法时，评估人员应到现场实地核查其资产和负债，全面进行评估；对于非控股的长期股权投资企业，在未来收益难以确定的情况下，可以采用资产基础法进行评估，即通过对被投资企业进行整体评估，确定净资产数额与投资方应占的份额，从而确定长期投资的评估值。

如果该项投资发生时间不长，被投资企业资产账实基本相符，则可对企业的长期股权投资项目不进行单独评估。可以根据核实后的被投资企业资产负债表上净资产数额与投资方应占的股权份额确定长期投资的评估值。

(7) 无形资产。资产负债表上的无形资产一般反映取得成本。应该将这些无形资产未摊销的账面价值调整为市场价值。如果特定无形资产（如专利权、著作权或商标权）具有价值，这些价值可以通过收益法、市场法或资产基础法来确定。

(8) 负债。一般的负债调整主要涉及与资产相关的负债。比如，如果房产从资产项扣除，任何与之相关的负债也应相应扣除；如果房产以租赁的形式加入，资产中包括房产的经营价值（以市场租金水平计算），相应的债务也应在房产价值中考虑。

(9) 非经营性或偶然性资产和负债。非经营资产和负债是那些维持经营活动不需要的资产和负债。偶然性的资产和负债是指那些非持续性取得的资产和负债。对非经营性或偶然性资产和负债应予以调整。

(10) 资产负债表表外项目。这一般是指表外负债，包括担保负债、未决诉讼或其他纠纷（如税务、员工投诉、环境保护或其他监管问题）等。评估人员应通过与被评估企业管理层及法律顾问的讨论，评估和量化这些负债。

（五）资产基础法应用举例

[例8-7]某企业拟进行产权转让，评估人员根据企业盈利状况决定采用资产基础法评估企业价值。具体评估步骤如下：

（1）逐项评估企业的各项资产。评估结果为：机器设备2 500万元，厂房800万元，流动资产1 500万元，土地使用权价值400万元，商标权100万元。

（2）逐项评估企业的各项负债。流动负债为1 000万元，长期负债为1 000万元，合计2 000万元。

企业评估价值（净资产价值）= 2 500+800+1 500+400+100-2 000=3 300（万元）

（六）资产基础法的适用范围

资产基础法的适用范围主要有：

（1）不宜采用收益法或市场法的情况，比如，处于清算状态下的企业整体资产评估。由于企业处于清算状态，无法运用收益法或市场法对企业价值进行评估，因此，只能采用资产基础法。

（2）委托方需要有详细的评估明细资料。由于资产基础法的基本特点是对委托评估的资产评估值进行逐项求和，对委托评估的负债评估值也逐项求和，这样，就有可能提供比较详尽的资产和负债的明细资料，有时这些详细资料对企业非常重要。因此，当企业需要通过资产评估而取得资产和负债的详细明细资料时，就需要采用资产基础法。

第三节 企业价值评估应用举例

一、收益法应用案例

[例8-8]某公司2013年的销售收入为16.875亿元，经营费用为15.175亿元，利息、税收、折旧、摊销前收益为1.7亿元，折旧为0.55亿元，资本性支出为0.60亿元，营运资本为0.9亿元。公司发行在外债务的账面价值是9.12亿元，市场价值为10亿元，税前利率为10%，公司共有1亿股股票，每股市价为15元，股票的β值为1.2，国库券利率是6%。预计在2014—2018年，公司的销售收入、利润、资本性支出、营运资本和折旧都将以10%的速度增长。从2019年开始，公司将进入稳定增长阶段，增长率下降为7%。公司进入稳定增长阶段后，资本性支出与折旧相抵，而负债比例将降至30%，债务税前利率降为8%，股票的β值为1.1（公司的所得税税率为25%，市场的平均收益率为13.5%）。试估计公司2013年年末的公司价值。

（1）将公司各阶段的资料整理如下：

2013年资料：

利息、税收、折旧、摊销前收益=1.7亿元；资本性支出=0.60亿元；折旧=0.55亿元；营运资本=0.9亿元；税前利率=10%；销售收入=16.875亿元。

高速增长阶段（2014—2018年）的资料：

利息、税收、折旧、摊销前收益的增长率=10%；n=5年；股票的β值=1.2；税前债务成本=10%。

稳定增长阶段（2019年以后）的资料：

资本性支出与折旧相抵；股票的β值=1.1；税前债务成本=8%；负债比率=30%；增长率=7%。

（2）公司价值的计算如下：

高速增长阶段（2014—2018年）：

负债比率=10/（10+1×15）=40%

权益资本成本=6%+1.2×（13.5%-6%）=15%

加权平均资本成本=10%×（1-25%）×40%+15%×（1-40%）=12%

根据公式"公司自由现金流量=税后净利润+折旧与摊销-利息费用（扣除税务影响后）-资本性支出-净营运资金变动=利息、税收前收益×（1-所得税税率）+折旧与摊销-资本性支出-净营运资金变动"，预期的各年公司自由现金流量见表8-8。

表8-8 公司自由现金流量计算表　　金额单位：亿元

计算项	2014年	2015年	2016年	2017年	2018年
①利息、税收、折旧、摊销前收益	1.870	2.057	2.263	2.489	2.738
②折旧、摊销	0.605	0.666	0.732	0.805	0.886
③利息、税收前收益（③=①-②）	1.265	1.391	1.531	1.684	1.852
④利息、税收前收益×（1-所得税税率）	0.949	1.043	1.148	1.263	1.389
⑤资本性支出	0.660	0.726	0.799	0.878	0.966
⑥净营运资金变动	0.090	0.099	0.109	0.120	0.132
⑦公司自由现金流量（⑦=④+②-⑤-⑥）	0.804	0.884	0.972	1.070	1.177
现值（12%）	0.718	0.705	0.692	0.680	0.667

注：(P/F,12%,1)=0.893,(P/F,12%,2)=0.797,(P/F,12%,3)=0.712,(P/F,12%,4)=0.636,(P/F,12%,5)=0.567。

稳定增长阶段（2019年以后）：

负债比率=30%

权益资本成本=6%+1.1×（13.5%-6%）=14.25%

加权平均资本成本=8%×（1-25%）×30%+14.25%×（1-30%）=11.78%

企业自由现金流量=1.389×（1+7%）-0.132×（1+7%）=1.345（亿元）

稳定阶段的期末市价=1.345÷（11.78%-7%）=28.14（亿元）

稳定阶段期末市价的现值=28.14÷（1+12%）^{5}=28.14×0.567=15.96（亿元）

公司当前的价值是高速增长阶段和稳定增长阶段的现值之和。

公司价值=高速增长阶段的现值和+稳定阶段的现值和=0.718+0.705+0.692+0.680+0.667+15.96=19.42（亿元）

二、市场法应用案例

[例8-9] 2015年1月9日S延边路公告公司拟以2011年6月30日经审计的全部资产（含负债）作为对价，回购吉林敖东持有的该公司84 977 833股非流通股股份，同时以新增股份换股的方式，与广发证券全体股东所持有的广发证券股份进行换股。

（1）可比公司选取。

评估机构选取中信证券、海通证券、光大证券三家上市公司作为广发证券的可比公司。

评估基准日可比上市公司的市净率（P/B）见表8-9。

表8-9 可比公司财务指标（一）

可比公司名称	基准日收盘价/元	每股净资产	基准日 P/B
中信证券	25.01	8.75	2.86
海通证券	13.19	5.09	2.59
光大证券	21.94	6.28	3.49

（2）盈利水平调整。

一是净资产收益率（rate of return on common stockholders' equity，ROE）的确定。根据可比公司2014年前三个季度财务报告数据年处理化得到ROE（见表8-10）。

表8-10 可比公司财务指标（二）

可比公司名称	归属母公司股东的权益	归属母公司股东的净利润	ROE
中信证券	57 986 554 698.69	6 290 655 470.63	13.96%
海通证券	41 898 531 110.23	3 562 457 084.48	11.02%
光大证券	21 472 186 576.63	1 856 346 726.04	17.66%

二是股权成本率（cost of equity，COE）的确定。此次评估中，评估对象COE采用资本资产定价模型计算。

无风险溢价：无风险收益率源自Wind系统，为评估基准日10年期国债到期收益率。

市场风险溢价：采用成熟市场的风险溢价进行调整确定。

β系数：取证券类可比上市公司 Beta 的平均值。

个别风险调整系数：考虑广发证券的资产规模、业务规模、产业基金等方面与海通证券和中信证券相比略差，以此来确定广发证券的个别风险调整系数。

根据目标公司的ROE/COE和可比公司的ROE/COE，计算（目标公司ROE/COE）/（可比公司ROE/COE）的比值，得出盈利能力调整系数表，见表8-11。

表 8-11 盈利能力调整系数

项目	中信证券	海通证券	光大证券
（目标公司 ROE/COE）/（可比公司 ROE/COE）	1.86	2.27	1.53

（3）营运状况调整。

将"经纪业务/营业收入"指标作为一项价值调整因素，经纪业务收入占比越高，则公司营运的风险越大，见表 8-12。

表 8-12 营运状况调整系数　　　　　　　　　　　　　　　　单位:%

项目	广发证券	中信证券	海通证券	光大证券
经纪业务/营业收入	75.75	54.49	70.55	70.20
经纪业务/营业收入指标比值	100.00	139.02	107.37	107.91
调整系数	—	-1.39	-1.07	-1.08

（4）其他调整及目标公司市净率。

评估机构还要根据被评估企业与可比对象间净利润增加收入增长率、净利润增长率比值、净利润增长等差异，对成长能力、风险控制能力等进行调整。

综合各项调整，计算可比公司综合修正后的 P/B，并取平均值作为目标公司的 P/B，见表 8-13。

表 8-13 以净资本为核心的风险控制指标调整系数

项目	中信证券	海通证券	光大证券
可比公司 P/B	2.86	2.59	3.49
盈利能力调整系数	1.86	2.27	1.53
成长性调整系数/%	98.76	97.74	100.61
风险控制能力调整系数/%	95.14	85.63	93.74
营运状况调整系数/%	98.61	98.93	98.92
可比公司综合调整后 P/B	4.93	4.87	4.98
可比公司综合调整后平均 P/B	—	—	4.93

（5）缺乏流动性折扣率。

广发证券是非上市公司，评估师根据相关研究，最终确定流动性折价比率为58%。考虑缺乏流动性折扣后的目标公司评估基准日股权 P/B 确定为 2.85。

第九章
资产评估报告

第一节 资产评估报告的基本要素

一、资产评估报告的概念

《资产评估执业准则——资产评估报告》(2018) 第二条规定："本准则所称资产评估报告是指资产评估机构及其资产评估专业人员遵守法律、行政法规和资产评估准则，根据委托履行必要的资产评估程序后，由资产评估机构对评估对象在评估基准日特定目的下的价值出具的专业报告。"

资产评估机构及其资产评估专业人员接受委托后，依据国家有关法律、行政法规和行业规定，按照评估程序，根据评估对象的特点，采用恰当的评估方法，独立、客观、公正地进行评估，在充分的调查分析、周密的评定估算的基础上得出评估结果，形成资产评估报告。

二、资产评估报告的类型

资产评估报告根据委托方委托的评估事项的不同，可以分为以下不同类型的评估报告。

（一）按照资产评估的对象划分，可以分为单项资产评估报告和整体资产（企业价值）评估报告

单项资产评估报告是针对房地产、机器设备、无形资产等单项资产出具的评估报告；整体资产评估报告是对企业的全部资产和负债（企业价值）进行评估出具的评估报告。

（二）按照资产评估工作的内容划分，可以分为正常资产评估报告、评估复核报告和评估咨询报告

正常资产评估报告是指评估人员按照评估有关规定出具的评估报告；评估复核报告是指评估机构内部人员对其他评估人员出具的评估报告进行复核所出具的复核报告；评估咨询报告是评估人员为了满足某种需要对被评估资产的价值提供咨询意见而出具的一种报告。

(三) 按照资产评估生效日及评估项目的目的和作用不同划分,可以分为追溯性评估报告、现时性评估报告和预期性评估报告

追溯性评估报告适用于需要确定过去价值的评估,即评估基准日早于报告日,通常是早于报告日一年(评估准则规定资产评估报告有效期为一年),在资产纳税、司法诉讼等情况下,需要进行该类型评估;现时性评估报告适用于评估基准日与报告日期接近的评估,大多数评估项目都是要求评估资产的现时价值;预期性评估报告适用于资产未来价值的评估,例如,对正在开发的房地产项目的资产权益进行评估,就需要确定资产的未来价值。

(四) 按照评估报告提供内容和数据资料的繁简程度划分,可以分为完整评估报告、简明评估报告和限制评估报告

完整评估报告、简明评估报告和限制评估报告都是有效的评估报告。完整评估报告和简明评估报告的区别在于根据评估目的、评估对象以及委托人的要求等,报告内容的详略程度不同。限制评估报告是对报告使用者有限制的评估报告,即当评估报告的使用者不包括委托客户以外的其他方时,可以使用限制评估报告。限制评估报告应当包括的内容与完整评估报告基本相似,差异是限制评估报告的部分资料和数据只体现在工作底稿中,而不体现在评估报告中。当评估人员出具限制评估报告时,必须提供一个突出的注释来提示其他阅读者,如果没有评估人员工作档案中其他信息资料的支持,该评估报告将无法被正确理解。

三、资产评估报告的基本内容

根据《资产评估执业准则——资产评估报告》(2018)、《企业国有资产评估报告指南》(2017) 和《金融企业国有资产评估报告指南》(2017) 的规定,资产评估报告的基本内容包括标题及文号、目录、声明、摘要、正文、附件。

(一) 标题及文号

标题应含有"××项目资产评估报告"的字样。报告文号应符合公文的要求。

(二) 目录

目录包括声明、摘要、正文、附件等内容。

(三) 声明

评估报告的声明应当包括以下内容:评估机构及其评估人员恪守独立、客观和公正的原则,遵循有关法律、行政法规和资产评估准则的规定,并承担相应的责任;提醒评估报告使用者关注评估报告特别事项说明和使用限制;其他需要声明的内容。

(四) 摘要

资产评估报告正文之前通常需要附有表达该报告书关键内容和结论的摘要,以便简明扼要地向报告书使用者提供评估报告的主要信息,包括委托方、评估目的、评估对象和评估范围、评估基准日、评估方法、评估结论等。摘要必须与评估报告揭示的结论一致,不得有误导性内容,并应通过文字提醒使用者,为了正确理解评估报告内容应阅读报告书全文。

(五) 正文

根据《资产评估执业准则——资产评估报告》(2018)、《企业国有资产评估报

告指南》（2018）和《金融企业国有资产评估报告指南》（2018）的规定，评估报告正文应当包括以下14项内容：

1. 委托人及其他资产评估报告使用人

这是要求对委托人的基本情况进行介绍。同时还要注明其他资产评估报告使用者，以及国家法律法规规定的评估报告使用者。

2. 评估目的

评估目的应写明本次资产评估是为了满足委托方的何种需要及其所对应的经济行为，评估目的应当是唯一的。

3. 评估对象和评估范围

应写明评估对象和纳入评估范围的资产及其类型（流动资产、长期投资、固定资产和无形资产等），描述评估对象的法律权属状况、经济状况和物理状况。在评估时，以评估对象确定评估范围，如企业价值评估，评估对象可以分别为企业整体价值、股东全部权益价值和股东部分权益价值；而评估范围则是评估对象涉及的资产及负债内容，包括房地产、机器设备、股权投资、无形资产、债权和债务等。

4. 价值类型及其定义

评估报告应当明确所评估资产的价值类型及其定义，并说明选择价值类型的理由。价值类型包括市场价值和市场价值以外的价值（市场价值以外的价值包括投资价值、在用价值、清算价值和残余价值等）。

5. 评估基准日

应写明评估基准日的具体日期和确定评估基准日的理由或成立条件，也应揭示确定基准日对评估结论的影响程度，如采用非基准日的价格，还应对采用非基准日的价格标准做出说明。评估基准日根据经济行为的性质由委托方确定，既可以是现在时点，也可以是过去或者将来的时点。

6. 评估依据

评估依据包括经济行为依据、法律法规依据、评估准则依据、资产权属依据和取价依据等。对评估中采用的特殊依据要做相应的披露。

7. 评估方法

应说明评估中所选择和采用的评估方法以及选择和采用这些评估方法的依据或原因。对某项资产采用一种以上评估方法的，还应说明原因并说明该项资产价值的最后确定方法。对采用特殊评估方法的，应适当介绍其原理与适用范围。

8. 评估程序实施过程和情况

应反映评估机构自接受评估项目委托起至提交评估报告的全过程，包括：接受委托阶段的情况了解；确定评估目的、对象与范围、基准日和拟订评估方案的过程；资产清查阶段的评估人员指导资产占有方清查资产、收集及准备资料、检查与验证的过程；评定估算阶段的现场核实、评估方法选择、市场调查与了解的过程；评估报告阶段的评估资料汇总、评估结论分析、撰写评估说明与评估报告、内部复核、提交评估报告的过程等。

9. 评估假设

评估报告应当披露评估假设，并说明评估结论是在评估假设的前提下得出的，以及评估假设对评估结论的影响。

10. 评估结论

评估结论是指资产评估机构及其资产评估专业人员通过履行必要的评估程序，给出的评估对象在评估基准日某种特定价值类型下价值的专业意见。这部分是报告书正文的重要部分。应使用表述性文字完整地叙述评估机构对评估结果发表的结论，对资产、负债、净资产的账面价值、净资产的评估价值及其增减幅度进行表述。采用两种以上方法进行评估的，应当说明两种以上评估方法结果的差异及其原因和最终确定评估结论的理由。对于不纳入评估汇总表的评估事项及其结果还要单独列示。

11. 特别事项说明

在这部分中应说明评估人员在评估过程中已发现可能影响评估结论，但非评估人员执业水平和能力所能评定估算的有关事项，也应提示评估报告使用者应注意特别事项对评估结论的影响，还应揭示评估人员认为需要说明的其他事项。特别事项说明通常包括下列主要内容：权属等主要资料不完整或者存在瑕疵的情形；委托人未提供的其他关键资料情况；未决事项、法律纠纷等不确定因素；重要的利用专家工作及相关报告情况；重大期后事项；评估程序受限的有关情况、评估机构采取的弥补措施及对评估结论影响的情况；其他需要说明的事项等。

12. 资产评估报告使用限制说明

这主要包括下列内容：①评估报告只能用于评估报告载明的评估目的和用途；②评估报告只能由评估报告载明的评估报告使用者使用；③未征得出具评估报告的评估机构同意，评估报告的内容不得被摘抄、引用或披露于公开媒体，法律法规规定以及相关当事方另有约定的除外；④评估报告的使用有效期；⑤因评估程序受限造成的评估报告的使用限制。

13. 资产评估报告日

资产评估报告日是指由资产评估报告载明的、评估结论形成的日期，可以不同于资产评估报告的签发日。

14. 资产评估专业人员签字和资产评估机构印章

资产评估专业人员签字或盖章，评估机构或者经授权的分支机构加盖公章，法定代表人或者其授权代表签字，合伙人签字。有限责任公司制评估机构的法定代表人可以授权首席评估师或者其他持有资产评估师证书的副总经理以上管理人员在评估报告上签字。有限责任公司制评估机构可以授权分支机构以分支机构名义出具除证券期货相关评估业务外的评估报告，加盖分支机构公章。评估机构的法定代表人可以授权分支机构负责人在以分支机构名义出具的评估报告上签字。

（五）附件的基本内容

资产评估报告的附件主要应包括以下基本内容：有关经济行为文件；被评估单位的会计报表；委托方与被评估单位的营业执照复印件；委托方与被评估单位关于资产的真实性、合法性的承诺函；产权证明文件复印件；资产评估人员和评估机构的承诺函；评估机构资格证书复印件；评估机构营业执照复印件；签字评估师资格证书复印件；重要合同和其他文件等。

(六) 资产评估说明的基本内容和格式

资产评估说明是根据有关基本内容和格式的要求撰写的,用来描述评估师对其评估项目的评估程序、方法、依据、参数选取和计算过程。资产评估说明是资产评估报告的组成部分,在一定程度上决定评估结论的公允性,保护评估行为相关各方的合法利益。它是财产主管机关审查评估报告的重要文件。

按有关规定,评估说明的内容应同评估报告的内容一致。评估机构、评估师及委托方、资产占有方应保证其撰写或提供的构成评估说明各组成部分的内容真实完整,未做虚假陈述,也未遗漏重大事项。

资产评估说明应按以下顺序进行撰写:

1. 评估说明的封面及目录

(1) 评估说明封面应载明评估项目名称,评估报告的编号、评估机构名称、评估报告提出日期。

(2) 评估说明目录应在封面的下一页排印,标题与页码应与目录相符。

2. 关于评估说明使用范围的声明

声明应写明评估说明仅供财产评估主管机关、企业主管部门在审查资产评估报告和检查评估机构工作之用,非为法律、行政法规规定,材料的全部或部分内容不得提供给其他任何单位和个人,不得见诸公开媒体。

3. 企业关于进行资产评估有关事项的说明

这部分由委托方和被评估单位共同撰写并由负责人签字,加盖公章,签署日期。它是评估机构开展评估活动的必要的依据。这部分的基本内容和格式应包括以下内容:委托方和被评估单位概况;关于评估目的的说明;关于评估范围的说明;关于评估基准日的说明;可能影响评估工作的重大事项的说明;资产及负债清查情况的说明;列示委托方、被评估单位提供的有关评估的资料清单。

4. 评估对象与评估范围说明

这部分主要说明评估对象和评估范围,主要包括以下内容:委托评估的资产类型、账面金额;委托评估的资产权属状况;实物资产的类型、数量、分布情况和存放地点;实物资产的技术特点、使用情况、大修理及改扩建情况等;企业申报的账面记录或者未记录的无形资产情况;企业申报的表外资产(如有申报)的类型、数量;引用其他机构出具的报告的结论所涉及的资产类型、数量和账面金额等。

5. 资产核实情况总体说明

这部分主要说明资产评估过程中进行资产核实的总体情况,包括资产核实人员组织、实施时间和过程、影响资产核实的事项及处理方法、核实结论等。

6. 资产评估技术说明

这是对资产进行评定估算过程的说明,反映评估中选定的评估方法和采用的技术思路及实施的评估工作内容。采用成本法评估单项资产(或者资产组合)、企业价值,应当根据评估项目的具体情况以及资产负债类型,编写评估技术说明。各资产负债评估说明应按评估项目涉及的资产负债类别或会计科目分类,逐一撰写资产负债的清查情况和评估情况。各资产负债评估说明的内容应包括基本情况、清查、评估和评估值与账面值相比的变动分析四个基本方面。采用收益法进行企业价值评估，应当根据行业特点、企业经营方式和所确定的预期收益口径以及评估的其他具体情况等，确定评估技术说明的编写内容，主要包括以下内容：评估对象，收益法的应用前提及选择的理由和依据，收益预测的假设，企业经营、资产与财务分析，收益模型的选取，收益期限的确定，预测期收益的确定，折现率/资本化率的计算，预测期后企业价值的确定，评估值测算过程与结果等。采用市场法进行企业价值评估，应当根据所采用的具体方法（参考企业比较法或者并购案例比较法），确定评估技术说明的编写内容。

7. 评估结论及其分析

这部分主要概括说明评估结论，包括以下内容：评估结论；如果采用两种及以上评估方法评估企业价值，应当分别说明每种方法下的评估价值以及确定最终评估结论的依据和理由；评估结论与账面价值差异的原因分析；股东部分权益价值的溢价（或者折价）。

（七）资产评估明细表的基本内容和格式

资产评估明细表是反映被评估资产在评估前后的资产负债明细情况的表格，它是资产评估报告的组成部分，主要包括以下内容：资产及负债的名称、发生日期、账面价值、调整后的账面价值、评估价值等；反映资产及负债特征的项目；反映评估增减值情况的栏目和备注；反映被评估资产的会计科目名称、资产占有单位、评估基准日、表号、金额单位等资产评估明细表表头；写明填表人员、评估人员。评估明细表设立逐级汇总，第一级为明细表总计，第二级是按资产及负债大类单独汇总，第三级按资产和负债总计汇总，第四级按资产及负债大类项目且以人民币万元为金额单位汇总。资产评估明细表一般应按会计科目顺序排列装订。

四、资产评估报告的基本制度

资产评估报告的基本制度是指与资产评估报告相关的有关法律法规规定以及行业规范。

我国资产评估报告基本制度的特点体现在以下几个方面：

（一）资产评估报告的撰写

在我国，评估人员及评估机构必须按照国家有关法规及行业规范出具评估报告。资产评估报告必须根据国务院91号令《国有资产评估管理办法》（1991）、资产评估准则体系，以及国家其他有关法律法规等进行撰写。中国资产评估协会发布的《资产评估执业准则——资产评估报告》（2018）、《企业国有资产评估报告指南》（2017）和《金融企业国有资产评估报告指南》（2017），对撰写资产评估报告进行了详尽的规范。

（二）资产评估报告的内容

我国有关法规与行业规范对资产评估报告内容进行规范的基本点是，既规范评估报告的基本要素，又规范评估报告的基本格式。评估报告的基本要素是指在评估报告中应包括的基本内容；基本格式是指撰写评估报告的书面格式。在国外（如美国），则主要是从评估报告的类型与评估报告的要素来进行规范的，没有对评估报告的基本格式进行规范。

（三）资产评估报告的使用

根据我国有关法规及行业规范的规定，资产评估的委托方和评估报告的使用者应依据国家相关法律法规及行业规范的有关规定，正确地使用资产评估报告。

第二节　资产评估报告的编制

一、资产评估报告的编写要求

（一）客观、公正

客观、公正是指在资产评估报告的编写过程中，评估人员必须保持客观、公正的立场，本着实事求是的科学态度，认真核对报告书所采用的资料，准确地概括整个评估工作中的各个环节和最后评估的结果，不允许有任何弄虚作假的情形存在。凡是列入报告书的信息，必须反复核实，有充分或适当的证据，并根据证据进行分析、评价或判断，得出结论。

（二）系统、综合

系统、综合是指在对与评估业务相关的数据资料进行鉴定和取舍时，评估人员应对与资产评估业务有关的资料进行深入细致的鉴别、分类和分析，合理进行筛选取舍。在评估过程中，评估人员会接触到大量的数据资料，这些数据资料大多处于杂乱无章的初始状态，其中不乏虚假和无价值的资料。为了保证资产评估报告的编写质量，评估人员应对与资产评估业务有关的资料进行深入细致的鉴别、分类和分析，进行筛选取舍，作为编写资料使用。在取舍资料时，应根据资产评估的目的和任务，经过分析比较，选取最有代表性的资料加以说明和提出建议。

（三）内容完整

内容完整是指资产评估报告的内容（包括标题及文号、声明、摘要、正文、附件等）要完整，报告书（仅指正文）的结构要完整，要把与资产评估工作有关的重要内容都纳入编写工作应考虑的范围内。在评估报告中，正文内容与附件资料要相互配套，共同说明或支持资产评估的结论。只有正文而没有附件资料的资产评估报告会缺乏说服力，降低评估报告的利用价值。因此，正文和附件都是构成完整的资产评估报告所不可缺少的部分。

（四）以法律法规为准绳

在评估报告的编写过程中，评估人员应以国家的相关法律法规和评估准则等为依据，对所评估的资产权属、种类、数量、质量和利用状况等进行鉴定。当发现被评估单位提供的资料存在虚假、不实等情况时，评估人员应提请被评估单位加以改正。

（五）语言简洁准确

撰写资产评估报告，应力求语言表达简明准确，以较少的语言准确地表达完整的内容。同时，评估人员对报告书所用的词句要反复推敲提炼，保证所表达的观点明确无误。

（六）及时出具评估报告

资产评估报告具有很强的时效性，这是因为被评估资产的价值会随着时间的推移而有所变化。如果不能及时出具评估报告，这将会使以前取得的评估资料丧失应有价值，因此，评估人员在评估现场工作结束后应及时出具评估报告。

二、资产评估报告的编写步骤

（一）分类整理评估资料

在资产评估业务中，要求评估人员对评估对象进行详细周密的调查。在调查过程中，会形成大量反映资产情况的评估工作记录，其中包括被评估资产的背景资料、专业性的技术材料以及其他一些可供编写评估报告参考的数据资料等。这些资料都是编写评估报告的可靠依据。因此，为了准确描述整个评估工作过程，首先要求资产评估小组按具体从事评估工作的分工情况，把所有评估数据资料进行清理，尽量使之系统化、条理化，分门别类地加以整理；然后，评估人员应核实评估作业分析表的内容，简要介绍评估工作的依据，认真编制资料分类明细表；最后，按工作要求写出分类评估的文字材料，供撰写评估报告使用。

（二）分析选择评估资料

在分类整理评估资料后，评估机构应召集参与整个评估业务的有关人员，对评估工作的总体情况和初步结论进行分析讨论，判断初步结论的合理性，分析得出初步结论及其所依据的数据资料的内在逻辑关系。当以两种及以上的评估方法评估出来的结果有较大差异时，就要根据评估对象的性质及评估目的，对不同的评估结果进行分析，最终得出一个合理的结论。

（三）汇总评估资料及编写资产评估报告

在分析讨论后，项目评估小组应指定某个人专门负责资产评估报告的编写工作。从事编写工作的人员应根据整理出来的分类评估资料及在讨论过程中得出的修正意见，把与项目有关的资料进行汇总，并按照一定顺序编制，以便在编写报告书时作为参考，同时也便于评估资料存档和查询使用。资料汇总以后，编写人员应根据讨论的意见，确定编写报告的中心内容，并根据这个中心内容安排报告书的内部结构，组织写作资料，按规定的内容和格式写出报告书。报告写出后应履行审查、复核、定稿等程序，然后，出具正式报告。报告的正文附上必要的附件，就构成完整的资产评估报告。如果委托方另有特殊要求，有关评估人员还要就某些内容进行详细说明，以便减少委托方理解评估报告内容的难度。

（四）审核签发评估报告

评估报告首先由组织该项资产评估的项目经理（或项目负责人）审核。如果评估报告的内容正确无误，项目负责人就应代表该项资产评估项目小组，将评估报告交给评估机构的稽核人员，由评估机构专人稽核后，再由评估机构法定代表人审核、签字、盖章，以此表明评估机构对评估报告的内容及结论承担法律责任。经过评估师签字、盖章和评估机构盖章的评估报告，可以作为反映评估结果的正式法律文件，向委托方提交。如果所评估的资产项目属于国有资产，被评估单位还应将评估报告提交所属国有资产管理部门进行备案或审查核准。

提交评估报告后，如果委托方没有表示异议，就表明整个评估工作已经结束，评估机构可根据事先签订的委托合同或业务约定书，向委托方收取约定的资产评估费用。

第三节　资产评估报告的利用

评估报告编写完成并提交给委托方后，有关各方就可以按有关法规规定加以使用。一般而言，评估报告的使用者有可能是：委托方，如企业、个人；投资人或潜在的投资人；债权人或其他利益相关者，如银行、其他金融机构和有关部门等。此外，评估报告的使用者还包括资产评估的行政管理部门（如各级财政部门）和行业管理部门（如各级评估协会）等。

一、委托方对评估报告的利用

委托方（以企业为例）作为评估报告的直接利用者，对评估报告的利用主要体现在以下几个方面：

（1）作为确定产权交易价格的基础性资料。出于企业整体或部分改建为有限责任公司或股份有限公司、以非货币资产对外投资、公司合并、分立、清算、原股东股权比例变动、整体或部分产权（股权）转让、资产转让、资产置换、资产拍卖等目的而进行的企业资产评估，所得到的评估报告资料可作为产权交易谈判底价的参考依据，也可以作为有关各方确定各自投资份额的证明材料。对于包含国有资产的资产评估报告，还需向国有资产管理部门提交评估报告以便其备案或核准。

（2）作为非产权变动的作价依据。这主要是企业出于保险、纳税、抵押和担保等经济活动的需要而进行的资产评估。

（3）作为企业进行会计记账的依据。为了满足会计核算的需要而进行的评估，所得到的评估报告及其各种明细评估表格中的数据资料，可作为会计记账的依据，也可以作为企业计提各种减值准备的参考依据。但企业如要按照评估结果调整有关会计账目，必须经有关机关（如财政、税务等）批准后实施。

（4）在法庭辩论和裁决时作为财产价格的举证材料。有关当事人在发生经济纠纷后所进行的资产评估，其取得的评估报告可以成为法庭进行裁决的参考材料，从而为消除和解决经济纠纷提供公正的参考依据。

（5）作为委托方支付资产评估费用的依据。若委托方接到评估报告后没有提出异议，认为评估报告等资料符合委托合同或协议的条款，委托方应以此为依据向受托的评估机构支付约定的评估费用。

二、资产评估行政管理部门和行业管理部门对评估报告的利用

资产评估的行政管理部门（如各级财政部门）和行业管理部门（如各级评估协会）对评估报告的利用主要表现在以下几个方面：

（1）通过评估报告，了解评估机构从事评估工作的业务能力、组织管理水平、工作情况和工作质量，为加强管理工作提供直接的依据。

（2）通过评估报告，为加强行业管理工作提供直接的依据。

（3）作为解决行业内质量问题的依据（如发生执业质量纠纷等）。

三、评估机构对评估报告的利用

评估机构对评估报告的利用主要体现在以下几个方面：

（1）评估报告可作为积累信息的一条重要途径。资产评估报告中包含了大量的经过分析加工的反映实际情况的信息，这些信息中的一部分在以后的评估工作中仍有利用价值，因而可以增加评估机构自身所积累的信息量。

（2）评估报告可用于总结评估经验、考核评估人员的工作业绩和改进评估工作。评估报告的质量可以反映评估师的工作能力、组织评估项目的经验和水平、各方面的协调能力以及处理和解决问题的能力。

（3）评估报告可作为反映评估机构资格和能力的实际证明，以扩大其影响力和知名度。

四、使用资产评估报告时需要注意的问题

（1）评估报告的有效期。《资产评估执业准则——资产评估报告》（2018）规定："资产评估报告应当明确评估结论的使用有效期。通常，只有当评估基准日与经济行为实现日相距不超过一年时，才可以使用资产评估报告。"报告的使用者只能在有效期内使用报告，超过有效期原资产评估结果无效。而追溯性评估报告则不受此限制。

（2）评估报告的用途。评估报告的使用者只能按评估报告所揭示的评估目的使用报告，一份评估报告只允许按该评估报告所确定的评估目的的用途使用。

（3）资产权属。评估报告应着重揭示被评估资产权属不清的情况。如存在资产权属不清的情况，在评估报告中应提醒评估报告使用者加以关注。

（4）涉及国有资产的评估报告应报送国有资产管理部门备案或核准。

（5）作为企业会计记录和调整企业账项使用的评估报告，必须由有权机关批准或认可后企业方能根据评估报告进行会计记录和调整账项。

第十章
资产评估项目组织与管理

第一节　资产评估项目组织与管理的主要内容与一般要求

一、资产评估项目组织与管理的基本概念

资产评估项目组织与管理是指资产评估机构从洽谈资产评估业务到评估资料归档管理等一系列资产评估工作的组织与管理活动的总称。在资产评估中，资产评估项目组织与管理和资产评估机构、资产评估人员、资产评估活动三个方面紧密相连。

资产评估机构是指依法设立，取得资产评估资格，从事资产评估业务的机构。财政部是资产评估行业主管部门，制定资产评估机构管理制度，负责全国资产评估机构的审批和监督管理。中国资产评估协会负责全国资产评估行业的自律性管理，协助财政部审批和监督管理全国资产评估机构。

资产评估人员是指在依法成立的资产评估机构中专门从事资产评估业务的专业人员。一个资产评估项目可能包括的资产评估人员有：签署资产评估报告的资产评估师（项目负责人）、业务助理人员以及根据项目需要在机构外特聘的该项目涉及行业的相关专家。为优质、高效地完成资产评估项目，项目组成员的专业知识需与资产的具体特点相匹配。项目负责人根据项目组成人员的个人专业特点、工作能力等对其进行具体、恰当的分工。

资产评估活动是指在市场经济条件下，由资产评估机构和资产评估人员，依据国家法律法规以及资产评估准则，根据特定的目的，遵循评估原则，依照相关程序，选择适当的价值类型，运用科学方法，对资产价值进行分析、评定和估算的行为和过程。资产评估活动实质上就是资产评估机构、评估人员与其他资产评估要素在特定评估目的下的有机组合行为。要获得高效优质的评估成果，在很大程度上要依赖于对资产评估项目的组织与管理。

二、资产评估项目组织与管理的基本要求

（一）建立一套完善的项目组织与管理制度

完善的项目组织与管理制度是评估机构正常开展资产评估活动的前提，评估机构应按照行业管理要求，结合评估业务特点和本机构部门职能设置情况等，制定符

合行业要求及自身特点的、切实可行的项目组织与管理制度。

评估项目组织与管理制度由一系列文件组成，至少应包括以下基本内容：

1. 资产评估活动的程序

评估程序和步骤一般包括：明确评估业务基本事项（项目洽谈、风险评价）；签订评估业务约定书；做好前期工作及编制评估计划；现场调查（资产勘查鉴定、收集评估资料、市场调查……）；确定评估技术路线及评定估算；编制评估报告；多级审核、提交评估报告；工作底稿整理归档等。为了更好地进行过程控制，确保评估报告的质量，内部沟通应贯穿每一个评估程序与步骤之中。

2. 实施资产评估活动的组织模式

评估项目组织模式一般采取项目负责人制。项目负责人接受评估机构内分管部门的领导。项目负责人根据资产评估业务的具体情况，选择合适的评估人员组成项目组，并根据被评估资产的特点，在项目组内设置若干专业评估小组，如流动资产评估小组、建筑物及土地评估小组、设备评估小组、无形资产及企业整体价值评估小组等，各专业评估小组在项目负责人领导下分工协作，确保评估项目的顺利实施。对于较大型评估项目，应考虑横向、纵向两条线的组织模式，即横向应考虑与服务团队中的其他机构的协调，纵向应考虑整体的步骤及前后环节的衔接，有效的组织模式对于评估项目的顺利完成至关重要。

3. 评估程序的过程监督

这是指对资产评估过程中的每个环节进行审核，确保评估质量，阻止不合格事项流入下一个评估程序，并最终防止不合格评估报告交付客户。

（二）拟订适当的组织方案

组织方案是指在对资产评估项目开展实质性工作前实施的事前策划，即事前确定评估人员的数量、专业构成与分组、设备配备、主要工作步骤、信息沟通方式与时机等。组织方案要制订得适当。所谓适当主要包括两个方面：一是组织方案的详略程度与评估项目的繁简情况相适应，二是组织方案的内容应与评估项目的个别特点相适应。

（三）对评估人员进行恰当的分工

资产评估机构和项目负责人要根据资产评估业务的具体情况，选择具有执业胜任能力的评估人员，组成评估项目组。资产评估项目一般采取项目负责人制，也就是资产评估项目组由项目负责人组织实施，如果评估机构的负责人在项目组中担任一般评估人员，他在该项目执业时也必须服从项目负责人的领导。

三、资产评估项目组织与管理的基本内容

资产评估项目组织与管理的基本内容，按工作进程可以大致归纳为识别、计划、控制与反馈、纠错与改进四个方面。以上四个方面对单个的评估项目而言构成了一个大循环，在评估实施的若干阶段中，又构成了不同的小循环。

（一）识别

识别是指对事物的认识和鉴别。在资产评估项目的组织与管理中，识别主要表现在：对客户相关信息的合法合规性方面的识别，对项目自身特点的识别，对拟参与本评估项目人员的能力与素质的识别以及对各种内外部信息的真实性、合法性、完整性、对应性等方面的识别等。识别是下一步工作的起点（当然，也可能因放弃承接该项目而成为本次工作的终止点），是编制资产评估项目综合计划与程序计划的基础，同时识别又伴随整个评估过程之中，并可能形成对原既定计划进行调整与补充的理由，从而形成一种程序上的循环。

（二）计划

计划是指对未来活动的安排。在资产评估项目的组织与管理中，计划通常表现为项目接洽初期编制的评估综合计划和项目实施过程中根据工作具体对象编制的评估程序计划两类。资产评估项目的完成过程一方面是对资产评估各要素的组合与运作的过程，另一方面又是为客户提供专业服务的过程，要保证其科学性、合理性并充分体现其专业服务性，就必须事前对有关人员组织、设备配备、内外部信息沟通与披露、时间预算等方面做好安排。

（三）控制与反馈

控制是指对评估过程和评估质量的控制；反馈是指与评估相关的信息的交流。控制与反馈是为了保证制订出的计划得到有效的落实，对评估过程中遇到的有关问题进行及时的处理，从而在每个环节上确保评估质量。

（四）纠错与改进

纠错与改进是指对项目管理系统设计方面的不适当内容加以修改、调整和完善。项目管理系统设计（包括计划、程序、人员数量等）是项目负责人在事前根据有关信息而制定的，带有一定主观性。在实施过程中，难免与实际情况有不相符的地方，必然要求对原有的项目管理系统设计进行修改和完善。

第二节 准备阶段的组织与管理

资产评估项目的准备阶段是指从评估机构与客户的初期接触到评估人员进入现场之前的阶段，包括与客户的初期接触、项目风险评价、签订评估业务约定书、制订评估计划、指定评估项目负责人、选择评估人员、组建评估项目组、收集客户的基本资料等一系列过程。准备阶段的组织与管理包括以下内容：

一、项目客户有关要素的识别

项目客户有关要素主要是指本项目客户自身与评估相关的基本信息以及客户对本项目提出的要求。

在实务中，对本项目客户有关要素的识别工作主要在与客户初期接触至与委托方签订委托协议阶段进行，其后也可能根据工作的进程进行进一步的深入了解。识别工作的主要目标是明确客户要求，了解与客户的资产情况、组织结构、管理模式等相关的信息，为完成本次评估项目的组织工作奠定基础。

项目客户有关要素的识别工作一般是通过交谈、发调查问卷、查阅有关资料、外部调查等手段实施。

在实施该步骤工作时，评估人员应以要识别的直接目标为核心，综合思考各方面因素来开展工作。下面以对客户的要求和对客户资产相关信息的识别为例介绍识别方法。

（一）对客户要求的识别

资产评估的最终目标是在符合法律法规及行业规范的前提下提供尽可能满足客户要求的评估报告，因此，作为评估专业人员，必须能够识别出法律法规对资产评估有哪些规范、客户的具体要求是什么、客户的要求是否与法律法规及行业规范的要求相冲突、客户的合理要求是否能够转化为对评估项目组织的具体要求等。

1. 法律法规及行业规范

资产评估在我国开展以来，国务院、原国家国有资产管理局、财政部、中国资产评估协会等先后颁发了大量的资产评估规范性文件，这些文件是对评估机构、资产评估师在从事资产评估活动时的具体要求和规定。

资产评估机构、评估项目组、评估人员必须能及时识别、收集、分析、掌握有关法律法规和行业规范，以确保出具的资产评估报告符合法律法规及行业规范的要求。

与资产评估有关的主要法规和行业规范已在第一章做了介绍，此处不再赘述。

2. 客户具体要求的识别

客户的要求有明示要求和隐含要求。明示要求一般在资产评估委托合同中明确写明，包括对资产评估目的、评估范围、评估基准日、资产评估费用、交付评估报告日期、权利义务等方面的要求，通常情况下客户的明示要求比较明确。

客户的隐含要求比较复杂。在评估实务中，客户的隐含要求主要体现在两个方面：一是与评估结果相关的要求，即客户对评估值与披露信息的期望；二是对评估机构服务质量方面的要求。评估机构和资产评估师必须能够识别出这些隐含的要求。对前一方面的要求，重点是判断这些要求是否与国家有关法律法规和行业规范有所冲突，以便与客户进行建设性的沟通，将客户的要求修正到国家法律法规和行业规范的框架内，从而有效地控制评估风险；对后一方面的要求，评估机构和资产评估师应根据自己的业务能力、职能范围等方面的具体情况，尽可能地为客户提供高质量的专业服务。

（二）对客户资产相关信息的识别

客户的资产情况对明确评估范围与对象，保证资产评估的不重不漏以及有针对性地调配相关专业人员和外聘专家等都有着十分重要的意义。对客户资产相关信息的识别工作主要包括以下几个方面的内容：

1. 明确资产评估范围

资产评估范围既可能是一个法人实体，也可能是一个模拟主体，还可能是部分资产或单项资产。资产评估范围往往与资产评估的目的相联系。比如，评估目的为公司上市、国有企业改制等时，资产评估范围通常是某一法人实体或模拟主体；评估目的为担保、抵押、资产置换等时，资产评估范围通常是部分或单项资产。资产评估范围通常通过委托合同、方案、决议等方式以文字形式表现出来，但评估专业人员仅仅了解其大体范围是不够的，因为资产评估大多是为产权变动服务的，若评估的范围没有一个明确的边界，则可能导致在评估目的指向的经济行为实现时，利益相关人因资产边界的模糊而不能顺利交接资产。必须强调的是，这里所指的边界，既可以是可触摸的物理边界，又可以是理论边界，如价值构成或内涵定义等。

2. 辨别纳入资产评估范围内的资产的基本性状

要科学地完成对特定资产的价值评定，掌握资产的基本性状是必要前提之一。对资产性状的把握，可以从不同的角度去考察。

例如，对某一房屋的"基本性状——权属状况"的调查了解模式如图10-1所示。

该房屋是否为企业占有？
↓
是否为独有？
↓
是否取得房屋所有权证？
↓
是否取得相应的土地使用权？
↓
有无担保事项或权属纠纷？
↓
其他（如权证面积与实际面积是否一致？）

图 10-1　调查了解模式

3. 了解资产构成的特点，发现重点资产或特殊资产

为做到对评估专业人员的选配心中有数，应在组织评估项目实施组前对被评估对象的整体构成及重要资产和特殊资产的主要特点有一个初步的了解。基本的了解内容及程序如图10-2所示。

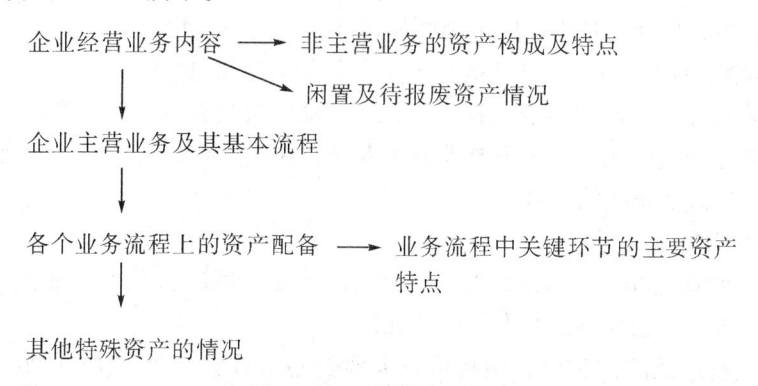

企业经营业务内容 ——→ 非主营业务的资产构成及特点
↓　　　　　　　　↘ 闲置及待报废资产情况
企业主营业务及其基本流程
↓
各个业务流程上的资产配备 ——→ 业务流程中关键环节的主要资产特点
↓
其他特殊资产的情况

图 10-2　了解内容及程序

在了解资产构成时，要从实物构成及价值构成两个不同的侧面对其予以关注。在关注资产本身的同时，还要结合资产与价值贡献的关系，考察其是否有漏计了的资产。

4. 了解实物分布及资产管理的基本情况

为有效地组织项目组进场后的工作，必须事前了解被评估资产的分布区位、管理归属，以便设计评估工作人员实施现场工作的路线，取得企业相关人员的有效配合。

5. 了解与被评估资产价值相关联的其他信息

其他信息包括当前外部经济环境、所处行业竞争态势、企业持续盈利能力等。此外，在对企业价值进行评估时还应关注对溢余资产的判定。

二、项目组的设立

项目组是指为完成某一评估项目而专设的临时组织。在设立项目组时，无论是项目负责人的选择，还是项目构成模式的设计，都应以该评估项目的特点和需要为中心。一般来讲，项目组设立是否科学、合理，对该项目的组织过程和评估质量影响较大。

（一）项目负责人的确定

项目负责人是指评估机构中能够参与或独立进行评估项目洽谈，有效制订评估计划，履行组织、控制、协调和决策等职能的资产评估师。对于一些特大型的评估项目，可以由多个项目负责人组成评估领导小组。

由于有的评估项目需要由工程、技术、财会、法律、营销、经营管理等多学科的专业评估人员组成的团队（项目组）来完成，因此，项目负责人的素质对评估工作的顺利进行、评估工作的质量等有着至关重要的影响。从评估行业多年的运行发展来看，项目负责人应该具备以下基本素质：

1. 道德素质

（1）遵纪守法。执业中能够严格执行国家有关资产评估方面的法律法规、规章和行业规范，能够坚决抵制违反法律法规的行为。

（2）恪守职责，客观公正。不屈从来自任何方面的不正当的干预，不以主观好恶或成见行事，保证评估工作的客观性和评估结论的公正性。

（3）廉洁自律。不利用自己执业之便为个人谋取私利。

（4）保守秘密。项目负责人在资产评估活动中收集到的资料和情况，除得到资产评估当事方的允许或法律法规要求公布者外，应当严格保守秘密，不得将任何资料和情况提供或泄露给第三者。

2. 业务素质

（1）专业理论知识。系统掌握资产评估的法规、理论和方法，通晓资产评估原理、估价标准、评估原则、基本方法及其运用。

（2）具有广泛的知识面。项目负责人要具备审计、财务、税收、统计与预测、工程技术、法律法规、市场、金融、投资、计算机与数据库、管理决策等方面的广泛知识与工作经验，从事证券业务的项目负责人还应该掌握资产重组、证券法律法规等方面的知识。

（3）娴熟的评估技巧和综合判断能力。项目负责人应该能够根据评估对象的特点及评估时的市场状况，选择最适宜的评估方法，并能够准确判断各种参数、指标和计算公式，推导运算是否正确合理，得出公允的评估结果。

（4）收集、分析和运用资料的综合能力。

（5）创新发展能力。随着资产评估市场条件和环境的变化，在资产评估活动中，会不断出现新课题，需要评估人员加以研究和解决，项目负责人的创新和发展能力十分重要。

（6）较强的服务意识与沟通技巧。

3. 领导能力

（1）筹划决策能力。项目负责人能够有效地组织和进行资产评估项目的前期准备工作，制订合理的资产评估计划，对评估工作实施科学决策。

（2）组织指挥能力。项目负责人应根据评估项目的特点，组建精干、高效的评估团队（项目组），有效发挥项目组各专业评估小组的作用。

（3）协调能力。资产评估活动的特点决定了项目负责人必须具备良好的协调能力，包括项目组内部协调、与资产评估各当事方的协调等。有的项目还涉及与其他中介机构的协调。

（4）控制能力。在资产评估中，需要对资产评估活动的各个环节按照预先制订的评估计划进行或根据变化了的情况及时修订评估计划，从而进行有效的控制，这是确保评估工作顺利完成的关键要素。控制包括对评估时间进度的控制、对评估费用的控制、对评估质量的控制以及对评估过程中出现的突发事件的控制等。

（5）语言与逻辑能力。"资产评估报告书"通常由项目负责人来完成。合格的项目负责人应具备良好的语言和文字表达及逻辑分析能力。另外，随着涉外资产评估活动以及境内外评估界的交流的增多，项目负责人还应较好地掌握一门外语。同时，项目负责人还应了解各地的风土人情，达到沟通和交流的目的。

（二）项目组构成的一般模式

确定项目组构成时应考虑的主要因素包括资产规模、业务领域、资产对象的分类、各类资产的特点、资产的分布情况等。

下面列举两个典型的项目组构成模式：

1. 一般中小型项目

一般中小型项目组构成模式如图10-3所示。

本模式是实务中常用的一种较为典型的评估项目组织形式，适用于中小型资产规模和资产分布不大、可设计单一现场勘查路线的评估项目。运用本模式需要注意以下几点：

（1）本模式下的领导中心仍是项目负责人，评估机构分管领导仅为该项目的临时分管领导，主要对项目组与评估机构其他部门（如稽核部）及委托单位、其他外部机构、有关政府部门等之间的活动进行协调。分管领导可对该项目实施监管，但不得直接干预项目负责人的具体组织和评估作价。

（2）项目负责人下设的各专业评估组可根据实际情况设置专业评估组负责人，项目负责人通过各专业评估组负责人对各专业组实施领导。

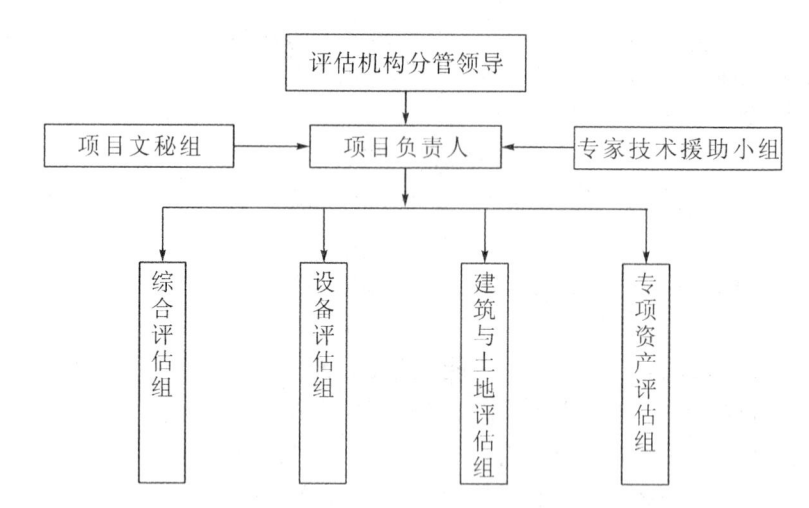

图 10-3　一般中小型项目组构成模式

（3）本模式可根据项目特点灵活变形，如由项目负责人兼综合评估组的负责人（由该组统驭评估项目）、在各专业评估组下再分若干工作小组、将专家技术援助小组设在某一专业评估组等。当不需要时，也可减少某些支点，如专项资产评估组、专家技术援助小组、某一专业评估组等。

2. 大型或超大型项目

大型或超大型项目组构成模式如图 10-4 所示。

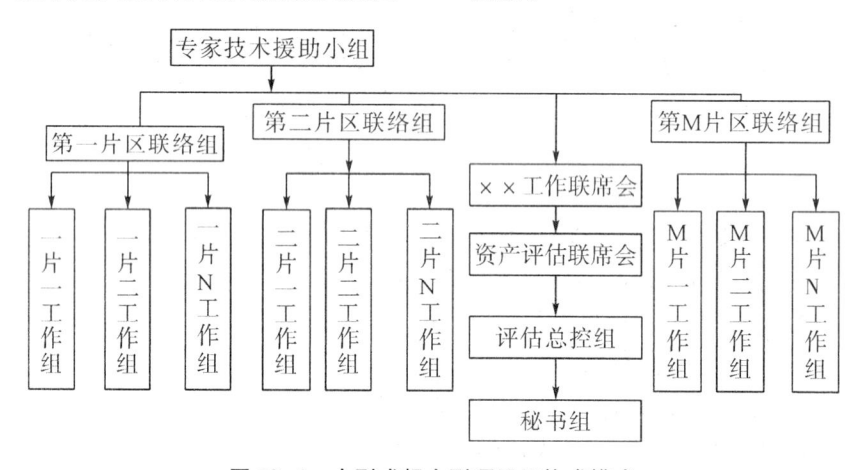

图 10-4　大型或超大型项目组构成模式

本模式对应于资产规模大、地域分布广的大型或超大型项目，该类项目通常情况是由一家评估机构牵头，组织多家评估机构形成联合评估团共同承担，因此，其组织协调工作更为复杂、要求更高。其各部分组成人员及功能如下：

（1）××工作联席会。它是本项目对应经济行为（如上市、重大资产整合）的最高领导小组，该联席会的主要功能之一是对资产评估工作进行组织、协调、指导。评估项目设置总协调人，通常由该联席会的成员担任。该联席会对评估项目提出总的工作目标和要求，并负责特别重大事项的协调与指导工作。

（2）资产评估联席会。该联席会由××工作联席会指定的负责人及本评估项目总协调人牵头，参加人员通常有组成联合评估团的多家评估机构主要负责人、资产占有单位主要领导及相关管理人员，根据需要还可邀请与本项目相关的其他中介机构如会计师事务所、律师事务所等机构负责人参加。该联席会负责确定联合评估团的组织形式，审定总体评估方案，对评估机构、资产占有单位、其他中介机构以及外部单位、相关部门等实施必要的协调工作。

（3）评估总控组。该组负责组织和协调具体评估工作，通常由项目总协调人及项目负责人（大多数情况下是二合一）直接控制，参加人可以是各专业负责人、片区联络组负责人等，负责具体编制评估计划、方法标准的统一、监控评估工作进度、组织专家技援组的适时介入、定期就评估工作进度及评估中重要问题发布评估通报等。

（4）专家技术援助组。该组负责协助评估总控组确定各类别资产评估统一的方法标准，根据总控组的指令研究解决普遍存在的疑难问题的思路或方法，为各片区的工作适时提供技术援助，监控评估质量。该组通常由评估公司的内部稽核部门牵头，由有关专家和顾问等人员参加。

（5）秘书组。秘书组系评估项目专设机构，除完成一般文秘工作外，主要负责对资料传递及信息流的建立与维护。

各片区联络组及其工作组按照评估计划和评估总控组的指令完成相应工作。

三、评估综合计划的编制

评估综合计划是指资产评估师为履行资产评估委托合同而拟订的评估工作思路和实施方案。评估工作是一项系统工程，特别是对由若干类资产组合成的主体评估，需要由多个专业的人员组成的项目组方可完成，个别项目还需要聘请行业专家提供技术援助。此外，评估工作的开展过程中不可避免地还要依靠委托单位、资产占有单位、其他中介机构的合作。在评估实施过程中，因分组行动，也客观上需要有统一的目标方向，才能做到人散心不散。所以，事前制订资产评估工作的综合计划，具有特别重要的意义。

评估综合计划由项目负责人编制。项目负责人对评估项目的工作范围和实施方式所做的整体规划，是完成评估项目的基本工作思路，也是项目组各专业组长编制程序计划的指导性文件。评估综合计划的编制为评估项目的组织者与参与者、评估项目的执行人员与配合人员产生和谐的互动状况提供了基础条件。评估综合计划包括的主要内容如下：

（1）评估项目相关经济行为的背景；
（2）重要的评估对象、评估程序、价值类型及评估方法；
（3）主要工作步骤、项目组成员及分工、责任人、时间预算；
（4）评估过程中需要特别关注的事项及相应对策；
（5）可能出现风险的领域及规避措施；
（6）考虑是否需要专家的帮助。

评估综合计划应由评估机构分管领导审核后付诸实施。

在执行业务过程中,应根据情况的变化,及时对原评估计划进行调整、修改和补充,以保证评估计划的适时性和有效性。对评估计划的重大修改需经评估机构分管领导审核批准。

表10-1是某机构对一般项目设计的评估综合计划表。

表10-1　　　　　　　　　　　资产评估综合计划①

项目名称：　　　　　　　　　　　　　　　　编制人：　　　索引号：Z5
　　　　　　　　　　　　　　　　　　　　　编制日期：　　　年　月　日~　日

项目背景				
项目委托人		法定代表人		联系人	
^	^	电话		传真	
^	^	地址及邮编		
资产占有单位的基本情况及涉及的交易背景情况描述				
评估目的				
评估基准日				
委托人对评估项目的期望及要求				
评估性质				
审查级次				
拟采用的基本评估方法				
评估报告的使用范围				
其他与本次评估相关的重要信息				
可能利用的老顾客资料				
评估对象及范围				
本项目的基本组织形式				
本项目设备配置				

---

① 综合计划由项目负责人编制、项目复核人审核。综合评估项目在编制综合计划时应包括但不限于本底稿确定的基本内容；单项资产或部分资产项目可根据具体项目的特点对本底稿的基本内容进行选择编制，但必须获得审核人的同意。

表10-1(续)

主要工作步骤、责任人、时间预算				
顾客要求提交报告的时间： 本项目组的总体时间安排：					
（一） 组织计划阶段	工作步骤		调整情况	
^	责任人		调整情况	
^	预计工作时间		调整情况	
（二） 方案计划 审定阶段	工作步骤		调整情况	
^	责任人		调整情况	
^	预计工作时间		调整情况	
（三） 现场勘察阶段	工作步骤		调整情况	
^	责任人		调整情况	
^	预计工作时间		调整情况	
（四） 资料整理分析及 评估作价阶段	工作步骤		调整情况	
^	责任人		调整情况	
^	预计工作时间		调整情况	

表10-1(续)

（五）评估结果论证及出具报告阶段	工作步骤		调整情况	
	责任人		调整情况	
	预计工作时间		调整情况	

本项目特别关注事项及解决对策（以资产基础法为例）		
有关领域	特别关注事项	对策
综合部分		
设备		
房地产		
流动资产及负债		
长期投资		
无形资产		
其他资产		

对报告、评估技术说明、明细表格式的特殊要求：

评估综合计划审核：

审核人签名：
审核日期：

四、评估过程中的信息沟通及前期对沟通方案的设计

(一) 关于评估中的沟通

沟通工作贯穿整个评估过程，没有良好的沟通就难以保证评估工作的顺利进行及评估报告的质量。以企业改制上市评估项目为例，在评估过程中，项目负责人的沟通工作至少包括五个方面：项目组内部的沟通、与本项目上一级责任人的沟通、与委托方及其相关当事方的沟通、与其他中介机构的沟通、与评估项目主管部门和证券监管机构的沟通等。

1. 项目组内部的沟通

沟通的目的是使评估项目组有效地进行分工和协调，有利于各专业评估小组之间的资料及信息传递，以保证评估过程控制的有效性。在实务中，一般由项目负责人定期组织项目组成员汇报和交流，了解评估进展情况、现场工作出现的问题、评估标准的把握等，以便及时调整评估计划、提出解决问题的措施。

2. 与本项目上一级责任人的沟通

项目负责人应及时将项目的执行情况向本项目上一级责任人汇报，便于其掌握评估项目相关情况，对评估工作进行指导。汇报的主要内容包括项目的进展情况、出现的重大问题及拟解决方案、改制重组方案的重大调整等。

3. 与委托方及其相关当事方的沟通

评估机构是受托的中介机构，委托方聘请评估机构，评估机构就应尽力按照评估业务约定书做好评估服务，但不能由委托方干预评估行为，不能违反国家的法律法规要求。当评估过程中出现资料提供不合格、资料提供不及时、出现影响经济行为实现的重大事项或法律障碍以及其他影响评估工作进度的事项时，项目负责人应及时与委托方管理当局及相关当事方进行沟通，使双方在这些问题上取得一致意见或寻求解决的办法。

在提交正式评估报告前，项目负责人应当与委托方及相关当事方就评估报告有关内容进行必要沟通，特别是当评估结论与委托方期望值存在差距、委托方对评估报告披露的特别事项说明存在不同意见时，有效的沟通就显得至关重要。

4. 与其他中介机构的沟通

其他中介机构是指审计、律师、券商或财务顾问等机构。评估机构与其他中介机构是同一项目中不同业务之间的合作关系，是为了同一特定目的为委托方服务。在现场工作中，各中介机构经常要进行类似的工作程序，向委托方索取同样的资料。中介机构应本着分工明确、平等互助、密切协作、独立完成的基本原则加强合作。常见的合作情形有：

（1）券商或财务顾问对改制重组进行总协调和进度安排；

（2）审计机构与评估机构共同进行存货和其他受连续性经营影响较大的资产抽查盘点，共同签发银行和往来账项的函证；

（3）评估机构与土地估价机构就房、地评估界限划分达成一致意见；

（4）评估机构与律师事务所就产权方面有关问题进行探讨；

（5）以审计机构的审计结果作为评估申报的基础；

（6）对于境外上市项目，还要与境外中介机构密切配合。

5. 与评估项目主管部门和证券监管机构的沟通

对于国有资产评估项目，评估报告还需要由国有资产评估项目主管部门进行备案或核准。在备案或核准过程中，项目负责人需要就其提出的有关问题进行解释、补充说明和修改，直至取得国有资产评估项目备案表或核准文件。

中国证监会在审核企业报送的股票发行申请材料时，也会审查资产评估报告，项目负责人依然要对证监会发审委出具的对股票发行申请材料的反馈意见中与资产评估有关的问题进行解释和说明。

（二）前期对沟通方案的设计

对于资产规模不大的项目，只要对沟通具有足够的重视，通过随机沟通，就可以达到沟通的目的和效果。但对于较大和较复杂的项目，对沟通方案的设计就是一项不可或缺的前期工作了。对沟通方案的设计主要应注意以下几点：

1. 通过沟通明确责任

资产评估的实施是一个互动的过程，资产评估机构只有与委托方、资产占有单位、其他中介机构、有关部门等单位，围绕完成资产评估工作的开展互动起来，才能有效地完成资产评估工作。通过沟通，可以使上述相关单位一方面了解资产评估的职能范围与工作边缘，不至于对资产评估机构提出过度的要求，另一方面也表明资产评估机构必须在一定的条件和前提下才能使评估工作持续进行和圆满完成。例如，当对工作进度未达到预定计划而滞后进行外部沟通时，应明确该现象的产生原因是来自评估机构自身，还是其他外部条件所致。

2. 沟通中应体现专业服务

无论是资产评估的技术还是对资产评估活动的组织，资产评估专业人员尤其是项目负责人相对于委托单位来说应是行家里手，为委托方提供相关的有益建议是资产评估机构的服务内容，也是项目得以顺利开展的客观要求。因此，在沟通中，评估人员不应该仅仅是向委托单位提出要求，而更多应是围绕资产评估活动的开展，提出自己的合理化建议。

3. 沟通方式应在达到效果的前提下力求简便

沟通的形式有多种多样，在能够达到效果的前提下，资产评估人员应努力选择耗力费时少的方式进行，尽量减少对他人正常工作的干扰。

五、对被评估单位前期工作的指导

为确保资产评估活动的顺利展开，评估人员在进入评估现场前，应指导委托方或资产占有单位等按照资产评估规范的要求，做好前期工作。主要包括以下内容：

（一）确定评估范围及评估基准日

评估范围是指为实现特定经济行为（评估目的）而涉及的全部被评估资产和负债。经济行为涉及的全部资产和负债均应划入资产评估范围，包括有形资产、无形资产、账内资产、账外资产、负债等。

评估基准日是评估结论成立的特定时日。评估基准日的选取一般由资产评估委托方会同受托评估机构等中介服务机构，根据评估目的及资产评估项目的具体情况合理确定。合理确定评估基准日需要考虑的基本因素有：

（1）充分考虑评估结论的有效使用期限。根据现行规定，评估报告的有效期为一年，自评估基准日起计算。

（2）所选取的评估基准日应尽量避免评估对象在评估基准日后的重大事项调整。

（3）评估基准日应尽可能与评估目的实现日接近。

（4）评估基准日是否受到特定经济行为文件的约束。

（二）资产清查

资产占有方应对列入评估范围的资产的种类、数量、账面金额、产权状况、实物资产分布地点及特点等进行全面清查，评估基准日为资产清查核实的目标时点。企业整体价值评估时，还要求对负债进行评估。对清查中发现的盘盈、盘亏、毁损、报废、呆坏账、无须偿还的负债等情况要进行原因分析，并根据有关规定进行账务调整，并列示资产负债调整前后比较表。同时，对资产权属不清、权属存在争议的资产应查找原因，并考虑是否纳入评估范围。

（三）评估申报

资产占有单位应在资产清查并调整的基础上，按照评估机构提供的"资产清查评估明细表"样式和规范要求进行评估申报。评估申报表应以评估机构要求的电子表格的格式提供给评估机构。在此期间，项目负责人应对委托方或资产占有单位相关人员进行填表指导，必要时可组织培训，并随时检查评估申报情况，一旦发现评估申报填写不规范，应立即纠正，以使评估申报表最终符合规范要求。

（四）评估资料准备

资产占有单位在进行评估申报的同时，可按照评估机构提交的资产评估所需的资料清单进行评估前期的资料准备。在企业或事业单位改制评估的实务中，评估前期资料一般包括以下内容：

（1）委托方及资产占有单位概况，包括企业注册情况、历史沿革、组织机构设置、经营业务范围、主要经营业绩、主要产品品种、生产能力、近年实际生产量、销售量、主要市场、市场占有率、执行的主要会计政策、生产经营的限制或优惠以及资产分布结构图等；

（2）营业执照、税务登记证、生产经营许可证等复印件；

（3）验资报告、章程、审计报告、近三年及评估基准日会计报表及清查调整后的会计报表；

（4）涉及特定经济行为的初步方案及经济行为批件；

（5）资产权属证明文件原件及复印件，包括国有资产产权登记证、房屋所有权证、国有土地使用证、政府产权监理机关出具的资产所有权证明等；

（6）重大协议或合同，如股份公司发起人协议、有限公司投资合同、重大采购合同、重大销售合同、长短期借款合同等；

(7) 生产经营统计资料；

(8) 房屋、地面地下管道线路平面图，建筑、设备安装工程有关图纸，工程预决算资料等；

(9) 公开的相关行业或类似企业的信息或指标。

（五）组织配合资产评估工作的领导班子

资产评估工作面广量大，尤其是涉及企事业单位改制、重组等的评估，几乎涉及单位的各个职能部门。在正式评估前，被评估单位应成立资产评估工作领导小组，负责与审计、评估等中介机构的协调配合，便于在正式审计、评估时提高工作效率。被评估单位主管领导担任领导小组负责人，负责组织协调。

领导小组成员应包括财务、设备管理、建筑物及土地管理、办公室管理、仓库与材料管理、车辆管理、商标及生产工艺技术管理、档案管理等专业对口人员。其中，设备管理人员、建筑物及土地管理人员应对相关资产非常熟悉。

（六）对相关人员进行动员和培训

被评估单位和评估机构项目负责人要对被评估单位参与资产评估工作的相关人员进行动员和培训。主要内容包括：

(1) 学习和了解情况，如学习国家有关法律法规，了解实施资产评估目的（如企业改制或资产重组）的必要性；

(2) 明确职责，相关人员要配合评估机构的评估人员完成资产现场勘查、资料收集等方面的工作；

(3) 明确资产清查的相关要求；

(4) 针对评估项目的特点，学习和了解资产评估的一般知识（原理、方法）；

(5) 明确评估机构的工作程序，特别是现场阶段的具体工作步骤以及各专业对口人员在整个评估过程中的作用；

(6) 评估机构项目负责人讲解"资产评估申报表"的填制基础、填制方法、相关要求及注意事项；

(7) 评估机构项目负责人讲解提供资产评估所需相关资料的要求；

(8) 评估机构项目负责人与小组成员就相关问题进行面对面解答和交流。

此外，被评估单位还需要为评估机构准备好进驻评估现场后必要的工作条件。

六、项目负责人需完成的其他前期工作

（一）向被评估单位提交"资产评估申报表"样表和资产评估所需资料清单等（略）

（二）就评估计划与委托方沟通

与委托方和资产占有方的有关人员就评估综合计划的要点进行沟通商洽，双方就评估中的有关问题（如时间进度）取得一致意见，使评估程序与委托方有关人员的工作相协调，以提高工作效率。

（三）向项目组成员介绍项目背景、评估计划的制订情况

在正式进入评估现场实施评估计划前，项目负责人应将项目背景、评估计划的制订情况传达至项目组全体成员，务必使项目组所有成员，包括外聘专家、工程师

能够较全面地了解项目的背景、各自应承担的工作以及各项工作的衔接与配合，以确保有关人员对计划的正确理解和执行。

同时，要求项目组专业组长在评估综合计划的框架内编制评估程序计划，项目负责人对该计划进行审核。

（四）适当选择进场时间

评估人员进场时间的选择也很重要。影响评估进场时间的主要因素有：

（1）与评估目的有关的方案（如改制、重组方案）是否基本确定；

（2）评估范围是否清晰；

（3）审计的进展情况（若必须审计之情形）；

（4）评估申报材料是否符合要求；

（5）被评估单位评估领导小组是否成立；

（6）其他因素。

恰当的进场时间可以有效地保证评估工作的效率，避免进场时间过早、被评估单位资料准备不充分造成评估人员可能窝工，从而增加评估成本的现象；也避免进场时间过晚可能造成的评估时间紧张而不能保证评估质量从而加大评估风险的现象。因此，选择合适的进场时间显得至关重要。

第三节　现场工作阶段的组织与管理

一、现场工作阶段的组织与管理的主要工作内容

由于在前一阶段中已根据评估项目的基本情况和特点编制了评估综合计划，因此，现场工作阶段的组织工作重点在于有效地落实该计划，使该计划在控制中顺利执行。同时，应根据现场工作期间发现的新情况和新问题，对该计划实施必要的调整。在现场工作阶段的组织与管理工作中，项目负责人应特别留意对"4W1H"（WHO、WHAT、HOW、WHEN、WHERE）的把握。

WHO——谁（或哪一组）在干什么工作，与评估人员现场衔接的企业配合人员是谁（或哪一个部门），出现需要外部协调的事项找谁最有效果；

WHAT——企业申报的某一评估对象应该由谁来干（尤其对于跨专业类别的对象），更有效地提高工作效率和评估质量的方法是什么，评估现场人员最希望项目负责人协调的工作是什么；

HOW——评估人员及企业相关配合人员是否已就评估活动的开展充分地进入角色，他们之间的配合程度如何，评估人员的评估质量状况如何；

WHEN——什么时候完成某一阶段工作，什么时候完成全部现场工作，专家技术援助小组什么时候介入；

WHERE——每一需要者在什么地方可取得所需资料，要找的人在哪里。

项目负责人在整个现场期间均应对上述"4W1H"做到心中有数，并注意对以下几个阶段加以直接关注与协调：

(一) 进场初期阶段

进场初期，项目负责人应抓好到位和定位工作。到位和定位工作就是促使本评估活动的参与者（尤指评估现场工作人员及本项目的被评估单位的相关配合人员）尽快进入工作状态，让他们知道该干什么工作、什么事情该找谁，并将这种状况固定下来以形成定位。做好了到位和定位工作，也就在现场形成了评估活动的工作平台，有了各自开展工作的基础。

(二) 各评估小组分别开展工作阶段

在这个阶段项目负责人应留意维持诸多方面的均衡性，包括：

1. 评估工作力量的均衡性

虽然在事前组织项目组时考虑了各专业组间或片区组间的评估力量对应于评估实际工作量的均衡性，但由于资产评估的现场性特点，有可能出现由于评估工作对进一步深入开展的客观需求、被评估单位相关配合人员的素质情况、基础资料的齐备情况等的变化以致原来的均衡性有所变化。针对这种情况，项目负责人应及时通过调动人员、辅以专家技术援助等方式使其恢复或保持均衡。

2. 各组工作进度的均衡性

无论是按照专业特点分组还是按照地域片区分组，客观上都不能将各组的工作完全割裂开来，因此，项目负责人应对各组的工作进度随时做到心中有数，并努力通过各种手段将其现场工作的进度调整到基本同步的状况。保持协调的工作进度对避免评估中的错、漏及提高工作效率都有重要的意义。

3. 自身协调组织工作与其他工作的均衡性

由于评估项目负责人的全部工作不仅在于对项目的协调与指挥，而且评估项目负责人要组织控制好整个项目的开展还必须就工作开展过程中的重点和难点问题有一定的思维深度，因此，项目负责人应根据项目开展过程中的一般特点，有计划地分配自己的精力和工作量。在通常情况下，项目在开展初期和撤离现场的后期，对项目负责人而言，可自由调动的时间相对较少。所以，项目负责人应在评估人员展开现场工作后，立即着手从具体方面深入了解项目的重点与难点问题，争取在撤离现场前与委托方进行情况沟通时，能够把握整体项目的基本状况，同时还能够对焦点问题有明确的思路。

(三) 项目组撤离现场前阶段

首先，项目负责人应在该阶段摸清整个项目组已完成了哪些工作、还有哪些工作未完成、未完成的工作是否仍然需要委托单位的配合及在多大的程度上的配合，如果需要，可留个别人完成后续现场工作，其他人员先行撤离；其次，应在离场前使委托方了解评估组的工作进度等方面的情况，并通过有效的沟通，尽可能地使其理解评估结果可能与委托方的期望值有距离，评估报告中可能出现特别说明事项的条文等；最后，通过现场资料和情况的归集，发现可能出现的资产漏评或重评、情况了解不全、资料收集不到位等方面的问题，并及时在撤场前予以补充和完善。

二、现场组织工作值得借鉴的几种特色方法

实务中，现场阶段组织工作并没有统一固定的模式。下面介绍几种较有特色的方法：

（1）每日碰头会制度。现场工作期间的特点通常是白天分组到现场开展工作，晚餐前回驻地统一就餐，项目负责人可利用就餐前后的片段时间召集碰头会，实施信息交流。为节省时间，突出效果，项目负责人应对碰头会的内容事前有所策划，明确每一位到会人员在该碰头会上必须简单明了地通报哪几个问题。

（2）在互联网上临时建一网页或者微信群（但应注意保密），通过它实现资源共享、信息交流等方面的功能。

（3）在正式分组开展工作前对某一典型主体进行试评估，通过试评估以达到统一方法标准及调整原定计划的目的。

第四节　评估程序计划的编制

评估程序计划是对某类资产评估前所做的计划，编制该计划的目的是帮助评估人员根据某类资产的特点形成具体的评估思路，也是评估机构与项目负责人检查评估步骤执行的完整性，以便控制各评估人员职责的落实情况，实现对评估项目质量的监控与管理的依据。评估程序计划根据评估综合计划确定的基本思路编制，由项目负责人审核通过后执行。

评估程序计划的主要内容包括：

（1）评估工作目标；

（2）工作内容与步骤、方法；

（3）执行人；

（4）执行时间；

（5）评估工作底稿索引；

（6）其他。

表10-2是某评估人员编制的存货评估程序计划。

表10-2　存货评估程序计划

项目名称：　　　　　　　编制人：　　　　　　　索引号：
评估基准日：　　　　　　　　　　　　　　　　　编制日期：

序号	评估程序	执行否	执行人员	执行时间
1	取得各类存货申报评估明细表，核对保管账、明细账与总账、报表余额是否相符，并做记录			
2	充分了解存货最终数量的决定方法（如永续盘存或实地盘存）、账面价值构成及计价方法（如实际成本法或计划成本法），以及内部控制制度			
3	查明存货明细表中存在的红字金额的原因，并提请企业进行调整			
4	取得企业基准日或最近期的存货盘点表，并进行核对			

表10-2(续)

序号	评估程序	执行否	执行人员	执行时间
5	会同企业有关人员分类分库房抽查盘点存货，编制存货抽查盘点表；同时了解企业保管条件、保管制度、存货堆放情况、存货存放时间、销售情况等，对存货品质进行鉴定，以及对靠近盘点日存货交易记录加以审核，并判断其合理性			
6	对委托加工物资、分期收款发出商品、委托代销商品、异地存货进行函证或实地抽查盘点，编制函证汇总表或抽查盘点表			
7	通过查询或观察，记录那些过时、毁损、丢失、周转缓慢、超储积压的存货项目，取得相关质量鉴定文件			
8	通过查询或观察，记录那些账外存货（如已经全部费用化的工器具、工装模具、随机配件等和部分费用化的低值易耗品）			
9	通过查阅企业基准日近期购货发票、有关价格资料或电话询价、市场询价等方式，取得现行市场价格			
10	取得企业基准日近期产成品出厂价格，通过查阅近期销货发票，综合确定销售价格；取得企业基准日近期的损益表，分析确定销售费用、销售税金、所得税、净利润等			
11	对超储积压和毁损存货，根据可变现净值确定评估值			
12	对正常的原材料、包装物、在库低耗品、材料采购、委托加工物资，以现行市场购置价加上合理的运杂费等费用确定评估值			
13	对畅销的产成品，以销售价格扣除销售费用、全部税金确定评估值；对正常销售的产成品，以销售价格扣除销售费用、全部税金、部分净利润确定评估值			
14	对能约当为产成品的在产品，按产成品的评估方法和约当产量确定评估值；对无法约当为产成品的在产品，以合理的成本确定评估值			
15	发出商品以销售合同规定的销售价格扣除销售费用、全部税金和适当净利润确定评估值			
16	在用低耗品采用重置成本法评估，重置价格为现行市场购置价加合理的运杂费，成新率根据现场勘查情况确定			
17	委托（受托）代销商品以结算价格扣除销售费用、全部税金和适当净利润确定评估值			
18	撰写存货资产清查核实情况说明和评估技术说明			
19	交项目负责人、部门审核并修改			

审核意见：

第五节 资产评估报告形成阶段的组织与管理

资产评估报告形成阶段的组织与管理工作的重点是建立多级复核制度，进行质量控制，通过复核机制的作用，切实保证出具的资产评估报告客观合理，符合行业规范的要求。

一、建立多级复核制度的必要性

建立多级复核制度是评估机构确保评估质量的制度保证。多级复核是指从评估项目组的各专业小组、项目负责人、项目复核人、评估机构等的质量稽核，直至评估机构主审人的最后审核。

建立多级复核制度的必要性表现在以下几个方面：首先，资产评估这门学科的特点决定了评估结果与评估专业人员的个人因素存在较大的联系，这些个人因素主要包括道德水准、素质基础、知识更新能力、执业时的状态等方面。为避免这些个人因素导致评估结果失真，就需要其他人对其工作结果进行复核。其次，评估结果是主观见之于客观的反映，不同的人从不同的角度评价同一对象，有可能对该对象的认识更为深入、更为本质。最后，多级复核的过程实际也是重新梳理全部评估程序的过程，通过复核可将已实施过的各个工作片段串成一个有机的整体，这样便于发现在原来工作过程中较易忽视的"只见树木，不见森林"类的错误。除此之外，通过复核机制的设立，可将项目组的业务工作与机构的业务管理联系在一起，对考评人员以及提高人员整体素质大有益处。

二、复核模式的建立原则

（一）建立复核模式的一般原则

1. 以签字评估师为中心的原则

该原则是基于签字评估师直接组织项目的实施并对其签署出具的评估报告承担直接的法律责任，但该原则并不等同于签字评估师可以不顾及他人的意见而使评估机构承担机构风险。

2. 交叉复核的原则

该原则的含义有两个方面：一是自己实施的工作交由他人复核，二是项目组完成的工作交由项目组外人员复核。

3. 各复核层次责任分明原则

该原则要求每一复核层次都有本层次特别关注的事项，以避免出现问题不能分清责任的状况。

4. 及时修正原则

该原则是指对于复核发现的问题应在本层次内立刻改正，而不是对各层次复核出的问题统一进行一次性修改。该原则是为了避免在修改过程中再次出现错误。

（二）对两种主要多级复核模式的介绍

1. 项目复核人—稽核部门—评估机构主审人多级复核模式

第一级复核人为在项目报告上签字的评估师之一，该复核人跟踪整个项目实施过程，但不直接参与评估作价工作，其复核工作可始于项目实施过程中，复核起点为包括评估工作底稿在内的全部资料，属全面复核层次。

第二级复核人为机构专设的质量部门，其复核内容包括重要资产的具体作价、评估项目采用的主要评估方法、评估报告的规范性等，根据复核的需要，该层次复核人员应调阅其工作底稿。

第三级复核人为承担机构责任并在评估报告上签字的评估机构主审人，其复核时应主要关注有关法律事项、评估值的异常情况等，根据需要也可对重点问题实施逆查以至追溯至工作底稿。

2. 各部门复核人员—稽核部门—评估机构主审人多级复核模式

第一级复核是分专业将其相关工作交由机构未参加该项目的本专业部门人员实施基础复核，复核的起点仍然是相应专业形成的全部工作底稿。

第二、三级复核同第一种模式。

无论采用哪一种多级复核形式，各级复核均应关注上一级复核人发现的问题是否已得到及时、正确的解决。

三、纠错及追加程序的实施

（一）资产评估中的常见错误类型

资产评估中的错误可以归结为形式性错误与实质性错误两大类别。

1. 形式性错误的内容主要包括：
（1）报告书不符合行业规范格式要求；
（2）文字描述不准确、有病句或错别字等；
（3）说明举例不典型、不充分；
（4）排版设置方面存在问题。

2. 实质性错误的内容主要包括：
（1）评估方法、技术手段错误；
（2）评估程序执行不完整；
（3）引用依据有误；
（4）计算公式错误；
（5）数据汇总错误；
（6）对评估对象性状描述有重大遗漏；
（7）出现误导性语言；
（8）对相关信息披露不完整；
（9）取证资料不充分。

无论是形式性错误还是实质性错误，都应引起评估机构和评估人员的高度重视，特别是实质性错误，更有可能导致评估机构和评估人员承担较大的法律责任，因此，发现错误应立即予以纠正。除此之外，有关人员应分析错误产生的原因，通过分析，可发现本项目在其他地方可能产生的类似原因引起的错误，还可以找出在计划编制、程序设计甚至机构管理上对防错功能的先天不足之处，为提高以后项目及机构的质量管理水平提供依据。

（二）关于追加程序

通过分析错误产生的原因，项目组可以实施追加程序。追加程序应依错误的性质选择重复性追加或新追加。

重复性追加是指原已实施了某一程序但该程序的实施过程不正确或不完整，因此需要重新完整、正确地实施该程序。

新追加是指原未实施某一应实施的程序或原实施的程序不足以支撑评估结论，故需重新设计新的工作思路或手段并按此思路实施新的评估程序。

第六节 资产评估工作底稿及项目小结

一、资产评估工作底稿

资产评估工作底稿是在执行资产评估业务过程中形成的，反映资产评估的程序、支持评估结论的工作记录及相关资料。

资产评估工作底稿的编制、审核、检查、控制是资产评估项目的组织与管理工作的重要组成部分，项目负责人的大量具体工作也是围绕上述几个方面进行的。

（一）资产评估工作底稿规范的历史及现状

1. 初期阶段的特点

资产评估工作底稿随资产评估行为的出现而出现，但其初期的基本特点表现为非系统（个别的）、非规范化（行业及机构均无对这方面的规范要求、形式各异）、功能单一（主要体现在主要关注评估对象的权属与存在方面）、水平较低。

2. 工作底稿的演变与其他因素之间的关系

工作底稿的规范过程与资产评估行业的发展与规范过程相对应，表现为在这一过程中的同时渐变发展（尤其体现为评估方法的不断科学化、评估项目组织的大型复杂化以及规避评估风险等对评估工作底稿提出的要求）以及评估相关规范文件的要求（如《资产评估执业准则——资产评估档案》等）。

3. 目前国内评估机构的工作底稿的现状

目前国内评估机构的工作底稿的现状大致表现为：

（1）基本上有一个设计较为完善的构架体系；

（2）评估行业及评估机构对工作底稿的编制都有较明确的要求；

（3）各评估机构实际评估中的工作底稿在量和质方面的水平较原来有较大的提高；

（4）如何解决底稿设计的科学性和现实操作性的矛盾是当前各机构待解决的主要难题。

(二) 资产评估工作底稿的作用

1. 资产评估工作底稿是项目开展的"路线图"

由于工作底稿既有项目的事前策划（综合计划、程序计划）、事中实施情况（调查记录），又有结论形成的分析与依据，所以在项目开展前（或某一阶段的工作实施前）形成的工作底稿可反映出项目（或下阶段）工作的总体走向；项目实施过程中的记录则载明了评估人员的工作进度与工作深度；项目步入尾声时则可通过工作底稿知道评估结论是如何得来的、依据是什么。通过"路线图"我们可以了解评估项目实施的完整过程。

2. 资产评估工作底稿是对项目实施管理的重要手段

项目负责人在项目开展初期对评估综合计划的编制过程，也就是对项目开展进行总体规划的过程；对有关程序计划的审核、工作底稿的检查等工作则是直接对该项目实施的过程控制。

3. 资产评估工作底稿是评估结论的支撑性材料

工作底稿记录了评估对象的状态、评估人员履行的程序、选用的方法、依据以及作价分析与计算过程等，因此是得出评估结论最直接的支撑材料。

4. 资产评估工作底稿是分清相关责任的依据

评估人员只有按照规范要求完成了评估程序、采用了合理的方法与有效的依据才能得出科学合理的评估结论，所有这些都在工作底稿上有所记录，当出现争议甚至诉讼事项时，根据有关记录可判定其是否按照行业规范进行了评估操作，若有责任也能够分清是谁的责任。

5. 资产评估工作底稿是反映资产评估人员专业水平的重要载体

由于工作底稿能够全面地反映评估项目的组织过程与作价过程，所以其有关思路、手段、分析等内容都可以通过工作底稿而一目了然，这对评价和考核评估专业人员的组织能力和专业能力提供了依据，也可作为其他评估人员提高执业能力的学习案例。

6. 资产评估工作底稿是评估机构核心资产的沉淀

通常评估机构的人员流动较大，但是丰富的实践经验与案例数据却可以通过工作底稿的形式沉淀下来，它不断地为评估机构的专业发展提供一个更高的平台，因此也成了评估机构最为宝贵的无形资产组成部分。

(三) 编制资产评估工作底稿的基本要求

1. 真实性

真实性是资产评估的灵魂，应贯彻在资产评估开展的每一细节中，作为评估结论的直接依据，工作底稿必须真实。

2. 完整性

这是由工作底稿的功能所确定的重要特性。工作底稿完整性的直接标准是非本项目的直接参与者通过阅读工作底稿可以全面了解本项目的概况、主要评估方法、已实施的评估程序、重大问题及其解决方案等方面的情况。

3. 对应性

对应性是指所有的评估结论必须与工作底稿反映出的内容一致。对应性还包括工作底稿的分析意见与最终结论应是明晰的、不可对其做多意或他意释义的。

4. 重要性

基于效率的考虑，工作底稿并不需要反映全部的工作细节，而是主要反映工作实施过程中对本项目有重大影响和对结论有直接关联的内容，对一般内容则仅做简单概括的记录。

5. 易辨性

工作底稿的内容较多，必须有其结构的逻辑和必要的标识才能方便地为工作底稿的阅读者所用。

（四）资产评估工作底稿的分类

资产评估工作底稿分为管理类工作底稿和操作类工作底稿两类。

管理类工作底稿是指在执行资产评估业务过程中，为受理、计划、控制和管理资产评估业务所形成的工作记录及相关资料。它主要由项目负责人编制或收集，其主要功能是为项目负责人在计划、控制和管理评估项目方面提供支持，通常包括以下内容：资产评估业务基本事项的记录、资产评估委托合同、资产评估计划、资产评估业务执行过程中重大问题处理记录、资产评估报告的审核意见等。

操作类工作底稿是指在执行资产评估业务过程中，履行现场调查、收集评估资料和评定估算程序时所形成的工作记录及相关资料。它主要由各专业组负责人编制或收集，其主要功能是指导具体工作或记录相关过程，通常包括以下内容：一是现场调查记录与相关资料，包括：①委托人或者其他相关当事人提供的资料，如资产评估明细表，评估对象的权属证明资料，与评估业务相关的历史、预测、财务、审计等资料，以及相关说明、证明和承诺等；②现场勘查记录、书面询问记录、函证记录等；③其他相关资料。二是收集的评估资料，包括市场调查及数据分析资料、询价记录、其他专家鉴定和专业人士报告、其他相关资料等。三是评定估算过程的记录，包括重要参数的选取和形成过程记录、价值分析和计算以及判断等过程的记录、评估结论形成过程记录、与委托人或者其他相关当事人的沟通记录、其他相关资料等。

二、项目小结

（一）项目小结及其作用

项目小结是指资产评估项目完成后，项目负责人组织本项目主要参与人员对本项目主要过程进行的必要回顾，通过回顾总结评估经验及不足，为以后的评估工作提供借鉴或警示。

（二）项目小结的基本内容

项目小结的基本内容通常包括以下四个方面：

1. 评估计划的执行与调整情况

这是指本项目的综合计划与程序计划是否得到了有效的执行，在项目实施过程中是否根据项目的基本情况对原计划进行了必要的调整，对本项目的计划编制、调整与执行情况的总体效果如何评价，等等。

2. 评估过程中重大疑难问题的处理

虽然评估过程中的重大疑难问题在项目实施过程中已有过必要的讨论并形成解决方案，但在项目结束时对其回顾，可以通过不同的角度进一步透视其本质，还可以举一反三地探索类似问题的解决方法。

3. 本评估项目在技术方法及组织上的有益创新

资产评估既是科学又是艺术，其艺术性主要体现在具体的技术手段与组织方式上。就评估人员而言，每一个评估项目都是一个新案例，只有通过不断地总结与归纳，才能不断地提高评估技艺与评估机构的整体水平。

4. 本评估项目的瑕疵与教训

这是对本项目的全过程反思，通过项目小结，发现类似项目在今后实施过程中可改进之处，如通过改进组织形式以促进工作效率的提高，通过转变信息交换渠道以提高信息获取的丰富性与有效性等。

(三) 项目小结的基本方式

为了不影响评估机构后续工作的持续开展，项目小结的具体组织可不拘于形式，但无论采用何种形式，本项目的小结完成后都应形成书面项目小结报告。项目小结由项目负责人组织，通常采用的方式有：

1. 座谈会式

项目负责人邀请本项目主要参与人员及有针对性地邀请个别专家召开座谈会，围绕项目小结的基本内容实施回顾并展开讨论，会后形成书面小结报告。采用座谈会方式进行小结的好处是信息交流最为充分且可尽快形成基本结论，因而是最为普遍的项目小结方式。

2. 先分组后汇总式

项目负责人按照项目实施时的分组布置小结工作，各组负责人可灵活采用具体的小结方式，但应将各组小结情况以书面形式交项目负责人汇总后形成整个项目的小结。由于较大型的项目各实施组的工作完成时间可能不一致，采用先分组后汇总式的项目小结方式即可保证已完成工作的评估人员尽快投入到后续工作中。

附录一
资产评估汇总表

附表 1-1　资产评估结果汇总表

评估基准日：　　年　　月　　日

资产占有单位名称：

项　目		账面价值/元 A	调整后的账面值/元 B	评估价值/元 C	增值/元 $D=C-B$	增值率/% $E=\dfrac{C-B}{B}\times100\%$
流动资产	1					
长期投资	2					
固定资产	3					
其中：在建工程	4					
建筑物	5					
设备	6					
无形资产	7					
其中：土地使用权	8					
其他资产	9					
资产总计	10					
流动负债	11					
长期负债	12					
负债总计	13					
净资产	14					

评估机构：　　　　　　　　　　　　　　　　　　　项目负责人：

法定代表人：　　　　　　　　　　　　　　　　　　资产评估师签字：

附表1-2 资产评估结果分类汇总表

评估基准日： 年 月 日

资产占有单位名称：

序号	科目名称	账面价值/元	账面调整值/元	调整后的账面值/元	评估价值/元	增值额/元	增值率/%
	一、流动资产合计						
1	货币资金						
2	短期投资						
3	应收票据						
4	应收账款						
5	减：坏账准备						
6	应收补贴款						
7	应收股利						
8	应收利息						
9	其他应收款						
10	预付账款						
11	应收补贴款						
12	其他应收款						
13	存货						
14	待摊费用						
15	待处理流动资产净损失						
16	一年内到期的长期债券投资						
17	其他流动资产						

附表 1-2（续）

序号	科目名称	账面价值/元	账面调整值/元	调整后的账面值/元	评估价值/元	增值额/元	增值率/%
18	二、长期投资						
19	三、固定资产						
20	固定资产原价						
21	其中：设备类						
22	建筑物类						
23	减：累计折旧						
24	固定资产净额						
25	其中：设备类						
26	建筑物类						
27	工程物资						
28	在建工程						
29	固定资产清理						
30	待处理固定资产净损失						
31	四、无形资产						
32	其中：土地使用权						
33	其他无形资产						
34	五、递延资产合计						

附表 1-2（续）

序号	科目名称	账面价值/元	账面调整值/元	调整后的账面值/元	评估价值/元	增值额/元	增值率/%
35	开办费						
36	长期待摊费用						
37	六、其他长期资产						
38	七、递延税款借项						
39	八、资产总计						
40	九、流动负债合计						
41	短期借款						
42	应付票据						
43	应付账款						
44	预收账款						
45	代销商品款						
46	其他应付款						
47	应付职工薪酬						
48	应交税费						
49	应付利润						
50	其他未交款						
51	预提费用						

附表 1-2（续）

序号	科目名称	账面价值/元	账面调整值/元	调整后的账面值/元	评估价值/元	增值额/元	增值率/%
52	一年内到期的长期负债						
53	其他流动负债						
54							
55	十、长期负债合计						
56	长期借款						
57	应付债券						
58	长期应付款						
59	住房周转金						
60	其他长期负债						
61	递延税款贷项						
62							
63	十一、负债合计						
64							
65	十三、净资产						

评估机构： 资产评估师签字：

附录二
复利系数公式和复利系数表

一、复利系数公式

各种复利系数公式如下：

复利系数名称	公　式
（1）复利终值系数	$(1+i)^n$
（2）复利现值系数	$(1+i)^{-n}$ 或 $\dfrac{1}{(1+i)^n}$
（3）年金终值系数	$\dfrac{(1+i)^n-1}{i}$
（4）基金年存系数	$\dfrac{i}{(1+i)^n-1}$
（5）年金现值系数	$\dfrac{(1+i)^n-1}{i(1+i)^n}$
（6）投资回收系数	$\dfrac{i(1+i)^n}{(1+i)^n-1}$

从上述公式中，可以清楚地看出各种系数之间的关系。在复利终值系数和复利现值系数之间、年金终值系数和基金年存系数之间、年金现值系数和投资回收系数之间，都存在着一种倒数关系。

二、复利系数表

为了便于时间价值的换算，根据上述公式计算的六种复利系数表附后。

附表 2-1 1%复利系数表

年限	复利终值系数 已知现值求将来值	复利现值系数 已知将来值求现值	年金终值系数 已知年金求将来值	基金年存系数 已知将来值求年金	年金现值系数 已知年金求现值	投资回收系数 已知现值求年金
1	1.010 0	0.990 1	1.000 0	1.000 0	0.990 1	1.010 0
2	1.020 1	0.980 3	2.010 0	0.497 5	1.970 4	0.507 5
3	1.030 3	0.970 6	3.030 1	0.330 0	2.941 0	0.340 0
4	1.040 6	0.961 0	4.060 4	0.246 3	3.902 0	0.256 3
5	1.051 0	0.951 5	5.101 0	0.196 0	4.853 4	0.206 0
6	1.061 5	0.942 0	6.152 0	0.162 5	5.795 5	0.172 5
7	1.072 1	0.932 7	7.213 5	0.138 6	6.728 2	0.148 6
8	1.082 9	0.923 5	8.285 7	0.120 7	7.651 7	0.130 7
9	1.093 7	0.914 3	9.368 5	0.106 7	8.566 0	0.116 7
10	1.104 6	0.905 3	10.462 2	0.095 6	9.471 3	0.105 6
11	1.115 7	0.896 3	11.566 8	0.086 5	10.367 6	0.096 5
12	1.126 8	0.887 4	12.682 5	0.078 8	11.255 1	0.088 8
13	1.138 1	0.878 7	13.809 3	0.072 4	12.133 7	0.082 4
14	1.149 5	0.870 0	14.947 4	0.066 9	13.003 7	0.076 9
15	1.161 0	0.861 3	16.096 9	0.062 1	13.865 0	0.072 1
16	1.172 6	0.852 8	17.257 9	0.057 9	14.717 9	0.067 9
17	1.184 3	0.844 4	18.430 4	0.054 3	15.562 2	0.064 3
18	1.196 1	0.836 0	19.614 7	0.051 0	16.398 3	0.061 0
19	1.208 1	0.827 7	20.810 9	0.048 1	17.226 0	0.058 1
20	1.220 2	0.819 5	22.019 0	0.045 4	18.045 6	0.055 4
21	1.232 4	0.811 4	23.239 2	0.043 0	18.857 0	0.053 0
22	1.244 7	0.803 4	24.471 6	0.040 9	19.660 4	0.050 9
23	1.257 2	0.795 4	25.716 3	0.038 9	20.455 8	0.048 9
24	1.269 7	0.787 6	26.973 5	0.037 1	21.243 4	0.047 1

附表 2-1(续)

年限	复利终值系数 已知现值求将来值	复利现值系数 已知将来值求现值	年金终值系数 已知年金求将来值	基金年存系数 已知将来值求年金	年金现值系数 已知年金求现值	投资回收系数 已知现值求年金
25	1.282 4	0.779 8	28.243 2	0.035 4	22.023 1	0.045 4
26	1.295 3	0.772 0	29.525 6	0.033 9	22.795 2	0.043 9
27	1.308 2	0.764 4	30.820 9	0.032 4	23.559 6	0.042 4
28	1.321 3	0.756 8	32.129 1	0.031 1	24.316 4	0.041 1
29	1.334 5	0.749 3	33.450 4	0.029 9	25.065 8	0.039 9
30	1.347 8	0.741 9	34.784 9	0.028 7	25.807 7	0.038 7
31	1.361 3	0.734 6	36.132 7	0.027 7	26.542 3	0.037 7
32	1.374 9	0.727 3	37.494 1	0.026 7	27.269 6	0.036 7
33	1.388 7	0.720 1	38.869 0	0.025 7	27.989 7	0.035 7
34	1.402 6	0.713 0	40.257 7	0.024 8	28.702 7	0.034 8
35	1.416 6	0.705 9	41.660 3	0.024 0	29.408 6	0.034 0
40	1.488 9	0.671 7	48.886 4	0.020 5	32.834 7	0.030 5
45	1.564 8	0.639 1	56.481 1	0.017 7	36.094 5	0.027 7
50	1.644 6	0.608 0	64.463 2	0.015 5	39.196 1	0.025 5
55	1.728 5	0.578 5	72.852 4	0.013 7	42.147 2	0.023 7
60	1.816 7	0.550 4	81.669 6	0.012 2	44.955 0	0.022 2
65	1.909 4	0.523 7	90.936 6	0.011 0	47.626 6	0.021 0
70	2.006 8	0.498 3	100.676 3	0.009 9	50.168 5	0.019 9
75	2.109 1	0.474 1	110.912 8	0.009 9	52.587 0	0.019 0
80	2.216 7	0.451 1	121.671 5	0.008 2	54.888 2	0.018 2
85	2.329 8	0.429 2	132.978 9	0.007 5	57.077 7	0.017 5
90	2.448 6	0.408 4	144.863 2	0.006 9	59.160 9	0.016 9
95	2.573 5	0.388 6	157.353 7	0.006 4	61.143 0	0.016 4
100	2.704 8	0.369 7	170.481 3	0.005 9	63.028 9	0.015 9

附表 2-2　2%复利系数表

年限	复利终值系数 已知现值求将来值	复利现值系数 已知将来值求现值	年金终值系数 已知年金求将来值	基金年存系数 已知将来值求年金	年金现值系数 已知年金求现值	投资回收系数 已知现值求年金
1	1.020 0	0.980 4	1.000 0	1.000 0	0.980 4	1.020 0
2	1.040 4	0.961 2	2.020 0	0.495 1	1.941 6	0.515 1
3	1.061 2	0.942 3	3.060 4	0.326 8	2.883 9	0.346 8
4	1.082 4	0.923 8	4.121 6	0.242 6	3.807 7	0.262 6
5	1.104 1	0.905 7	5.204 0	0.192 2	4.713 5	0.212 2
6	1.126 2	0.888 0	6.308 1	0.158 5	5.601 4	0.178 5
7	1.148 7	0.870 6	7.434 3	0.134 5	6.472 0	0.154 5
8	1.171 7	0.853 5	8.582 9	0.116 5	7.325 5	0.136 5
9	1.195 1	0.836 8	9.754 6	0.102 5	8.162 2	0.122 5
10	1.219 0	0.820 3	10.949 7	0.091 3	8.982 6	0.111 3
11	1.243 4	0.804 3	12.168 7	0.082 2	9.786 8	0.102 2
12	1.268 2	0.788 5	13.412 0	0.074 6	10.575 3	0.094 6
13	1.293 6	0.773 0	14.680 3	0.068 1	11.348 4	0.088 1
14	1.319 5	0.757 9	15.973 9	0.062 6	12.106 2	0.082 6
15	1.345 9	0.743 0	17.293 4	0.057 8	12.849 2	0.077 8
16	1.372 8	0.728 4	18.639 2	0.053 7	13.577 7	0.073 7
17	1.400 2	0.714 2	20.012 0	0.050 0	14.291 8	0.070 0
18	1.428 2	0.700 2	21.412 0	0.046 7	14.992 0	0.066 7
19	1.456 8	0.686 4	22.840 5	0.043 8	15.678 4	0.063 8
20	1.485 9	0.673 0	24.297 3	0.041 2	16.351 4	0.061 2
21	1.515 7	0.659 8	25.783 2	0.038 8	17.011 2	0.058 8
22	1.546 0	0.646 8	27.298 9	0.036 6	17.658 0	0.056 6
23	1.576 9	0.634 2	28.844 9	0.034 7	18.292 2	0.054 7
24	1.608 4	0.621 7	30.421 8	0.032 9	18.913 9	0.052 9

附表 2-2(续)

年限	复利终值系数 已知现值求将来值	复利现值系数 已知将来值求现值	年金终值系数 已知年金求将来值	基金年存系数 已知将来值求年金	年金现值系数 已知年金求现值	投资回收系数 已知现值求年金
25	1.640 6	0.609 5	32.030 2	0.031 2	19.523 4	0.051 2
26	1.673 4	0.597 6	33.670 8	0.029 7	20.121 0	0.049 7
27	1.706 9	0.585 9	35.344 3	0.028 3	20.706 9	0.048 3
28	1.741 0	0.574 4	37.051 1	0.027 0	21.281 2	0.047 0
29	1.775 8	0.563 1	38.792 1	0.025 8	21.844 3	0.045 8
30	1.811 4	0.552 1	40.567 9	0.024 7	22.396 4	0.044 7
31	1.847 6	0.541 3	42.379 3	0.023 6	22.937 7	0.043 6
32	1.884 5	0.530 6	44.226 9	0.022 6	23.468 3	0.042 6
33	1.922 2	0.520 2	46.111 4	0.021 7	23.988 5	0.041 7
34	1.960 7	0.510 0	48.033 6	0.020 8	24.498 5	0.040 8
35	1.999 9	0.500 0	49.994 3	0.020 0	24.998 6	0.040 0
40	2.208 0	0.452 9	60.401 7	0.016 6	27.355 4	0.036 6
45	2.437 8	0.410 2	71.892 4	0.013 9	29.490 1	0.033 9
50	2.691 6	0.371 5	84.579 0	0.011 8	31.423 6	0.031 8
55	2.971 7	0.336 5	98.586 1	0.010 1	33.174 7	0.030 1
60	3.281 0	0.304 8	114.051 0	0.008 8	34.760 8	0.028 8
65	3.622 5	0.276 1	131.125 5	0.007 6	36.197 4	0.027 6
70	3.999 5	0.250 0	149.977 1	0.006 7	37.498 6	0.026 7
75	4.415 8	0.226 5	170.790 9	0.005 9	38.677 1	0.026 7
80	4.875 4	0.205 1	193.770 9	0.005 2	39.744 5	0.025 9
85	5.382 9	0.185 8	219.142 7	0.004 6	40.711 2	0.024 6
90	5.943 1	0.168 3	247.155 2	0.004 0	41.586 9	0.024 6
95	6.561 7	0.152 4	278.083 2	0.003 6	42.380 0	0.023 6
100	7.244 6	0.138 0	312.230 3	0.003 2	43.098 3	0.023 2

附表2-3 3%复利系数表

年限	复利终值系数 已知现值求将来值	复利现值系数 已知将来值求现值	年金终值系数 已知年金求将来值	基金年存系数 已知将来值求年金	年金现值系数 已知年金求现值	投资回收系数 已知现值求年金
1	1.030 0	0.970 9	1.000 0	1.000 0	0.970 9	1.030 0
2	1.060 9	0.942 6	2.030 0	0.492 6	1.913 5	0.522 6
3	1.092 7	0.915 1	3.090 9	0.323 5	2.828 6	0.353 5
4	1.125 5	0.888 5	4.183 6	0.239 0	3.717 1	0.269 0
5	1.159 3	0.862 6	5.309 1	0.188 4	4.579 7	0.218 4
6	1.194 1	0.837 5	6.468 4	0.154 6	5.417 2	0.184 6
7	1.229 9	0.813 1	7.662 5	0.130 5	6.230 3	0.160 5
8	1.266 8	0.789 4	8.892 3	0.112 5	7.019 7	0.142 5
9	1.304 8	0.766 4	10.159 1	0.098 4	7.786 1	0.128 4
10	1.343 9	0.744 1	11.463 9	0.087 2	8.530 2	0.117 2
11	1.384 2	0.722 4	12.807 8	0.078 1	9.252 6	0.108 1
12	1.425 8	0.701 4	14.192 0	0.070 5	9.954 0	0.100 5
13	1.468 5	0.681 0	15.617 8	0.064 0	10.635 0	0.094 0
14	1.512 6	0.661 1	17.086 3	0.058 5	11.296 1	0.088 5
15	1.558 0	0.641 9	18.598 9	0.053 8	11.937 9	0.083 8
16	1.604 7	0.623 2	20.156 9	0.049 6	12.561 1	0.079 6
17	1.652 8	0.605 0	21.761 6	0.046 0	13.166 1	0.076 0
18	1.702 4	0.587 4	23.414 4	0.042 7	13.753 5	0.072 7
19	1.753 5	0.570 3	25.116 9	0.039 8	14.323 8	0.069 8
20	1.806 1	0.553 7	26.870 4	0.037 2	14.877 5	0.067 2
21	1.860 3	0.537 5	28.676 5	0.034 9	15.415 0	0.064 9
22	1.916 1	0.521 9	30.536 8	0.032 7	15.936 9	0.062 7
23	1.973 6	0.506 7	32.452 9	0.030 8	16.443 6	0.060 8
24	2.032 8	0.491 9	34.426 5	0.029 0	16.935 5	0.059 0

附表 2-3(续)

年限	复利终值系数 已知现值求将来值	复利现值系数 已知将来值求现值	年金终值系数 已知年金求将来值	基金年存系数 已知将来值求年金	年金现值系数 已知年金求现值	投资回收系数 已知现值求年金
25	2.093 8	0.477 6	36.459 3	0.027 4	17.413 1	0.057 4
26	2.156 6	0.463 7	38.553 0	0.025 9	17.876 8	0.055 9
27	2.221 3	0.450 2	40.709 6	0.024 6	18.327 0	0.054 6
28	2.287 9	0.437 1	42.930 9	0.023 3	18.764 5	0.053 3
29	2.356 6	0.424 3	45.218 8	0.022 1	19.188 5	0.052 1
30	2.427 3	0.412 0	47.575 4	0.021 0	19.600 4	0.051 0
31	2.500 1	0.400 0	50.002 7	0.020 0	20.000 4	0.050 0
32	2.575 1	0.388 3	52.502 7	0.019 0	20.388 8	0.049 0
33	2.652 3	0.377 0	55.077 8	0.018 2	20.765 8	0.048 2
34	2.731 9	0.366 0	57.730 2	0.017 3	21.131 8	0.047 3
35	2.813 9	0.355 4	60.462 1	0.016 5	21.487 2	0.046 5
40	3.262 0	0.306 6	75.401 2	0.013 3	23.114 8	0.043 3
45	3.781 6	0.264 4	92.719 8	0.010 8	24.518 7	0.040 8
50	4.383 9	0.228 1	112.796 8	0.008 9	25.729 8	0.038 9
55	5.082 1	0.196 8	136.071 6	0.007 3	26.774 4	0.037 3
60	5.891 6	0.169 7	163.053 4	0.006 1	27.675 6	0.036 1
65	6.830 0	0.146 4	194.332 7	0.005 1	28.452 9	0.035 1
70	7.917 8	0.126 3	230.594 0	0.004 3	29.123 4	0.034 3
75	9.178 9	0.108 9	272.630 7	0.003 7	29.701 8	0.033 7
80	10.640 9	0.094 0	321.326 9	0.003 1	30.200 8	0.033 1
85	12.335 7	0.081 1	377.856 7	0.002 6	30.631 2	0.032 6
90	14.300 5	0.069 9	443.348 7	0.002 3	31.002 4	0.032 3
95	16.578 2	0.060 3	519.271 7	0.001 9	31.322 7	0.031 9
100	19.218 6	0.052 0	607.287 4	0.001 6	31.598 9	0.031 6

附表 2-4 4%复利系数表

年限	复利终值系数 已知现值求将来值	复利现值系数 已知将来值求现值	年金终值系数 已知年金求将来值	基金年存系数 已知将来值求年金	年金现值系数 已知年金求现值	投资回收系数 已知现值求年金
1	1.040 0	0.961 5	1.000 0	1.000 0	0.961 5	1.040 0
2	1.081 6	0.924 6	2.040 0	0.490 2	1.886 1	0.530 2
3	1.124 9	0.889 0	3.121 6	0.320 3	2.775 1	0.360 3
4	1.169 9	0.854 8	4.246 5	0.235 5	3.629 9	0.275 5
5	1.216 7	0.821 9	5.416 3	0.184 6	4.451 8	0.224 6
6	1.265 3	0.790 3	6.633 0	0.150 8	5.242 1	0.190 8
7	1.315 9	0.759 9	7.898 3	0.126 6	6.002 1	0.166 6
8	1.368 6	0.730 7	9.214 2	0.108 5	6.732 7	0.148 5
9	1.423 3	0.702 6	10.582 8	0.094 5	7.435 3	0.134 5
10	1.480 2	0.675 6	12.006 1	0.083 3	8.110 9	0.123 3
11	1.539 5	0.649 6	13.486 3	0.074 1	8.760 5	0.114 1
12	1.601 0	0.624 6	15.025 8	0.066 6	9.385 1	0.106 6
13	1.665 1	0.600 6	16.626 8	0.060 1	9.985 6	0.100 1
14	1.731 7	0.577 5	18.291 9	0.054 7	10.563 1	0.094 7
15	1.800 9	0.555 3	20.023 6	0.049 9	11.118 4	0.089 9
16	1.873 0	0.533 9	21.824 5	0.045 8	11.652 3	0.085 8
17	1.947 9	0.513 4	23.697 5	0.042 2	12.165 7	0.082 2
18	2.025 8	0.493 6	25.645 4	0.039 0	12.659 3	0.079 0
19	2.106 8	0.474 6	27.671 2	0.036 1	13.133 9	0.076 1
20	2.191 1	0.456 4	29.778 1	0.033 6	13.590 3	0.073 6
21	2.278 8	0.438 8	31.969 2	0.031 3	14.029 2	0.071 3
22	2.369 9	0.422 0	34.247 9	0.029 2	14.451 1	0.069 2
23	2.464 7	0.405 7	36.617 9	0.027 3	14.856 8	0.067 3
24	2.563 3	0.390 1	39.082 6	0.025 6	15.247 0	0.065 6

附表 2-4(续)

年限	复利终值系数 已知现值求将来值	复利现值系数 已知将来值求现值	年金终值系数 已知年金求将来值	基金年存系数 已知将来值求年金	年金现值系数 已知年金求现值	投资回收系数 已知现值求年金
25	2.665 8	0.375 1	41.645 9	0.024 0	15.622 1	0.064 0
26	2.772 5	0.360 7	44.311 7	0.022 6	15.982 8	0.062 6
27	2.883 4	0.346 8	47.084 2	0.021 2	16.329 6	0.061 2
28	2.998 7	0.333 5	49.967 5	0.020 0	16.663 1	0.060 0
29	3.118 6	0.320 7	52.966 2	0.018 9	16.983 7	0.058 9
30	3.243 4	0.308 3	56.084 9	0.017 8	17.292 0	0.057 8
31	3.373 1	0.296 5	59.328 3	0.016 9	17.588 5	0.056 9
32	3.508 1	0.285 1	62.701 4	0.015 9	17.873 5	0.055 9
33	3.648 4	0.274 1	66.209 5	0.015 1	18.147 6	0.055 1
34	3.794 3	0.263 6	69.857 8	0.014 3	18.411 2	0.054 3
35	3.946 1	0.253 4	73.652 1	0.013 6	18.664 6	0.053 6
40	4.801 0	0.208 3	95.025 4	0.010 5	19.792 8	0.050 5
45	5.841 2	0.171 2	121.029 2	0.008 3	20.720 0	0.048 3
50	7.106 7	0.140 7	152.666 9	0.006 6	21.482 2	0.046 6
55	8.646 4	0.115 7	191.158 9	0.005 2	22.108 6	0.045 2
60	10.521 9	0.095 1	237.990 3	0.004 2	22.623 5	0.044 2
65	12.798 7	0.078 1	294.967 9	0.003 4	23.046 7	0.043 4
70	15.571 6	0.064 2	364.289 8	0.002 7	23.394 5	0.042 7
75	18.945 2	0.052 8	448.630 5	0.002 2	23.680 4	0.042 2
80	23.049 8	0.043 4	551.243 8	0.001 8	23.915 4	0.041 8
85	28.043 5	0.035 7	676.088 6	0.001 5	24.108 5	0.041 5
90	34.119 3	0.029 3	827.981 4	0.001 2	24.267 3	0.041 2
95	41.511 3	0.024 1	1 012.782 0	0.001 0	24.397 8	0.041 0
100	50.504 8	0.019 8	1 237.621 0	0.000 8	24.505 0	0.040 8

附表 2-5 5%复利系数表

年限	复利终值系数 已知现值求将来值	复利现值系数 已知将来值求现值	年金终值系数 已知年金求将来值	基金年存系数 已知将来值求年金	年金现值系数 已知年金求现值	投资回收系数 已知现值求年金
1	1.050 0	0.952 4	1.000 0	1.000 0	0.952 4	1.050 0
2	1.102 5	0.907 0	2.050 0	0.487 8	1.859 4	0.537 8
3	1.157 6	0.863 8	3.152 5	0.317 2	2.723 2	0.367 2
4	1.215 5	0.822 7	4.310 1	0.232 0	3.545 9	0.282 0
5	1.276 3	0.783 5	5.525 6	0.181 0	4.329 5	0.231 0
6	1.340 1	0.746 2	6.801 9	0.147 0	5.075 7	0.197 0
7	1.407 1	0.710 7	8.142 0	0.122 8	5.786 4	0.172 8
8	1.477 5	0.676 8	9.549 1	0.104 7	6.463 2	0.154 7
9	1.551 3	0.644 6	11.026 5	0.090 7	7.107 8	0.140 7
10	1.628 9	0.613 9	12.577 9	0.079 5	7.721 7	0.129 5
11	1.710 3	0.584 7	14.206 8	0.070 4	8.306 4	0.120 4
12	1.795 9	0.556 8	15.917 1	0.062 8	8.863 2	0.112 8
13	1.885 6	0.530 3	17.712 9	0.056 5	9.693 6	0.106 5
14	1.979 9	0.505 1	19.598 6	0.051 0	9.898 6	0.101 0
15	2.078 9	0.481 0	21.578 5	0.046 3	10.379 6	0.096 3
16	2.182 9	0.458 1	23.657 4	0.042 3	10.837 8	0.092 3
17	2.292 0	0.436 3	25.840 3	0.038 7	11.274 1	0.088 7
18	2.406 6	0.415 5	28.132 3	0.035 5	11.689 6	0.085 5
19	2.526 9	0.395 7	30.538 9	0.032 7	12.085 3	0.082 7
20	2.653 3	0.376 9	33.065 9	0.030 2	12.462 2	0.080 2
21	2.786 0	0.358 9	35.719 2	0.028 0	12.821 1	0.078 0
22	2.925 3	0.341 9	38.505 1	0.036 0	13.163 0	0.076 0
23	3.071 5	0.325 6	41.430 4	0.024 1	13.488 6	0.074 1
24	3.225 1	0.310 1	44.501 9	0.022 5	13.798 6	0.072 5

附表 2-6(续)

年限	复利终值系数 已知现值求将来值	复利现值系数 已知将来值求现值	年金终值系数 已知年金求将来值	基金年存系数 已知将来值求年金	年金现值系数 已知年金求现值	投资回收系数 已知现值求年金
25	3.386 3	0.295 3	47.727 0	0.021 0	14.093 9	0.071 0
26	3.555 7	0.281 2	51.113 3	0.019 6	14.375 2	0.069 6
27	3.733 4	0.267 8	54.669 0	0.018 3	14.643 0	0.068 3
28	3.920 1	0.255 1	58.402 4	0.017 1	14.898 1	0.067 1
29	4.116 1	0.242 9	62.322 5	0.016 0	15.141 1	0.066 0
30	4.321 9	0.231 4	66.438 6	0.015 1	15.372 4	0.065 1
31	4.538 0	0.220 4	70.760 6	0.014 1	15.592 8	0.064 1
32	4.764 9	0.209 9	75.298 6	0.013 3	15.802 7	0.063 3
33	5.003 2	0.199 9	80.063 5	0.012 5	16.002 5	0.062 5
34	5.253 3	0.190 4	85.066 7	0.011 8	16.192 9	0.061 8
35	5.516 0	0.181 3	90.320 0	0.011 1	16.374 2	0.061 1
40	7.040 0	0.142 0	120.799 3	0.008 3	17.159 1	0.058 3
45	8.985 0	0.111 3	159.699 5	0.006 3	17.774 1	0.056 3
50	11.467 4	0.087 2	209.347 0	0.004 8	18.255 9	0.054 8
55	14.635 6	0.068 3	272.711 3	0.003 7	18.633 5	0.053 7
60	18.679 1	0.053 5	353.581 8	0.002 8	18.929 3	0.052 8
65	23.839 8	0.041 9	456.795 4	0.002 2	19.161 1	0.052 2
70	30.426 2	0.032 9	588.524 9	0.001 7	19.342 7	0.051 7
75	38.832 4	0.025 8	756.648 7	0.001 3	19.485 0	0.051 3
80	49.561 1	0.020 2	971.222 0	0.001 0	19.596 5	0.051 0
85	63.253 9	0.015 8	1 245.078 0	0.000 8	19.683 8	0.050 8
90	80.729 7	0.012 4	1 594.595 0	0.000 6	19.752 3	0.050 6
95	103.033 8	0.009 7	2 040.677 0	0.000 5	19.805 9	0.050 5
100	131.500 1	0.007 6	2 610.003 0	0.000 4	19.847 9	0.050 4

附表 2-6 6%复利系数表

年限	复利终值系数 已知现值求将来值	复利现值系数 已知将来值求现值	年金终值系数 已知年金求将来值	基金年存系数 已知将来值求年金	年金现值系数 已知年金求现值	投资回收系数 已知现值求年金
1	1.060 0	0.943 4	1.000 0	1.000 0	0.943 4	1.060 0
2	1.123 6	0.890 0	2.060 0	0.485 4	1.833 4	0.545 4
3	1.191 0	0.839 6	3.183 6	0.314 1	2.673 0	0.374 1
4	1.262 5	0.792 1	4.374 6	0.228 6	3.465 1	0.288 6
5	1.338 2	0.747 3	5.637 1	0.177 4	4.212 4	0.237 4
6	1.418 5	0.705 0	6.975 3	0.143 4	4.917 3	0.203 4
7	1.503 6	0.665 1	8.393 8	0.119 1	5.582 4	0.179 1
8	1.593 8	0.627 4	938 975	0.101 0	6.209 8	0.161 0
9	1.689 5	0.591 2	11.491 3	0.087 0	6.801 7	0.147 0
10	0.790 8	0.558 4	13.180 8	0.075 9	7.360 1	0.135 9
11	1.898 3	0.526 8	14.971 6	0.066 8	7.886 9	0.126 8
12	2.012 2	0.497 0	16.869 9	0.059 3	8.383 8	0.119 3
13	2.132 9	0.468 8	18.882 1	0.053 0	8.852 7	0.113 0
14	2.260 9	0.442 3	21.015 0	0.047 6	9.295 0	0.107 6
15	2.396 6	0.417 3	23.275 9	0.043 0	9.712 2	0.103 0
16	2.540 3	0.393 6	25.672 5	0.039 0	10.105 9	0.099 0
17	2.692 8	0.371 4	26.212 8	0.035 4	10.477 3	0.095 4
18	2.854 3	0.350 3	30.905 6	0.032 4	10.827 6	0.092 4
19	3.025 6	0.330 5	33.758 9	0.029 6	11.158 1	0.089 6
20	3.207 1	0.311 8	36.785 5	0.027 2	11.469 9	0.087 2
21	3.399 6	0.294 2	39.992 7	0.025 0	11.764 1	0.085 0
22	3.603 5	0.277 5	43.392 2	0.023 0	12.041 6	0.083 0
23	3.819 7	0.261 8	46.995 7	0.021 3	12.303 4	0.081 3
24	4.048 9	0.247 0	50.815 5	0.019 7	12.550 4	0.079 7

附表 2-6(续)

年限	复利终值系数 已知现值求将来值	复利现值系数 已知将来值求现值	年金终值系数 已知年金求将来值	基金年存系数 已知将来值求年金	年金现值系数 已知年金求现值	投资回收系数 已知现值求年金
25	4.291 9	0.233 0	54.864 4	0.018 2	12.783 4	0.078 2
26	4.549 4	0.219 8	59.156 3	0.016 9	13.003 2	0.076 9
27	4.822 3	0.207 4	63.705 7	0.015 7	13.210 5	0.075 7
28	5.111 7	0.195 6	68.528 0	0.014 6	13.406 2	0.074 6
29	5.418 1	0.184 6	73.639 7	0.013 6	13.590 7	0.073 6
30	5.743 5	0.174 1	79.058 0	0.012 6	13.764 8	0.072 6
31	6.088 1	0.164 3	84.801 5	0.011 8	13.929 1	0.071 8
32	6.453 4	0.155 0	90.889 6	0.011 0	14.084 0	0.071 0
33	6.840 6	0.146 2	97.343 0	0.010 3	14.230 2	0.070 3
34	7.251 0	0.137 9	104.183 5	0.009 6	14.368 1	0.069 6
35	7.686 1	0.130 1	111.434 5	0.009 0	14.498 2	0.069 0
40	10.285 7	0.097 2	154.761 6	0.006 5	15.046 3	0.066 5
45	13.764 5	0.072 7	212.743 0	0.004 7	15.455 8	0.064 7
50	18.420 1	0.054 3	290.335 1	0.003 4	15.761 9	0.063 4
55	24.650 2	0.040 6	394.170 8	0.002 5	15.990 5	0.062 5
60	32.987 6	0.030 3	533.126 3	0.001 9	16.161 4	0.061 9
65	44.144 8	0.022 7	719.080 3	0.001 4	16.289 1	0.061 4
70	59.075 7	0.016 9	967.928 4	0.001 0	16.384 5	0.061 0
75	79.056 6	0.012 6	1 300.943 0	0.000 8	16.455 8	0.060 8
80	105.795 5	0.009 5	1 746.592 0	0.000 6	16.509 1	0.060 6
85	141.578 3	0.007 1	2 342.971 0	0.000 4	16.548 9	0.060 4
90	189.463 6	0.005 3	3 141.060 0	0.000 3	16.578 7	0.060 3
95	253.544 9	0.003 9	4 209.082 0	0.000 2	16.600 9	0.060 2
100	339.300 2	0.002 9	5 638.368 0	0.000 2	16.617 5	0.060 2

附表 2-7 7%复利系数表

年限	复利终值系数 已知现值求将来值	复利现值系数 已知将来值求现值	年金终值系数 已知年金求将来值	基金年存系数 已知将来值求年金	年金现值系数 已知年金求现值	投资回收系数 已知现值求年金
1	1.070 0	0.934 6	1.000 0	1.000 0	0.934 6	1.070 0
2	1.144 9	0.873 4	2.070 0	0.483 1	1.808 0	0.553 1
3	1.225 0	0.816 3	3.214 9	0.311 1	2.624 3	0.381 1
4	1.310 8	0.762 9	4.439 9	0.225 2	3.387 2	0.295 2
5	1.402 6	0.713 0	5.750 7	0.173 9	4.100 2	0.243 9
6	1.500 7	0.666 3	7.153 3	0.139 8	4.766 5	0.209 8
7	1.605 8	0.622 7	8.654 0	0.115 6	5.389 3	0.185 6
8	1.718 2	0.582 0	10.259 8	0.097 5	5.971 3	0.167 5
9	1.838 5	0.543 9	11.978 0	0.083 5	6.515 2	0.153 5
10	1.967 2	0.508 3	13.816 5	0.072 4	7.023 6	0.142 4
11	2.104 9	0.475 1	15.783 6	0.063 4	7.498 7	0.133 4
12	2.252 2	0.444 0	17.888 5	0.055 9	7.942 7	0.125 9
13	2.409 8	0.415 0	20.140 7	0.049 7	8.357 7	0.119 7
14	2.578 5	0.387 8	22.550 5	0.044 3	8.745 5	0.114 3
15	2.759 0	0.362 4	25.129 1	0.039 8	9.107 9	0.109 8
16	2.952 2	0.338 7	27.888 1	0.035 9	9.446 7	0.105 9
17	3.158 8	0.316 6	30.840 3	0.032 4	9.763 2	0.102 4
18	3.379 9	0.295 9	33.999 1	0.029 4	10.059 1	0.099 4
19	3.616 5	0.276 5	37.379 0	0.026 8	10.335 6	0.096 8
20	3.869 7	0.258 4	40.995 5	0.024 4	10.594 0	0.094 4
21	4.140 6	0.241 5	44.865 2	0.022 3	10.835 5	0.092 3
22	4.430 4	0.225 7	49.005 8	0.020 4	11.061 2	0.090 4
23	4.740 5	0.210 9	53.436 2	0.018 7	11.272 2	0.088 7
24	5.072 4	0.197 1	58.176 8	0.017 2	11.469 3	0.087 2

附表 2-7（续）

年限	复利终值系数 已知现值求将来值	复利现值系数 已知将来值求现值	年金终值系数 已知年金求将来值	基金年存系数 已知将来值求年金	年金现值系数 已知年金求现值	投资回收系数 已知现值求年金
25	5.427 4	0.184 2	63.249 1	0.015 8	11.653 6	0.085 8
26	5.807 4	0.172 2	68.676 6	0.014 6	11.825 8	0.084 6
27	6.213 9	0.160 9	74.484 0	0.013 4	11.986 7	0.083 4
28	6.648 8	0.150 4	80.697 8	0.012 4	12.137 1	0.082 4
29	7.114 3	0.140 6	87.346 7	0.011 4	12.277 7	0.081 4
30	7.612 3	0.131 4	94.460 9	0.010 6	12.409 0	0.080 6
31	8.145 1	0.122 8	102.073 2	0.009 8	12.531 8	0.079 8
32	8.715 3	0.114 7	110.218 4	0.009 1	12.646 6	0.079 1
33	9.325 4	0.107 2	118.933 6	0.008 4	12.753 8	0.078 4
34	9.978 1	0.100 2	128.259 0	0.007 8	12.854 0	0.077 8
35	10.676 6	0.093 7	138.237 1	0.007 2	12.947 7	0.077 2
40	14.974 5	0.066 8	199.635 5	0.005 0	13.331 7	0.075 0
45	21.002 5	0.047 6	285.750 0	0.003 5	13.605 5	0.073 5
50	29.457 1	0.033 9	406.530 0	0.002 5	13.800 7	0.072 5
55	41.315 1	0.024 2	575.930 2	0.001 7	13.939 9	0.071 7
60	57.946 6	0.017 3	813.522 8	0.001 2	14.039 2	0.071 2
65	81.273 1	0.012 3	1 146.759	0.000 9	14.109 9	0.070 9
70	113.989 8	0.008 8	1 614.140	0.000 6	14.160 4	0.070 6
75	159.876 6	0.006 3	2 269.666	0.000 4	14.196 4	0.070 4
80	224.235 3	0.004 5	3 189.075	0.000 3	14.222 0	0.070 3
85	314.501 6	0.003 2	4 478.594	0.000 2	14.240 3	0.070 2
90	441.104 9	0.002 3	6 287.213	0.000 2	14.253 3	0.070 2
95	618.672 6	0.001 6	8 823.894	0.000 1	14.262 6	0.070 1
100	867.720 4	0.001 2	12 381.720	0.000 1	14.269 3	0.070 1

附表2-8 8%复利系数表

年限	复利终值系数 已知现值求将来值	复利现值系数 已知将来值求现值	年金终值系数 已知年金求将来值	基金年存系数 已知将来值求年金	年金现值系数 已知年金求现值	投资回收系数 已知现值求年金
1	1.080 0	0.925 9	1.000 0	1.000 0	0.925 9	1.080 0
2	1.166 4	0.857 3	2.080 0	0.480 8	1.783 3	0.560 8
3	1.259 7	0.793 8	3.246 4	0.308 0	2.577 1	0.388 0
4	1.360 5	0.735 0	4.506 1	0.221 9	3.312 1	0.301 9
5	1.469 3	0.680 6	5.866 6	0.170 5	3.992 7	0.250 5
6	1.586 9	0.630 2	7.335 9	0.136 3	4.622 9	0.216 3
7	1.713 8	0.583 5	8.922 8	0.112 1	5.206 4	0.192 1
8	1.850 9	0.540 3	10.636 6	0.094 0	5.746 6	0.174 0
9	1.999 0	0.500 2	12.487 6	0.080 1	6.246 9	0.160 1
10	2.158 9	0.463 2	14.486 6	0.069 0	6.710 1	0.149 0
11	2.331 6	0.428 9	16.645 5	0.060 1	7.139 0	0.140 1
12	2.518 2	0.397 1	18.977 1	0.052 7	7.536 1	0.132 7
13	2.719 6	0.367 7	21.495 3	0.046 5	7.903 8	0.126 5
14	2.937 2	0.340 5	24.214 9	0.041 3	8.244 2	0.121 3
15	3.172 2	0.315 2	27.152 1	0.036 8	8.559 5	0.116 8
16	3.425 9	0.291 9	30.324 3	0.033 0	8.851 4	0.113 0
17	3.700 0	0.270 3	33.750 3	0.029 6	9.121 6	0.109 6
18	3.996 0	0.250 2	37.450 3	0.026 7	9.371 9	0.106 7
19	4.315 7	0.231 7	41.446 3	0.024 1	9.603 6	0.104 1
20	4.661 0	0.214 5	45.762 0	0.021 9	9.818 1	0.101 9
21	5.033 8	0.198 7	50.423 0	0.019 8	10.016 8	0.099 8
22	5.436 5	0.183 9	55.456 8	0.018 0	10.200 7	0.099 0
23	5.871 5	0.170 3	60.893 3	0.016 4	10.371 1	0.096 4
24	6.341 2	0.157 7	66.764 8	0.015 0	10.528 8	0.095 0

附表 2-8(续)

年限	复利终值系数 已知现值求将来值	复利现值系数 已知将来值求现值	年金终值系数 已知年金求将来值	基金年存系数 已知将来值求年金	年金现值系数 已知年金求现值	投资回收系数 已知现值求年金
25	6.848 5	0.146 0	73.106 0	0.013 7	10.674 8	0.093 7
26	7.396 4	0.135 2	79.954 5	0.012 5	10.810 0	0.092 5
27	7.988 1	0.125 2	87.350 9	0.011 4	10.935 2	0.091 4
28	8.627 1	0.115 9	95.338 9	0.010 5	11.051 1	0.090 5
29	9.317 3	0.107 3	103.966 0	0.009 6	11.158 4	0.089 6
30	10.062 7	0.099 4	113.283 3	0.008 8	11.257 8	0.088 8
31	10.867 7	0.092 0	123.346 0	0.008 1	11.349 8	0.088 1
32	11.737 1	0.085 2	134.213 7	0.007 5	11.435 0	0.087 5
33	12.676 1	0.078 9	145.950 8	0.006 9	11.513 9	0.086 9
34	13.690 1	0.073 0	158.626 9	0.006 3	11.586 9	0.086 3
35	14.785 4	0.067 6	172.317 0	0.005 8	11.654 6	0.085 8
40	21.724 5	0.046 0	259.056 9	0.003 9	11.924 6	0.083 9
45	31.920 5	0.031 3	386.506 2	0.002 6	12.108 4	0.082 6
50	46.901 7	0.021 3	573.771 1	0.001 7	12.233 5	0.081 7
55	68.914 0	0.014 5	848.924 7	0.001 2	12.318 6	0.081 2
60	101.257 3	0.009 9	1 253.216 0	0.000 8	12.376 6	0.080 8
65	148.780 2	0.006 7	1 847.252	0.000 5	12.416 0	0.080 5
70	218.606 9	0.004 6	2 720.086	0.000 4	12.442 8	0.080 4
75	321.205 3	0.003 1	4 002.566	0.000 2	12.461 1	0.080 2
80	471.956 0	0.002 1	5 886.950	0.000 2	12.473 5	0.080 2
85	693.458 3	0.001 4	8 655.729	0.000 1	12.482 0	0.080 1
90	1 018.918 0	0.001 0	12 723.980	0.000 1	12.487 7	0.080 1
95	1 497.125 0	0.000 7	18 701.560	0.000 1	12.491 7	0.080 1
100	2 199.768 0	0.000 5	27 484.610	0.000 0	12.494 3	0.080 0

附表 2-9　9%复利系数表

年限	复利终值系数 已知现值求将来值	复利现值系数 已知将来值求现值	年金终值系数 已知年金求将来值	基金年存系数 已知将来值求年金	年金现值系数 已知年金求现值	投资回收系数 已知现值求年金
1	1.090 0	0.917 4	1.000 0	1.000 0	0.917 4	1.090 0
2	1.188 1	0.841 7	2.090 0	0.478 5	1.759 1	0.568 5
3	1.295 0	0.772 2	3.278 1	0.305 1	2.531 3	0.395 1
4	1.411 6	0.708 4	4.573 1	0.218 7	3.239 7	0.308 7
5	1.538 6	0.649 9	5.984 7	0.167 1	3.889 7	0.257 1
6	1.677 1	0.596 3	7.523 3	0.132 9	4.485 9	0.222 9
7	1.828 0	0.547 0	9.200 4	0.108 7	5.033 0	0.198 7
8	1.992 6	0.501 9	11.028 5	0.090 7	5.534 8	0.180 7
9	2.171 9	0.460 4	13.021 0	0.076 8	5.995 2	0.166 8
10	2.367 4	0.422 4	15.192 9	0.065 8	6.417 7	0.155 8
11	2.580 4	0.387 5	17.560 3	0.056 9	6.805 2	0.146 9
12	2.812 7	0.355 5	20.140 7	0.049 7	7.160 7	0.139 7
13	3.065 8	0.326 2	22.953 4	0.043 6	7.486 9	0.133 6
14	3.341 7	0.299 2	26.019 2	0.038 4	7.786 2	0.128 4
15	3.642 5	0.274 5	29.360 9	0.034 1	8.060 7	0.124 1
16	3.970 3	0.251 9	33.003 4	0.030 3	8.312 6	0.120 3
17	4.327 6	0.231 1	36.973 7	0.027 0	8.543 6	0.117 0
18	4.717 1	0.212 0	41.301 4	0.024 2	8.755 6	0.114 2
19	5.141 7	0.194 5	46.018 5	0.021 7	8.950 1	0.111 7
20	5.604 4	0.178 4	51.160 2	0.019 5	9.128 5	0.109 5
21	6.108 8	0.163 7	56.764 6	0.017 6	9.292 2	0.107 6
22	6.658 6	0.150 2	62.873 4	0.015 9	9.442 4	0.105 9
23	7.257 9	0.137 8	69.532 0	0.014 4	9.580 2	0.104 4
24	7.911 1	0.126 4	76.789 9	0.013 0	9.706 6	0.103 0

附表 2-9(续)

年限	复利终值系数 已知现值求将来值	复利现值系数 已知将来值求现值	年金终值系数 已知年金求将来值	基金年存系数 已知将来值求年金	年金现值系数 已知年金求现值	投资回收系数 已知现值求年金
25	8.623 1	0.116 0	84.701 0	0.011 8	9.822 6	0.101 8
26	9.399 2	0.106 4	93.324 1	0.010 7	9.929 0	0.100 7
27	10.245 1	0.097 6	102.723 3	0.009 7	10.026 6	0.099 7
28	11.167 2	0.089 5	112.968 4	0.008 9	10.116 1	0.098 9
29	12.172 2	0.082 2	124.135 5	0.008 1	10.198 3	0.098 1
30	13.267 7	0.075 4	136.307 7	0.007 3	10.273 7	0.097 3
31	14.461 8	0.069 1	149.575 4	0.006 7	10.342 8	0.096 7
32	15.763 4	0.063 4	164.037 2	0.006 1	10.406 2	0.096 1
33	17.182 1	0.058 2	179.800 6	0.005 6	10.464 4	0.095 6
34	18.728 4	0.053 4	196.982 7	0.005 1	10.517 8	0.095 1
35	20.414 0	0.049 0	215.711 1	0.004 6	10.566 8	0.094 6
40	31.409 5	0.031 8	337.883 1	0.003 0	10.757 4	0.093 0
45	48.327 4	0.020 7	525.859 8	0.001 9	10.881 2	0.091 9
50	74.357 7	0.013 4	815.085 3	0.001 2	10.961 7	0.091 2
55	114.408 5	0.008 7	1 260.095 0	0.000 8	11.014 0	0.090 8
60	176.031 8	0.005 7	1 944.797 0	0.000 5	11.048 0	0.090 5
65	270.846 8	0.003 7	2 998.297	0.000 3	11.070 1	0.090 3
70	416.731 4	0.002 4	4 619.238	0.000 2	11.084 4	0.090 2
75	641.193 1	0.001 6	7 113.256	0.000 1	11.093 8	0.090 1
80	986.555 2	0.001 0	10 950.610	0.000 1	11.099 8	0.090 1
85	1 517.938 0	0.000 7	16 854.860	0.000 1	11.103 8	0.090 1
90	2 335.536 0	0.000 4	25 939.290	0.000 0	11.106 4	0.090 0
95	3 593.513 0	0.000 3	39 916.810	0.000 0	11.108 0	0.090 0
100	5 529.066 0	0.000 2	61 422.950	0.000 0	11.109 1	0.090 0

附表 2-10 10%复利系数表

年限	复利终值系数 已知现值求将来值	复利现值系数 已知将来值求现值	年金终值系数 已知年金求将来值	基金年存系数 已知将来值求年金	年金现值系数 已知年金求现值	投资回收系数 已知现值求年金
1	1.1000	0.9091	1.0000	1.0000	0.9091	1.1000
2	1.2100	0.8264	2.1000	0.4762	1.7355	0.5762
3	1.3310	0.7513	3.3100	0.3021	2.4869	0.4021
4	1.4641	0.6830	4.6410	0.2155	3.1699	0.3155
5	1.6105	0.6209	6.1051	0.1638	3.7908	0.2638
6	1.7716	0.5645	7.7156	0.1296	4.3553	0.2296
7	1.9487	0.5132	9.4872	0.1054	4.8684	0.2054
8	2.1436	0.4665	11.4359	0.0874	5.3349	0.1874
9	2.3579	0.4241	13.5795	0.0736	5.7590	0.1736
10	2.5937	0.3855	15.9374	0.0627	6.1446	0.1627
11	2.8531	0.3505	18.5312	0.0540	6.4951	0.1540
12	3.1384	0.3186	21.3843	0.0468	6.8137	0.1468
13	3.4523	0.2897	24.5227	0.0408	7.1034	0.1408
14	3.7975	0.2633	27.9750	0.0357	7.3667	0.1357
15	4.1772	0.2394	31.7725	0.0315	7.6061	0.1315
16	4.5950	0.2176	35.9497	0.0278	7.8237	0.1278
17	5.0545	0.1978	40.5447	0.0247	8.0216	0.1247
18	5.5599	0.1799	45.5992	0.0219	8.2014	0.1219
19	6.1159	0.1635	51.1591	0.0195	8.3649	0.1195
20	6.7275	0.1486	57.2750	0.0175	8.5136	0.1175
21	7.4003	0.1351	64.0025	0.0156	8.6487	0.1156
22	8.1403	0.1228	71.4028	0.0140	8.7715	0.1140
23	8.9543	0.1117	79.5431	0.0126	8.8832	0.1126
24	9.8497	0.1015	88.4974	0.0113	8.8947	0.1113

附表 2-10(续)

年限	复利终值系数 已知现值求将来值	复利现值系数 已知将来值求现值	年金终值系数 已知年金求将来值	基金年存系数 已知将来值求年金	年金现值系数 已知年金求现值	投资回收系数 已知现值求年金
25	10.834 7	0.092 3	98.347 1	0.010 2	9.077 0	0.110 2
26	11.918 2	0.083 9	109.181 8	0.009 2	9.160 9	0.109 2
27	13.110 0	0.076 3	121.100 0	0.008 3	9.237 2	0.108 3
28	14.421 0	0.069 3	134.210 0	0.007 5	9.306 6	0.107 5
29	16.863 1	0.063 0	148.631 0	0.006 7	9.369 6	0.106 7
30	17.449 4	0.057 3	164.494 1	0.006 1	9.426 9	0.106 1
31	19.194 4	0.052 1	181.943 5	0.005 5	9.479 0	0.105 5
32	21.113 8	0.047 4	201.137 9	0.005 0	9.526 4	0.105 0
33	23.225 2	0.043 1	222.251 7	0.004 5	9.569 4	0.104 5
34	25.547 7	0.039 1	245.476 8	0.004 1	9.608 6	0.104 1
35	28.102 5	0.035 6	271.024 5	0.003 7	9.644 2	0.103 7
40	45.259 3	0.022 1	442.592 8	0.002 3	9.779 1	0.102 3
45	72.890 5	0.013 7	718.905 3	0.001 4	9.862 8	0.101 4
50	117.390 9	0.008 5	1 163.909	0.000 9	9.914 8	0.100 9
55	189.059 3	0.005 3	1 880.593	0.000 5	9.947 1	0.100 5
60	304.481 9	0.003 3	3 034.819	0.000 3	9.967 2	0.100 3
65	490.371 2	0.002 0	4 893.712	0.000 2	9.979 6	0.100 2
70	789.747 8	0.001 3	7 887.478	0.000 1	9.987 3	0.100 1
75	1 271.897 0	0.000 8	12 708.970	0.000 1	9.992 1	0.100 1
80	2 048.403 0	0.000 5	20 474.030	0.000 0	9.995 1	0.100 0
85	3 298.973 0	0.000 3	32 979.730	0.000 0	9.997 0	0.100 0
90	5 313.030 0	0.000 2	53 120.300	0.000 0	9.998 0	0.100 0
95	8 556.688 0	0.000 1	85 556.880	0.000 0	9.998 8	0.100 0
100	13 780.630 0	0.000 1	137 796.300	0.000 0	9.999 3	0.100 0

附表 2-11　11%复利系数表

年限	复利终值系数 已知现值求将来值	复利现值系数 已知将来值求现值	年金终值系数 已知年金求将来值	基金年存系数 已知将来值求年金	年金现值系数 已知年金求现值	投资回收系数 已知现值求年金
1	1.110 0	0.900 9	1.000 0	1.000 0	0.900 9	1.110 0
2	1.232 1	0.811 6	2.110 0	0.473 9	1.712 5	0.583 9
3	1.367 6	0.731 2	3.342 1	0.299 2	2.443 7	0.409 2
4	1.518 1	0.658 7	4.709 7	0.212 3	3.102 4	0.322 3
5	1.685 1	0.593 5	6.227 8	0.160 6	3.695 9	0.270 6
6	1.870 4	0.534 6	7.912 9	0.126 4	4.230 5	0.236 4
7	2.076 2	0.481 7	9.783 3	0.102 2	4.712 2	0.212 2
8	2.304 5	0.433 9	11.859 4	0.084 3	5.146 1	0.194 3
9	2.558 0	0.390 9	14.164 0	0.070 6	5.537 0	0.180 6
10	2.839 4	0.352 2	16.722 0	0.059 8	5.889 2	0.169 8
11	3.151 8	0.317 3	19.561 4	0.051 1	6.206 5	0.161 1
12	3.498 5	0.285 8	22.713 2	0.044 0	6.492 4	0.154 0
13	3.883 3	0.257 5	26.211 6	0.038 2	6.749 9	0.148 2
14	4.310 4	0.232 0	30.094 9	0.033 2	6.981 9	0.143 2
15	4.784 6	0.209 0	34.405 4	0.029 1	7.190 9	0.139 1
16	5.310 9	0.188 3	39.190 0	0.025 5	7.379 2	0.135 5
17	5.895 1	0.169 6	44.500 8	0.022 5	7.548 8	0.132 5
18	6.543 6	0.152 8	50.395 9	0.019 8	7.701 6	0.129 8
19	7.263 3	0.137 7	56.939 5	0.017 6	7.839 3	0.127 6
20	8.062 3	0.124 0	64.202 8	0.015 6	7.963 3	0.125 6
21	8.949 2	0.111 7	72.265 2	0.013 8	8.075 1	0.123 8
22	9.933 6	0.100 7	81.214 3	0.012 3	8.175 7	0.122 3
23	11.026 3	0.090 7	91.147 9	0.011 0	8.266 4	0.121 0
24	12.239 2	0.081 7	102.174 2	0.009 8	8.348 1	0.119 8

附表 2-11（续）

年限	复利终值系数 已知现值求将来值	复利现值系数 已知将来值求现值	年金终值系数 已知年金求将来值	基金年存系数 已知将来值求年金	年金现值系数 已知年金求现值	投资回收系数 已知现值求年金
25	13.585 5	0.073 6	114.413 3	0.008 7	8.421 7	0.118 7
26	15.079 9	0.066 3	127.998 8	0.007 8	8.488 1	0.117 8
27	16.738 6	0.059 7	143.078 6	0.007 0	8.547 8	0.117 0
28	18.579 9	0.053 8	159.817 3	0.006 3	8.601 6	0.116 3
29	20.623 7	0.048 5	178.397 2	0.005 6	8.650 1	0.115 6
30	22.892 3	0.043 7	199.020 9	0.005 0	8.693 8	0.115 0
31	25.410 5	0.039 4	221.913 2	0.004 5	8.733 1	0.114 5
32	28.205 6	0.035 5	247.323 7	0.004 0	8.768 6	0.114 0
33	31.308 2	0.031 9	275.529 2	0.003 6	8.800 5	0.113 6
34	34.752 1	0.028 8	306.837 5	0.003 3	8.829 3	0.113 3
35	38.574 9	0.025 9	341.589 6	0.002 9	8.855 2	0.112 9
40	65.000 9	0.015 4	581.826 1	0.001 7	8.951 1	0.111 7
45	109.530 3	0.009 1	986.638 7	0.001 0	9.007 9	0.111 0
50	184.564 9	0.005 4	1 668.771 0	0.000 6	9.041 7	0.110 6
55	311.002 5	0.003 2	2 818.205 0	0.000 4	9.061 7	0.110 4
60	524.057 3	0.001 9	4 755.067 0	0.000 2	9.073 6	0.110 2
65	883.067 1	0.001 1	8 018.792	0.000 1	9.080 6	0.110 1
70	1 488.049 0	0.000 7	13 518.360	0.000 1	9.084 8	0.110 1
75	2 507.399 0	0.000 4	22 785.450	0.000 0	9.087 3	0.110 0
80	4 225.114 0	0.000 2	38 401.030	0.000 0	9.088 8	0.110 0
85	7 119.562 0	0.000 1	64 714.200	0.000 0	9.089 6	0.110 0
90	11 996.880 0	0.000 1	109 053.400	0.000 0	9.090 2	0.110 0
95	20 215.440 0	0.000 0	183 767.600	0.000 0	9.090 5	0.110 0
100	34 064.180 0	0.000 0	309 665.300	0.000 0	9.090 6	0.110 0

附表 2-12 12%复利系数表

年限	复利终值系数 已知现值求将来值	复利现值系数 已知将来值求现值	年金终值系数 已知年金求将来值	基金年存系数 已知将来值求年金	年金现值系数 已知年金求现值	投资回收系数 已知现值求年金
1	1.120 0	0.892 9	1.000 0	1.000 0	0.892 9	1.120 0
2	1.254 4	0.797 2	2.120 0	0.471 7	1.690 1	0.591 7
3	1.404 9	0.711 8	3.374 4	0.296 3	2.401 8	0.416 3
4	1.573 5	0.635 5	4.779 3	0.209 2	3.037 3	0.329 2
5	1.762 3	0.567 4	6.352 8	0.157 4	3.604 8	0.277 4
6	1.973 8	0.506 6	8.115 2	0.123 2	4.111 4	0.243 2
7	2.210 7	0.452 3	10.089 0	0.099 1	4.563 8	0.219 1
8	2.476 0	0.403 9	12.299 7	0.081 3	4.967 6	0.201 3
9	2.773 1	0.360 6	14.775 7	0.067 7	5.328 3	0.187 7
10	3.105 8	0.322 0	17.548 7	0.057 0	5.650 2	0.177 0
11	3.478 5	0.287 5	20.654 6	0.048 4	5.937 7	0.168 4
12	3.896 0	0.256 7	24.133 1	0.041 4	6.194 4	0.161 4
13	4.363 5	0.229 2	28.029 1	0.035 7	6.423 5	0.155 7
14	4.887 1	0.204 6	32.392 6	0.030 9	6.628 2	0.150 9
15	5.473 6	0.182 7	37.279 7	0.026 8	6.810 9	0.146 8
16	6.130 4	0.163 1	42.753 3	0.023 4	6.974 0	0.143 4
17	6.866 0	0.145 6	48.883 7	0.020 5	7.119 6	0.140 5
18	7.690 0	0.130 0	55.749 7	0.017 9	7.249 7	0.137 9
19	8.612 8	0.116 1	63.439 7	0.015 8	7.365 8	0.135 8
20	9.646 3	0.103 7	72.052 4	0.013 9	7.469 4	0.133 9
21	10.803 8	0.092 6	81.698 7	0.012 2	7.562 0	0.132 2
22	12.100 3	0.082 6	92.502 6	0.010 8	7.644 6	0.130 8
23	13.552 3	0.073 8	104.602 9	0.009 6	7.718 4	0.129 6
24	15.178 6	0.065 9	118.155 2	0.008 5	7.784 3	0.128 5

附表 2-12(续)

年限	复利终值系数 已知现值求将来值	复利现值系数 已知将来值求现值	年金终值系数 已知年金求将来值	基金年存系数 已知将来值求年金	年金现值系数 已知年金求现值	投资回收系数 已知现值求年金
25	17.000 1	0.058 8	133.333 9	0.007 5	7.843 1	0.127 5
26	19.040 1	0.052 5	150.333 9	0.006 7	7.895 7	0.126 7
27	21.324 9	0.046 9	169.374 0	0.005 9	7.942 6	0.125 9
28	23.883 9	0.041 9	190.698 9	0.005 2	7.984 4	0.125 2
29	26.749 9	0.037 4	214.582 8	0.004 7	8.021 8	0.124 7
30	29.959 9	0.033 4	241.332 7	0.004 1	8.055 2	0.124 1
31	33.555 1	0.029 8	271.292 6	0.003 7	8.085 0	0.123 7
32	37.581 7	0.026 6	304.847 7	0.003 3	8.111 6	0.123 3
33	42.091 5	0.023 8	342.429 5	0.002 9	8.135 4	0.122 9
34	47.142 5	0.021 1	384.521 0	0.002 6	8.156 6	0.122 6
35	52.799 6	0.018 9	431.663 5	0.002 3	8.175 5	0.122 3
40	93.051 0	0.010 7	767.091 4	0.001 3	8.243 8	0.121 3
45	163.987 6	0.006 1	1 358.230 0	0.000 7	8.282 5	0.120 7
50	289.002 2	0.003 5	2 400.018 0	0.000 4	8.304 5	0.120 4
55	509.320 6	0.002 0	4 236.005 0	0.000 2	8.317 0	0.120 2
60	897.596 9	0.001 1	7 471.641 0	0.000 1	8.324 0	0.120 1
65	1 581.872 0	0.000 6	13 173.940	0.000 1	8.328 1	0.120 1
70	2 787.800 0	0.000 4	23 223.330	0.000 0	8.330 3	0.120 0
75	4 913.055 0	0.000 2	40 933.790	0.000 0	8.331 6	0.120 0
80	8 658.482 0	0.000 1	72 145.690	0.000 0	8.332 4	0.120 0
85	15 259.210 0	0.000 1	127 151.700	0.000 0	8.332 8	0.120 0
90	26 891.930 0	0.000 0	224 091.100	0.000 0	8.333 0	0.120 0
95	47 392.780 0	0.000 0	394 934.500	0.000 0	8.333 2	0.120 0
100	83 522.270 0	0.000 0	696 010.600	0.000 0	8.333 2	0.120 0

附表2-13　13%复利系数表

年限	复利终值系数 已知现值求将来值	复利现值系数 已知将来值求现值	年金终值系数 已知年金求将来值	基金年存系数 已知将来值求年金	年金现值系数 已知年金求现值	投资回收系数 已知现值求年金
1	1.130 0	0.885 0	1.000 0	1.000 0	0.885 0	1.130 0
2	1.276 9	0.783 1	2.130 0	0.469 5	1.668 1	0.599 5
3	1.442 9	0.693 1	3.406 9	0.293 5	2.361 2	0.423 5
4	1.630 5	0.613 3	4.849 8	0.206 2	2.974 5	0.336 2
5	1.842 4	0.542 8	6.480 3	0.154 3	3.517 2	0.284 3
6	2.082 0	0.480 3	8.322 7	0.120 2	3.997 5	0.250 2
7	2.352 6	0.425 1	10.404 7	0.096 1	4.422 6	0.226 1
8	2.658 4	0.376 2	12.757 3	0.078 4	4.798 8	0.208 4
9	3.004 0	0.332 9	15.415 7	0.064 9	5.131 7	0.194 9
10	3.394 6	0.294 6	18.419 7	0.054 3	5.426 2	0.184 3
11	3.835 9	0.260 7	21.814 3	0.045 8	5.686 9	0.175 8
12	4.334 5	0.230 7	25.650 2	0.039 0	5.917 6	0.169 0
13	4.898 0	0.204 2	29.984 7	0.033 4	6.121 8	0.163 4
14	5.534 8	0.180 7	34.882 7	0.028 7	6.302 5	0.158 7
15	6.254 3	0.159 9	40.417 4	0.024 7	6.462 4	0.154 7
16	7.067 3	0.141 5	46.671 7	0.021 4	6.603 9	0.151 4
17	7.986 1	0.125 2	53.739 0	0.018 6	6.729 1	0.148 6
18	9.024 3	0.110 8	61.725 1	0.016 2	6.839 9	0.146 2
19	10.197 4	0.098 1	70.749 4	0.014 1	6.938 0	0.144 1
20	11.523 1	0.086 8	80.946 8	0.012 4	7.024 8	0.142 4
21	13.021 1	0.076 8	92.469 9	0.010 8	7.101 5	0.140 8
22	14.713 8	0.068 0	105.490 9	0.009 5	7.169 5	0.139 5
23	16.626 6	0.060 1	120.204 8	0.008 3	7.229 7	0.138 3
24	18.788 1	0.053 2	136.831 4	0.007 3	7.282 9	0.137 3

附表 2-13(续)

年限	复利终值系数 已知现值求将来值	复利现值系数 已知将来值求现值	年金终值系数 已知年金求将来值	基金年存系数 已知将来值求年金	年金现值系数 已知年金求现值	投资回收系数 已知现值求年金
25	21.230 5	0.047 1	155.619 4	0.006 4	7.330 0	0.136 4
26	23.990 5	0.041 7	176.850 0	0.005 7	7.371 7	0.135 7
27	27.109 3	0.036 9	200.840 4	0.005 0	7.408 6	0.135 0
28	30.633 5	0.032 6	227.949 7	0.004 4	7.441 2	0.134 4
29	34.615 8	0.028 9	258.583 1	0.003 9	7.470 1	0.133 9
30	39.115 9	0.025 6	293.199 0	0.003 4	7.495 7	0.133 4
31	44.200 9	0.022 6	332.314 8	0.003 0	7.518 3	0.133 0
32	49.947 0	0.020 0	376.515 7	0.002 7	7.538 3	0.132 7
33	56.440 2	0.017 7	426.462 7	0.002 3	7.556 0	0.132 3
34	63.777 4	0.015 7	482.902 9	0.002 1	7.571 7	0.132 1
35	72.068 4	0.013 9	546.680 3	0.001 8	7.585 6	0.131 8
40	132.781 4	0.007 5	1 013.703 0	0.001 0	7.634 4	0.131 0
45	244.641 0	0.004 1	1 874.162 0	0.000 5	7.660 9	0.130 5
50	450.735 2	0.002 2	3 459.502 0	0.000 3	7.675 2	0.130 3
55	830.450 3	0.001 2	6 380.387 0	0.000 2	7.683 0	0.130 2
60	1 530.050 0	0.000 7	11 761.930 0	0.000 1	7.687 3	0.130 1
65	2 819.018	0.000 4	21 677.070	0.000 0	7.689 6	0.130 0
70	5 193.858	0.000 2	39 945.060	0.000 0	7.690 8	0.130 0
75	9 569.345	0.000 1	73 602.660	0.000 0	7.691 5	0.130 0
80	17 630.900	0.000 1	135 614.600	0.000 0	7.691 5	0.130 0
85	32 483.770	0.000 0	249 867.500	0.000 0	7.692 1	0.130 0
90	59 849.240	0.000 0	460 371.100	0.000 0	7.692 2	0.130 0
95	110 268.300	0.000 0	848 210.200	0.000 0	7.692 2	0.130 0
100	203 162.200	0.000 0	1 562 779.000	0.000 0	7.692 3	0.130 0

附表 2-14 14%复利系数表

年限	复利终值系数 已知现值求将来值	复利现值系数 已知将来值求现值	年金终值系数 已知年金求将来值	基金年存系数 已知将来值求年金	年金现值系数 已知年金求现值	投资回收系数 已知现值求年金
1	1.140 0	0.877 2	1.000 0	1.000 0	0.877 2	1.140 0
2	1.299 6	0.769 5	2.140 0	0.467 3	1.646 7	0.607 3
3	1.481 5	0.675 0	3.439 6	0.290 7	2.321 6	0.430 7
4	1.689 0	0.592 1	4.921 1	0.203 2	2.913 7	0.343 2
5	1.925 4	0.519 4	6.610 1	0.151 3	3.433 1	0.291 3
6	2.195 0	0.455 6	8.535 5	0.117 2	3.888 7	0.257 2
7	2.502 3	0.399 6	10.730 5	0.093 2	4.288 3	0.233 2
8	2.852 6	0.350 6	13.232 8	0.075 6	4.638 9	0.215 6
9	3.251 9	0.307 5	16.085 3	0.062 2	4.946 4	0.202 2
10	3.707 2	0.269 7	19.337 3	0.051 7	5.216 1	0.191 7
11	4.226 2	0.236 6	23.044 5	0.043 4	5.452 7	0.183 4
12	4.817 9	0.207 6	27.270 8	0.036 7	5.660 3	0.176 7
13	5.492 4	0.182 1	32.088 7	0.031 2	5.842 4	0.171 2
14	6.261 3	0.159 7	37.581 1	0.026 6	6.002 1	0.166 6
15	7.137 9	0.140 1	43.842 4	0.022 8	6.142 2	0.162 8
16	8.137 3	0.122 9	50.980 4	0.019 6	6.265 1	0.159 6
17	9.276 5	0.107 8	59.117 6	0.016 9	6.372 9	0.156 9
18	10.575 2	0.094 6	68.394 1	0.014 6	6.467 4	0.154 6
19	12.055 7	0.082 9	78.969 2	0.012 7	6.550 4	0.152 7
20	13.743 5	0.072 8	91.024 9	0.011 0	6.623 1	0.151 0
21	15.667 6	0.063 8	104.768 4	0.009 5	6.687 0	0.149 5
22	17.861 0	0.056 0	120.436 0	0.008 3	6.742 9	0.148 3
23	20.361 6	0.049 1	138.297 1	0.007 2	6.792 1	0.147 2
24	23.212 2	0.043 1	158.658 7	0.006 3	6.835 1	0.146 3

附表 2-14(续)

年限	复利终值系数 已知现值求将来值	复利现值系数 已知将来值求现值	年金终值系数 已知年金求将来值	基金年存系数 已知将来值求年金	年金现值系数 已知年金求现值	投资回收系数 已知现值求年金
25	26.461 9	0.037 8	181.870 8	0.005 5	6.872 9	0.145 5
26	30.166 6	0.033 1	208.332 8	0.004 8	6.906 1	0.144 8
27	34.389 9	0.029 1	238.499 4	0.004 2	6.935 2	0.144 2
28	39.204 5	0.025 5	272.889 3	0.003 7	6.960 7	0.143 7
29	44.693 1	0.022 4	312.093 8	0.003 2	6.983 0	0.143 2
30	50.950 2	0.019 6	356.786 9	0.002 8	7.002 7	0.142 8
31	58.083 2	0.017 2	407.737 1	0.002 5	7.019 9	0.142 5
32	66.214 8	0.015 1	465.820 3	0.002 1	7.035 0	0.142 1
33	75.484 9	0.013 2	532.035 1	0.001 9	7.048 2	0.141 9
34	86.052 8	0.011 6	607.520 0	0.001 6	7.059 9	0.141 6
35	98.100 2	0.010 2	693.572 8	0.001 4	7.070 0	0.141 4
40	188.883 6	0.005 3	1 342.025 0	0.000 7	7.105 0	0.140 7
45	363.679 2	0.002 7	2 590.565 0	0.000 4	7.123 2	0.140 4
50	700.233 1	0.001 4	4 994.523 0	0.000 2	7.132 7	0.140 2
55	1 348.239 0	0.000 7	9 623.137 0	0.000 1	7.137 6	0.140 1
60	2 595.920 0	0.000 4	18 535.140 0	0.000 1	7.140 1	0.140 1
65	4 998.221	0.000 2	35 694.430	0.000 0	7.141 4	0.140 0
70	9 623.649	0.000 1	68 733.210	0.000 0	7.142 1	0.140 0
75	18 529.510	0.000 1	132 346.500	0.000 0	7.142 5	0.140 0
80	35 676.990	0.000 0	254 828.500	0.000 0	7.142 7	0.140 0
85	68 693.000	0.000 0	490 657.200	0.000 0	7.142 8	0.140 0
90	132 262.500	0.000 0	944 725.100	0.000 0	7.142 8	0.140 0
95	254 660.200	0.000 0	1 818 994.000	0.000 0	7.142 8	0.140 0
100	490 326.500	0.000 0	3 502 325.000	0.000 0	7.142 8	0.140 0

附表 2-15　15%复利系数表

年限	复利终值系数 已知现值求将来值	复利现值系数 已知将来值求现值	年金终值系数 已知年金求将来值	基金年存系数 已知将来值求年金	年金现值系数 已知年金求现值	投资回收系数 已知现值求年金
1	1.1500	0.8696	1.0000	1.0000	0.8696	1.1500
2	1.3225	0.7561	2.1500	0.4651	1.6257	0.6151
3	1.5209	0.6575	3.4725	0.2880	2.2832	0.4380
4	1.7490	0.5718	4.9934	0.2003	2.8550	0.3503
5	2.0114	0.4972	6.7424	0.1483	3.3522	0.2983
6	2.3131	0.4323	8.7537	0.1142	3.7845	0.2642
7	2.6600	0.3759	11.0668	0.0904	4.1604	0.2404
8	3.0590	0.3269	13.7268	0.0729	4.4873	0.2229
9	3.5179	0.2843	16.7858	0.0596	4.7716	0.2096
10	4.0456	0.2472	20.3037	0.0493	5.0188	0.1993
11	4.6524	0.2149	24.3493	0.0411	5.2337	0.1911
12	5.3503	0.1869	29.0017	0.0345	5.4206	0.1845
13	6.1528	0.1625	34.3519	0.0291	5.5831	0.1791
14	7.0757	0.1413	40.5047	0.0247	5.7245	0.1747
15	8.1371	0.1229	47.5804	0.0210	5.8474	0.1710
16	9.3576	0.1069	55.7175	0.0179	5.9542	0.1679
17	10.7613	0.0929	65.0751	0.0154	6.0472	0.1654
18	12.3755	0.0808	75.8364	0.0132	6.1280	0.1632
19	14.2318	0.0703	88.2118	0.0113	6.1982	0.1613
20	16.3665	0.0611	102.4436	0.0098	6.2593	0.1598
21	18.8215	0.0531	118.8101	0.0084	6.3125	0.1584
22	21.6447	0.0462	137.6316	0.0073	6.3587	0.1573
23	24.8915	0.0402	159.2764	0.0063	6.3988	0.1563
24	28.6252	0.0349	184.1679	0.0054	6.4338	0.1554

附表 2-15(续)

年限	复利终值系数 已知现值求将来值	复利现值系数 已知将来值求现值	年金终值系数 已知年金求将来值	基金年存系数 已知将来值求年金	年金现值系数 已知年金求现值	投资回收系数 已知现值求年金
25	32.919 0	0.030 4	212.793 0	0.004 7	6.464 1	0.154 7
26	37.856 8	0.026 4	245.712 0	0.004 1	6.490 6	0.154 1
27	43.535 3	0.023 0	283.568 8	0.003 5	6.513 5	0.153 5
28	50.065 6	0.020 0	327.104 1	0.003 1	6.533 5	0.153 1
29	57.575 5	0.017 4	377.169 7	0.002 7	6.550 9	0.152 7
30	66.211 8	0.015 1	434.745 2	0.002 3	6.566 0	0.152 3
31	76.143 6	0.013 1	500.957 0	0.002 0	6.579 1	0.152 0
32	87.565 1	0.011 4	577.100 5	0.001 7	6.590 5	0.151 7
33	100.699 8	0.009 9	664.665 5	0.001 5	6.600 5	0.151 5
34	115.804 8	0.008 6	765.365 3	0.001 3	6.609 1	0.151 3
35	133.175 5	0.007 5	881.170 1	0.001 1	6.616 6	0.151 1
40	267.863 6	0.003 7	1 779.090 0	0.000 6	6.641 8	0.150 6
45	538.769 3	0.001 9	3 685.128 0	0.000 3	6.654 3	0.150 3
50	1 083.658 0	0.000 9	7 217.717 0	0.000 1	6.660 5	0.150 1
55	2 179.622 0	0.000 5	14 524.150 0	0.000 1	6.663 6	0.150 1
60	4 383.999 0	0.000 2	29 219.990 0	0.000 0	6.665 1	0.150 0
65	8 817.787	0.000 1	58 778.580	0.000 0	6.665 9	0.150 0
70	17 735.720	0.000 1	118 231.500	0.000 0	6.666 3	0.150 0
75	35 672.870	0.000 0	237 812.500	0.000 0	6.666 5	0.150 0
80	71 750.880	0.000 0	478 332.600	0.000 0	6.666 6	0.150 0
85	144 316.700	0.000 0	962 104.300	0.000 0	6.666 6	0.150 0
90	290 272.400	0.000 0	1 935 142.000	0.000 0	6.666 6	0.150 0
95	583 814.500	0.000 0	3 892 270.000	0.000 0	6.666 7	0.150 0
100	1 174 314.000	0.000 0	7 828 750.000	0.000 0	6.666 7	0.150 0

附表 2-16　20%复利系数表

年限	复利终值系数 已知现值求将来值	复利现值系数 已知将来值求现值	年金终值系数 已知年金求将来值	基金年存系数 已知将来值求年金	年金现值系数 已知年金求现值	投资回收系数 已知现值求年金
1	1.200 0	0.833 3	1.000 0	1.000 0	0.833 3	1.200 0
2	1.440 0	0.694 4	2.200 0	0.454 5	1.527 8	0.654 5
3	1.728 0	0.578 7	3.640 0	0.274 7	2.106 5	0.474 7
4	2.073 6	0.482 3	5.368 0	0.186 3	2.588 7	0.386 3
5	2.488 3	0.401 9	7.441 6	0.134 4	2.990 6	0.334 4
6	2.986 0	0.334 9	9.929 9	0.100 7	3.325 5	0.300 7
7	3.588 2	0.279 1	12.915 9	0.077 4	3.604 6	0.277 4
8	4.299 8	0.232 6	16.499 1	0.060 6	3.837 2	0.260 6
9	5.159 8	0.193 8	20.798 9	0.048 1	4.031 0	0.248 1
10	6.191 7	0.161 5	25.958 7	0.038 5	4.192 5	0.238 5
11	7.430 1	0.134 6	32.150 4	0.031 1	4.327 1	0.231 1
12	8.916 1	0.112 2	39.580 5	0.025 3	4.439 2	0.225 3
13	10.699 3	0.093 5	48.496 6	0.020 6	4.532 7	0.220 6
14	12.839 2	0.077 9	59.195 9	0.016 9	4.610 6	0.216 9
15	15.407 0	0.064 9	72.035 1	0.013 9	4.675 5	0.213 9
16	18.488 4	0.054 1	87.442 1	0.011 4	4.729 6	0.211 4
17	22.186 1	0.045 1	105.930 6	0.009 4	4.774 6	0.209 4
18	26.623 3	0.037 6	128.116 7	0.007 8	4.812 2	0.207 8
19	31.948 0	0.031 3	154.740 0	0.006 5	4.843 5	0.206 5

附表 2-16(续)

年限	复利终值系数 已知现值求将来值	复利现值系数 已知将来值求现值	年金终值系数 已知年金求将来值	基金年存系数 已知将来值求年金	年金现值系数 已知年金求现值	投资回收系数 已知现值求年金
20	38.337 6	0.026 1	186.688 0	0.005 4	4.869 6	0.205 4
21	46.005 1	0.021 7	225.025 6	0.004 4	4.891 3	0.204 4
22	55.206 1	0.018 1	271.030 7	0.003 7	4.909 4	0.203 7
23	66.247 4	0.015 1	326.236 9	0.003 1	4.924 5	0.203 1
24	79.496 9	0.012 6	392.484 3	0.002 5	4.937 1	0.202 5
25	95.396 2	0.010 5	471.981 1	0.002 1	4.947 6	0.202 1
26	114.475 5	0.008 7	567.377 3	0.001 8	4.956 3	0.201 8
27	137.370 6	0.007 3	681.852 9	0.001 5	4.963 6	0.201 5
28	164.844 7	0.006 1	819.223 3	0.001 2	4.969 7	0.201 2
29	197.813 6	0.005 1	984.068 1	0.001 0	4.974 7	0.201 0
30	237.376 4	0.004 2	1 181.882 0	0.000 8	4.978 9	0.200 8
31	284.851 6	0.003 5	1 419.258 0	0.000 7	4.982 4	0.200 7
32	341.821 9	0.002 9	1 704.110 0	0.000 6	4.985 4	0.200 6
33	410.186 3	0.002 4	2 045.931 0	0.000 5	4.987 8	0.200 5
34	492.223 6	0.002 0	2 456.118 0	0.000 4	4.989 8	0.200 4
35	590.668 3	0.001 7	2 948.341 0	0.000 3	4.991 5	0.200 3
40	1 469.772 0	0.000 7	7 343.858 0	0.000 1	4.996 6	0.200 1
45	3 657.263 0	0.000 3	18 281.310 0	0.000 1	4.998 6	0.200 1
50	9 100.439 0	0.000 1	45 497.190 0	0.000 0	4.999 5	0.200 0

附表 2-17　25%复利系数表

年限	复利终值系数 已知现值求将来值	复利现值系数 已知将来值求现值	年金终值系数 已知年金求将来值	基金年存系数 已知将来值求年金	年金现值系数 已知年金求现值	投资回收系数 已知现值求年金
1	1.250 0	0.800 0	1.000 0	1.000 0	0.800 0	1.250 0
2	1.562 5	0.640 0	2.250 0	0.444 4	1.440 0	0.694 4
3	1.953 1	0.512 0	3.812 5	0.262 3	1.952 0	0.512 3
4	2.441 4	0.409 6	5.765 6	0.173 4	2.361 6	0.423 4
5	3.051 8	0.327 7	8.207 0	0.121 8	2.689 3	0.371 8
6	3.814 7	0.262 1	11.258 8	0.088 8	2.951 4	0.338 8
7	4.768 4	0.209 7	15.073 5	0.066 3	3.161 1	0.316 3
8	5.960 5	0.167 8	19.841 9	0.050 4	3.328 9	0.300 4
9	7.450 6	0.134 2	25.802 3	0.038 8	3.463 1	0.288 8
10	9.313 2	0.107 4	33.252 9	0.030 1	3.570 5	0.280 1
11	11.641 5	0.085 9	42.566 1	0.023 5	3.656 4	0.273 5
12	14.551 9	0.068 7	54.207 7	0.018 4	3.725 1	0.268 4
13	18.189 9	0.055 0	68.759 6	0.014 5	3.780 1	0.264 5
14	22.737 4	0.044 0	86.949 5	0.011 5	3.824 1	0.261 5
15	28.421 7	0.035 2	109.686 8	0.009 1	3.859 3	0.259 1
16	35.527 1	0.028 1	138.108 6	0.007 2	3.887 4	0.257 2
17	44.408 9	0.022 5	173.635 7	0.005 8	3.909 9	0.255 8
18	55.511 2	0.018 0	218.044 6	0.004 6	3.927 9	0.254 6
19	69.388 9	0.014 4	273.555 8	0.003 7	3.942 4	0.253 7

附表 2-17(续)

年限	复利终值系数 已知现值求将来值	复利现值系数 已知将来值求现值	年金终值系数 已知年金求将来值	基金年存系数 已知将来值求年金	年金现值系数 已知年金求现值	投资回收系数 已知现值求年金
20	86.736 2	0.011 5	342.944 7	0.002 9	3.953 9	0.252 9
21	108.420 2	0.009 2	429.680 9	0.002 3	3.963 1	0.252 3
22	135.525 3	0.007 4	538.101 1	0.001 9	3.970 5	0.251 9
23	169.406 6	0.005 9	673.626 3	0.001 5	3.976 4	0.251 5
24	211.758 3	0.004 7	843.032 9	0.001 2	3.981 1	0.251 2
25	264.697 8	0.003 8	1 054.791 0	0.000 9	3.984 9	0.250 9
26	330.872 3	0.003 0	1 319.489	0.000 8	3.987 9	0.250 8
27	413.590 3	0.002 4	1 650.361	0.000 6	3.990 3	0.250 6
28	516.987 9	0.001 9	2 063.952	0.000 5	3.992 3	0.250 5
29	646.234 9	0.001 5	2 580.940	0.000 4	3.993 8	0.250 4
30	807.793 6	0.001 2	3 227.174	0.000 3	3.995 0	0.250 3
31	1 009.742	0.001 0	4 034.968	0.000 2	3.996 0	0.250 2
32	1 262.178	0.000 8	5 044.710	0.000 2	3.996 8	0.250 2
33	1 577.722	0.000 6	6 306.888	0.000 2	3.997 5	0.250 2
34	1 972.152	0.000 5	7 884.610	0.000 1	3.998 0	0.250 1
35	2 465.191	0.000 4	9 856.762	0.000 1	3.998 4	0.250 1
40	7 523.164	0.000 1	30 088.660	0.000 0	3.999 5	0.250 0
45	22 958.880	0.000 0	91 831.500	0.000 0	3.999 8	0.250 0
50	70 064.930	0.000 0	280 255.700	0.000 0	3.999 9	0.250 0

附表 2-18 30%复利系数表

年限	复利终值系数 已知现值求将来值	复利现值系数 已知将来值求现值	年金终值系数 已知年金求将来值	基金年存系数 已知将来值求年金	年金现值系数 已知年金求现值	投资回收系数 已知现值求年金
1	1.300 0	0.769 2	1.000 0	0.769 2	1.300 0	
2	1.690 0	0.591 7	2.300 0	0.434 8	1.360 9	0.734 8
3	2.197 0	0.455 2	3.990 0	0.250 6	1.816 1	0.550 6
4	2.856 1	0.350 1	6.187 0	0.161 6	2.166 2	0.461 6
5	3.712 9	0.269 3	930 431	0.110 6	2.435 6	0.410 6
6	4.826 8	0.207 2	12.756 0	0.078 4	2.642 7	0.378 4
7	6.274 8	0.159 4	17.582 8	0.056 9	2.802 1	0.356 9
8	8.157 3	0.122 6	23.857 7	0.041 9	2.924 7	0.341 9
9	10.604 5	0.094 3	32.015 0	0.031 2	3.019 0	0.331 2
10	13.785 8	0.072 5	42.619 5	0.023 5	3.091 5	0.323 5
11	17.921 6	0.055 8	56.405 3	0.017 7	3.147 3	0.317 7
12	23.298 1	0.042 9	74.326 9	0.013 5	3.190 3	0.313 5
13	30.287 5	0.033 0	97.625 0	0.010 2	3.223 3	0.310 2
14	39.373 7	0.025 4	127.912 4	0.007 8	3.248 7	0.307 8
15	51.185 9	0.019 5	167.286 2	0.006 0	3.268 2	0.306 0
16	66.541 6	0.015 0	218.472 0	0.004 6	3.283 2	0.304 6
17	86.504 1	0.011 6	285.013 6	0.003 5	3.294 8	0.303 5
18	112.455 3	0.008 9	371.517 7	0.002 7	3.303 7	0.302 7
19	146.191 9	0.006 8	483.972 9	0.002 1	3.310 5	0.302 1
20	190.049 4	0.005 3	630.164 8	0.001 6	3.315 8	0.301 6
21	247.064 3	0.004 0	820.214	0.001 2	3.319 8	0.301 2

附表 2-18(续)

年限	复利终值系数 已知现值求将来值	复利现值系数 已知将来值求现值	年金终值系数 已知年金求将来值	基金年存系数 已知将来值求年金	年金现值系数 已知年金求现值	投资回收系数 已知现值求年金
22	321.183 5	0.003 1	1 067.278	0.000 9	3.323 0	0.300 9
23	417.538 5	0.002 4	1 388.462	0.000 7	3.325 3	0.300 7
24	542.800 1	0.001 8	1 806.000	0.000 6	3.327 2	0.300 6
25	705.640 0	0.001 4	2 348.800	0.000 4	3.328 6	0.300 4
26	917.332	0.001 1	3 054.440	0.000 3	3.329 7	0.300 3
27	1 192.532	0.000 8	3 971.772	0.000 3	3.330 5	0.300 3
28	1 550.291	0.000 6	5 164.303	0.000 2	3.331 1	0.300 2
29	2 015.378	0.000 5	6 714.594	0.000 1	3.331 7	0.300 1
30	2 619.991	0.000 4	8 729.971	0.000 1	3.332 1	0.300 1

附表 2-19　35%复利系数表

年限	复利终值系数 已知现值求将来值	复利现值系数 已知将来值求现值	年金终值系数 已知年金求将来值	基金年存系数 已知将来值求年金	年金现值系数 已知年金求现值	投资回收系数 已知现值求年金
1	1.350 0	0.740 7	1.000 0	1.000 0	0.740 7	1.350 0
2	1.822 5	0.548 7	2.350 0	0.425 5	1.289 4	0.775 5
3	2.460 4	0.406 4	4.172 5	0.239 7	1.695 9	0.589 7
4	3.321 5	0.301 1	6.632 9	0.150 8	1.996 9	0.500 8
5	4.484 0	0.223 0	9.954 4	0.100 5	2.220 0	0.450 5
6	6.053 4	0.165 2	14.438 4	0.069 3	2.385 2	0.419 3
7	8.172 2	0.122 4	20.491 9	0.048 8	2.507 5	0.398 8
8	11.032 4	0.090 6	28.664 0	0.034 9	2.598 2	0.384 9

附表 2-19(续)

年限	复利终值系数 已知现值求将来值	复利现值系数 已知将来值求现值	年金终值系数 已知年金求将来值	基金年存系数 已知将来值求年金	年金现值系数 已知年金求现值	投资回收系数 已知现值求年金
9	14.893 7	0.067 1	39.696 4	0.025 2	2.665 3	0.375 2
10	20.106 6	0.049 7	54.590 2	0.018 3	2.715 0	0.368 3
11	27.143 9	0.036 8	74.696 7	0.013 4	2.751 9	0.363 4
12	36.644 2	0.027 3	101.840 6	0.009 8	2.779 2	0.359 8
13	49.469 7	0.020 2	138.484 8	0.007 2	2.799 4	0.357 2
14	66.784 1	0.015 0	187.954 4	0.005 3	2.814 4	0.355 3
15	90.158 5	0.011 1	254.738 5	0.003 9	2.825 5	0.353 9
16	121.713 9	0.008 2	344.897 0	0.002 9	2.833 7	0.352 9
17	164.313 8	0.006 1	466.610 9	0.002 1	2.839 8	0.352 1
18	221.823 7	0.004 5	630.924 7	0.001 6	2.844 3	0.351 6
19	299.462 0	0.003 3	852.748 4	0.001 2	2.847 6	0.351 2
20	404.273 6	0.002 5	1 152.210 0	0.000 9	2.850 1	0.350 9
21	545.769 4	0.001 8	1 556.484	0.000 6	2.851 9	0.350 6
22	736.788 6	0.001 4	2 102.253	0.000 5	2.853 3	0.350 5
23	994.664 8	0.001 0	2 839.042	0.000 4	2.854 3	0.350 4
24	1 342.797	0.000 7	3 833.707	0.000 3	2.855 0	0.350 3
25	1 812.776	0.000 6	5 176.504	0.000 2	2.855 6	0.350 2
26	2 447.248	0.000 4	6 989.281	0.000 1	2.856 3	0.350 1
27	3 303.785	0.000 3	9 436.529	0.000 1	2.856 3	0.350 1
28	4 460.110	0.000 2	12 740.320	0.000 1	2.856 5	0.350 1
29	6 021.148	0.000 2	17 200.420	0.000 1	2.856 7	0.350 1
30	8 128.550	0.000 1	23 221.570	0.000 0	2.856 8	0.350 0

附表 2-20　40%复利系数表

年限	复利终值系数 已知现值求将来值	复利现值系数 已知将来值求现值	年金终值系数 已知年金求将来值	基金年存系数 已知将来值求年金	年金现值系数 已知年金求现值	投资回收系数 已知现值求年金
1	1.400 0	0.714 3	1.000 0	1.000 0	0.714 3	1.400 0
2	1.960 0	0.510 2	2.400 0	0.416 7	1.224 5	0.816 7
3	2.744 0	0.364 4	4.360 0	0.229 4	1.588 9	0.629 4
4	3.841 6	0.260 3	7.104 0	0.140 8	1.849 2	0.540 8
5	5.378 2	0.185 9	10.945 6	0.091 4	2.035 2	0.491 4
6	7.529 5	0.132 8	16.323 8	0.061 3	2.168 0	0.461 3
7	10.541 4	0.094 9	23.853 4	0.041 9	2.262 8	0.441 9
8	14.757 9	0.067 8	34.394 7	0.029 1	2.330 6	0.429 1
9	20.661 0	0.048 4	49.152 6	0.020 3	2.379 0	0.420 3
10	28.925 5	0.034 6	69.813 6	0.014 3	2.413 6	0.414 3
11	40.495 6	0.024 7	98.739 1	0.010 1	2.438 3	0.410 1
12	56.693 9	0.017 6	139.234 7	0.007 2	2.455 9	0.407 2
13	79.371 5	0.012 6	195.928 7	0.005 1	2.468 5	0.405 1
14	111.120 0	0.009 0	275.300 1	0.003 6	2.477 5	0.403 6
15	155.568 1	0.006 4	386.420 1	0.002 6	2.483 9	0.402 6
16	217.795 3	0.004 6	541.988 2	0.001 8	2.488 5	0.401 8
17	304.913 4	0.003 3	759.783 4	0.001 3	2.491 8	0.401 3
18	426.878 7	0.002 3	1 064.697 0	0.000 9	2.494 1	0.400 9
19	597.630 2	0.001 7	1 491.576 0	0.000 7	2.495 8	0.400 7
20	836.682 2	0.001 2	2 089.205 0	0.000 5	2.497 0	0.400 5
21	1 171.355	0.000 9	2 925.888	0.000 3	2.497 9	0.400 3

附表 2-20(续)

年限	复利终值系数 已知现值求将来值	复利现值系数 已知将来值求现值	年金终值系数 已知年金求将来值	基金年存系数 已知将来值求年金	年金现值系数 已知年金求现值	投资回收系数 已知现值求年金
22	1 639.897	0.000 6	4 097.243	0.000 2	2.498 5	0.400 2
23	2 295.856	0.000 4	5 737.140	0.000 2	2.498 9	0.400 2
24	3 214.198	0.000 3	8 032.995	0.000 1	2.499 2	0.400 1
25	4 499.877	0.000 2	11 247.190	0.000 1	2.499 4	0.400 1
26	6 299.828	0.000 2	15 747.070	0.000 1	2.499 6	0.400 1
27	8 819.759	0.000 1	22 046.900	0.000 0	2.499 7	0.400 0
28	12 347.660	0.000 1	30 866.660	0.000 0	2.499 8	0.400 0
29	17 286.730	0.000 1	43 214.320	0.000 0	2.499 9	0.400 0
30	24 201.420	0.000 0	60 501.050	0.000 0	2.499 9	0.400 0

附表 2-21 45%复利系数表

年限	复利终值系数 已知现值求将来值	复利现值系数 已知将来值求现值	年金终值系数 已知年金求将来值	基金年存系数 已知将来值求年金	年金现值系数 已知年金求现值	投资回收系数 已知现值求年金
1	1.450 0	0.689 7	1.000 0	1.000 0	0.689 7	1.450 0
2	1.102 5	0.475 6	2.450 0	0.408 2	1.165 3	0.858 2
3	3.048 6	0.328 0	4.552 5	0.219 7	1.493 3	0.669 7
4	4.420 5	0.226 2	7.601 1	0.131 6	1.719 5	0.581 6
5	6.409 7	0.156 0	12.021 6	0.083 2	1.875 5	0.533 2
6	9.294 1	0.107 6	18.431 4	0.054 3	1.983 1	0.504 3
7	13.476 5	0.074 2	27.725 5	0.036 1	2.057 3	0.486 1
8	19.540 9	0.051 2	41.202 0	0.024 3	2.108 5	0.474 3

附表 2-21(续)

年限	复利终值系数 已知现值求将来值	复利现值系数 已知将来值求现值	年金终值系数 已知年金求将来值	基金年存系数 已知将来值求年金	年金现值系数 已知年金求现值	投资回收系数 已知现值求年金
9	28.334 3	0.035 3	60.742 8	0.016 5	2.143 8	0.466 5
10	41.084 7	0.024 3	89.077 1	0.011 2	2.168 1	0.461 2
11	59.572 8	0.016 8	130.161 9	0.007 7	2.184 9	0.457 7
12	86.380 6	0.011 6	189.734 7	0.005 3	2.196 5	0.455 3
13	125.251 9	0.008 0	276.115 3	0.003 6	2.204 5	0.453 6
14	181.615 3	0.005 5	401.367 2	0.002 5	2.210 0	0.452 5
15	263.342 1	0.003 8	582.982 5	0.001 7	2.213 8	0.451 7
16	381.846 1	0.002 6	846.324 6	0.001 2	2.216 4	0.451 2
17	553.676 8	0.001 8	1 228.171 0	0.000 8	2.218 2	0.450 8
18	802.831 5	0.001 2	1 781.848 0	0.000 6	2.219 5	0.450 6
19	1 164.106 0	0.000 9	2 584.680 0	0.000 4	2.220 3	0.450 4
20	1 687.953 0	0.000 6	3 748.785 0	0.000 3	2.220 9	0.450 3
21	2 447.532	0.000 4	5 436.739	0.000 2	2.221 3	0.450 2
22	3 548.922	0.000 3	7 884.272	0.000 1	2.221 6	0.450 1
23	5 145.937	0.000 2	11 433.190	0.000 1	2.221 8	0.450 1
24	7 461.609	0.000 1	16 579.130	0.000 1	2.221 9	0.450 1
25	10 819.330	0.000 1	24 040.740	0.000 0	2.222 0	0.450 0
26	15 688.040	0.000 1	34 860.080	0.000 0	2.222 1	0.450 0
27	22 747.650	0.000 0	50 548.120	0.000 0	2.222 1	0.450 0
28	32 984.100	0.000 0	73 295.770	0.000 0	2.222 2	0.450 0
29	47 826.940	0.000 0	106 279.900	0.000 0	2.222 2	0.450 0
30	69 349.070	0.000 0	154 106.800	0.000 0	2.222 2	0.450 0

附表 2-22 50%复利系数表

年限	复利终值系数 已知现值求将来值	复利现值系数 已知将来值求现值	年金终值系数 已知年金求将来值	基金年存系数 已知将来值求年金	年金现值系数 已知年金求现值	投资回收系数 已知现值求年金
1	1.500 0	0.666 7	1.000 0	1.000 0	0.666 7	1.500 0
2	2.250 0	0.444 4	2.500 0	0.400 0	1.111 1	0.900 0
3	3.375 0	0.296 3	4.750 0	0.210 5	1.407 4	0.710 5
4	5.062 5	0.197 5	8.125 0	0.123 1	1.604 9	0.623 1
5	7.593 8	0.131 7	13.187 5	0.075 8	1.736 6	0.575 8
6	11.390 6	0.087 8	20.781 3	0.048 1	1.824 4	0.548 1
7	17.085 9	0.058 5	32.171 9	0.031 1	1.882 9	0.531 1
8	25.628 9	0.039 0	49.257 8	0.020 3	1.922 0	0.520 3
9	38.443 4	0.026 0	74.886 7	0.013 4	1.948 0	0.513 4
10	57.665 0	0.017 3	113.330 1	0.008 8	1.965 3	0.508 8
11	86.497 6	0.011 6	170.995 1	0.005 8	1.976 9	0.505 8
12	129.746 3	0.007 7	257.492 7	0.003 9	1.984 6	0.503 9
13	194.619 5	0.005 1	387.239 0	0.002 6	1.989 7	0.502 6
14	291.929 3	0.003 4	581.858 5	0.001 7	1.993 1	0.501 7
15	437.893 9	0.002 3	873.787 8	0.001 1	1.995 4	0.501 1
16	656.840 8	0.001 5	1 311.682	0.000 8	1.997 0	0.500 8
17	985.261 2	0.001 0	1 968.523	0.000 5	1.998 0	0.500 5
18	147.892 0	0.000 7	2 953.784	0.000 3	1.998 6	0.500 3
19	2 216.838 0	0.000 5	4 431.676	0.000 2	1.999 1	0.500 2

附表 2-22(续)

年限	复利终值系数 已知现值求将来值	复利现值系数 已知将来值求现值	年金终值系数 已知年金求将来值	基金年存系数 已知将来值求年金	年金现值系数 已知年金求现值	投资回收系数 已知现值求年金
20	3 325.257 0	0.000 3	6 648.513	0.000 2	1.999 4	0.500 2
21	4 987.885	0.000 2	9 973.769	0.000 1	1.999 6	0.500 1
22	7 481.828	0.000 1	14 961.660	0.000 1	1.999 7	0.500 1
23	11 222.740	0.000 1	22 443.480	0.000 0	1.999 8	0.500 0
24	16 834.110	0.000 1	33 666.220	0.000 0	1.999 9	0.500 0
25	25 251.170	0.000 0	50 500.340	0.000 0	1.999 9	0.500 0
26	37 876.750	0.000 0	75 751.500	0.000 0	1.999 9	0.500 0
27	56 815.130	0.000 0	113 628.300	0.000 0	2.000 0	0.500 0
28	85 222.690	0.000 0	170 443.100	0.000 0	2.000 0	0.500 0
29	127 834.000	0.000 0	255 666.100	0.000 0	2.000 0	0.500 0
30	191 751.100	0.000 0	383 500.100	0.000 0	2.000 0	0.500 0